REVISTA DE DIREITO MERCANTIL
industrial, econômico e financeiro

146

Publicação do
Instituto Brasileiro de Direito Comercial Comparado
e Biblioteca Tullio Ascarelli
do Departamento de Direito Comercial
da Faculdade de Direito da Universidade de São Paulo

Ano XLVI (Nova Série)
abril-junho/2007

MALHEIROS EDITORES

REVISTA DE DIREITO MERCANTIL
industrial, econômico e financeiro

Nova Série — Ano XLVI — n. 146 — abril-junho de 2007

REVISTA DE DIREITO MERCANTIL
publicação trimestral de
MALHEIROS EDITORES LTDA.
Rua Paes de Araújo, 29, conjunto 171
CEP 04531-940
São Paulo, SP - Brasil
Tel. (011) 3078-7205
Fax: (011) 3168-5495

Assinaturas e comercialização:
CATAVENTO DISTRIBUIDORA DE LIVROS S.A.
Rua Conselheiro Ramalho, 928
CEP 01325-000
São Paulo, SP - Brasil
Tel. (011) 3289-0811
Fax: (011) 3251-3756

Diretor Responsável: Álvaro Malheiros
Diretora: Suzana Fleury Malheiros

Supervisão Gráfica: Vânia Lúcia Amato
Composição: *Scripta*

SUMÁRIO

DOUTRINA

A "CONSUETUDO MERCATORUM" COMO FONTE DO DIREITO COMERCIAL 7

– José Engrácia Antunes

ATUALIDADES

AÇÕES PREFERENCIAIS. NÃO PAGAMENTO DE DIVIDENDOS. AQUISIÇÃO DO DIREITO DE VOTO 23

– Nelson Eizirik

VINCULAÇÃO DA SOCIEDADE: ANÁLISE CRÍTICA DO ART. 1.015 DO CÓDIGO CIVIL 30

– Marcelo Vieira von Adamek e Erasmo Valladão A. e N. França

SISTEMA DE GOVERNANÇA CORPORATIVA E A CONCENTRAÇÃO DE PROPRIEDADE NAS EMPRESAS DE CAPITAL ABERTO 46

– Juliana Girardelli Vilela

ESTUDO A RESPEITO DE ALGUNS ASPECTOS SOCIETÁRIOS DA NOVA LEI N. 11.638/2007 82

– Modesto Carvalhosa

SOCIEDADES COOPERATIVAS E PRÁTICAS RESTRITIVAS À CONCORRÊNCIA 90

– Marco Aurélio Gumieri Valério

DO DESPACHO DE PROCESSAMENTO DA RECUPERAÇÃO JUDICIAL DE EMPRESAS NA NOVA LEI N. 11.101/2005. CABE RECURSO? 110

– Maria Celeste Morais Guimarães

RECUPERAÇÃO DE CRÉDITO NAS OPERAÇÕES AGRÍCOLAS E REGULAÇÃO DO MERCADO BANCÁRIO 122

– Renato Buranello

EFEITOS DA FALÊNCIA DO EMPREGADOR NA AÇÃO DE EXECUÇÃO DE CRÉDITO TRABALHISTA 128

– Vinícius Jose Marques Gontijo

MUDANÇA DE PARADIGMAS NA ORGANIZAÇÃO INDUSTRIAL: COMO RECONHECER BENEFÍCIOS EM MERCADOS CONCENTRADOS 146

– Maria Paula Bertran

A ARBITRAGEM E O MERCADO DE CAPITAIS 155

– Haroldo Malheiros Duclerc Verçosa

ESPAÇO DISCENTE

A TEORIA DA FIRMA E A SOCIEDADE COMO ORGANIZAÇÃO: FUNDAMENTOS ECONÔMICO-JURÍDICOS PARA UM NOVO CONCEITO 165
– Luís Felipe Spinelli

JURISPRUDÊNCIA COMENTADA

PRETENSÃO À ABSTENÇÃO DE USO DE MARCA E SUA NATUREZA *REAL* 189
– Estevan Lo Ré Pousada

SEGURO DE VIDA. EMBRIAGUEZ 230
– Vera Helena de Mello Franco

PARECERES

REORGANIZAÇÃO OPERACIONAL E SOCIETÁRIA. AÇÃO DECLARATÓRIA DE NULIDADE DE DELIBERAÇÕES DE CONSELHO DE ADMINISTRAÇÃO DE S/A. SUPOSTO CONFLITO DE INTERESSES 237
– Mauro Rodrigues Penteado

NOTA BIBLIOGRÁFICA

ASPECTOS DA ARBITRAGEM INSTITUCIONAL (12 anos da Lei 9.307/1996), de Haroldo Malheiros Duclerc Verçosa (Org.) 269
– Frederico José Straube

COLABORAM NESTE NÚMERO

Erasmo Valladão A. e N. França
Mestre e Doutor em Direito Comercial pela Faculdade de Direito da USP. Professor Doutor do Departamento de Direito Comercial da Faculdade de Direito da USP. Advogado em São Paulo.

Estevan Lo Ré Pousada
Mestre e Doutorando em Direito Civil pela Faculdade de Direito da USP. Professor da Fundação Escola de Comércio Álvares Penteado – FECAP, do Centro de Extensão Universitária – CEU, da Coordenadoria-Geral de Especialização, Aperfeiçoamento e Extensão do COGEAE – PUC/SP, do Curso de Especialização em Instituições Jurídicas de Mercado da GV*Law* – FGV, do Curso Intermediário de Marcas da Associação Brasileira dos Agentes da Propriedade Industrial – ABAPI (Módulo "Ação Judicial").

Frederico José Straube
Presidente do Centro de Arbitragem e Mediação da Câmara de Comércio Brasil-Canadá. Advogado em São Paulo.

Haroldo Malheiros Duclerc Verçosa
Mestre e Doutor em Direito Comercial pela USP. Professor de Direito Comercial da USP. Membro do Centro de Mediação e Arbitragem da Câmara do Comércio Brasil-Canadá. Consultor.

José Engrácia Antunes
Professor Associado da Faculdade de Direito da Universidade Católica Portuguesa. Professor Coordenador da Faculdade de Direito da Universidade do Porto.

Juliana Girardelli Vilela
Economista e Advogada pela Pontifícia Universidade Católica de São Paulo – PUC/SP.

Luís Felipe Spinelli
Mestrando em Direito Privado pela Universidade Federal do Rio Grande do Sul – UFRGS. Especialista em Direito Empresarial pela UFRGS. Advogado em Porto Alegre.

Marcelo Vieira von Adamek
Pós-Graduado pelo IBRE/EASP-FGV. Mestre e Doutorando em Direito Comercial pela Faculdade de Direito da USP. Advogado em São Paulo.

Marco Aurélio Gumieri Valério
Mestre em Direito pela UNESP, *campus* de Franca/SP. Doutorando em Ciências Sociais e Políticas pela UNESP, *campus* de Araraquara/SP. Professor da FEA-USP, *campus* de Ribeirão Preto/SP. Advogado.

Maria Celeste Morais Guimarães
Mestre e Doutoranda em Direito Empresarial pela UFMG. Professora nas Faculdades de Direito da UFMG e Milton Campos. Membro efetivo do Instituto dos Advogados de Minas Gerais. Advogada.

Maria Paula Bertran
Graduada, Mestre e Doutoranda pela Faculdade de Direito da USP. Graduanda em Economia pela USP. Advogada.

Mauro Rodrigues Penteado
Mestre, Doutor, Livre-Docente e Professor Associado de Graduação e Pós-Graduação da Faculdade de Direito da USP. Advogado e Árbitro.

Modesto Carvalhosa
Advogado.

Nelson Eizirik
Advogado no Rio de Janeiro e em São Paulo.

Renato Buranello

Mestre em Direito Comercial pela PUC/SP. Formado pela PUC/CAMP, com extensão em Comércio Exterior e *Banking* pela FGV. Professor do Curso de Direito Empresarial da PUC/SP – Cogeae. Fundador do Instituto Brasileiro de Desenvolvimento do Agronegócio (IBDA). Professor do MBA em Gestão do Agronegócio do Pensa – Fundace (FEA/USP). Membro do Instituto Brasileiro de Direito do Seguro (IBDS) e da Academia Nacional de Seguro e Previdência (ANSP).

Vera Helena de Mello Franco

Mestre e Doutora pela Faculdade de Direito da Universidade de São Paulo. Professora da Faculdade de Direito da USP. Advogada em São Paulo.

Vinícius Jose Marques Gontijo

Doutor e Mestre em Direito Comercial pela UFMG. Professor no Curso de Mestrado *Stricto Sensu* da Faculdade de Direito Milton Campos. Professor nos Cursos de Graduação e Pós-Graduação *Lato Sensu* da PUC/MG. Ex-Professor substituto na Faculdade de Direito da UFMG e na Escola de Direito da Universidade Federal de Ouro Preto.

Doutrina

A "CONSUETUDO MERCATORUM" COMO FONTE DO DIREITO COMERCIAL

José Engrácia Antunes

1. O problema. 2. O costume mercantil. 3. Os usos mercantis. 4. Entre o costume e os usos: os "usos mercantis normativos". 5. O regime probatório.

1. O problema

I – Numa época marcada pela globalização da economia, um dos aspectos mais marcantes da evolução do Direito Comercial do séc. XXI consiste na extraordinária *expansão da matéria mercantil*, traduzida no aumento quantitativo e qualitativo das actividades económicas que passaram a situar-se na órbita de regulação deste ramo jurídico – ou seja, aquilo que já alguém apelidou sugestivamente de verdadeiro *big bang* deste ramo jurídico.[1]

II – Semelhante fenómeno de expansão não poderia deixar incólume, naturalmente, o tradicional *sistema das fontes jus-mercantis*: a mais evidente das consequências consistiu num claro declínio da ideia de codificação do Direito Comercial em favor do protagonismo da legislação comercial extravagante.[2]

Por um lado, apesar de constituir o seu núcleo histórico fundamental, a verdade é que deixou de ser possível ver no *Código Comercial* a cúpula ordenadora do edifício do actual Direito Comercial.[3] O

1. Jean Paillusseau, "Le big bang du droit des affaires a la fin du XXème siècle", in *Juris-Classeur Périodique – Édition Entreprise*, II, n. 15.101, 1988, pp. 61 e ss. Sobre este fenómeno de expansão do Direito Comercial, que está na origem da progressiva fragmentação ou compartimentação interna deste ramo jurídico em novas disciplinas (-filhas) dotadas de autonomia formal, científica e didáctica em maior ou menor grau (Direito das Sociedades, Direito Bancário, Direito do Mercado de Capitais, Direito dos Seguros, Direito da Propriedade Industrial, Direito dos Transportes, Direito da Insolvência, Direito dos Contratos Comerciais, etc.), v. desenvolvidamente J. Engrácia Antunes, *Direito Comercial*, em curso de preparação.

2. Sobre o fenómeno da descodificação do Direito Comercial, observável em maior ou menor grau em diversos países, cf. Bernard Oppetit, "l'expérience française de codification en matière commerciale", in *Recueil de Jurisprudence Dalloz*, 1966, pp. 33 e ss. Se as codificações nacionais estão em declínio, ainda menos realista se apresenta a proposta de elaboração de um "Código Comercial Europeu" (cf. Ulrich Magnus, "Die Gestalt eines Europäischen Handelsgesetzbuches", in *Festschrift für Ulrich Drobnig*, pp. 57 e ss., Tübingen, Mohr, 1998) ou até de um "Código Comercial Mundial" (cf. M. Joachim Bonell, "Do we need a Global Commercial Code?", in 5 *Uniform Law Review*, pp. 469 e ss., 2001).

3. Esta proposição é sustentada em diversas latitudes. Assim, segundo Alfredo de Assis Gonçalves Neto, "pode dizer-se, em retropecto, que o direito comercial brasileiro já há muito deixara de ser o direito contido no Código Comercial" (*Direito de Empresa – Comentários aos Arts. 966 a 1.195 do Código Civil*, p. 60, São Paulo, Ed. RT, 2007). Seme-

caso português é bem ilustrativo disso mesmo: decano dos códigos vigentes no ordenamento jurídico nacional, aquele Código – que porventura já nasceu velho e atrasado mesmo relativamente às realidades económicas contemporâneas da sua promulgação[4] – representa hoje, decorridos 120 anos sobre a sua entrada em vigor, pouco mais do que uma peça de museu.[5]

Por outro lado, a satisfação das necessidades regulatórias de uma miríade de actividades económicas sempre renovadas apenas se tornou possível graças a um verdadeiro "aluvião" de *legislação comercial extravagante e avulsa*, a qual, a breve trecho, se acabaria por tornar na massa normativa fundamental das ordens jurídico-comerciais contemporâneas.[6] Com efeito, a enorme heterogeneidade das actividades económicas reguladas, mais do que simplesmente tornar obsoletos os paradigmas legais clássicos da codificação jusmercantil (os conceitos de "acto de comércio" e "comerciante"), tornou pouco menos do que quimérica a possibilidade de reconduzir a regulação da matéria mercantil a um único corpo normativo, dotado de plenitude lógico-sistemática e alicerçado em critérios unitários.[7]

III – Apesar deste típico predomínio da lei no sistema das fontes do Direito Comercial moderno – iniciado com o movimento de codificação do séc. XIX e exponenciado com o aluvião regulatório jusmercantil registado durante todo o séc. XX –, não se pode esquecer que os vulgarmente denominados "*usos de comércio*" (*trade usages*, *Handelsbräuche*, *usages de commerce*, *usi commerciali*) conservam ainda hoje uma importância real que não pode ser menosprezada.[8]

lhantemente, Karsten Schmidt, para quem "a equiparação muito divulgada entre 'Código Comercial' e 'Direito Comercial' é falsa" (*Handelsrecht*, 16, 5ª ed., Köln, C. Heymanns, 1999) e F. Sanchez Calero, que afirma que "el Código de Comercio se ha visto modificado por un conjunto de normas posteriores que invalidan la ecuación Derecho Mercantil y Derecho del Código de Comercio" (*Instituciones de Derecho Mercantil*, v. I, 28ª ed., Madri, Thomson/ Aranzadi, p. 67, 2005).

4. Com efeito, dez anos apenas decorridos sobre a sua aprovação e ainda antes do virar do século XIX, já um dos seus quatros Livros ("Das Falências") foi inteiramente revogado, sendo substituído pelo "Código das Falências" de 1899.

5. "Relíquia venerável do movimento codificador oitocentista", assim o apelidou A. Ferrer Correia ("Sobre a Projectada Reforma da Legislação Comercial Portuguesa", 1, in 44 *Revista da Ordem dos Advogados*, pp. 1 e ss., 1984). Bastará lembrar que mais de metade dos seus preceitos foram revogados (cerca de 500 dos originários 749 artigos), que sectores inteiros do mesmo diploma desapareceram por completo, sendo substituídos por nova regulamentação (inclusive, por novos códigos sectoriais: sobre este fenómeno de recodificação, v. *infra* nota 7), e que algumas das normas ainda hoje em vigor, evocando épocas idas, nos fazem apenas sorrir (atente-se, p. ex., na norma do art. 7º do Código Comercial, que ainda delimita a capacidade comercial por referência ao "reino" lusitano).

6. Sobre o relevo da legislação extravagante, v. também A. Gonçalves Neto, *Direito de Empresa – Comentários aos Arts. 966 a 1.195 do Código Civil*, cit., pp. 55 e ss. Tomamos aqui a expressão lei em sentido amplo, abrangendo não apenas a *lei ordinária* propriamente dita, mas igualmente os *regulamentos* (com especial relevo para os emanados pela administração estadual indirecta, *v.g.*, Banco Centrais, Comissões de Valores Mobiliários, etc.), os quais, em virtude da crescente complexidade regulatória das matérias mercantis, se tornaram mesmo, segundo alguns, na "principal novidade do sistema das fontes jusmercantis da última década" (Vicenzo Buonocore, *Istituzioni di Diritto Commerciale*, 14, 3ª ed., Turim, Giappichelli, 2003).

7. Curiosamente, graças ao assinalado fenómeno de fragmentação interna do Direito Comercial (cf. *supra* nota 1), o processo de descodificação da tradicional "disciplina-mãe" Direito Comercial deu progressivamente lugar a um fenómeno de *recodificação* sectorial das respectivas "disciplinas-filhas": veja-se assim, p. ex., a aprovação em Portugal do Código das Sociedades Comerciais de 1986, do Código do Registo Comercial de 1986, do Código dos Valores Mobiliários de 1999, do Código da Propriedade Industrial de 2003, ou do Código da Insolvência de 2004.

8. A literatura portuguesa especificamente dedicada ao tema não é particularmente abundante: entre outros, v. F. Veiga Beirão, "Usos do comércio", in 10 *Revista do Comércio*, pp. 17 e ss., 1915; D. Leite Campos, "Anatocismo e usos particulares do comércio", in 48 *Revista da Ordem dos Advogados*, 3, pp. 7 e ss., 1988. Em contrapartida, a questão tem sido objecto de maior atenção noutros ordenamentos jurídicos: para diferentes latitudes jurídicas, v. Alfa-

O objecto destas breves e despretensiosas reflexões é justamente o de analisar e determinar a *relevância actual dos denominados "usos de comércio" como fonte do Direito Comercial*. Para o efeito, a exposição subsequente arrancará da distinção clássica entre o *costume mercantil* (por vezes também conhecido como "usos mercantis de direito") e os meros *usos mercantis* (denominados, em contraposição, "usos mercantis de facto"): ao passo que, no último caso, apenas existe a observância generalizada e uniforme de um determinado padrão de conduta que se mantém exclusivamente em virtude da sua mera reiteração, no último caso, além desse elemento objectivo, existe ainda a convicção dos sujeitos intervenientes de que o seu acatamento é juridicamente obrigatório como se de uma norma legal geral e abstracta se tratasse.[9]

2. O costume mercantil

I – O *costume mercantil*, também conhecido por usos mercantis de direito (*Handelsgewohnheitsrecht, usages de droit, consuetudini*), vem sendo comummente definido como *toda a prática social ou económica generalizada e constante no âmbito das relações comerciais, acompanhada da convicção de obrigatoriedade da norma que lhe corresponde.*[10]

No entendimento tradicional, pois, o costume mercantil é assim constituído por dois elementos fundamentais: de um lado, o *corpus* ou elemento objectivo, consistente num determinado padrão de conduta uniforme (isto é, observado pela generalidade dos sujeitos jurídicos) e estável (isto é, que é permanente ou se prolonga minimamente no tempo); e, de outro lado, o *animus* ou elemento subjectivo, traduzido na convicção por parte dos sujeitos jurídicos de que se está diante de uma norma geral obrigatória (*opinio juris vel necessitatis*). Ora – pergunta-se – *será o costume mercantil uma fonte juscomercial autónoma?*

II – Nos países cujos Códigos Comercial e até Civil omitiram uma referência genérica e expressa ao costume no plano das fontes do Direito, um sector significativo da doutrina propende para uma resposta negativa: tomando aqui emprestada a sugestiva imagem de Luís Cabral de Moncada, o costume seria "como um pobre planeta que só recebe a luz do Sol: a Lei".[11] A

ro Águila-Real, "La función de los usos en el Código de Comercio", in 205 *Revista de Derecho Mercantil*, pp. 419 e ss., 1992; Richard Craswell, "Do trade usages exist?", in Jody Kraus e Steven Walt (dirs.), *The Jurisprudential Foundations of Corporate and Commercial Law*, pp. 118 e ss., Cambridge, Cambridge University Press, 2000; Aldo Formiggini, *Gli Usi Commerciali e il Codice Civile*, Bolonha, Zanichelli, 1949; Antoine Kassis, *Théorie Générale des Usages de Commerce: Droit Comparé, Contrats et Arbitrages Internationaux, Lex Mercatoria*, Paris, LGDJ, 1984; Jutta Limbach, "Die Festellung von Handelsgebräuchen", in *Festgabe für Ernst Hirsch*, Berlim, Duncker & Humblot, pp. 77 e ss., 1968.

9. A doutrina foi naturalmente forjando outras classificações, com base nos mais diversos critérios ordenadores. Assim, de acordo com o critério da respectiva função, fala-se em *usos mercantis interpretativos e integrativos*, consoante se destinem a aclarar o sentido de condutas ou declarações negociais ou a integrar as lacunas da regulação legal ou convencional; de acordo com o critério do seu âmbito material de aplicação, fala-se de *usos mercantis comuns e especiais*, consoante aplicáveis ao tráfico comercial em geral ou apenas a um determinado sector de actividade mercantil; e de acordo com o critério do âmbito espacial de vigência, distinguem-se os *usos mercantis internacionais* (aplicáveis em vários Estados), *gerais* (observados em todo o território nacional de determinado Estado) ou *locais* (próprios de determinada região, lugar ou praça comercial). Para estes e outros critérios classificatórios, v. também Rubens Requião, *Curso de Direito Comercial*, v. 1º, 25ª ed., São Paulo, Saraiva, pp. 29 e ss., 2003.

10. Sobre a noção de costume em geral, v., entre outros, J. Oliveira Ascensão, *O Direito – Introdução e Teoria Geral*, 11ª ed., Coimbra, Almedina, pp. 249 e ss., 2001; J. Baptista Machado, *Introdução ao Direito e ao Discurso Legitimador*, Coimbra, Almedina, pp. 161 e ss., 1989; I. Galvão Telles, *Introdução ao Estudo do Direito*, v. I, 11ª ed., Coimbra Editora, pp. 115 e ss., 1999.

11. *Lições de Direito Civil – Parte Geral*, v. I, 3ª ed., Coimbra, Atlântida, p. 112, 1959. Recusando ao costume a natureza de fonte autónoma do Direito em geral, v. Manuel Andrade, "Fontes de Direito – Vigência, interpretação e aplicação da lei", pp. 147 e

questão, todavia, não pode ser resolvida com tamanha simplicidade.

Com efeito, e por um lado, convém recordar que o Direito Comercial germinou e vingou justamente com base nas práticas e regras costumeiras sedimentadas nas relações entre os comerciantes, regras essas que se foram progressivamente autonomizando para fazer face às insuficiências das normas escritas do direito civil comum, tendo-se conservado durante uma boa parte da sua milenar existência como um *ramo jurídico de matriz consuetudinária*.[12] Ora, se bem que de forma menos incisiva, a verdade é que este *pedigree* continua a manifestar-se activamente no âmbito da actual regulação da matéria mercantil, no plano interno e sobretudo internacional, mormente graças à flexibilidade regulatória da norma costumeira, a qual tem permitido, não raro, que a ordem jurídico-mercantil acompanhe a permanente e frenética mutação das relações económicas que é suposto regular: não constituirá decerto surpresa afirmar que a tipificação, senão legal, ao menos social, de muitas novas figuras contratuais (*v.g.*, concessão comercial, cessão financeira, desconto bancário, crédito documentário, *joint venture*, etc.) ou mesmo novas modalidades de transacção (*v.g.*, *e-commerce*), foi sendo originariamente suprida – e, nalguns casos, continua a sê-lo – por regras de formação espontânea ou auto-regulatória entre os agentes económicos envolvidos.[13]

Por um lado, vai ganhando consenso um pouco por todo o mundo a ideia segundo a qual *lei e costume constituem fontes de juridicidade autónomas e dotadas de igual dignidade*, impondo-se a validade de qualquer uma delas por si mesma e sem necessidade do reconhecimento pela outra[14] – o que vale por dizer que, também no Direito Comercial, normas escritas (legais) e não escritas (costumeiras) se encontrariam em pé de igualdade. Essa ideia, de resto, é também corroborada no plano do direito comparado, já que são diversos os ordenamentos jurídicos estrangeiros onde, não obstante a inexistência de uma consagração legislativa expressa da sua relevância jurídica, o costume é aí tido pacificamente pelas respectivas doutrina e jurisprudência como fonte juscomercial, designadamente no direito francês – onde lhe é atribuído mesmo "um relevo capital no Di-

ss., in 102 *Boletim do Ministério da Justiça*, pp. 141 e ss., 1961; J. Matos Varela e F. Pires Lima, *Código Civil Anotado*, v. I, 4ª ed., Coimbra Editora, p. 54, 1987; e como fonte do Direito Comercial em particular, v. A. Ferrer Correia, *Lições de Direito Comercial*, Lisboa, Lex, pp. 32 e ss., 1994; M. Pupo Correia, *Direito Comercial*, 9ª ed., Lisboa, Ediforum, pp. 33 e ss., 2005; Fernando Olavo, *Direito Comercial*, v. I, 2ª ed., Coimbra Editora, p. 50, 1978.

12. Sobre a génese histórica do Direito Comercial, e o seu ADN consuetudinário em particular, v. J. Engrácia Antunes, *Direito Comercial*, em curso de preparação.

13. Cf. Michel Cabrillac, "Remarques sur la Théorie Générale du Contrat et les creations recentes de la pratique commerciale", in *Mélanges Dédiées à Gabriel Marty*, pp. 235 e ss., Toulouse, Université des Sciences Sociales, 1978; Jean-Marie Leloup, "La creation de contrats par la pratique commerciale", in *L'Évolution Contemporaine du Droit des Contrats*, Paris, PUF, pp. 167 e ss., 1986; Berthold Goldman, "Le role de la pratique dans la formation du Droit Commerciale et Économique", in *Travaux de l'Association Henri Capitant*, v. 34, Paris, pp. 163 e ss., 1983. Talqualmente sucedeu na génese do Direito Comercial medievo, o processo de formação do costume mercantil deve hoje muito à actividade auto-regulatória das organizações mercantis profissionais ou especializadas (p. ex., a Câmara de Comércio Internacional), responsáveis pela progressiva compilação e sistematização dos usos e costumes da *praxis* comercial, sob a forma de cláusulas contratuais gerais, leis-modelo, guias e modelos contratuais, *restatements*, e outros instrumentos congéneres.

14. Como refere P. Melero Sendim, "o costume mercantil é fonte de direito, como o é a lei mercantil. Nem a admissibilidade desta depende de que o costume a consagre como fonte, nem a do costume que seja mencionado como fonte na lei" (*Lições de Direito Comercial*, Lisboa, pp. 26, 1995/1996). Sobre o relevo do costume como fonte do Direito em geral, v. J. Oliveira Ascensão: "O costume é fonte privilegiada do direito, enquanto exprime directamente a ordem da sociedade, sem necessitar de mediação de nenhum oráculo" (J. Oliveira Ascensão, *O Direito – Introdução e Teoria Geral*, 11ª ed., cit., p. 249).

reito Comercial"[15] –, no direito alemão – onde a doutrina dominante também não lhe disputa a natureza de "categoria especial de fonte do Direito Comercial"[16] –, e, sem especial surpresa (atento o relevo do precedente jurisprudencial), no próprio direito anglo-saxónico.[17-18]

Assim sendo, e em suma, nada há, nem no sistema geral das fontes, nem nos princípios gerais, que obste à consideração do *costume mercantil como verdadeira fonte autónoma do Direito Comercial*.[19]

III – Uma vez assente que o costume se integra "de plano" no sistema das fontes jusmercantis, cabe agora indagar da sua *relevância* no quadro do Direito Comercial moderno.

Em abstracto, o costume mercantil, enquanto fonte imediata de normas juscomerciais, possui uma dignidade (pelo menos) idêntica à da própria lei: ou seja, normas mercantis legais e normas mercantis consuetudinárias coexistem lado a lado, ambas constituindo *modos de revelação do Direito Comercial objectivo*. Essa coexistência pode assumir diversas formas e, dado a sua diferente origem (respectivamente, formal-voluntária e material-involuntária), pode nem sempre ser pacífica: assim, a norma consuetudinária pode coincidir com a norma legal, identificando-se totalmente os respectivos conteúdos (costume *secundum legem*), pode corroborar o sentido da norma legal mas ir para além dele, ampliando assim o seu alcance (costume *praeter legem*), ou pode até eventualmente contradizer a norma legal, opondo-se ou negando o conteúdo desta (costume *contra legem*).[20]

15. Antoine Kassis, *Théorie Générale des Usages de Commerce*, cit., p. 103. Maugrado o "Code de Commerce" de 2000 não eleve expressamente o costume (*usage de droit*) à categoria de fonte especial do Direito Comercial francês, é reconhecida pacificamente na doutrina e jurisprudência a existência de determinadas regras costumeiras aplicáveis às relações comerciais, *v.g.*, liberdade de forma, presunção de solidariedade passiva, ou contagem trimestral de juros bancários (cf. George Ripert e René Roblot, *Traité de Droit Commercial*, t. I, 17ª ed., Paris, LGDJ, pp. 25 e ss., 1998). Ilustração sugestiva da importância dos usos e costume no direito comercial francês é ainda a criação em 1982, pelo Tribunal de Comércio de Paris, de um departamento para depósito dos usos profissionais onde numerosas associações patronais, sindicais e profissionais declaram as práticas usuais dos sectores de actividade ou profissões que representam.

16. Karsten Schmidt, *Handelsrecht*, 5ª ed., p. 20, cit.. Não obstante o legislador germânico se limite a consagrar a relevância do costume mercantil como instrumento de interpretação das condutas activas e omissivas (§ 346 do *Handelsesetzbuch*), a doutrina dominante reconhece o costume (ou usos mercantis de direito) como fonte do Direito Comercial alemão (cf. ainda Norbert Horn (org.), *Handelsgesetzbuch Kommentar*, vol. 4, 77, 2ª ed., Berlim, De Gruyter, 2005). Manifestação desta relevância é ainda a freqüência com que os respectivos tribunais recorrem às Câmaras de Comércio e Indústria no sentido de indagarem previamente da existência de usos e costumes relevantes no âmbito dos litígios comerciais que lhe são submetidos.

17. Ao contrário do direito britânico, a relevância do costume mercantil foi expressamente consagrada nos Estados Unidos da América, no âmbito da sec. 2º do "Uniform Commercial Code" (Richard Craswell, "Do trade usages exist?", in Jody Kraus e Steven Walt (dirs.), *The Jurisprudential Foundations of Corporate and Commercial Law*, cit., pp. 118 e ss.).

18. No direito brasileiro, o art. 2º do Regulamento n. 737, de 1850 chegou a reputar expressamente os "usos comerciais" como fonte do Direito Comercial brasileiro: ora, não obstante a posterior revogação deste preceito, a doutrina continua a considerar o costume como fonte juscomercial, embora subordinada à lei (cf. Rubens Requião, *Curso de Direito Comercial*, v. 1º, 25ª ed., cit., p. 30). Cf. ainda o art. 4º da Lei de Introdução do Código Civil se refere ao costume, ao estipular que "quando a lei for omissa, o juiz decidirá o caso de acordo com a analogia, os costumes e os princípios gerais de direito".

19. Admitindo também o costume mercantil como fonte autónoma do Direito Comercial, v. também J. Coutinho Abreu, *Curso de Direito Comercial*, v. I, 6ª ed., Coimbra, Almedina, pp. 27 e ss., 2006; J. Oliveira Ascensão, *Direito Comercial*, v. I (*Parte Geral*), Lisboa, pp. 31 e ss., 1998/1999; L. Brito Correia, *Direito Comercial*, v. I, pp. 110 e ss., Lisboa, AAFDL, 1987/1988; L. Lima Pinheiro, *Direito Comercial Internacional*, Coimbra, Almedina, p. 223, 2005; Rubens Requião, *Curso de Direito Comercial*, v. 1º, 25ª ed., cit., p. 30.

20. Sendo consensual a relevância das duas primeiras dimensões, já é controverso na doutrina, mesmo entre aquele sector de autores que reconhece o costume como fonte de Direito, a admissibilidade

Esta relevância abstracta não tem encontrado, todavia, uma verdadeira correspondência no mundo vivo e concreto do Direito Comercial dos nossos dias: de "fonte-rainha" ou primária no passado, a *consuetudo mercatorum* transmutou-se hoje numa *fonte secundária*, senão mesmo residual, deste ramo jurídico. Com efeito, o extraordinário desenvolvimento dos sistemas económicos contemporâneos, caracterizados pela sua complexidade, massificação e globalização, trouxeram consigo um fenómeno, já atrás assinalado, de expansão da matéria e da regulação mercantil por via legal: ora, semelhante aluvião legislativo, a que é inerente uma vocação hegemónica de regulação das relações juscomerciais, acabou por restringir os espaços de formação espontânea de regras consuetudinárias, tornando assim difícil o surgimento do costume mercantil.[21] A bem dizer, construído sobre a exigência tradicional da "convicção de obrigatoriedade" por parte dos seus destinatários, a norma consuetudinária mercantil ficou condenada a despontar e sobreviver quase exclusivamente nas franjas ou orlas extremas do tráfico mercantil: ou no âmbito do pequeno comércio local – *v.g.*, pense-se no costume de estabelecer uma prioridade cronológica na celebração dos contratos de compra e venda de bens ou serviços nos estabelecimentos comerciais de acordo com a ordenação das filas de espera – ou, no extremo oposto, no âmbito do grande comércio internacional ou globalizado – onde a inadequação das fontes estaduais e a insuficiência das clássicas fontes supraestaduais (*maxime*, Convenções) tem proporcionado terreno fértil ao desenvolvimento e sedimentação de verdadeiras normas consuetudinárias.[22]

3. Os usos mercantis

I – Os *usos mercantis* (*Handelsgebräuche*, *usages conventionelles*, *usi d'affari*) são tradicionalmente definidos como *aquelas práticas sociais uniformes e estáveis, em vigor no âmbito das relações comerciais, que apenas se mantêm em virtude da sua mera reiteração e desacompanhadas de qualquer convicção sobre a sua obrigatoriedade jurídica.*[23]

A diferença fundamental entre o costume e os usos mercantis reside assim na *opinio juris*, ou seja, na consciência (ou falta dela) da sua obrigatoriedade jurídica. Embora de um ponto de vista objectivo ambos se manifestem e exteriorizem da mesma forma – consubstanciando-se em práticas sociais reiteradas –, eles distinguem-se de um ponto de vista subjectivo: os usos mercantis são os meros "hábitos" que os actores do tráfico comercial adoptam *sem qualquer convicção da sua obrigatoriedade jurídica*. Ou seja, consubstanciam um *modus agendi* constante que se foi implantando em determinadas matérias ou sectores da vida comercial por puras razões de rotina, de facilidade, de cortesia, ou qualquer outra, mas sem a consciência ou o convencimento de que o seu acatamento é obrigatório: por exemplo, os brindes e ofertas promocionais das empresas concessionárias de venda automóvel aos

do chamado costume *contra legem*, em face do disposto no art. 7º, n. 1 do Código Civil. Respondendo afirmativamente, v. J. Oliveira Ascensão, *O Direito – Introdução e Teoria Geral*, 11ª ed., cit., p. 260; em sentido oposto, Rubens Requião, *Curso de Direito Comercial*, v. 1º, 25ª ed., cit., p. 30.

21. Como sublinha Gustavo Visentini, "a velocidade do mundo dos negócios levou hoje a uma revivescência da importância dos usos mercantis em detrimento das normas costumeiras propriamente ditas, cuja formação é hoje muito mais dificilmente configurável" (*Argomenti di Diritto Commerciale*, Milão, Giuffrè, p. 108, 1997).

22. Cf. Clive Schmitthoff, *International Trade Usages*, Londres, ICC, 1988. Sobre o relevo jurídico do costume comercial internacional, v. L. Lima Pinheiro, *Direito Comercial Internacional*, Coimbra, Almedina, pp. 222 e ss., 2005.

23. Sobre a noção de usos, por contraposição ao costume, J. Oliveira Ascensão, *O Direito – Introdução e Teoria Geral*, 11ª ed., cit., p. 250; J. Baptista Machado, *Introdução ao Direito e ao Discurso Legitimador*, cit., p. 161; Telles, *Introdução ao Estudo do Direito*, v. I, 11ª ed., cit., pp. 135 e ss.

clientes no momento da aquisição tornou-se numa prática comercial perfeitamente enraizada, embora seja inequívoco para os contratantes que tal prática não tem o valor de norma jurídica obrigatória.[24]

II – Antes do mais, é mister advertir que os usos mercantis não perderam o seu *relevo prático* actual.

Autores existem que sustentam terem os usos mercantis, tal como o próprio costume, perdido a sua importância, dado que, num tempo organizado sobre a comunicação escrita, a principal função daqueles usos (sedimentação de condutas padronizadas) teria passado a ser desempenhada hoje pelas *cláusulas contratuais gerais*.[25] A premissa é verdadeira, embora não necessariamente a conclusão.

Por um lado, é indesmentível que um sector significativo da contratação mercantil contemporânea corresponde a contratos de adesão (*contrat d'adhésion*, *standard form contract*, *Standardvertrag*) cujo conteúdo contratual é constituído por condições contratuais padronizadas ou uniformes predispostas unilateralmente para uma generalidade indeterminada de contratos e contratantes: assim sendo, não surpreende que os usos mercantis constituam uma matéria-prima essencial da sua feitura, acabando, mais tarde ou mais cedo, por ser incorporados em semelhantes clausulados contratuais. Mas nem por isso os usos mercantis perderam a sua natureza e relevo próprios ou se tornaram redundantes: as cláusulas gerais dos contratos de adesão não condicionam o universo dos usos – designadamente, estes últimos não se encontram sujeitos ao controlo da lei sobre as primeiras[26] – e, inversamente, as práticas reiteradas que se impuseram nas relações juscomerciais constituem *ex definitione* usos mercantis, independentemente de serem ou não acolhidas em clausulados contratuais de adesão ou mesmo em instrumentos normativos gerais.[27]

Por outro lado, é também verdade que a génese dos usos mercantis tem o seu terreno de eleição no quadro de processos de natureza negocial: no âmbito de um particular tipo de transacção ou contrato juscomercial, as partes adoptam uma determinada prática, que passa a conformar as suas futuras relações e, tornando-se reiterada e constante (*longa repetitio*), passa também a ser observada pelos demais actores ou contratantes do sector negocial considerado, como "cláusula de estilo" que se considera implicitamente vigente nessa área de contratação mercantil sem necessidade de expressa consagração. Mas tal não invalida, porém, que se possam também configurar usos de origem extracontratual: assim, ao contrário do que é sustentado por alguns autores, julgamos que também práticas individuais ou unilaterais, desde que generalizadas e reiteradas, podem fundar a existência de usos mercantis (por exemplo, as que servem para delimitar o conteúdo da lealdade nas relações de concorrência entre os empresários).

24. Como refere Karsten Schmidt, "o uso comercial outra coisa não é senão o hábito praticado em questões jurídico-comerciais. Pressupõe um certo tempo de vigência e a sua utilização convencional por um círculo de destinatários, mas não o consenso de obrigatoriedade que é característico do direito consuetudinário" (*Handelsrecht*, 5ª ed., cit., p. 23, 1999).

25. Cf. Jürgen Basedow, "Handelsbräuche und AGB-Gesetze", in 150 *Zeitschrift für das gesamte Handelsrecht*, pp. 469 e ss., 1986.

26. Esse controlo legal é efectuado, em Portugal, pela "Lei das Cláusulas Contratuais Gerais" (aprovada pelo Decreto-lei n. 446/1985, de 25 de outubro) e, no Brasil, pelos arts. 46 a 54 do "Código de Proteção e Defesa do Consumidor" (cf. ainda os arts. 423 e 424 do Código Civil).

27. Outra confirmação da relevância autónoma dos usos mercantis, embora oblíqua, pode ser encontrada no quadro da chamada *auto-regulação*, que assume particular importância no domínio juscomercial (*v.g.*, códigos de conduta, etc.), quando se constata que tais usos funcionam, não raro, como um factor de bloqueio às próprias reformas legislativas sempre que estas desconheçam os interesses profissionais ou corporativos estabelecidos no sector económico objecto de regulação (cf. Roger Granger, "La tradition en tant que limite aux Réformes du Droit", in 31 *Revue Internationale de Droit Comparé*, pp. 37 e ss., 1979).

III – E o que dizer do seu *relevo jurídico*?

Muito embora os usos mercantis não sejam "de per si" juridicamente vinculantes (como sucede com o costume), tal não significa que não possam também eles, afinal, constituir fonte (embora mediata ou derivada) do Direito Comercial. Com efeito, a regra contida no uso mercantil pode transmutar-se em norma jurídica vigente e actuante na disciplina das relações comerciais, seja já em virtude da sua convocação realizada por uma norma legal ("*dimensão legal*"), seja já em virtude de vontade expressa, tácita ou hipotética das próprias partes dessas mesmas relações ("*dimensão negocial*").

IV – Uma primeira dimensão ou domínio de relevância dos usos mercantis é a chamada "*dimensão legal*": ou seja, os usos forjados na prática comercial quotidiana, não possuindo por si só juridicidade, acabam por constituir fonte (embora "mediata") da regulação das relações entre os sujeitos comerciais.[28]

Tal dimensão consubstancia-se fundamentalmente numa *função normativa derivada*. A sua função diz-se normativa no sentido em que os usos intervêm na regulação das relações comerciais a título de normas ou comandos legais, seja para qualificar juridicamente um determinado actor (por exemplo, o gerente de comércio: cf. art. 248º do Código Comercial) ou comportamento jurídico-comerciais (por exemplo, um acto de concorrência desleal: cf. art. 317º do Código da Propriedade Industrial), para integrar a disciplina de um dado contrato comercial (por exemplo, o contrato de transporte: cf. art. 373º, parágrafo único, do Código Comercial) ou dado aspecto particular dessa disciplina (por exemplo, a remuneração do agente comercial: cf. art. 15º Decreto-lei n. 178/1986, de 3 de julho), ou simplesmente para estabelecer outro tipo de efeitos jurídicos (por exemplo, a delimitação do âmbito dos actos resolúveis em benefício da massa insolvente: cf. art. 121º, n. 1, *f*) do Código da Insolvência e da Recuperação de Empresas).[29]

Os exemplos desta "dimensão" legal dos usos mercantis são inúmeros, podendo multiplicar-se *ad nauseam usque*, já que o legislador comercial, e não só, remete frequentemente o intérprete e o julgador para "os usos do comércio".[30] É o caso de diversos preceitos do próprio *Código Comercial*: entre tantos outros, vejam-se assim o art. 232º, § 1, sobre a remuneração a pagar ao mandatário no contrato de mandato mercantil, o art. 248º sobre o conceito de gerente comercial, o art. 269º, § 2, sobre a comissão "del credere" do comissário mercantil, o art. 382º sobre o prazo de entrega das coisas no contrato de transporte, ou o art. 399º sobre o contrato de penhor em tí-

28. Veja-se assim também o art. 3º, n. 1, do Código Civil português: de acordo com este preceito, "os usos que não forem contrários ao princípio da boa-fé são atendíveis quando a lei o determinar". Tanto quanto saibamos, ao contrário do que sucede com o costume (cf. art. 4º da Lei de Introdução ao Código Civil), não existe no direito brasileiro uma disposição expressa atribuindo relevância genérica aos usos, embora a lei esteja enxameada de referências específicas à sua relevância (*v.g.*, arts. 111, 113, 372, 429, 529, 658, parágrafo único, 695, 701, 724, 753, § 1º, do Código Civil) e, curiosamente, a lei comercial tenha mesmo chegado a dar prevalência aos mesmos sobre a aplicação da lei civil (cf. arts. 130 a 133 do Código Comercial, hoje revogados).

29. De acordo com alguns autores, uma parte destes "usos legais" não constituiria fonte de direito, mas tão-só fonte de integração contratual (F. Cassiano Santos, *Direito Comercial Português*, v. I, Coimbra Editora, p. 58, 2007). Não podemos concordar: além de ter sido o próprio legislador do Código Civil a qualificá-los como tal (ao prever a sua relevância no capítulo das "Fontes do Direito"), é necessário não perder de vista que a vinculatividade jurídica dos usos resulta aqui, tanto quanto qualquer outra matéria concitada na estatuição de normas legais relativas a contratos (mormente, as estipulações das partes: *lex privata vel lex contratus*), da lei que as manda aplicar.

30. Opinião diferente parece ser a de J. Oliveira Ascensão (J. Oliveira Ascensão, *O Direito – Introdução e Teoria Geral*, 11ª ed., cit., p. 263).

tulos de crédito.[31] Mas não só. A *demais legislação mercantil* é também fértil em referências aos usos mercantis: apenas para nos ficarmos por alguns dos diplomas nucleares da legislação portuguesa, pense-se, por exemplo, no art. 6º, n. 2, do Código das Sociedades Comerciais (que considera admissíveis as liberalidades sociais "que possam ser consideradas usuais"), no art. 317º do Código da Propriedade Industrial (que define a concorrência desleal como todo o acto de concorrência "contrário às normas e usos honestos de qualquer ramo de actividade económica"), no art. 12º, n. 3, do Código dos Valores Mobiliários (que determina que os serviços das sociedades de notação de risco devem ser prestados obedecendo "aos usos internacionais"), no art. 87º, n. 3, do Regime Geral das Instituições de Crédito e Sociedades Financeiras (que remete para os "bons usos da actividade" das instituições creditícias), ou no art. 7º, n. 2, *b*, da Lei da Concorrência (que qualifica como abuso de dependência económica a ruptura injustificada de uma relação comercial, tendo em consideração "os usos reconhecidos no ramo de actividade económica").[32]

V – O relevo dos usos mercantis, todavia, não se confina à "dimensão legal", nem postula necessariamente que a lei os convoque. Com efeito, mesmo na ausência de qualquer remissão legal, não está excluído que os usos mercantis possam desempenhar uma função de *elementos auxiliares de interpretação e integração* da disciplina jurídica aplicável às relações mercantis, mormente em sede dos negócios jurídico-comerciais. Falamos agora de uma segunda dimensão da relevância dos usos: a "*dimensão negocial*".[33]

Assim, e desde logo, o art. 218º do Código Civil português dispõe que "o silêncio vale como declaração negocial, quando esse valor lhe seja atribuído por lei, *uso* ou convenção":[34] deste modo, quando a prática uniforme e estabilizada em determinado sector da actividade mercantil atribuir ao *silêncio* o valor de meio declarativo, o uso não deixará de ter relevância jurídica. Ora, a máxima *qui tacet cum potuit et debiut, consentire videtur* aparece ocasionalmente sedimentada, seja em usos gerais ou sectoriais de comércio – de que o relevo do silêncio no âmbito das cartas de confirmação, comum na contratação mercantil internacional, constitui justamente uma eloquente ilustração[35] –, seja mesmo em usos individuais ou intersubjectivos – gerados no âmbito de relações comerciais ou de negócio duradouras entre dois contraentes.

31. Algo de semelhante, tanto quanto julgamos saber, sucedia com várias normas do Código Comercial brasileiro (arts. 154, 168, 201, 291, etc.), entretanto revogados pela Lei n. 10.406, de 10.1.2002.

32. Aliás, a *própria legislação civil* não deixa de os contemplar: veja-se assim o art. 560º, n. 3, do Código Civil, que consagra os "usos particulares de comércio" como circunstância legitimadora da prática do anatocismo, particularmente relevante no âmbito da contratação bancária. Cf. D. Leite Campos, "Anatocismo e usos particulares do comércio", in 48 *Revista da Ordem dos Advogados*, 3, pp. 37 e ss., 1988.

33. Cf. ainda o art. 1.8 (2) dos "Princípios Relativos aos Contratos Comerciais Internacionais" de 1984, adoptados pelo UNIDROIT, e o art. 1.105 (2) dos "Princípios do Direito Europeu dos Contratos" de 1988, que consagram expressamente a relevância dos usos do comércio internacional na contratação mercantil transnacional (cf. Roy Goode, "Usages and its reception in Transnational Commercial Law", in Jacob Ziegel (ed.), *Developments in International Commercial and Consumer Law*, Oxford, Hart Publishing, pp. 3 e ss., 1998).

34. Disposição paralela, embora não inteiramente idêntica, encontra-se prevista no art. 111 do Código Civil brasileiro, segundo o qual "o silêncio importa anuência, quando as circunstâncias ou os *usos* o autorizarem, e não for necessária a declaração de vontade expressa" (itálicos nossos).

35. Sobre a figura, Manfred Thamm e Klaus Detzer, "Das Schweigen auf ein kaufmännisches Bestätigungsschreiben", in 50 *Der Betrieb*, pp. 213 e ss., 1997. Tal figura é mesmo considerada por alguns como costume comercial: cf. Karsten Schmidt, *Handelsrecht*, 5ª ed., p. 26, cit., 1999.

Além disso, em sede de *interpretação* do negócio jurídico, o art. 236º, n. 1, do Código Civil português estabelece que "a declaração negocial vale com o sentido que um declaratário normal, colocado na posição do real declaratário, puder deduzir do comportamento do declarante, salvo se este não puder razoavelmente contar com ele".[36] Ora, na determinação do sentido a atribuir a determinado negócio jusmercantil, haverão certamente de relevar, entre os elementos atendíveis por um declaratário medianamente diligente, os usos da prática no sector negocial, profissional ou económico considerado:[37] indo mesmo mais longe, não faltam autores que afirmam que "a impressão do declaratário é tendencialmente coincidente com os usos que porventura existam, mesmo no silêncio da lei".[38] A jurisprudência portuguesa conhece sobejas confirmações da valia hermenêutica dos usos mercantis: assim, por exemplo, em matéria da interpretação do contrato de depósito bancário, em acórdão de 15 de março de 2005, o Supremo Tribunal de Justiça considerou que devem ser tidas em conta, para além das normas legais pertinentes (mandato, conta corrente, etc.), também "as práticas e usos do comércio bancário".[39] Esta conclusão sai ainda mais reforçada quando se atente no que sucede no âmbito da moderna contratação mercantil, seja de massa, seja de grande vulto: assim, relativamente à primeira, os usos mercantis poderão decerto incluir-se entre aqueles elementos que um consumidor ou empresário atenderia na hora de apreciar o alcance de uma determinada cláusula geral aposta em contratos comerciais de adesão, *v.g.*, contratos bancários, de seguros, de intermediação financeira (art. 11º do Decreto-lei n. 446/1985, de 25 de outubro);[40] e relativamente à última (especialmente internacional e de grande vulto), o *standard* hermenêutico nuclear (destinatário "normal"), longe de se poder reconduzir ao padrão indiferenciado do "homem médio" (*bonus pater familias*) e à respectiva bitola de diligência comum, vai forçosamente referenciado ao paradigma do "grande empresário" e a graus de diligência particularmente qualificados cujo conteúdo apenas a consideração da *praxis* comercial pode em definitivo esclarecer.[41]

Finalmente, o art. 239º do Código Civil prevê que a *integração* dos negócios jurídicos deve ser feita "de harmonia com a vontade que as partes teriam tido se houvessem previsto o ponto omisso" ou com "os ditames da boa-fé". Ora, se bem que porventura com um alcance muito mais residual, nada autoriza a excluir *in limine* o recurso do julgador à *praxis* comercial observada no sector económico pertinente como meio de reconstrução da vontade hipotética e conjectural das partes de um negócio juscomercial ou na determinação dos limites impostos pela boa-fé.

36. O art. 113 do Código Civil brasileiro é expresso a este respeito, estabelecendo que "os negócios jurídicos devem ser interpretados conforme a boa-fé e os usos do lugar de sua celebração".

37. Neste sentido também C. Mota Pinto, que considera que "serão atendíveis todos os coeficientes ou elementos que um declaratário medianamente instruído, diligente e sagaz, na posição do declaratário efectivo, teria tomado em conta (...), tais como os usos da prática ou de outra natureza que possa interessar, devendo prevalecer sobre os usos gerais ou especiais (próprios de certos meios ou profissões)" (*Teoria Geral do Direito Civil*, 3ª ed., Coimbra Editora, pp. 450 e ss., 1985).

38. J. J. Oliveira Ascensão, *O Direito – Introdução e Teoria Geral*, 11ª ed., cit., p. 267.

39. Acórdão de 15 de março de 2005 (Faria Antunes), Processo n. 04A2964, in *www.dgsi.pt*.

40. No direito português, o sistema legal de controlo das cláusulas contratuais gerais foi construído na base do "*status*" dos sujeitos das relações jurídico-contratuais, assumindo aí relevo central a figura do empresário: é nesse sentido que falamos de "contratos comerciais de adesão", sendo possível distinguir entre *contratos comerciais puros* ou bilaterais (concluídos entre empresários: cf. arts. 17º e 19º do Decreto-lei n. 446/1985, de 25 de outubro) e *contratos comerciais mistos* ou unilaterais (concluídos entre empresários e consumidores: cf. arts. 20º a 22º do Decreto-lei n. 446/1985, de 25 de outubro).

41. Sobre as particularidades da interpretação dos contratos comerciais, v. J. García-Pita Lastres, *Derecho Mercantil de las Obligaciones*, Madrid/Barcelona, Marcial Pons, pp. 506 e ss., 2003.

4. *Entre o costume e os usos: os "usos mercantis normativos"*

I – Todas as anteriores reflexões arrancam da distinção tradicional entre o costume e os usos. Como já atrás foi posto em destaque, tal distinção gravita em torno do conceito clássico e fundamental da "*convicção de obrigatoriedade jurídica*" (I. Galvão Telles):[42] uma determinada prática ou *modus agendi* generalizado ou constante, observável no tráfico mercantil ou em determinado sector deste, pode corresponder a um costume mercantil ou um uso mercantil, consoante essa prática é acompanhada ou não, por parte da comunidade dos seus actores, do convencimento de que tal prática tem a si subjacente uma regra jurídica de acatamento obrigatório (*opinio juris vel necessitatis*).

II – Olhada mais de perto, a distinção tradicional entre costume e usos mercantis (ou, se se preferir, entre usos mercantis de direito e de facto) *apresenta porventura mais zonas de sombra do que de luz*.[43]

Na verdade, como sublinha acertadamente Carlos Ferreira de Almeida, o pressuposto da "convicção de obrigatoriedade" tradicionalmente associado ao costume é excessivo e discriminatório, introduzindo uma exigência para as normas consuetudinárias que inexiste para as normas legais. Ora, talqualmente as leis podem ser imperativas mas também meramente dispositivas, também assim os costumes podem ser imperativos ou meramente dispositivos (supletivos ou permissivos): ou seja, tal como uma lei não deixa de o ser quando, no lugar de obrigar, apenas se aplica para suprir o silêncio dos sujeitos jurídicos, aclarar o sentido das suas condutas ou permitir àqueles um dado efeito jurídico, assim também um costume enraizado na comunidade não perde essa qualidade quando o seu acatamento pelos indivíduos é devido, não à convicção de se tratar de regra injuntiva e obrigatória, mas simplesmente ao convencimento de se estar diante de regra em vigor no seio dessa mesma comunidade, ainda que com funções normativas meramente supletivas ou permissivas. Tal significa dizer que o traço distintivo geral entre a norma consuetudinária e o simples uso de facto deverá residir na "*convicção de vigência jurídica*" da norma que o costume incorpora, e não já necessariamente na convicção da sua injuntividade ou obrigatoriedade.[44]

III – Está bom de ver que a substituição do tradicional critério da "obrigatoriedade" pelo critério alternativo da "vigência" acabaria por permitir reequacionar *o papel da "consuetudo mercatorum" no Direito Comercial moderno*, contribuindo assim para renovar a sua importância no quadro do sistema das fontes juscomerciais.

Com efeito, uma boa parte dos chamados "usos mercantis de facto" consistem actualmente em práticas reiteradas e habituais cuja função normativa consiste, não em proibir ou impor uma conduta aos intervenientes no comércio jurídico, mas simplesmente em regular o sentido geral *ex silentio* dessa conduta (usos normativos supletivos) ou em a consentir (usos normativos permissivos). Ora, tais "usos normativos" dispositivos, desde que consubstanciados em práticas seguidas e aceites pelo

42. *Introdução ao Estudo do Direito*, v. I, 11ª ed., Coimbra Editora, p. 117, 1999. A força desta distinção tradicional é mesmo universal. Veja-se assim a distinção entre *custom* e *usage* vigente no mundo anglo-saxónico: "Usage is a repetition of acts, and differs from custom in that the latter is the law or general rule which arises from such repetition; while there may be usage without custom, there cannot be a custom without a usage accompanying or preceeding it" (Brian Gardner (ed.), *Black's Law Dictionnary*, "voce" respectiva, St. Paul, Minn., West Group, 2004).

43. Sobre a delicada fronteira entre costume e usos mercantis, v. Jutta Limbach, "Die Festellung von Handelsgebräuchen", in *Festgabe für Ernst Hirsch*, cit., pp. 77 e ss.; Michel Pédamon, "Y a-t-il lieu de distinguer les usages et les coutumes en Droit Commercial?", in 12 *Revue Trimestrielle de Droit Commercial et de Droit Économique*, pp. 359 e ss., 1959.

44. *Contratos – Conceito, Fontes, Formação*, 2ª ed., Coimbra, Almedina, p. 60, 2003.

conjunto dos destinatários do comércio jurídico-económico (ou de determinado sector relevante deste), adquiriram, tanto quanto os "usos normativos" injuntivos, uma indiscutível vigência social aos olhos desses mesmos destinatários: o que impede, pois, de passarem a ser considerados, ou pelo menos tratados, como verdadeiro costume mercantil para efeitos da regulação das relações jurídico-comerciais?

Em suma, por outras palavras, no universo geral dos chamados "usos de comércio", seria porventura de admitir uma terceira categoria, situada algures a meio caminho entre o costume mercantil (na concepção tradicional) e os meros usos mercantis: o chamado "costume mercantil dispositivo" ou, se se preferir, "*usos mercantis normativos*". Tratar-se-ia, na verdade, de uma norma costumeira *hoc sensu* cuja especificidade fundamental reside no seu carácter meramente dispositivo: tal significa que, ao lado da norma costumeira cogente ou obrigatória, passariam igualmente a ser consideradas fontes primárias e autónomas da revelação do Direito Comercial objectivo (e não simplesmente como fontes derivadas, dependentes *ex definitione* de convocação legal ou convencional: cf. art. 3º, n. 1, do Código Civil) os "usos normativos" de natureza dispositiva dotados de uma efectiva vigência jurídico-social. Por outras palavras: *sempre que uma regra supletiva ou permissiva puder ser extraída de determinada "praxis" ou uso comercial, acolhido e seguido estavelmente pela comunidade geral dos seus autores ou destinatários, tal regra transmuta-se em norma jurídica (dispositiva) do Direito Comercial*.

Uma tal concepção lata do costume mercantil representa naturalmente um simples ponto de partida, e não de chegada – implicando diversas *precisões complementares*, designadamente quanto à delimitação da sua noção e à sua interrelação com as normas legais e contratuais, que aqui não podem ser senão afloradas e testadas em tese geral.

IV – Desde logo, no que tange à sua *noção*, importa precisar que a norma costumeira aqui relevante é apenas *aquela que corresponde a usos ou práticas seguidos e acolhidos por toda a comunidade de sujeitos a que respeita, "rectius", dos seus autores e destinatários*.

Não se poderá assim falar de costume – mas de mero uso – a propósito de uma prática, ainda que reiterada e estável, que é aceite pelos seus autores, *mas não pelos seus destinatários*: assim, por exemplo, será de qualificar, quando muito, como simples uso, uma determinada prática seguida pela generalidade dos empresários de um determinado sector comercial que, todavia, é desconhecida ou não aceite pelos respectivos clientes (*v.g.*, certas práticas comerciais de venda em face dos consumidores).[45] Também de uso, e não de costume, haverá que falar relativamente àquelas práticas que são seguidas apenas por alguns, *mas não por todos os seus autores*: assim, por exemplo, foi considerado como simples uso bancário ou "uso de praça" a prática adoptada por uma concreta instituição bancária que permite a movimentação de contas bancárias por analfabetos, mediante a respectiva impressão digital e assinatura a rogo do titular.[46] Nestes

45. Dito de outra forma, não relevam as práticas que relevam de um poder ou supremacia económico-negocial (*wirtschaftliche Übermacht*) ou que são impostas unilateralmente por parte de apenas um sector dos intervenientes (*v.g.*, dos vendedores em face dos compradores, dos bancos em face dos clientes, dos seguradores em face dos segurados). Inversamente, já serão em princípio de considerar como relevantes aquelas práticas que, embora criadas ou propostas por um sector dos seus intervenientes (*maxime*, os profissionais de determinada actividade comercial), passaram a ser respeitadas e seguidas pelos demais com o convencimento da sua vinculatividade jurídica (*maxime*, pelos consumidores dos respectivos bens e serviços). Cf. também Claus-Wilhelm Canaris, *Handelsrecht*, 24ª ed., Munique, Beck, p. 341, 2006.

46. Acórdão do Tribunal Constitucional de 22 de maio de 1996 (Tavares da Costa), que qualificou como "uso de praça" a actuação da "Caixa Geral de Depósitos": neste caso, sendo o Regulamento então vigente (aprovado pelo Decreto n. 694/1970, de 31

casos, estaríamos diante de meros "usos mercantis de facto", destituídos de juridicidade própria e que apenas a poderiam adquirir pelas vias normais – mediante a sua convocação feita por norma legal (art. 3º, n. 1, do Código Civil) ou pelas partes no exercício da sua autonomia contratual (*v.g.*, sob a forma de cláusulas contratuais gerais).

Mas já haverá verdadeira norma comercial costumeira, ou "uso mercantil de direito", quando a "*praxis*" comercial em causa é actuada, respeitada e acolhida *pela totalidade dos seus autores e destinatários*, adquirindo uma vigência jurídica *hoc sensu* e funcionando como matriz normativa das respectivas condutas e relações. Um exemplo de escola deste tipo de situação é a chamada "cláusula de boa cobrança" no domínio da actividade bancária, que denomina a prática habitual dos bancos e clientes de apenas considerarem definitivo o depósito de títulos de crédito (*maxime*, cheques) após os mesmos terem sido efectivamente cobrados. Neste caso, quanto a nós, encontramo-nos perante uma verdadeira norma consuetudinária (ou, se se preferir, perante um "uso normativo") que passou a funcionar como uma fonte autónoma da disciplina do contrato de depósito bancário, cuja recepção pela ordem jurídica não ficou dependente, nem da sua consagração ou convocação por norma legal, nem sequer do seu acolhimento convencional, expresso ou tácito, pelas partes contratantes.[47]

V – Importante é igualmente – e agora por outra banda – ter presente o quadro das relações do costume ou norma costumeira mercantil, assim latamente concebidos, com as *normas legais*.

Afigura-se dificilmente aceitável que o costume mercantil possa primar sobre normas legais *imperativas*, as quais têm a si subjacentes interesses gerais ou indisponíveis (freqüentemente, no domínio da regulação contratual, o interesse de tutela do contraente mais fraco) que, sob pena de insegurança jurídica, não devem poder ser afastados por práticas comerciais consuetudinárias. Uma boa ilustração disto mesmo pode ser encontrada na recente aprovação de um diploma legal que veio afastar e revogar a prática bancária perfeitamente consolidada que consistia no cálculo diferenciado das taxas de juros das operações passivas (depósito) numa base de um ano de 360 dias e das operações activas (*maxime*, concessão de crédito) numa base de 365 ou 366 dias.[48]

de dezembro) omisso quanto à movimentação de contas bancárias por titulares analfabetos, as instruções de serviço internas deste banco acolheram a prática usual segundo a qual bastaria a aposição da respectiva impressão digital sem reconhecimento notarial e declaração feita em documento particular com a assinatura a rogo do titular. Diferente será já a conclusão quando tal prática tenha deixado de o ser de apenas um ou mais bancos concretos, ou de uma "praça" especial, para se tornar numa *praxis* seguida pela generalidade das instituições bancárias.

47. A "cláusula de boa cobrança" aparece por vezes referida, na doutrina e jurisprudência portuguesas, ora como uma cláusula tácita, ora como uma cláusula (expressa) contratual geral, dos contratos de depósito bancário: cf. F. Conceição Nunes, *Direito Bancário*, v. I, cit., p. 72; J. Patrício Simões, *Direito Bancário Privado*, Lisboa, Quid Juris, p. 86, 2004; Acórdão do Supremo Tribunal de Justiça de 12 de dezembro de 2002 (Ponce Leão), onde se decidiu no sentido de inexistir uso bancário contrário ou diverso ao dessa cláusula negocial tácita. Trata-se, quanto a nós, de uma qualificação incorrecta. Sem dúvida que semelhante *praxis*, originada nas práticas profissionais da banca, foi sendo progressivamente incorporada nos contratos de depósito bancário, mormente por via dos seus formulários-tipo. Tal recepção, todavia, não lhe retira a sua autonomia enquanto verdadeira norma costumeira no plano da ordem juscomercial positiva, plenamente aplicável independentemente do seu acolhimento (ainda que meramente tácito) nos contratos celebrados entre os bancos e os seus clientes (cf. ainda *supra* 3, II).

48. O Aviso do Banco de Portugal n. 9/2006, de 10 de novembro, veio assim impor basicamente a obrigatoriedade de as instituições bancárias adoptarem um único método de cálculo para todas as suas operações, activas ou passivas, com vista à protecção dos interesses dos clientes: não obstante tratar-se de uma prática seguida e aceite por todos os bancos e clientes até então, assumindo pois contornos consuetudinários, deve entender-se que tal costume foi revogado por lei imperativa. Mas outros exemplos se poderiam aqui formular: veja-se, p. ex., a

Inversamente, já não se vêem razões para que, em via de regra, o costume não possa primar sobre normas legais *dispositivas*. Com efeito, aos sujeitos jurídicos é reconhecido o poder de se afastar do direito dispositivo positivado, pelo que às suas condutas activas ou omissivas pode e deve ser imputado esse significado quando tal corresponda ao sentido da *praxis* vigente e unanimemente aceite em determinado sector juscomercial.[49] Trata-se obviamente de uma solução de princípio, que apenas deverá ser aceite dentro dos limites da boa-fé decorrentes dos arts. 3º, n. 1, e 762º, n. 2, do Código Civil: na verdade, existem normas legais que, não obstante derrogáveis por vontade das partes (normas dispositivas), transportam um conteúdo de justiça ou tutelam interesses que apenas devem ceder uma vez reunidos determinados pressupostos (relembre-se, por exemplo, que a derrogação de certas normas dispositivas é justamente proibida no âmbito dos contratos de adesão: cf. arts. 19º e 22º do Decreto-lei n. 446/1985, de 25 de outubro); e, mesmo na falta de norma legal dispositiva, o costume não deve ser considerado como necessariamente aplicável em toda e qualquer circunstância, mormente sempre que seja frontalmente violador de princípios gerais da ordem jurídica.[50]

VI – Finalmente, importa também não descurar a relação deste costume mercantil com as *normas contratuais*.

Esta relação é rica de influências recíprocas. Por um lado, uma boa parte dos contratos comerciais contemporâneos correspondem a *contratos atípicos*. Com efeito, a *vis creativa* dos empresários, os *mercatore* do novo milénio, e a dinâmica própria da vida económica tem sido responsável por um incessante movimento de criação e sedimentação de contratos socialmente típicos que não são dotados de um regime legal próprio (legalmente atípicos) e, nalguns casos até, sequer de um *nomen iuris* (inominados): pense-se nos contratos de *factoring*, *leasing*, *franchising*, *sponsoring*, *forfaiting*, *engineering*, *catering*, *renting*, *merchandising*, *countertrade*, *know-how*, *futures*, *swaps*, *caps*, *floors*, *options*, *project finance*, e tantos outros.[51] Ora, são os usos mercantis (de direito ou de facto) que fornecem o modelo de base da disciplina contratual destas figuras negociais, desempenhando, na sua construção e aplicação jurídicas, um papel algo semelhante àquele que as normas legais desempenham no caso dos contratos típicos: para dizer tudo numa palavra, com Pedro Pais de Vasconcelos, "os tipos contratuais sociais são direito consuetudinário".[52]

Por outro lado, uma boa parte do costume mercantil é hoje objecto de uma compilação e enquadramento sistemático no âmbito de instrumentos normativos escritos elaborados por organizações nacionais e internacionais – tendo-se assim tornado numa espécie de fonte autopoiética de produção normativa em matéria da contratação mercantil, especialmente internacional: pense-se, por exemplo, nos *contratos-modelo*, elaborados por associações profis-

revogação pela lei da concorrência de determinadas práticas de "cartel" ou concertadas entre empresas de transporte aeronáutico (Karsten Schmidt, *Handelsrecht*, 5ª ed., cit., p. 28).

49. Saliente-se que tal solução valerá mesmo nos casos em o que contrato comercial em questão não se desvie expressamente *in casu* do tipo legal onde se encontra previsto tal direito dispositivo: é que, como salienta Claus-Wilhelm Canaris, a circunstância de constituir justamente *praxis* contratual vigente e firmada o afastamento dessas normas legais dispositivas – que não são "praticadas" ou são ignoradas habitualmente no seio da comunidade dos seus destinatários (os contraentes) – aponta também para atribuir tal significado ao silêncio das partes de um contrato concreto (*Handelsrecht*, 24ª ed., cit., p. 349).

50. Assim também Hans Sonnenberg, *Verkehrssitten im Schuldvertrag – Rechtsvergleichender Beitrag zur Vertragsauslegung und zur Rechtsquellenlehre*, Munique, Beck, pp. 118 e ss., 1970.

51. J. Engrácia Antunes, *Os Contratos Comerciais – Noções Fundamentais*, Lisboa, Direito e Justiça, pp. 42 e ss., 2008.

52. *Contratos Atípicos*, Coimbra, Almedina, p. 61, 1995.

sionais ou corporativas, de vocação geral ou sectorial, que funcionam como modelos padronizados destinados a ser adoptados pelos operadores económicos no âmbito de certos tipos contratuais (com especial destaque para os aprovados pela Câmara de Comércio Internacional, *v.g.*, modelos relativos ao contrato de agência, de concessão comercial, ou de franquia comercial).[53]

Finalmente, quanto à sua interrelação em sentido estrito, afigura-se que as *normas contratuais deverão primar sobre o costume mercantil dispositivo ou supletivo*: tal como as partes de um contrato são livres de afastar as normas legais dispositivas, assim também deve ser respeitada a vontade dos contratantes em prover uma disciplina diversa da prevista supletivamente na norma costumeira (costume supletivo) ou em não se aproveitar de determinada faculdade que esta lhes atribui (costume permissivo). Ponto é que tal afastamento haja sido expressa ou concludentemente acordado por tais contraentes: ou seja, os interessados em que tal norma costumeira não lhe seja oponível deverão cuidar de excluir ou afastar a sua aplicação no próprio programa contratual.

5. *O regime probatório*

I – A fechar estas breves reflexões, uma última e ainda mais sumária chamada de atenção para o importante *regime processual da alegação e prova* do costume e dos usos mercantis.[54]

II – Como atrás foi sublinhado, o costume mercantil (fonte juscomercial imediata ou primária) e os usos mercantis (fonte juscomercial mediata ou derivada) consubstanciam verdadeiras regras jurídicas actuantes na disciplina das relações comerciais. Assim sendo, no rigor dos termos, tal deveria significar que eles deveriam ser sempre do conhecimento oficioso do juiz, independentemente da sua invocação pelas partes (*iura novit curia*, no brocardo latino).[55]

III – Esta conclusão, todavia, tem cedido perante as exigências da prática, dadas as consabidas dificuldades da constatação e averiguação dos usos mercantis, de direito ou de facto: já a Rota de Génova rezava – *consuetudo est difficilimae probationis*. Daí que o próprio legislador tenha estabelecido que *o ónus da prova da existência e conteúdo* (art. 348º, n. 1, do Código Civil português) *ou do teor e vigência* (art. 337 do Código do Processo Civil brasileiro) *destes costumes e usos incumbirá àqueles que os invocam*, sem prejuízo de ao tribunal competir o dever de conhecer e aplicar tais costumes ou usos:[56]

53. Cf. Fabio Bortolotti, "The ICC Model Contracts: a new approach to the drafting of model forms for international trade", in 8 *Revue du Droit des Affaires Internationales*, pp. 968 e ss., 2001. Para além destes, existem ainda modelos de contratos-tipo aprovados por organismos profissionais sectoriais – *v.g.*, os modelos relativos à venda e transporte de cereais emanados da "London Corn Trade Association" e da "Grain and Feed Trade Association", os relativos a empreitadas industriais da "International Federation of Consulting Engineers" – ou, mais circunscritamente, de determinadas cláusulas-tipo concretas a incluir nos contratos comerciais – designadamente, as cláusulas de força maior e *hardship* (*ICC Hardship Clause 2003*, Paris, 2003).

54. Sobre a questão, v. J. Oliveira Ascensão, *O Direito – Introdução e Teoria Geral*, 11ª ed., cit., p. 256; Nobert Horn (org.), *Handelsgesetzbuch Kommentar*, vol. 4, 2ª ed., Berlim, De Gruter, pp. 83 e ss., 2005; Karsten Schmidt, *Münchener Kommentar zum Handelgesetzbuch*, vol. 5, Munique, Beck, pp. 50 e ss., 2001.

55. J. Lebre Freitas, *Introdução ao Processo Civil*, Coimbra Editora, pp. 115 e ss., 2006. Recorde-se ainda que, no âmbito da *jurisdição arbitral*, os usos de comércio jogam um papel fundamental: p. ex., nos termos do art. 28º do Regulamento do Tribunal Arbitral do Centro de Arbitragem Comercial, de 1 de outubro de 1987, "o tribunal terá sempre em conta os usos de comércio" nas suas decisões (cf. J. Galhardo Coelho, *Arbitragem*, Coimbra, Almedina, pp. 213 e ss., 2000).

56. Tal significa que ao tribunal incumbe também, simultaneamente, um "dever de se esclarecer sobre a matéria" (J. Antunes Varela, *Manual de Processo Civil*, 2ª ed., Coimbra Editora, p. 438, 1985), ou seja, o dever de se procurar inteirar das normas costumeiras existentes, seja no caso da sua invocação

desse modo, a menos que o juiz a reconheça *motu proprio*, a falta de prova da norma costumeira pela parte interessada tem como consequência a regulação da questão juscomercial segundo as regras legais vigentes (art. 348º, n. 3, do Código Civil). Instrumentos probatórios coadjuvantes particularmente relevantes poderão ser, quer os instrumentos normativos de natureza auto-regulatória elaborados sob a égide de organizações nacionais (*v.g.*, leis-modelo, termos normalizados, guias jurídicos), quer os pareceres das ordens profissionais relevantes (*maxime*, associações de comércio e indústria, associações profissionais de sector),[57] quer as próprias decisões jurisprudenciais em litígios anteriores.

pelas partes (art. 348º, n. 1, *in fine*, do mesmo Código Civil), seja mesma na falta dessa invocação (art. 348º, n. 2, do Código Civil).

57. Ulrich Böshagen, "Gutachten der Industrie- und Handelskammern über das Bestehen von Handelsbräuchen", in *Neue Juristische Wochenschrift*, pp. 695 e ss., 1956.

Atualidades

AÇÕES PREFERENCIAIS. NÃO PAGAMENTO DE DIVIDENDOS. AQUISIÇÃO DO DIREITO DE VOTO

NELSON EIZIRIK

Em função dos diferentes direitos ou vantagens que atribuem aos seus titulares, há, em nosso sistema jurídico, duas espécies de ações:[1]

(a) *as ações ordinárias*, que são aquelas que conferem aos seus titulares a plenitude dos direitos decorrentes da qualidade de sócios, inclusive o direito de voto nas deliberações da Assembléia Geral; e

(b) *as ações preferenciais*, que conferem aos seus titulares, além dos direitos essenciais dos acionistas, vantagens patrimoniais e preferências especiais em relação às ações ordinárias, mas que, em contrapartida, podem ser privadas do direito de voto.

A ação preferencial sem voto ainda é o instrumento utilizado pelo acionista controlador para viabilizar a capitalização da sociedade no mercado de valores mobiliários, sem que isto acarrete o comprometimento de seu poder de controle.

No entanto, a emissão das ações preferenciais sem direito a voto pressupõe a atribuição de uma vantagem de natureza patrimonial ou econômica, vis-à-vis as ações ordinárias, como forma de compensar seus titulares pela não participação no poder político da companhia. Não existe ação preferencial sem a atribuição de uma vantagem patrimonial ao acionista, visto que a subtração do direito de voto só é possível enquanto compensada por um privilégio econômico, na repartição dos lucros ou no reembolso de capital.[2]

Assim, a Lei das S/A, ao permitir que o Estatuto Social prive o preferencialista do direito de participar politicamente da vida da sociedade, estabelece, em contrapartida, as vantagens de natureza patrimonial que podem justificar a supressão ou a restrição do direito de voto.

Em sua redação original, a Lei n. 6.404/1976 condicionava a legalidade da privação do direito de voto à atribuição, aos titulares de ações preferenciais, de uma das seguintes vantagens: (*i*) prioridade na distribuição de dividendos fixos ou mínimos (art. 17, inciso I); (*ii*) prioridade no reembolso do capital, com prêmio ou sem prêmio (art. 17, inciso II); ou (*iii*) acumulação das duas vantagens anteriores (art. 17, inciso III).

A Lei das S/A estabelecia basicamente duas modalidades de dividendos que poderiam ser conferidos às ações preferenciais: o fixo e o mínimo.

As ações preferenciais com dividendo fixo ou mínimo são aquelas cuja vantagem consiste no direito de o seu titular receber, antes que haja qualquer distribuição

1. Existe, ainda, uma terceira espécie de ações, de pouca relevância na prática empresarial, denominadas *ações de fruição*, as quais encontram-se previstas no art. 44, § 5º, da Lei das S/A.

2. Alfredo Lamy Filho e José Luiz Bulhões Pedreira, *A Lei das S/A (Pressupostos, Elaboração, Aplicação)*, v. II, 2ª ed., Rio de Janeiro, Renovar, 1996, p. 151.

de dividendos entre os demais acionistas, um montante previamente quantificado nos estatutos sociais, seja um valor certo em reais, seja um percentual determinado do capital social, do valor nominal da ação ou, ainda, do patrimônio líquido da companhia.

No caso das ações preferenciais com dividendo fixo, o acionista tem direito a receber apenas o valor estatutariamente predeterminado. Uma vez atingido esse montante, tais ações não participam dos lucros remanescentes que venham a ser distribuídos, ainda que o valor dos dividendos pagos às demais classes e espécies de ações supere o do dividendo fixo.[3]

A prioridade no recebimento de um dividendo mínimo, por sua vez, consiste na acumulação da vantagem outorgada aos portadores de dividendos fixos com a possibilidade de participar dos lucros remanescentes em igualdade de condições com as ações ordinárias.

Ou seja, as ações preferenciais com dividendo mínimo, têm o direito de receber prioritariamente uma parcela do lucro, que deverá ser determinada no Estatuto Social. Após o pagamento do dividendo mínimo às ações preferenciais, igual valor deverá ser atribuído às ações ordinárias. Por fim, o remanescente do lucro a ser distribuído, se houver, será partilhado entre as ações ordinárias e preferenciais em igualdade de condições.

Como se verifica, as ações preferenciais com dividendo fixo ou mínimo possuem *prioridade* no recebimento de dividendos em relação às ações ordinárias, visto que, se o lucro líquido distribuível apurado pela companhia não for suficiente para assegurar o pagamento do montante do dividendo fixo ou mínimo estatutariamente previsto, os titulares de ações ordinárias não terão direito ao recebimento de qualquer dividendo.

Além do dividendo fixo ou mínimo, a Lei n. 6.404/1976, em sua redação original, também permitia a emissão de ações preferenciais cuja vantagem patrimonial consistia, exclusivamente, em prioridade no reembolso do capital.

Tal prioridade somente se verifica quando da liquidação da sociedade, cabendo aos titulares deste "benefício" o direito de receber o capital correspondente às suas ações logo após a satisfação de todos os credores.

Ou seja, os titulares de ações preferenciais que tenham como vantagem a prioridade no reembolso do capital, na hipótese de liquidação da sociedade, preferem os demais acionistas na restituição da importância contribuída para o capital, recebendo o valor correspondente às suas ações mesmo que o montante do patrimônio remanescente, após o pagamento dos credores, não seja suficiente para satisfazer a integralidade dos acionistas da companhia.

No entanto, a prática empresarial demonstrou que a prioridade no reembolso no capital não proporcionava ao preferencialista um benefício patrimonial efetivo, uma que a vantagem a que ele fazia jus somente se verificava no momento da liquidação da sociedade e, ainda assim, caso restasse algum patrimônio após o pagamento dos credores da companhia.

Visando a solucionar tal distorção, a Lei n. 9.457/1997 determinou que a ação preferencial sem direito de voto que tivesse como vantagem exclusiva a prioridade no reembolso do capital teria o direito ao recebimento de um dividendo, no mínimo, 10% (dez por cento) superior àquele atribuído às ações ordinárias, o qual foi denominado, pela doutrina, de *dividendo majorado* ou *diferencial*.

Assim, de acordo com a redação então conferida ao inciso I do art. 17 da Lei das S/A, os titulares de ações preferenciais que não faziam jus a dividendos fixos ou mínimos, teriam o direito de receber sem-

3. Modesto Carvalhosa e Nelson Eizirik, *A Nova Lei das S/A*, São Paulo, Saraiva, 2002, p. 88.

pre o diferencial a maior de 10% (dez por cento) sobre o valor pago aos titulares de ações ordinárias.

A própria redação do art. 17 dada pela Lei n. 9.457/1997 deixava claro que os dividendos majorados *não* se confundem com dividendos fixos ou mínimos, uma vez que somente teriam direito ao dividendo 10% (dez por cento) superior os acionistas cujas ações não fizessem jus ao dividendo fixo ou mínimo.

Esta diferenciação se deve ao fato de o dividendo majorado ser calculado apenas com base no lucro líquido do exercício, sem estar garantido aos preferencialistas o recebimento de qualquer valor certo e determinado previamente estabelecido.

Além disso, ao contrário daqueles que tem direito aos dividendos fixos ou mínimos, os titulares de ações preferenciais com dividendos majorados ***não*** gozam de prioridade na distribuição dos lucros sociais, pois o valor a eles devido deve ser pago simultaneamente com o distribuído às ações ordinárias, apenas com a aplicação de um percentual a maior.

Vale dizer, nas companhias cujas ações preferenciais tenham direito ao recebimento do dividendo majorado, *não* existe a possibilidade de todo o lucro distribuído pela sociedade ser alocado para os preferencialistas, como ocorre nos casos em que existam ações com direito a dividendo fixo ou mínimo.

A reforma da Lei das S/A, implementada pela Lei n. 10.303/2001, alterou novamente o sistema de vantagens que podem ser conferidas às ações preferenciais, as quais passaram a variar de acordo com a negociabilidade das ações em bolsa. Ou seja, foram criados dois sistemas distintos de privilégios a serem adotados para as ações preferenciais sem direito de voto ou com voto restrito, conforme sejam elas negociadas ou não no mercado de valores mobiliários.

No que se refere às ações preferenciais sem direito a voto não negociadas no mercado de valores mobiliários, a Lei n. 10.303/2001 restaurou o regime que vigorava na redação original da Lei n. 6.404/1976, no qual esta espécie de ação poderia fazer jus à prioridade na distribuição de dividendos fixos ou mínimos e/ou à prioridade no reembolso do capital.

Assim, as ações preferenciais não negociadas no mercado de valores mobiliários deixaram de fazer jus ao dividendo majorado nas hipóteses em que o estatuto não lhes atribui vantagens consistentes em dividendos fixos ou mínimos.

Por outro lado, as ações preferenciais sem direito a voto negociadas no mercado de valores mobiliários passaram a estar reguladas pela nova redação do art. 17, § 1º, da Lei das S/A.

O art. 17, em sua nova redação, estabeleceu três tipos de vantagens que poderão justificar a supressão do direito de voto em relação às ações preferenciais que circulam no mercado de valores mobiliários, independentemente de também ser atribuído a tais ações o direito à prioridade no reembolso do capital.

A primeira vantagem (art. 17, § 1º, inciso I) consiste no recebimento de *dividendo mínimo*, cujo patamar foi fixado, por lei, em pelo menos 3% (três por cento) do valor de patrimônio líquido da ação, não obstante possa o estatuto fixar percentual maior.

A segunda vantagem legalmente admitida (art. 17, § 1º, inciso II) constitui o *dividendo majorado*, isto é, o direito ao recebimento de um dividendo pelo menos 10% (dez por cento) maior do que o atribuído a cada ação ordinária.

Por fim, o art. 17, § 1º, inciso III, prevê, como vantagem patrimonial do titular das ações preferenciais, o direito de alienar as suas ações, em caso de oferta pública de transferência de controle da companhia, nas mesmas condições asseguradas aos minoritários titulares de ações ordinárias, isto é, pelo preço no mínimo igual a 80% (oitenta por cento) do valor pago por ação integrante do bloco de controle (art. 254-A da Lei n. 6.404/1976).

Em resumo, as ações preferenciais sem direito a voto ou com voto restrito deverão apresentar, sob pena de não serem admitidas à negociação no mercado de capitais, além do eventual direito de prioridade no reembolso do capital, uma das seguintes vantagens: (*i*) dividendo mínimo de, pelo menos, 3% (três por cento) do valor patrimonial da ação; (*ii*) dividendo diferencial, no mínimo, 10% (dez por cento) superior ao montante destinado às ações ordinárias; e (*iii*) possibilidade de serem incluídas na oferta pública de alienação de controle.

Durante a vigência do antigo Decreto-lei n. 2.627/1940, constituía prática comum a retenção da totalidade dos lucros auferidos pela companhia para aplicação no seu próprio financiamento, prejudicando a concretização do direito essencial dos demais acionistas em participar dos lucros sociais.

Visando a corrigir tal distorção, a Lei n. 6.404/1976 criou o dividendo mínimo obrigatório, cujo objetivo consiste em garantir a efetividade do direito do acionista ao dividendo, evitando que os lucros sociais sejam permanentemente capitalizados em detrimento da distribuição de dividendos a que têm direito os acionistas minoritários.[4]

Com efeito, o pagamento do dividendo mínimo obrigatório passou a constituir a quitação de uma obrigação por parte da companhia, cujo cumprimento os acionistas têm o direito de exigir, desde que a sociedade apresente lucros no exercício social.[5]

Assim, o dividendo obrigatório pode ser conceituado como a parcela do lucro líquido que as companhias devem destinar aos acionistas, a título de dividendos. A Lei das S/A em seu art. 202, ao mesmo tempo em que consagra a obrigatoriedade de distribuição de lucros, também garante à companhia liberdade quanto à fixação estatutária do dividendo mínimo obrigatório, desde que o faça com "*precisão e minúcia*" e não sujeite a determinação de seu valor apenas aos administradores ou aos acionistas controladores.

Ainda que o estatuto seja omisso, terão os acionistas o direito ao recebimento do dividendo obrigatório que, nesse caso, será equivalente a 50% (cinqüenta por cento) do lucro líquido, ajustado nos termos do art. 202 da Lei das S/A.

A redação do art. 202 da Lei das S/A deixa evidente que o dividendo obrigatório foi criado para beneficiar *todos* os acionistas da companhia, independentemente da espécie ou classe de ações de que sejam titulares.

Assim, o dividendo obrigatório corresponde à parcela do lucro líquido que a companhia comprometeu-se a distribuir, na forma de dividendos, a *todos* os acionistas da companhia, ou seja, tanto aos titulares de ações ordinárias como aos detentores de ações preferenciais.

Contudo, esta divisão deve obedecer aos critérios previstos em lei e no estatuto social para a sua distribuição entre as diversas espécies de ações.

Logo, uma vez determinado o montante do dividendo obrigatório a ser distribuído aos acionistas, devem ser pagos, prioritariamente, os dividendos fixos ou mínimos a que fazem jus os titulares de ações preferenciais. Apenas após ter sido integralmente pago o dividendo prioritário das ações preferenciais, é que o restante da parcela correspondente ao dividendo obrigatório, se houver, deve ser distribuído aos detentores de ações ordinárias.

Portanto, não se pode confundir o dividendo obrigatório com os dividendos prioritários fixos ou mínimos, tendo em vista a natureza absolutamente diversa de

4. Modesto Carvalhosa e Nelson Eizirik, *A Nova Lei das S/A*, cit., p. 359.

5. Alfredo Lamy Filho e José Luiz Bulhões Pedreira, *A Lei das S/A (Pressupostos, Elaboração, Aplicação)*, v. II, 2ª ed., cit., p. 501.

ambos: enquanto estes correspondem a uma vantagem outorgada *estatutariamente* ao acionista titular de ações preferenciais, o primeiro consiste na parcela mínima dos lucros que deve ser distribuída, obrigatoriamente, a todos os acionistas.

O estatuto social não pode privar as ações preferenciais do direito de voto sem que haja uma adequada compensação pecuniária que as torne patrimonialmente mais atrativas do que as ações ordinárias.

Em vista disso, o art. 111, § 1º, da Lei n. 6.404/1976 prevê que, não sendo efetivada, durante o prazo previsto no estatuto, não superior a três exercícios consecutivos, a vantagem patrimonial estatutariamente assegurada aos titulares de ações preferenciais, adquirirão eles o direito de voto.

Com relação ao prazo para a aquisição do direito de voto, a norma do § 1º do art. 111 é clara no sentido de que o estatuto pode estabelecer o prazo *máximo* de três exercícios consecutivos. A regra estatutária retira o seu fundamento de validade da Lei das S/A; se estabelecer prazo eventualmente maior, será inteiramente ilegal, por contrária ao dispositivo hierarquicamente superior contida na Lei Societária.

O dispositivo no § 1º do art. 111 justifica-se na medida em que, não se concretizando a vantagem econômica que deveria ser auferida pelos titulares de ações preferenciais, não poderá prevalecer a restrição política a que estavam submetidos, devendo-lhes, então, ser restituído o direito de voto. Tem a norma, ainda, o objetivo de permitir que aqueles acionistas que foram privados do direito de voto passem a ter uma participação ativa nas deliberações sociais e, com isso, possam envidar seus melhores esforços para possibilitar a recuperação financeira da companhia.

Porém, conforme se depreende do texto legal, o legislador limitou, expressamente, a referida aquisição do direito de voto, em decorrência do não pagamento de dividendos por, no máximo, três exercícios sociais consecutivos, aos titulares de ações preferenciais cujas vantagens patrimoniais consistam em *prioridade no recebimento de dividendos fixos ou mínimos*.

Ou seja, nos termos expressos do art. 111, § 1º, da Lei das S/A, somente os titulares de ações preferenciais com dividendos fixos ou mínimos terão a prerrogativa de adquirir o direito de voto em caso de não pagamento de dividendos.

Qualquer interpretação em sentido diverso, procurando estender a aplicação da regra do art. 111, § 1º, da Lei Societária a outras modalidades de vantagens conferidas às ações preferenciais, seria contrária ao próprio texto legal. Com efeito, de acordo com as regras de hermenêutica jurídica, deve-se compreender as palavras da lei como tendo alguma eficácia (*verba cum effectu, sunt accipienda*), visto que não existem palavras inúteis no texto legal. Assim, não cabe ao intérprete desconsiderar os termos empregados pelo legislador, especialmente quando utilizados em seu sentido técnico.

Note-se que o legislador especificou, no dispositivo ora analisado, apenas duas das diferentes modalidades de vantagens patrimoniais que a própria Lei Societária admitiu sejam conferidas às ações preferenciais.

Caso fosse intenção do legislador conferir a todas as ações preferenciais sem direito de voto a possibilidade de recuperar o exercício deste direito teria ele discriminado *todas* as possibilidades de vantagens que pudessem ser conferidas às ações preferenciais ou, ao contrário, não teria mencionado expressamente qualquer vantagem, permitindo ao intérprete concluir que todas as modalidades de privilégios estariam ali incluídas.

Cumpre ressaltar que o Decreto-lei n. 2.627/1940, em seu art. 81, dispunha que as ações preferenciais adquiririam o direito de voto quando deixassem de ser pagos os *dividendos fixos*. Nada mencionava esta lei a respeito dos dividendos mínimos, que somente foram introduzidos em nosso ordenamento positivo com a entrada em vigor da Lei n. 6.404/1976.

A Lei Societária de 1976 também substituiu a palavra "anos", constante da redação do art. 81 do Decreto-lei n. 2.627/1940, por "exercícios", a fim de conferir maior tecnicidade à norma.

A este respeito, note-se que a Exposição de Motivos do Anteprojeto que resultou na Lei n. 6.404/1976 menciona que a redação conferida ao dispositivo legal em tela visou a manter intacta a norma contida no antigo art. 81, eliminando "*dúvidas ou omissões evidenciadas na prática*".[6]

Dessa forma, tendo sido a expressa intenção do legislador eliminar dúvidas suscitadas durante a vigência da lei anterior, se fosse sua vontade estender o benefício da aquisição do direito de voto a *todas* as modalidades de ações preferenciais, não teria ele se referido textualmente apenas às ações com direito a dividendos fixos ou mínimos.

Ressalte-se que a redação dada ao § 1º do art. 111 da Lei das S/A foi tão precisa e detalhada que mencionou ainda a possibilidade de o dividendo fixo ou mínimo ser cumulativo, hipótese em que a supressão do direito a voto somente voltaria a vigorar após o pagamento de todos os dividendos em atraso.

Tal circunstância apenas reafirma a conclusão de que a ausência de menção às ações preferenciais com direito a outras modalidades de vantagem patrimonial foi *proposital* e que somente o não pagamento do dividendo fixo ou mínimo é que possibilita a aquisição do direito a voto.

Visando a corroborar este entendimento, cumpre ainda mencionar as duas grandes reformas a que a Lei n. 6.404/1976 foi submetida desde que entrou em vigor.

A primeira delas foi implementada pela Lei n. 9.457/1997, que, conforme visto anteriormente, criou o denominado dividendo majorado, o qual deveria ser conferido, por força de lei, a todas as ações preferenciais sem direito de voto que tivessem como único privilégio a prioridade no reembolso de capital em caso de liquidação da companhia.

A Lei n. 9.457/1997 introduziu esta nova modalidade de vantagem patrimonial a ser conferida às ações preferenciais sem direito de voto, mas não a incluiu no texto do art. 111, § 1º, da Lei das S/A, o que reitera a conclusão de que o legislador não teve a intenção de conferir-lhes a possibilidade de adquirirem o direito de voto no caso de não distribuição de lucros, pela companhia, por três exercícios sociais consecutivos.

Cite-se, ainda, a este respeito, o anteprojeto que resultou na promulgação da Lei n. 10.303/2001, a qual introduziu profundas alterações na Lei n. 6.404/1976. Durante a tramitação legislativa do aludido projeto, foi amplamente discutida a questão referente à possibilidade de se incluir no texto do art. 111, § 1º, da Lei Societária os titulares de ações preferenciais com vantagens que não consistissem na prioridade ao recebimento de dividendos fixos ou mínimos.

Com efeito, o Deputado Federal Emerson Kapaz, ao relatar o substitutivo ao Projeto de Lei n. 3.115/1997, de autoria do Deputado Luis Carlos Hauly, propôs que o art. 111, § 1º, da Lei das S/A, passasse a ser aplicável no caso de não pagamento de quaisquer dividendos às ações preferenciais.

De acordo com tal proposta, o referido dispositivo legal passaria a estabelecer simplesmente que "as ações preferenciais sem direito a voto ou com voto restrito adquirirão o exercício desse direito se a companhia deixar de pagar, total ou parcialmente, pelo prazo previsto no estatuto, não superior a três exercícios consecutivos, *os dividendos a que fizerem jus*" (grifamos).

6. Alfredo Lamy Filho e José Luiz Bulhões Pedreira, *A Lei das S/A (Pressupostos, Elaboração, Aplicação)*, v. II, 2ª ed., cit., pp. 236-237.

No entanto, o referido substitutivo recebeu emenda visando a suprimir a alteração proposta pelo Relator, a qual foi acatada pelo mesmo, por ter entendido que "*a obtenção de voto quando não houver distribuição de dividendos só deve ser permitida às ações com dividendo fixo ou mínimo*".

Diante disso, a única interpretação possível para o art. 111, § 1º, da Lei Societária é a de que os acionistas titulares de ações preferenciais sem direito de voto cuja vantagem patrimonial não consista no recebimento de dividendos fixos ou mínimos não adquirirão direito de voto no caso de ficarem sem receber dividendos por, no mínimo, três exercícios consecutivos. Com efeito, não existe no texto legal qualquer palavra que possa induzir o intérprete ao entendimento de que haverá aquisição do direito de voto para os titulares de ações preferenciais que não tenham direito ao recebimento de dividendos fixos ou mínimos.[7]

Cumpre ressaltar que a Comissão de Valores Mobiliários – CVM já firmou entendimento no sentido de que o dispositivo ora em análise aplica-se tão-somente às ações preferenciais cuja vantagem patrimonial seja o dividendo fixo ou mínimo, conforme parecer proferido por sua Procuradoria Jurídica[8] e adotado pelo Colegiado da autarquia.[9]

É perfeitamente possível, assim, que numa companhia, algumas classes de ações preferenciais adquiram o direito de voto, outras não. Por exemplo, a companhia Delta emite ações preferenciais de três classes: A com direito a dividendo fixo de 8% sobre o valor do capital; B com direito ao dividendo mínimo de 3% sobre o patrimônio líquido; e C com direito ao dividendo obrigatório (art. 202) mais o direito de serem incluídas na oferta pública prevista no art. 254-A. Caso passe mais de três exercícios sem pagar quaisquer dividendos, adquirirão o direito de voto os titulares das preferenciais A e B, que tem direito a dividendos fixos e mínimos, respectivamente, mas não os da classe C, que não os tem.

Assim, por todo o exposto, conclui-se que *somente* os titulares de ações preferenciais que façam jus ao recebimento de *dividendos fixos ou mínimos* adquirirão o direito de voto no caso de não pagamento de dividendos pelo prazo estabelecido na lei ou no estatuto social. Os titulares de ações preferenciais que tenham como vantagem patrimonial a prioridade no reembolso do capital em caso de liquidação da companhia, o direito ao recebimento do dividendo majorado ou, ainda, o direito de serem incluídos na oferta pública de alienação de controle não adquirirão o direito de voto, ainda que a companhia passe mais de três exercícios sociais sem distribuir lucros aos seus acionistas.

Rio de Janeiro, 18 de março de 2008.

7. Luiz Leonardo Cantidiano, "A Reforma da Lei das Sociedades por Ações", in *Revista Forense* 340/134; Fábio Ulhoa Coelho, *Curso de Direito Comercial*, v. 2, 2ª ed., São Paulo, Saraiva, 2000, p. 103.

8. Parecer/CVM/PJU/n. 024/2002.

9. Processo referente à "Aquisição de direito de voto de ações preferenciais cuja vantagem seja a prioridade no reembolso de capital – Serrana S/A – Memo/SEP/n. 055/98", julgado em 17.4.2003, disponível no *site www.cvm.gov.br.*

VINCULAÇÃO DA SOCIEDADE: ANÁLISE CRÍTICA DO ART. 1.015 DO CÓDIGO CIVIL

MARCELO VIEIRA VON ADAMEK
e
ERASMO VALLADÃO A. E N. FRANÇA

1. Introdução. 2. Órgãos representativos. 3. Análise do art. 1.015 do CC: 3.1 Atos de gestão (ou de execução do objeto social); 3.2 Regime dos atos com excesso de poderes; 3.3 Regime dos atos "ultra vires societatis". 4. Conclusão. 5. Bibliografia.

1. Introdução

O tema da vinculação da sociedade envolve, essencialmente, a análise do modo pelo qual a sociedade se vincula ou se obriga negocialmente perante terceiros; consiste em definir por atos negociais de quem fica a sociedade obrigada perante terceiros e que requisitos devem esses atos satisfazer, para que sejam então imputados à sociedade.[1] Conquanto aparentemente simples, o tema apresenta sutilezas, geradoras de problemas teóricos e práticos delicados. Além disso, a sua atualidade é incontestável, na medida em que o vigente Código Civil inaugurou, em seu art. 1.015, regime bastante diverso daquele outrora vigente entre nós e, o que é mais lamentável, positivou autêntico retrocesso em comparação àquilo que, de há muito, prevalece noutros sistemas jurídicos.

Diz-se que, numa primeira abordagem, o problema parece ser simples, pois, à pergunta sobre por atos de quem fica a sociedade obrigada, a resposta intuitiva parece ser a de que ela se vincula por atos de seus administradores (CC, art. 47). Sucede, porém, que uma resposta assim apresentada seria excessivamente ampla e imprecisa, pois, à toda evidência, não é qualquer órgão, mesmo de administração, que pode, de conformidade com a lei, vincular a sociedade perante terceiros: só os chamados órgãos representativos, isto é, órgãos com poderes de representação – com poderes para manifestar perante terceiros uma vontade juridicamente imputável à pessoa coletiva – é que podem vincular externamente a sociedade.[2]

1. Cf.: Luís Brito Correia, "Vinculação da sociedade", in *Novas Perspectivas do Direito Comercial*, p. 339; e Rui Rangel, *A Vinculação das Sociedades Anônimas*, p. 9. Estamos a tratar apenas da vinculação negocial, pois a sociedade pode ficar vinculada noutros termos, notadamente no tocante à responsabilidade civil (cf.: José de Oliveira Ascensão, *Direito Comercial*, vol. IV, n. 91, p. 312). O art. 1.015 do CC não se aplica para fins de imputação de responsabilidade civil (v.: Karsten Schmidt, *Münchener Kommentar zum Handelsgesetzbuch*, 2º vol., 2ª ed., § 126, n. 3, p. 444), apenas negocial (obrigacional).

2. O registro feito no parágrafo é, com diversas palavras, de Luís Brito Correia ("Vinculação da sociedade", cit., p. 339). Nessa linha, p. ex., o art. 138 e seu § 1º da LSA dispõem: "Art. 138. A admi-

2. *Órgãos representativos*

O funcionamento eficiente e concatenado de qualquer ente coletivo tem, como pressuposto indeclinável, a distribuição, específica e ordenada, de diferentes funções, deveres, responsabilidades, direitos e poderes, dentre várias células ou núcleos, dotados, assim, de atribuições próprias e necessárias, tanto para a formação da vontade coletiva, como para a sua ulterior exteriorização e execução, bem como para a fiscalização de seu cumprimento.

Estas células ou centros de atribuições de poderes integrantes da sociedade são designados pela doutrina e, em alguns casos, pelo próprio legislador, *órgãos sociais*. Órgão é, portanto, o centro de imputação de poderes e deveres funcionais exercidos, por um ou mais indivíduos que nele estejam investidos, para formar e manifestar a vontade juridicamente imputável à pessoa jurídica; ou, ainda, "órgão é o indivíduo (ou grupo de indivíduos), enquanto age para o desenvolvimento de um interesse coletivo, ou seja, enquanto cumpre uma função de grupo".[3] Em última análise, a noção de órgão é uma decorrência lógica do conceito de interesse coletivo, que explica a formação e a organização de qualquer grupo social, do mais simples ao mais complexo.

O órgão pode ser integrado por uma ou mais pessoas, físicas ou jurídicas, mas ele não é a pessoa investida no cargo[4] e sim, concretamente, é o próprio cargo ou centro de imputação de poderes funcionais. Note-se, todavia, que a vontade dos membros dos órgãos é juridicamente imputada à sociedade, mas a lei não deixa de reconhecer que tal vontade é simultaneamente imputada aos próprios membros dos órgãos, de tal modo a se poder responsabilizar estes pelos seus atos (CC, art. 1.016; e LSA, art. 158).[5]

O órgão é elemento integrante e necessário do ente coletivo; por isso, entre órgão e ente coletivo não se estabelecem relações jurídicas.[6] Além disso, enquanto parte integrante, inseparável e necessária que é do ente coletivo, o órgão não tem personalidade jurídica própria nem capacidade para a prática de atos jurídicos; quem as tem, eventualmente (e não necessariamente[7]), será sempre o próprio ente coletivo. A repartição de competências entre órgãos tem caráter meramente instrumental, sem modificar a sua titularidade.

nistração da companhia competirá, conforme dispuser o estatuto, ao Conselho de Administração e à diretoria, ou somente à diretoria. § 1º. O Conselho de Administração é órgão de deliberação colegiada, *sendo a representação da companhia privativa dos diretores*" (grifou-se).

3. Erasmo Valladão Azevedo e Novaes França, *Invalidade das Deliberações de Assembléia de S/A*, n. 7, p. 29, com fundamento em ensinamento de Carnelutti.

4. Cf.: Karsten Schmidt, *Gesellschaftsrecht*, 4ª ed., § 14, III, p. 415. A pessoa investida da atribuição de exercer os respectivos poderes é apenas o titular ou membro do órgão (*Organmietglied*), verdadeiro suporte do órgão (*Amtsträger*, *Organträger* ou *Organverwalter*), porém sem com isso com ele se confundir. Nos órgãos compostos por mais de um membro (órgãos plurais), a vontade do órgão é a resultante da conjugação da vontade de seus vários membros, atendido o específico procedimento jurídico de formação da vontade coletiva (votação). O seu titular não se confunde com o órgão em si; nem as modificações de seus membros, as mutações do substrato pessoal, modificam a configuração do órgão em si.

5. Cf.: Luís Brito Correia, "Vinculação da sociedade", cit., p. 349.

6. Luiz Gastão Paes de Barros Leães explica que "a relação orgânica não é uma relação intersubjetiva, quer dizer, não dá lugar àquele desdobramento entre atividade jurídica imputada ao agente, e os efeitos da mesma, imputadas ao interessado" ("Da remuneração dos membros dos conselhos de administração", in *Estudos e Pareceres sobre Sociedades Anônimas*, p. 182).

7. A noção de órgão não é incompatível com a comunhão, ainda quando esta seja entre nós despersonalizada. A massa subjetiva de credores, tanto na falência como na recuperação judicial, constitui comunhão de credores e, apesar de não ter personalidade jurídica, possui órgãos (cf.: Erasmo Valladão Azevedo e Novaes França, *Comentários à Lei de Recuperação de Empresas e Falência* – obra coletiva, coords. Francisco Satiro de Souza Jr. e Antônio Sérgio A. de Moraes Pitombo, 2ª ed., n. 106, p. 187).

Sob o prisma da *competência*, os órgãos podem ser divididos em *órgãos externos* (ou *representativos*), predispostos a exteriorizar a vontade coletiva a terceiros e a praticar os atos jurídicos e materiais que afetam as relações da sociedade perante terceiros, e *órgãos internos*, que agem no âmbito das relações entre a pessoa coletiva e os seus membros e/ou órgãos, sem entrar em contato com terceiros, estranhos à sociedade.[8] Qualquer pessoa jurídica deve ter, ao menos, um órgão externo ou representativo.

Em cada um dos tipos societários, por isso, a lei estabeleceu a qual órgão cabe o poder de representação (CC, arts. 989, 991, parágrafo único, 1.022, 1.042, 1.047, 1.060; e 1.091; e LSA, art. 138, § 1º).

"Não basta, porém", segundo registrou Luís Brito Correia, "que a lei diga que certo tipo de sociedade é representada – ou pode ser representada – por certo órgão. É necessário que a estatuição legal seja completada pelo contrato de sociedade, no sentido de uma das alternativas possíveis; e, sobretudo, é necessário que sejam designadas, por um dos modos previstos na lei ou no contrato, as pessoas concretas que irão exercer a função de representação orgânica da sociedade".[9]

"O problema que verdadeiramente interessa abordar", prossegue ainda Luís Brito Correia, "é este: será que a sociedade fica negocialmente vinculada por quaisquer atos praticados pelas pessoas físicas designadas como titulares ou membros dos seus órgãos representativos? Ou só fica vinculada por atos com certos requisitos – e quais?"[10] A estas questões, o art. 1.015, do Código Civil – que se situa dentro do capítulo reservado às sociedades simples, mas que, por via remissiva, se aplica às demais sociedades personificadas – pretendeu dar solução e, ao fazê-lo, criou regime jurídico anacrônico, como se verá da sua análise nas linhas seguintes.

3. Análise do art. 1.015 do CC

O art. 1.015 do Código Civil possui vários comandos.[11] Na cabeça, trata dos poderes dos administradores para a prática dos atos de gestão e, ainda, outros atos que, por serem extraordinários, dependem de autorização dos sócios. No parágrafo único, refere conjuntamente (e, portanto, com pouco apuro técnico) aos atos praticados em desacordo com as restrições convencionais aos poderes dos administradores (atos com excesso de poder em sentido es-

8. Os órgãos internos podem ser classificados em *órgãos consultivos* (que apenas emitem pareceres ou recomendações), *órgãos deliberativos* (que aprovam diretivas obrigatórias para outros órgãos), *órgãos executivos* (que praticam operações materiais ou jurídicas de execução de deliberações de órgãos deliberativos) e *órgãos fiscalizadores* (que vigiam ou fiscalizam a atividade dos outros órgãos, de seus membros ou dos sócios, verificando a legalidade, estatutariedade e mesmo a conveniência dela, denunciando irregularidades). Trata-se, porém, de simples classificação, que muito dificilmente tem exata simetria na lei societária: é comum o órgão cumular mais de uma das funções apontadas, como, por exemplo, a assembléia geral, que é um órgão essencialmente deliberativo, mas também tem o poder de fiscalizar a legalidade dos atos dos administradores (cf. Modesto Carvalhosa, *Comentários à Lei de Sociedades Anônimas*, 4ª ed., p. 609); o que normalmente há, porém, é a preponderância de uma função sobre outra, a justificar o destaque da função de maior expressão.

9. Luís Brito Correia, "Vinculação da sociedade", cit., p. 340.

10. Luís Brito Correia, "Vinculação da sociedade", cit., p. 341.

11. Eis a sua redação: "Art. 1.015. No silêncio do contrato, os administradores podem praticar todos os atos pertinentes à gestão da sociedade; não constituindo objeto social, a oneração ou a venda de bens imóveis depende do que a maioria dos sócios decidir. Parágrafo único. O excesso por parte dos administradores somente pode ser oposto a terceiro se ocorrer pelo menos uma das seguintes hipóteses: I – se a limitação de poderes estiver inscrita ou averbada no registro próprio da sociedade; II – provando-se que era conhecida do terceiro; III – tratando-se de operação evidentemente estranha aos negócios da sociedade".

trito[12]) e os atos praticados fora do objeto social (atos *ultra vires societatis*[13]). A confusão, aí incorrida pelo legislador e bastante freqüente na prática, de tratar conjuntamente destas distintas categorias, tem contribuído largamente para a difusão de equívocos interpretativos. É que os atos de órgão da sociedade, agindo dentro dos limites do objeto social mas em infração a restrição, legal ou convencional de poderes, são atos praticados com excesso de poderes; já os atos praticados em nome da sociedade mas fora do âmbito de seu objeto social são atos praticados além das forças da sociedade, isto é, atos para os quais, de acordo com a doutrina tradicional, ela não teria capacidade.[14] Na primeira situação, a falta é de *poder* do órgão (administrador); na segunda, de *capacidade* da própria sociedade.[15] Por isso, e ainda quando o legislador lhes tenha reservado soluções jurídicas unitárias, não conviria misturá-los.

Dito isso, vejamos o alcance das regras do art. 1.015 do Código Civil.

3.1 Atos de gestão (ou de execução do objeto social)

"No silêncio do contrato", preceitua o *caput* do art. 1.015 do CC, "os administradores podem praticar todos os atos pertinentes à gestão da sociedade; não constituindo objeto social, a oneração ou a venda de bens imóveis depende do que a maioria dos sócios decidir". Significa dizer que, salvo restrições previstas no pacto social (contrato ou estatuto social), os administradores estão legitimados a praticar todos os atos necessários à execução do objeto social (atividade econômica a cuja exploração se dedique a sociedade, segundo o disposto no art. 981 do Código Civil). Destarte, o objeto social, simultaneamente, *limita* a liberdade de gestão dos administradores e *preordena* a sua atuação.[16]

12. P. ex., a assinatura de cheque por um só administrador, quando o contrato social exige as assinaturas de dois administradores.

13. Um exemplo estridente: a negociação de bebidas, quando o objeto social consiste na venda de tecidos.

14. Cf.: J. Lamartine Corrêa de Oliveira, *A Dupla Crise da Pessoa Jurídica*, n. 1.4.2, p. 142 (com o registro de que "o princípio *ultra vires* deve ser entendido como limitação à capacidade de direito das pessoas jurídicas"). Esta é a opinião tradicional, afivelada ainda ao princípio da especialidade e que tem sofrido contestações, na linha de que, se o problema se colocasse em termos de capacidade, o ato exorbitante seria necessariamente inválido por incapacidade do agente, e não apenas ineficaz perante a sociedade. Ainda quando se tenha como admissível a possibilidade de o legislador relativizar o sancionamento de um ato em atenção à posição de terceiros (tal como o faz, por exemplo, em relação à nulidade do ato de constituição da sociedade, ao afastar o efeito retroativo do ato de sua pronúncia e, por efeito, impor a dissolução da sociedade, nos termos dos arts. 1.034, I, do Código Civil e 206, II, *a*, da LSA), a opinião minoritária nesta matéria é coerente. Alguns autores afirmam, por isso, que o escopo-fim da sociedade, e não o seu *objeto*, constituiria limitação à capacidade de gozo da sociedade (Alexandre Soveral Martins, "Capacidade e representação das sociedades comerciais", in *Problemas do Direito das Sociedades* – obra coletiva, pp. 472-473), donde a conseqüência de que, se atendidos os limites da finalidade lucrativa, a sociedade desfrutaria de capacidade para a prática de tudo e mais alguma coisa.

15. Vicente Ráo, com habitual precisão, destacou: "Capacidade e poderes são conceitos distintos. Pela palavra poderes, ora se designa o conteúdo ativo dos direitos (...), ora se indica a habilitação de alguém para agir em nome e conta de outrem, ou, simplesmente, por outrem, ao passo que a capacidade significa a aptidão genérica (situação passiva) da pessoa para praticar os atos da vida jurídica (inclusive, já se vê, os de outorga de poderes a terceiros)" (*Ato Jurídico*, atualização de Ovídio Rocha Barros Sandoval, 3ª ed., n. 34, p. 96). Ainda sobre o ponto, vejam-se as lições de Tércio Sampaio Ferraz Jr. sobre a distinção entre capacidade e competência para o exercício de poderes (*Introdução ao Estudo do Direito: Técnica, Decisão, Dominação*, 1ª ed., 4ª tir., n. 4.2.5.4, pp. 150-152).

16. Tem razão Modesto Carvalhosa ao salientar que "o objeto social é, portanto, limite específico da relativa discricionariedade que desfrutam os administradores na condução dos negócios sociais" ("Responsabilidade civil de administradores e de acionistas controladores perante a Lei das S/A", *RT* 699/37). No entanto, limitar e preordenar a atuação do administrador não é o mesmo que limitar externamente o poder de representação: a lei pode até prever que o poder de representação seja ilimitado

O objeto social designa uma atividade e esta consiste sempre na prática coordenada de atos (englobando atos e negócios jurídicos, e simples atos materiais) imputáveis a uma mesma pessoa e organizados em vista de um objetivo comum.[17] Trata-se, porém, de elemento aberto, dependente de concreção à luz do caso específico, sem que seja possível pretender abstratamente circunscrever, por antecipação, quais atos se enquadram ou não no âmbito do objeto social, isto é, quais atos se consideram ou não atos regulares de gestão.[18] Não há um critério apto a exprimir, *a priori*, um juízo de inerência ou não inerência de um determinado ato ao objeto social enunciado no pacto social[19] e, justamente daí, resultam as dificuldades adiante tratadas sobre os atos *ultra vires societatis*.

Na mesma disposição, o legislador pátrio houve por bem apontar, no *caput* do art. 1.015 do CC, atos e operações extraordinários (de venda ou oneração de imóveis), para os quais exigiu a aprovação dos sócios ou do órgão deliberativo que os congregue, salvo se tais atos integrarem o próprio objeto social, hipótese em que, para a sua prática, os administradores prescindem de autorização adicional dos sócios.

O legislador se referiu apenas a "oneração ou venda de bens imóveis" e, à evidência, poderia ter se reportado a outros atos:[20] trata-se de opção de política legislativa na definição de *limitações legais*. Nada impede, contudo, que, no pacto social (contrato ou estatuto social), outras *restrições convencionais* à prática de determinados atos sejam previstas, se assim o desejarem os sócios e desde que tais restrições e condicionamentos sejam compatíveis com a estrutura societária[21] (com o que se pretende aqui assinalar não ser possível, através da inserção de restrições e condicionamentos convencionais, chegar ao ponto extremo de, em termos práticos,

e ilimitável externamente, mas, ainda assim, o pacto social e, em especial, o objeto social constituem condicionantes da atuação do administrador.

17. Sobre atividade e a sua distinção em relação ao tratamento jurídico do ato, vide as lições sempre precisas de: Tullio Ascarelli, "O empresário", *RDM* 109/183-189; Giuseppe Auletta, "Attività", in *Enciclopedia del Diritto*, vol. III, pp. 981-987; Fábio Konder Comparato, *O Poder de Controle na Sociedade Anônima*, 3ª ed., n. 28, p. 93; e Erasmo Valladão Azevedo e Novaes França, "Empresa, empresário e estabelecimento: a nova disciplina das sociedades", *RAASP* 71/19.

18. Se o objeto social consiste na venda de tecidos, a aquisição de automóveis de passeio pela sociedade, aparentemente, não guardaria relação com ele. Mas pode se justificar, a título de um benefício extra concedido aos administradores.

19. Cf.: Giuseppe Ferri, *Manuale Diritto Commerciale*, 8ª ed., n. 182, p. 329; Francesco Galgano, *Il Negozio Giuridico*, 2ª ed., n. 103, p. 462, e *La Società per Azioni*, 2ª ed., n. 9, p. 289; e Arnoldo Wald, *Comentários ao Novo Código Civil*, vol. XIV, n. 551, p. 183.

20. Alfredo de Assis Gonçalves entende que teria sido salutar a imposição da restrição à alienação ou oneração de quaisquer bens do ativo permanente (*Lições de Direito Societário*, 2ª ed., n. 111, p. 253). Retoma-se, assim, a crítica, inicialmente suscitada por Orlando Gomes (*A Crise do Direito*, ns. 71-77, pp. 146-164, e ns. 78-79, pp. 165-170) e, depois, desenvolvida por Fábio Konder Comparato ("Função social da propriedade dos bens de produção", in *Direito Empresarial*: *Estudos e Pareceres*, 1ª ed., 2ª tir., p. 28; e *O Poder de Controle*..., cit., ns. 29-30, pp. 94-98) de que, ainda apegado à uma visão pré-capitalista que remonta ao feudalismo (quando a propriedade da terra conferia ao seu titular poder político), o legislador continua a se preocupar marcadamente com os bens imóveis, embora, com a instauração do método capitalista de produção fundado no sistema de crédito, a importância relativa daqueles bens diminuiu, e as grandes fortunas passaram a ser representadas por aplicações e valores mobiliários, dos quais derivam aos seus titulares poderes, econômico e político, tão ou mais evidentes do que o atribuído aos proprietários de terras no feudalismo.

21. Cf.: Giuseppe Ferri, "Delle società", in *Commentario del Codice Civile – a cura di Antonio Scialoja e Giuseppe Branca*, p. 307. Dizia o mestre: "La generalità della rappresentanza non può essere annullata: non si può concepire una persona che sia preposta all'esercizio dell'impresa e che non possa compiere tutti quegli atti che sono necessari a tal fine (...). Fissare *a priori* quando ciò avvenga, è impossibile, ma il buon senso pratico elimina ogni questione a questo riguardo, dato che in pratica non si arriva all'assurdo di attribuire ad una persona una funzione, negandogli i mezzi necessari per adempierla".

avocar e, por efeito, usurpar competências privativas e indelegáveis fixadas diretamente na lei societária para o órgão de administração[22]). Ou seja, "a sociedade é obrigada a nomear os seus administradores e há um mínimo de poderes dos quais estes não podem ser privados".[23]

Mas, se o pacto social silenciar, os administradores estarão, por princípio, autorizados a praticar todos os atos, principais ou instrumentais, necessários à execução do objeto social, mesmo aqueles atos que, do ponto de vista econômico, se qualifiquem como atos de administração extraordinária.[24] É que, como visto, os poderes dos administradores são delimitados pelo objeto social, e não pela relevância econômica do ato ou da operação a praticar e, portanto, a distinção entre atos de administração ordinária e extraordinária não é aplicável para o fim de determinar a esfera de poderes atribuídos aos administradores.[25]

No tema dos poderes dos administradores, portanto, sobressaem, de um lado, os limites decorrentes do próprio objeto social, a restringir a própria capacidade da sociedade, e, de outro, as limitações legais e as restrições convencionais aos poderes dos titulares do órgão representativo. Tal já era no regime anterior, assim continua na lei atual.

Mas – cabe indagar – o que sucede quando os administradores descumprem as restrições impostas aos seus poderes ou, até mesmo, atuem foram do objeto social: o ato por eles praticado, ainda assim, vincula a sociedade? Desta questão ocupam-se os incisos do parágrafo único do art. 1.015 do Código Civil, incorrendo no já apontado equívoco de confundir atos praticados com excesso de poderes com os atos *ultra vires societatis*, dando, em ambos os casos, soluções que representam autêntico retrocesso no direito societário pátrio.

22. "Onde há competência privativa", destaca Fábio Konder Comparato, "há também, por via de estrita conseqüência, a indelegabilidade de poderes ou funções. A rigor, portanto, a Lei n. 6.404 não carecia dizer, em seu art. 139, que 'as atribuições e poderes conferidos por lei aos órgãos de administração não podem ser outorgados a outro órgão, criado por lei ou pelo estatuto'. A regra decorre, naturalmente, do princípio da exclusividade de competências, que na história do direito político tem o nome de 'princípio da divisão dos Poderes'" ("Competência privativa do conselho de administração para a designação de diretores, em companhia aberta: ineficácia de cláusula de contrato social da *holding*, ou de eventual acordo de acionistas, para regular a matéria", in *Novos Ensaios e Pareceres de Direito Empresarial*, p. 96). E acrescenta: "A razão, afinal, reside na perfeita incompatibilidade entre competência privativa e delegabilidade de funções. A admitir-se esta última, estar-se-ia suprimindo, logicamente, o caráter exclusivo da atribuição de poderes. Pois a função que pareceu ao legislador não pudesse ser exercida por mais ninguém, a não ser o titular nomeado, passaria, por vontade deste, a ser atuada por outrem. Onde a lei inscreveu 'privatividade', o destinatário da atribuição leria 'transmissibilidade' ao seu alvedrio. O abuso de poderes seria chocante" (ob. cit., p. 97).

23. J. X. Carvalho de Mendonça, *Tratado de Direito Comercial Brasileiro*, vol. IV, 5ª ed., n. 1.167, p. 40.

24. O art. 1.011, § 2º, do CC, não autoriza, sequer remissivamente, a aplicação da regra do art. 661, § 1º, do CC (segundo o qual "para alienar, hipotecar, transigir, ou praticar outros quaisquer atos que exorbitem da administração ordinária, depende a procuração de poderes especiais e expressos"). E não autoriza, em primeiro lugar, porque as disposições concernentes ao mandato aplicam-se à atividade dos administradores apenas "no que couber", e aqui, sob todas as luzes não cabe, por se tratar de regra claramente dirigida a representante convencional, ao procurador; em segundo lugar, a aplicação remissiva também se mostra inviável porque, concretamente, o art. 661, § 1º, do CC é incompatível com o disposto no art. 1.015 do CC, o qual fornece soluções, em especial para os atos de alienação e oneração (como hipotecar), inconciliáveis com aquela regra geral do contrato de mandato.

25. Cf.: Giancarlo Frè e Giuseppe Sbisà, *Società per Azioni*, t. I, 6ª ed., nota 6, p. 788; Giorgio Cian e Alberto Trabucchi, *Commentario Breve al Codice Civile*, 6ª ed., nota II-3 ao art. 2.384, p. 2.424; Gastone Cottino, *Le Società*, 4ª ed., n. 114, pp. 413-414; e Giuseppe Ferri, *Manuale Diritto Commerciale*, cit., n. 225, p. 394 (com o destaque de que "nessuna distinzione è possibile tra atti di ordinaria e atti di straordinaria amministrazione: il potere degli amministratori riguarda ugualmente gli uni e gli altri").

3.2 *Regime dos atos com excesso de poderes*

O ato praticado em infração a restrições convencionais aos poderes dos administradores não vincula a sociedade e, portanto, o excesso é oponível por ela ao terceiro: (i) "se a limitação de poderes estiver inscrita ou averbada no registro próprio da sociedade"; *ou* (ii) "provando-se que era conhecida do terceiro". É o que dispõem os incs. I e II do art. 1.015 do CC.[26] Ao sopesar os interesses antagônicos dos sócios e dos terceiros, optou o legislador por criar regras que prestigiam a posição daqueles em detrimento da destes: foi um equívoco.

Com efeito, à luz do regime pretérito, já havia se firmado o escorreito entendimento de que "a limitação dos poderes de administração é somente oponível a terceiros que tenham dela conhecimento, ou devessem ter em razão da profissionalidade de seus atos, dada a circunstância de que a verificação dos poderes dos diretores no Registro de Empresas não é fácil, nem entrou nos hábitos do homem comum".[27] A doutrina[28] e a jurisprudência[29-30] prevalentes eram pela inoponibilidade das restrições convencionais diante de terceiros de boa-

26. O art. 47 do CC preceitua: "Art. 47. Obrigam a pessoa jurídica os atos dos administradores, exercidos nos limites de seus poderes definidos no ato constitutivo".

Esta regra, contudo, não admite simples interpretação *a contrario sensu*, conforme se extrai até mesmo da compreensão literal do parágrafo único do art. 1.015 do CC, no qual são previstas hipóteses em que atos dos administradores exercidos além dos limites de seus poderes definidos no ato constitutivo também obrigam negocialmente a pessoa jurídica. O que faltou em nossa lei civil foi uma regra clara sobre responsabilidade delitual da sociedade por atos de seus órgãos.

27. Luiz Gastão Paes de Barros Leães, "Sociedade por ações; atos praticados por seus diretores, em razão de administração; responsabilidade daquela e destes, solidariamente, se agiram com culpa ou contrariamente aos estatutos" (comentário a acórdão), *RDM* 2/74-81.

28 Cf.: Luiz Gastão Paes de Barros Leães, "Sociedade por ações...", cit., p. 80, "Responsabilidade dos administradores das sociedades por cotas de responsabilidade limitada", *RDM* 25/50, "O alcance das limitações estatutárias ao poder de representação dos diretores", *RDM* 113/9, "Cartas de liquidação expedidas pelas bolsas", in *Pareceres*, vol. I, pp. 138-143, e "Inoponibilidade das restrições estatutárias aos poderes de representação dos administradores de sociedades anônimas", in *Pareceres*, vol. II, pp. 811-836; Egberto Lacerda Teixeira e José Alexandre Tavares Guerreiro, *Das Sociedades Anônimas no Direito Brasileiro*, vol. I, § 25, p. 481; José Alexandre Tavares Guerreiro, "Responsabilidade dos administradores de sociedades anônimas", *RDM* 42/76-77 (para quem há "nítida tendência no sentido de configurar a responsabilidade da sociedade anônima pelas obrigações contraídas por administradores agindo com violação da lei ou do estatuto, quando o terceiro contraente se verifique estar de boa-fé"); Nelson Eizirik, "Responsabilidade civil e administrativa do diretor de companhia aberta", *RDM* 56/55; e Rubens Requião, *Curso de Direito Comercial*, 1º vol., 14ª ed., n. 252, pp. 310-313; dentre tantos outros.

29. Cf. (entendimento majoritário pela inoponibilidade das restrições convencionais perante terceiros de boa-fé): "Impugnação ao aval dado por sócio-gerente de firma comercial, embora contrariando o contrato social. É válido, ressalvada a ação da sociedade contra o sócio, principalmente se, como no caso dos autos, tirou a sociedade proveito da obrigação ilicitamente contraída" (STF, 1ª T., RE 68.104-GB, Rel. Ministro Barros Monteiro, v.u., j. 23.10.1969, *RTJ* 55/451). "Ainda que o desvio de finalidade da firma, ou a infração do seu contrato social, resulte de ato de uma única pessoa dirigente da mesma, o abuso por ela cometido não exonera a responsabilidade em face de terceiro de boa-fé. Compete à empresa zelar e observar os atos praticados por seus sócios dirigentes, não lhe sendo lícito alegar ignorância de tais atos em prejuízo de terceiros" (STF, Pleno, RE 69.028-RS-EDiv, Rel. Ministro Thompson Flores, v.u., j. 9.6.1971, *RT* 443/345). "Nota promissória. Aval assinado por diretor em nome da sociedade. Inobstante contrariar o contrato social que exigia a assinatura de dois diretores, válida é a obrigação contraída com terceiro de boa-fé, ressalvada a ação regressiva da sociedade contra o diretor" (STF, 1ª T., RE 70.830-GB, Rel. Ministro Djaci Falcão, v.u., j. 14.9.1971, *RTJ* 59/218). "Título avalizado por sociedade anônima com assinatura de apenas um diretor, contrariando os estatutos, tem validade e eficácia cambial com relação a terceiro de boa-fé" (STF, 2ª T., RE 72.174-RS, Rel. Ministro Xavier de Albuquerque, v.u., j. 8.5.1973, *RT* 460/216). "Sociedade por quotas de responsabilidade limitada. Afirmar que as limitações estatutárias prevalecem, sempre e sem exceção, nas relações da sociedade com

fé. Pelo regime atual, porém, ao menos diante da literalidade do art. 1.015, parágrafo único, I e II, do CC, a sociedade fica vinculada pelos atos praticados em seu nome pelos titulares do órgão representativo perante terceiros, a não ser que prove que o terceiro tinha conhecimento de que o ato desrespeitava limitação constante do pacto social ou que dita limitação de poderes estava registrada ou averbada no registro próprio da sociedade – hipótese em que, logo se vê, não bastará mais o "homem comum" alegar a sua ignorância, pois, ainda assim, o ato excedente, em princípio, não vinculará a sociedade.

Diz-se em princípio, porque, sob certas circunstâncias e à luz do primado da boa-fé objetiva, os atos do administrador, apesar de exercidos em infração a restrições convencionais de poderes e, portanto, a despeito do disposto no art. 1.015, parágrafo único, do CC, poderão vincular a própria sociedade, quando: (i) forem ratificados posteriormente,[31] expressa ou tacitamente; *ou* (ii) a sua preservação se impuser por efeito de outras regras e preceitos, em especial aqueles destinados a tutelar a posição jurídica de terceiros.[32] Porém, é im-

terceiros, é criar, de certo modo, através de ampla presunção *juris et de jure*, entraves pesadíssimos à circulação econômica e proporcionar, quiçá, às sociedades menos escrupulosas, uma poderosa válvula escapatória. Conciliação da defesa da aparência jurídica e da proteção aos legítimos interesses dos sócios e dos terceiros de boa-fé" (TJSP, 6ª CC., Ag Pet. 199.346, Rel. Desembargador Sousa Lima, v.u., j. 30.7.1971, *RJTJESP* 18/214). "O aceite ou aval lançado por um único diretor obriga a sociedade perante terceiro de boa-fé, embora tenha ocorrido violação do contrato social" (TJSP, 1ª CC., Ag Pet. 200.325, Rel. Desembargador Pacheco de Mattos, v.u., j. 28.9.1971, *RT* 438/119). "O aceite ou aval lançado por um sócio diretor obriga a sociedade perante terceiro de boa-fé, pouco importando haja sido violado o contrato social" (TJSP, 1ª CC., Ag Pet. 200.098, Rel. Desembargador Pacheco de Mattos, v.u., j. 28.9.1971, *RT* 439/123). "Sociedade comercial. Responsabilidade limitada. Obrigação assumida por um sócio apenas. Violação de contrato. Irrelevância perante terceiros. Ação de cobrança procedente. Terceiro não pode ficar prejudicado pelo descumprimento do contrato por um dos sócios, ao assumir obrigação em nome da sociedade" (TJSP, 5ª CC., Ap. 212.609, Rel. Desembargador Sylvio Barbosa, v.u., j. 18.8.1972, *RT* 452/69). "Cambial. Cobrança executiva. Cambial emitida por quem tinha, na ordem externa, poderes de representação. Qualidade não infirmada no curso da lide. Portador de boa-fé. Ação acolhida" (TACiv SP, 8ª CC., Ap. 136.716, Rel. Juiz Muniz Barreto, v.u., j. 22.6.1970, *JUTACivSP*-Lex 14/92). "Sociedade comercial. Gerência. Mau uso da razão social. Terceiro de boa-fé. Responsabilidade da sociedade pelos atos e negligência de seus diretores" (1º TACivSP, 4ª Câm., Ap. 409.247-7, Rel. Juiz Octaviano Lobo, v.u., j. 14.9.1989, *JUTACivSP*-Lex 120/225). "O aval prestado pelo sócio em nome da pessoa jurídica não a desobriga de responder perante terceiros de boa-fé, não obstante esteja consignada em cláusula contratual a proibição de utilizar-se de sua razão social para negócios estranhos à sociedade, cabendo-lhe, entretanto, o direito de regresso contra aquele" (TAMG, 3ª CC., Ap. 102.082-2, Rel. Juiz Abreu Leite, m.v., j. 17.9.1991, *RT* 688/158).

30. Cf. (entendimento minoritário pela oponibilidade das restrições convencionais perante terceiros): "Não permitindo o contrato que a sociedade se responsabilize em títulos cambiários, senão por uma forma determinada, os que surgirem desrespeitando a norma, evidentemente, deixarão de ter valor" (TJSC, 1ª CC., Ap. 6.973, Rel. Desembargador Osmundo Nóbrega, v.u., j. 24.4.1969, *RT* 402/350). "Aval prestado por um dos sócios, para proveito próprio, contra disposição expressa do contrato social, não obriga a sociedade" (TJGB, 1º Gr. Câms. Civs., EI 61.443, Rel. Desembargador Luís Antônio de Andrade, v.u., j. 9.1.1970, *RT* 418/366). Ainda: TJRJ, 4ª CC., Ap. 6.965, Rel. Des. Euclides Félix de Souza, v.u., j. 3.4.1979, *JB* 64/215; e TARJ, 5ª CC., Ap. 64.318, Rel. Juiz Alberto Lacerda Filho, v.u., j. 28.4.1977, *JB* 64/206.

31. Cf.: "Sociedade civil. Associação desportiva. Dação de imóvel em pagamento de dívida. Ato da diretoria. Irregularidade pretendida. Ratificação, contudo, por assembléia geral de sócios. Ação de nulidade cumulada com reivindicação improcedente. A ratificação tem efeito retroativo, operando *ex tunc*, como se ocorresse no momento do ato ratificado" (TJRS, Câms. Cívs. Reun., EI 12.333, Rel. Desembargador José Silva, m.v., j. 11.9.1959, *RT* 320/591).

32. Neste ponto, faz-se comumente alusão à teoria da aparência. Como a aparência, em si mesma considerada, não é fonte de poder de representação, a explicação mais técnica e convincente, e que tem o mérito inegável de ordenar e sistematizar as soluções jurídicas, encontra-se no instituto do *mandato tolerado* (*Duldungsvollmacht*). A construção do mandato tolerado e a sua exata diferenciação em relação ao mandato aparente encontram-se bem delineadas no direito alemão (v.: Adolf Baumbach e

Klaus J. Hopt, *Handelsgesetzbuch*, 29ª ed., § 48, ns. 5-7, pp. 126-126; Claus-Wilhelm Canaris, *Handelsrecht*, 23ª ed., § 16, ns. 12-14, pp. 311-312; Karsten Schmidt, *Handelsrecht*, 5ª ed., pp. 486-487; e Werner Flume, *Allgemeiner Teil des Bürgerlichen Rechts*, 2º vol. *Das Rechtsgeschäft*, 4ª ed., § 49, ns. 2-3, pp. 828-836). Mas, no direito brasileiro, continuam sendo exemplarmente ignoradas, em que pese o estudo pioneiro de Fábio Konder Comparato ("Aparência de representação: a insustentabilidade de uma teoria", *RDM* 111/39-44), o qual ainda não teve a repercussão merecida no meio jurídico. A construção do mandato tolerado não é incompatível com a teoria da representação orgânica (cf.: Rolf Watter, *Basler Kommentar zum Schweizerischen Privatrecht – Obligationenrecht I – art. 1-529 OR* – obra coletiva, 3ª ed., p. 942) e, portanto, serve também para elucidar questões relacionadas aos atos praticados com excesso de poderes. Ainda que de forma intuitiva, os tribunais têm aplicado as suas diretrizes (p. ex.: TACivSP, 1ª Câm., Ap. 157.031, Rel. Juiz Evaristo dos Santos, v.u., j. 19.4.1971, *RT* 426/149; e TJSC, 3ª CC., Ap. 20.021, Rel. Desembargador Wilson Guarany, v.u., j. 3.5.1984, *JC* 45/232). Ainda sobre o tema: "Sociedade comercial. Obrigação assumida por diretor empossado ilegitimamente. Irrelevância perante terceiros. Pagamento devido. Ação de cobrança procedente. As regras da aparência se aplicam às sociedades, mormente quando o falso gerente ou diretor se comporta aos olhos de todos e para com terceiros como se exercesse o cargo por título legítimo" (1º TACivSP, 1ª Câm., Ap. 196.971, Rel. Juiz Evaristo dos Santos, v.u., j. 11.9.1973, *RT* 458/133). "Sociedade comercial. Representação. Ação anulatória de aval prestado por sócio que, pelo contrato de constituição da sociedade, não tinha autorização para usar a firma social. Interpretação do artigo 316 do Código Comercial. No caso, apesar da restrição contida na cláusula contratual, a sociedade tolerava o emprego da firma, numa diversificada representação, até mesmo perante o Poder Público, e algumas vezes com assunção de responsabilidade cambiária e sem o atendimento das exigências do contrato. Não pode, agora, pretender, porque dissidentes os associados, seja cancelado o aval e seja o prejuízo suportado por terceiro, que não teve sua má-fé demonstrada" (TJSP, 4ª CC., Ap. 179.630, Rel. Desembargador Octávio Stucchi, v.u., j. 10.7.1969, *RJTJESP* 9/222).

portante aqui repetir o alerta de Luiz Gastão Paes de Barros Leães, ainda hoje válido: "a proteção à boa-fé não pode ser invocada para justificar a transferência de responsabilidade *como regra geral*, visto que, caso isso acontecesse, o patrimônio da sociedade ficaria à mercê de administradores inescrupulosos".[33] Nem se pode, de outro modo, pretender genericamente vincular a sociedade a estes atos negociais excedentes, por meio da invocação das regras sobre responsabilidade indireta por fato de terceiro (CC, art. 932, III),[34] na medida em que o administrador não é preposto da sociedade, é titular de órgão, e aqui estamos a tratar de vinculação negocial, e não de responsabilidade civil.

Contudo, se a exegese reta da lei irá prevalecer nos tribunais ou se será relativizada por outros preceitos (CC, arts. 113 e 422), é questão ainda em aberto. De toda forma, *dura lex sed lex* e, enquanto não for alterada, como tal claramente se impõe, cabem algumas observações complementares.

A primeira observação é a de que as restrições aos poderes de vinculação da sociedade não se colocam no plano da validade, mas no da eficácia: as restrições não são válidas ou inválidas, mas, conforme o caso, oponíveis ou inoponíveis (eficazes ou ineficazes) perante os terceiros com que a sociedade contratar. Contudo, ainda quando no plano externo elas sejam inoponíveis, no plano interno as restrições são válidas e criam obrigações para os administradores, despoletando, assim, a responsabilidade civil pessoal do administrador pelo ato praticado em infração ao pacto social (CC, art. 1.016; e LSA, art. 158, II).[35] Além disso, por serem as restrições válidas e eficazes no plano interno, o regime do art. 1.015, parágrafo único, do CC, não se aplica a negócios realizados entre sócio e

33. Luiz Gastão Paes de Barros Leães, "Sociedade por ações...", cit., p. 81.

34. Cf.: Georges Ripert e René Roblot, *Traité de Droit Commercial*, t. 1, 14ª ed., n. 700, p. 572 (criticando decisão da Corte de Cassação francesa que, para atribuir à sociedade responsabilidade pelos atos de seus administradores, a equiparou a "commettant", acrescentando que "n'existe entre le représentant et la société aucun lien de subordination").

35. Cf.: Thomas Raiser e Rüdiger Veil, *Recht der Kapitalgsellschaften*, 4ª ed., § 32, II, ns. 19-21, p. 499.

sociedade, ou entre esta e os seus administradores, frente aos quais as restrições serão sempre oponíveis.[36]

A segunda observação é a de que o sistema do art. 1.015, parágrafo único, do CC, em nada limita a plena aplicação dos princípios gerais do negócio jurídico, em especial as regras sobre os seus vícios contidas na Parte Geral do Código Civil.[37] Por isso, ainda quando a restrição de poderes possa ser inoponível ao terceiro, tal não significa que atuações concertadas do administrador com o terceiro, fraudulentas, em conflito de interesses, simuladas ou por qualquer modo viciadas, não possam ser questionadas pelo metro das regras do negócio jurídico e da correlata *exceptio doli*.

A terceira observação refere-se à prova do conhecimento pelo terceiro das restrições convencionais aos poderes dos administradores: o inc. II, do parágrafo único, do art. 1.015 do CC deixa claro que o ônus cabe à sociedade. Mas prova do quê? É aqui que se positiva mais um retrocesso do legislador, ao exigir a prova do efetivo conhecimento da limitação por parte do terceiro, aparentemente não se contentando com a simples prova da inescusabilidade de sua ignorância diante das particularidades do caso concreto (falta de diligência). Ao assim fazê-lo, gerou novo foco de disceptações interpretativas, e tal não carecia ocorrer. Tanto mais se se considerar que, no vetusto art. 9º, inciso 2, da Diretiva n. 68/151/CEE, de 9.3.1968, do Conselho da Comunidade Econômica Européia, já se preconizava que "as limitações aos poderes dos órgãos da sociedade que resultem dos estatutos ou de uma resolução dos órgãos competentes, são sempre inoponíveis a terceiros, mesmo que tenham sido publicadas".[38] O atraso de nosso legislador é patente.

A quarta observação, por fim, é a de que as regras sobre oponibilidade de restrições de poderes dos administradores aqui analisadas aplicam-se exclusivamente às restrições *convencionais*, isto é, às restrições inseridas no pacto social; não apanham as inúmeras limitações *legais*.[39] Em primeiro lugar, porque esta última classe de limitações é, como a lei em geral, oponível a quaisquer indivíduos, aos quais não será dado alegar ignorância da lei (LICC, art. 3º). Em segundo lugar, porque, "se a lei retira poderes aos órgãos da sociedade para proceder deste ou daquele modo, já a confiança de terceiros não pode ser invocada, porque não há confiança legítima contra o que dispõe a lei". É o que ocorre quando a lei, e não o pacto social, subordina a prática de certos atos à prévia manifestação dos sócios, dispõe sobre competências e regras de administração conjunta, regula o conflito de interesses em negócios realizados entre sociedade e sócios, e esta e os titulares de seus órgãos, e assim por diante. A inobservância das restrições legais conduz, de regra e salvo solução di-

36. Cf.: Karsten Schmidt, *Münchener Kommentar zum Handelsgesetzbuch*, 2º vol., cit., § 126, n. 17, pp. 448-449.

37. Cf.: José de Oliveira Ascensão, ob. cit., n. 95, p. 323; Herbert Wiedemann, *Gesellschaftsrecht I*, p. 527; Thomas Raiser e Rüdiger Veil, ob. cit., § 32, II, n. 22, p. 500; e Francesco Galgano, *La Società per Azioni*, cit., n. 8, p. 285.

38. A Diretiva comunitária adotou a regra do § 82 da AktG de 1965 alemã que, sob a epígrafe "Limitações aos poderes de representação e de gestão", prescreve: "(1) Os poderes de representação da diretoria (*Vorstand*) não podem ser limitados. (2) Nas relações dos membros da diretoria com a sociedade, estes são obrigados a observar as limitações que os estatutos, o conselho de supervisão, a assembléia geral e os regulamentos da diretoria e do conselho de supervisão tenham estabelecido para os poderes de gestão social no âmbito das disposições sobre a sociedade por ações". Atualmente, a regra comunitária integra o direito interno dos vários países-membros, tais como Alemanha (AktG § 82(2), HGB § 126, GmbHG § 37(2) e GenG § 27), Itália (CC it., art. 2.384), França (CCom fr., art. L 225-56) e Portugal (CSC, arts. 260º e 490º), dentre outros. Integra, ainda, o direito interno da Suíça (OR, art. 718a).

39. José de Oliveira Ascensão, ob. cit., n. 92, p. 316. No mesmo sentido (reputando oponíveis as restrições legais): Giorgio Cian e Alberto Trabucchi, ob. cit., nota II-7 ao art. 2.384, p. 2.424.

versa, à nulidade do ato por violação de lei expressa ou pela sua ilicitude.

3.3 *Regime dos atos "ultra vires societatis"*[40]

Diferentemente dos atos praticados com infração a restrições de poderes dos administradores, os atos *ultra vires societatis* são aqueles realizados em nome da pessoa jurídica (no caso, da sociedade), porém fora de seu objeto social; atos estranhos ao objeto social. Na medida em que, ao menos de acordo com a doutrina tradicional, o objeto social impõe limitações à própria capacidade da sociedade, conforme acima destacado, surge a discussão sobre saber se a sociedade deve ou não responder por atos praticados fora do objeto social.

No direito anglo-saxônico, onde a teoria dos atos *ultra vires societatis* foi inicialmente desenvolvida para tutelar a posição dos sócios,[41] sustentava-se que tais atos seriam nulos. Mas não tardou para que os abusos na aplicação desta drástica sanção conduzissem a situações absolutamente iníquas, em prejuízo dos credores sociais. É que, em se cuidando de nulidade, à própria sociedade era dado alegar o vício, quando assim lhe conviesse, em seu benefício e em prejuízo de terceiros que com ela contrataram, e com o agravante de que, sendo nulo o ato, nem mesmo aquele que atou em nome da sociedade – o administrador – estaria vinculado. Os tribunais, porém, mitigaram esse princípio, recusando invalidar um contrato, quando ele tivesse sido integralmente cumprido, ou quando fosse ratificado pelos sócios.[42] Posteriormente, passou-se a entender, de maneira mais correta, que os atos *ultra vires* seriam ineficazes apenas perante a sociedade, desde que presentes os requisitos que o caracterizam, sem alforriar aquele que agiu em seu nome de responder perante terceiros. Em tempos mais recentes, porém, a 1ª Diretiva da Comunidade Européia acabou por praticamente eliminar a força outrora reconhecida à teoria no direito inglês.[43]

40. Sobre a teoria dos atos *ultra vires* no sistema da *common law*, vide: L. C. B. Gower, *Gower's Principles of Modern Company Law*, 6ª ed., pp. 201-234; Ben Pettet, *Company Law*, 2ª ed., n. 6.3, pp. 114-130; e Melvin Aron Eisenberg, *Corporations and other Business Organizations: Cases and Materials*, 9ª ed., pp. 92-98. Ainda sobre o direito inglês, confira-se o belo apanhado de João Espírito Santo (*Sociedades por Quotas e Anônimas – Vinculação: Objeto Social e Representação Plural*, pp. 218-273). Sobre o mesmo assunto no direito brasileiro, confiram-se: J. Lamartine Corrêa de Oliveira, ob. cit., ns. 1.4.2 e 5.3, pp. 141-144 e 252-257; Waldirio Bulgarelli, "A teoria *ultra vires societatis* perante a Lei das Sociedades por Ações", in *Questões de Direito Societário*, pp. 1-16, e também *RT* 546/11-22 e *RDM* 39/111-124; Mário Diney Corrêa Bittencourt, "As sociedades comerciais e os atos *ultra vires*", *RT* 656/48-52; Roberto Papini, *Sociedade Anônima e Mercado de Valores Mobiliários*, 4ª ed., pp. 256-261; Romano Cristiano, "Sociedade anônima: atos *ultra vires*; validade ou não das prestações de garantias", *RDM* 68/17-24; e Rubens Requião, *Curso de Direito Comercial*, 2º vol., 13ª ed., n. 416, pp. 184-186.

41. Há quem sustente que a teoria dos atos *ultra vires* foi concebida para a tutela dos sócios e também dos terceiros (credores sociais), pois: (i) para os acionistas, a limitação da atuação da sociedade ao seu objeto social asseguraria o emprego dos fundos sociais somente na consecução de atividades que os sócios optaram por explorar; e (ii) para os credores, argumenta-se, a garantia resultaria da segurança de que a sociedade e, por extensão, os seus ativos, não serão aplicados em empresa diversa daquele à qual vinha se dedicando e que, portanto, presumivelmente conhece, evitando-se, assim, perdas de capital em áreas nas quais não domina. Na realidade, porém, a proteção aos terceiros era meramente ilusória, pois o objeto das sociedades, no antigo direito inglês, passou a ser definido de forma cada vez mais ampla, justamente para que os gestores sociais não viessem a incorrer em atos *ultra vires societatis*, inclusive com a inserção de autêntica cláusula aberta (p. ex., "e qualquer outra atividade que os sócios entenderem desenvolver"). Na prática, a teoria em questão acabou por beneficiar os sócios às custas dos credores sociais, pois, via de regra, são estes que irão sentir os efeitos da rejeição de determinadas operações pela sociedade (na prática, usualmente contratos de mútuo, financiamento e garantia).

42. Cf. Herbert Wiedemann, ob. cit., p. 209.

43. Cf.: André Tunc, *Le Droit Anglais des Sociétés Anonymes*, 4ª ed., n. 36, pp. 43-44.

A dificuldade na detecção dos atos *ultra vires societatis* está em que, muitas vezes, da prática isolada de um ato, não há como verificar se ele se enquadra no âmbito do objeto social (atividade empresarial), se se trata de ato instrumental ou não à realização do objeto social, e, entre vincular a sociedade ao ato praticado por quem ela elegeu para a direção e deixar ao terceiro contratante apenas a possibilidade de acionar o administrador (cujo patrimônio nem sempre é capaz de responder pelos atos praticados), dever-se-ia prestigiar sempre a primeira solução (e assim também deve ser diante do regime atual, por não se poder então afirmar que se trata de ato "evidentemente" estranho ao objeto social). Tullio Ascarelli assim já entendia, anotando que "o problema decorre do fato de não poder ressaltar, de cada ato singelo, a conformidade dele com o escopo social. Por isso, quanto à tutela dos terceiros (em contraste, a respeito, com as exigências de tutela dos acionistas) é preferível poder, a eventual desconformidade, ser invocada na ação de responsabilidade social contra os diretores; não, porém, para que a sociedade possa exonerar-se da sua responsabilidade perante terceiros".[44]

Bem por isso, a ineficácia dos atos *ultra vires societatis* é regra que não foi acatada no art. 9º, inciso 1, da Diretiva n. 68/151/CEE, de 9.3.1968, do Conselho da Comunidade Econômica Européia,[45] e, por conseqüência, não tem merecido prestígio no direito dos países europeus.[46]

O legislador pátrio, contudo, contrariando a tendência dos direitos mais modernos e regredindo em relação ao regime pátrio anterior, acabou por adotá-la, mas, felizmente, com alcance algo limitado, no inc. III do parágrafo único do art. 1.015 do CC, o qual prevê a ineficácia perante a sociedade apenas de "operação evidentemente estranha aos negócios da sociedade". De fato, não é qualquer ato ou operação estranho ao objeto social que pode ser questionado: apenas aqueles "evidentemente" estranhos poderão ter a sua vinculação (eficácia) questionada pela sociedade. O advérbio "evidentemente" clama por rigor na aplicação da regra legal. Além disso, mesmo quando possível a sua aplicação, o ato *ultra vires societatis* não será reputado nulo, mas apenas ineficaz perante a sociedade.[47]

Adotada que tenha agora sido com tal conformação a teoria dos atos *ultra vires societatis* no direito brasileiro, desponta outro problema correlato: o de saber se os sócios, individual ou colegialmente, pode-

44. Tullio Ascarelli, "Princípios e problemas das sociedades anônimas", in *Problemas das Sociedades Anônimas e Direito Comparado*, nota 82, p. 367. Francesco Galgano também afirma que o ato *ultra vires* é hipótese de abuso de poder (*Il Negozio Giuridico*, cit., n. 104, p. 465, e *La Società per Azioni*, cit., n. 10, p. 293).

45. De acordo com o art. 9º, inciso 1, da Diretiva n. 68/151/CEE, "a sociedade vincula-se perante terceiros pelos atos realizados pelos seus órgãos, mesmo se tais atos forem alheios ao seu objeto social, a não ser que esses atos excedam os poderes que a lei atribui ou permite atribuir a esses órgãos. Todavia, os Estados-membros podem prever que a sociedade não fica vinculada, quando aqueles atos ultrapassem os limites do objeto social, se ela provar que o terceiro sabia, ou não o podia ignorar, tendo em conta as circunstâncias, que o ato ultrapassava esse objeto; a simples publicação dos estatutos não constitui, para este efeito, prova bastante".

46. V.: Portugal (CSC, art. 6º(4)), Itália (CC it., art. 2.384-bis), dentre outros. A inoponibilidade dos atos *ultra vires* e das restrições estatutárias conduz à conclusão de que o poder de representação dos administradores é ilimitado e ilimitável externamente, e, portanto, "tampouco operam como limites o fim social e o objeto empresarial" (Friedrich Kübler, *Gesellschaftsrecht*, 5ª ed., p. 314). V. ainda: Karsten Schmidt, *Gesellschaftsrecht*, cit., § 10, II, p. 257.

47. Segundo a doutrina tradicional, o objeto social põe limites à própria capacidade da sociedade e, sendo assim, a sanção geral para a sua falta seria a invalidade do ato praticado (cf. José de Oliveira Ascensão, ob. cit., n. 16, p. 53). Contudo, para evitar prejuízos desmesurados aos terceiros e liberar o próprio infrator, as necessidades do tráfego levaram o legislador pátrio a reputar o ato ineficaz; noutros sistemas, como visto, nem mesmo tão longe se foi, justamente para não fazer recair sobre terceiros os efeitos da atuação incorreta de titulares de órgãos sociais.

riam convalidar atos praticados fora do objeto social. De maneira geral, a doutrina entende que a ratificação seria teoricamente viável.[48] Divergem os estudiosos, porém, em relação ao quorum exigido para a ratificação e, de modo mais específico, se seria o da unanimidade ou o daquela mesma maioria necessária à alteração do objeto social – não bastando, em todo caso, uma simples maioria que, de per si, não tenha o poder de modificar o objeto social e, portanto, de impor à minoria a sua vontade. Contra a ratificação pela maioria suficiente para alterar o objeto social, argumenta-se, primeiro, que os poderes conferidos ao órgão colegial dos sócios "circunscrevem-se ao objeto (que deve ser definido de modo preciso e completo) e, segundo, que a lei estabeleceu formalidades especiais para a mudança do objeto social (art. 136, V). Logo, a ratificação de atos praticados fora do objeto social constituiria uma alteração social *a posteriori* (e até eventualmente sem a observância das formalidades específicas impostas pela lei) e que poderia ter como efeito fraudar o direito de recesso outorgado ao acionista dissidente".[49] Efetivamente, se se admitir que a sociedade possa sistematicamente agir fora do objeto social para, depois, apenas ratificar o ato por intermédio de deliberação da maioria dos sócios, sem com isso alterar o pacto social, estar-se-ia impedindo o direito de recesso em sentido estrito. Mas, ainda no caso de ratificação, não há dúvida que os administradores, o controlador e mesmo os sócios que tenham votado contra o interesse da sociedade, poderiam ter a sua responsabilidade civil posta em causa. A questão, como se vê, é delicada e com diversas variantes, cuja análise mais demorada não se mostra possível neste trabalho e, em todo caso, está a reclamar enfrentamento pelos estudiosos.

4. Conclusão

O art. 1.015, parágrafo único, do Código Civil deve ser alterado: mais do que a pura e simples revogação de seu inc. I, impõe-se simultaneamente atribuir nova redação ao inc. II, para que nele fique constando a possibilidade de oposição das restrições convencionais apenas se provado que o terceiro as conhecia ou, tendo em conta as circunstâncias, não as podia ignorar. A revogação do inc. III também seria medida salutar, embora se reconheça que, se aplicado de maneira estrita e em conjugação com as demais regras balizadoras dos deveres sociais de conduta, possa até subsistir: o real perigo que existe, em torno da teoria dos atos *ultra vires societatis*, é o da sua aplicação arbitrária, com reflexos na certeza e segurança indispensáveis às trocas empresariais.

De fato, a manutenção do parágrafo único do art. 1.015 do CC, tal como atualmente redigido,[50] representa autêntico re-

48. Nos tribunais, sobre o tema: "Sociedade comercial. Responsabilidade limitada. Operação estranha ao objeto social. Prática levada a termo pelo seu gerente, sem poderes suficientes, mas com a tácita anuência dos demais. Validade da mesma. São válidos os atos praticados pelo gerente de sociedade por cotas de responsabilidade limitada, sem poderes suficientes, mas com a anuência, ainda que tácita, dos demais sócios" (TJSC, 1ª CC., Ap. 6.340, Rel. Desembargador Osmundo Nóbrega, v.u., j. 6.6.1969, *RT* 404/355). "Fiança. Ato de gerente de sociedade limitada infringente do contrato. Validade, se todos os cotistas com ela concordaram. É de prevalecer a fiança prestada pelo gerente de sociedade limitada, mesmo infringente do contrato, quando todos os cotistas a ela deram sua concordância" (STF, 2ª T., RE 84.716-PR, Rel. Ministro Cordeiro Guerra, v.u., j. 20.2.1976, *RT* 489/264).

49. Waldirio Bulgarelli, "A teoria *ultra vires societatis* perante a Lei das Sociedades por Ações", *RDM* 39/122-123. Com o mesmo registro: Giorgio Cian e Alberto Trabucchi, ob. cit., nota V-1 ao art. 2.384-bis, p. 2.426.

50. O art. 1.015, parágrafo único, do CC brasileiro tem a sua origem no art. 2.298 do Código Civil italiano, o qual regula o poder de representação na sociedade em nome coletivo ("Le limitazioni non sono opponibili ai terzi, se non sono iscritte nel registro delle imprese o se non si prova che i terzi ne hanno avuto conoscenza"), regra essa também atrasada. A diferença está em que, no direito pátrio, o preceito se aplica às demais sociedades reguladas no

trocesso legislativo, a distanciar o direito brasileiro, ainda mais, das legislações avançadas.[51] Atenta contra a segurança do tráfego jurídico. Dificulta as trocas empresariais, notadamente num ambiente globalizado, em detrimento da própria sociedade e dos sócios que procurou proteger.[52] Dissemina a insegurança, por dar margem a questionamentos judiciais. E consagra um sistema que penaliza os terceiros de boa-fé em benefício daqueles que têm ou deveriam ter condições (e o dever) de fiscalizar os atos de seus administradores e, em todo caso, haveriam de suportar os prejuízos de atos praticados por aqueles que guindaram à gestão social. Não é lei que mereça subsistir.

De todo modo, se e enquanto alteração legislativa não sobrevier, caberá aos diligentes estudiosos do direito adotar as devidas cautelas em benefício de seus clientes e, em caso de litígio, espera-se que, recorrendo-se aos princípios gerais de direito e às cláusulas-gerais do Código Civil, haja a necessária relativização das regras sobre vinculação de sociedades. Para não consagrar soluções iníquas. E para assim cumprir o mandamento de que "jus est ars boni et aequi".

Código Civil, dentre as quais a sociedade limitada (tipo societário mais difundido). Aplicar-se-ia também à sociedade anônima? O tema é controvertido. O art. 1.089 do CC possibilita esse entendimento, mas alguns estudiosos – mais preocupados em encontrar um meio para afastar a incidência de uma péssima regra legal do que propriamente com a solidez e a coerência da construção para tanto engendrada – sustentam que a lei acionária, ao prever a responsabilidade civil do administrador por atos praticados com infração dos estatutos (LSA, art. 158, II), teria assim adotado sistema próprio, a obstar a invocação subsidiária do regime geral da lei civil. Contra isso, poder-se-ia contra-argumentar que uma situação não exclui a outra: a previsão de responsabilidade civil do administrador não implica em tornar a sociedade vinculada ao ato excedente; são planos distintos; seja ou não oponível a restrição externamente, o administrador que descumpre a restrição convencional responde, por isso e em razão disso, pela reparação dos danos que causa. Outros artigos da lei acionária poderiam, porém, corroborar a visão restritiva. De toda forma, ambas as correntes têm os seus argumentos e, até hoje, essa específica controvérsia sobre a aplicação do art. 1.015 do CC às sociedades anônimas ainda não repercutiu nos tribunais; e é provável que vá primeiramente surgir em caso envolvendo sociedade limitada supletivamente regida pela Lei das S/A (CC, art. 1.053, parágrafo único).

51. As críticas ao art. 1.015 do CC são monocórdias: Alfredo de Assis Gonçalves, *Lições de Direito Societário*, cit., n. 112, p. 255, e *Direito de Empresa*, n. 165, p. 209; José Waldecy Lucena, *Das Sociedades Limitadas*, 5ª ed., n. 13, p. 460; e Manoel de Queiroz Pereira Calças, *Sociedade Limitada no Novo Código Civil*, n. 8.2.2, p. 153.

52. Cf.: Francesco Galgano, *Il Negozio Giuridico*, cit., n. 102, p. 459.

5. Bibliografia

ASCARELLI, Tullio. "Princípios e problemas das sociedades anônimas", in *Problemas das Sociedades Anônimas e Direito Comparado*. São Paulo, Saraiva, 1945.

______. "O Empresário", trad. de Fábio Konder Comparato, in *Revista de Direito Mercantil – RDM* 109/183-189. São Paulo, Malheiros Editores.

ASCENSÃO, José de Oliveira. *Direito Comercial*. vol. IV, Lisboa, 1993.

ASSIS GONÇALVES, Alfredo de. *Lições de Direito Societário*. 2ª ed., São Paulo, Juarez de Oliveira, 2004.

______. *Direito de Empresa*. São Paulo, Ed. RT, 2007.

AULETTA, Giuseppe. "Attività", in *Enciclopedia del Diritto*. vol. III (pp. 981-987). Milão, Giuffrè.

BAUMBACH, Adolf, e HOPT, Klaus J. *Handelsgesetzbuch*. 29ª ed., Munique, C. H. Beck, 1995.

BITTENCOURT, Mário Diney Corrêa. "As sociedades comerciais e os atos *ultra vires*", *Revista dos Tribunais – RT* 656/48-52. São Paulo, Ed. RT.

BULGARELLI, Waldirio. *Questões de Direito Societário*. São Paulo, Ed. RT, 1983.

______. "A teoria *ultra vires societatis* perante a Lei das Sociedades por Ações", *Revista dos Tribunais – RT* 546/11-22. São Paulo, Ed. RT; e *Revista de Direito Mercantil – RDM* 39/111-124. São Paulo, Ed. RT.

CANARIS, Claus-Wilhelm. *Handelsrecht*. 23ª ed., Munique, C. H. Beck, 2000.

CARVALHO DE MENDONÇA, J. X. *Tratado de Direito Comercial Brasileiro*. vol. IV, 5ª ed., Rio de Janeiro, Freitas Bastos, 1954.

CARVALHOSA, Modesto. "Responsabilidade civil de administradores e de acionistas controladores perante a Lei das S/A", *Revista dos Tribunais – RT* 699/36-43. São Paulo, Ed. RT.

CIAN, Giorgio, e TRABUCCHI, Alberto. *Commentario Breve al Codice Civile*. 6ª ed., Pádua, Cedam, 2002.

COMPARATO, Fábio Konder. *O Poder de Controle na Sociedade Anônima*. 3ª ed., Rio de Janeiro, Forense, 1983.

______. "Competência privativa do conselho de administração para a designação de diretores, em companhia aberta: ineficácia de cláusula de contrato social da *holding*, ou de eventual acordo de acionistas, para regular a matéria", in *Novos Ensaios e Pareceres de Direito Empresarial*. Rio de Janeiro, Forense, 1981.

______. "Função social da propriedade dos bens de produção", in *Direito Empresarial: Estudos e Pareceres*. 1ª ed., 2ª tir., São Paulo, Saraiva, 1995; e *Revista de Direito Mercantil* 63/71-79. São Paulo, Ed. RT.

______. "Aparência de representação: a insustentabilidade de uma teoria", *Revista de Direito Mercantil – RDM* 111/39-44. São Paulo, Malheiros Editores.

CORREIA, Luís Brito. "Vinculação da sociedade", in *Novas Perspectivas Do Direito Comercial*. Coimbra, Almedina, 1988.

COTTINO, Gastone. *Le Società*. 4ª ed., Pádua, Cedam, 1999.

CRISTIANO, Romano. "Sociedade anônima: atos *ultra vires*; validade ou não das prestações de garantias", *Revista de Direito Mercantil – RDM* 68/17-24. São Paulo, Ed. RT.

EISENBERG, Melvin Aron. *Corporations and other Business Organizations: Cases and Materials*. 9ª ed., Nova York, Foundation Press, 2005.

EIZIRIK, Nelson. "Responsabilidade civil e administrativa do diretor de companhia aberta", *Revista de Direito Mercantil – RDM* 56/47-62. São Paulo, Ed. RT.

FERRAZ JR., Tércio Sampaio. *Introdução ao Estudo do Direito: Técnica, Decisão, Dominação*. 1ª ed., 4ª tir., São Paulo, Atlas, 1991.

FERRI, Giuseppe. "Delle società", in *Commentario del Codice Civile – a cura di Antonio Scialoja e Giuseppe Branca*. Bolonha, Nicola Zanichelli Editore, 1955.

______. *Manuale Diritto Commerciale*. 8ª ed., Turim, Utet, 1992.

FLUME, Werner. *Allgemeiner Teil des Bürgerlichen Rechts*. 2º vol.: *Das Rechtsgeschäft*. 4ª ed., Berlim, Springer-Verlag, 1992.

FRANÇA, Erasmo Valladão Azevedo e Novaes. *Invalidade das Deliberações de Assembléia de S/A*. São Paulo, Malheiros Editores, 1999.

______. *Comentários à Lei de Recuperação de Empresas e Falência* – obra coletiva, coords. Francisco Satiro de Souza Jr. e Antônio Sérgio A. de Moraes Pitombo. 2ª ed., São Paulo, Ed. RT, 2007.

______. "Empresa, empresário e estabelecimento: a nova disciplina das sociedades", *Revista do Advogado – RAASP* 71/19. São Paulo, AASP.

FRÈ, Giancarlo, e SBISÀ, Giuseppe. *Società per Azioni*. t. I, 6ª ed., Bolonha, Zanichelli, 1997.

GALGANO, Francesco. *Il Negozio Giuridico*. 2ª ed., Milão, Giuffrè, 2002.

______. *La Società per Azioni*. 2ª ed., Milão, Giuffrè, 1988.

GOMES, Orlando. *A Crise do Direito*. São Paulo, Max Limonad, 1955.

GOWER, L. C. B. *Gower's Principles of Modern Company Law*. 6ª ed., Londres, Sweet & Maxwell, 1997.

GUERREIRO, José Alexandre Tavares. "Responsabilidade dos administradores de sociedades anônimas", *Revista de Direito Mercantil – RDM* 42/69-88. São Paulo, Ed. RT.

______, e TEIXEIRA, Egberto Lacerda. *Das Sociedades Anônimas no Direito Brasileiro*. 2 vols., São Paulo, José Bushatski, 1979.

KÜBLER, Friedrich. *Gesellschaftsrecht*. 5ª ed., Heidelberg, C. F. Müller, 1998.

LEÃES, Luiz Gastão Paes de Barros. *Estudos e Pareceres sobre Sociedades Anônimas*. São Paulo, Ed. RT, 1989.

______. *Pareceres*. 2 vols., São Paulo, Singular, 2004.

______. "Responsabilidade dos administradores das sociedades por cotas de responsabilidade limitada", *Revista de Direito Mercantil* 25/49-54. São Paulo, Ed. RT.

______. "Sociedade por ações; atos praticados por seus diretores, em razão de administração; responsabilidade daquela e destes, solidariamente, se agiram com culpa ou contrariamente aos estatutos" (comentário a acórdão), *Revista de Direito Mercantil – RDM* 2/74-81. São Paulo, Ed. RT.

______. "O alcance das limitações estatutárias ao poder de representação dos diretores", *Revista de Direito Mercantil – RDM* 113/9. São Paulo, Malheiros Editores.

LUCENA, José Waldecy. *Das Sociedades Limitadas*. 5ª ed., Rio de Janeiro, Renovar, 2003.

MARTINS, Alexandre Soveral. "Capacidade e representação das sociedades comerciais", in *Problemas do Direito das Sociedades* – obra coletiva. Coimbra, Almedina, 2002.

OLIVEIRA, J. Lamartine Corrêa de. *A Dupla Crise da Pessoa Jurídica*. São Paulo, Saraiva, 1979.

PAPINI, Roberto. *Sociedade Anônima e Mercado de Valores Mobiliários*. 4ª ed., Rio de Janeiro, Forense, 2004.

PEREIRA CALÇAS, Manoel de Queiroz. *Sociedade Limitada no Novo Código Civil*. São Paulo, Atlas, 2003.

PETTET, Ben. *Company Law*. 2ª ed., Harlow, Pearson Longman, 2005.

RAISER, Thomas, e VEIL, Rüdiger. *Recht der Kapitalgsellschaften*. 4ª ed., Munique, Verlag Franz Vahlen, 2006.

RANGEL, Rui. *A Vinculação das Sociedades Anônimas*. Lisboa, Cosmos, 1998.

RÁO, Vicente. *Ato Jurídico*, atualização de Ovídio Rocha Barros Sandoval. 3ª ed., São Paulo, Ed. RT, 1994.

REQUIÃO, Rubens. *Curso de Direito Comercial*. 2º vol., 13ª ed., São Paulo, Saraiva, 1984.

RIPERT, Georges, e ROBLOT, René. *Traité de Droit Commercial*. t. 1, 14ª ed., Paris, LGDJ, 1991.

SANTO, João Espírito. *Sociedades por Quotas e Anônimas – Vinculação: Objeto Social e Representação Plural*. Coimbra, Almedina, 2000.

SCHMIDT, Karsten. *Handelsrecht*. 5ª ed., Köln, Carl Heymanns, 1999.

______. *Gesellschaftsrecht*. 4ª ed., Köln, Carl Heymanns, 2002.

______. *Münchener Kommentar zum Handelsgesetzbuch*. 2º vol., 2ª ed., Munique, C. H. Beck/Vahlen, 2006.

TUNC, André. *Le Droit Anglais des Sociétés Anonymes*. 4ª ed., Paris, Economica, 1997.

WALD, Arnoldo. *Comentários ao Novo Código Civil*. vol. XIV, Rio de Janeiro, Forense, 2005.

WATTER, Rolf. *Basler Kommentar zum Schweizerischen Privatrecht – Obligationenrecht I – art. 1-529 OR* – obra coletiva. 3ª ed., Basel, Genf, Munique, Helbing & Lichtenhahn, 2003.

WIEDEMANN, Herbert. *Gesellschaftsrecht I – Grundlagen*. Munique, Beck, 1980.

SISTEMA DE GOVERNANÇA CORPORATIVA E A CONCENTRAÇÃO DE PROPRIEDADE NAS EMPRESAS DE CAPITAL ABERTO

JULIANA GIRARDELLI VILELA

1. Introdução. 2. Governança corporativa: 2.1 Conceito – 2.2 Códigos de Melhores Práticas de Governança Corporativa. 3. Sistemas de governança corporativa no mundo: 3.1 Governança corporativa nos Estados Unidos da América: 3.1.1 Lei Sarbanes-Oxley – 3.2 Governança corporativa no Reino Unido – 3.3 Governança corporativa na Alemanha – 3.4 Governança corporativa na França – 3.5 Governança corporativa no Japão – 3.6 Comparação entre os sistemas de governança corporativa. 4. A governança corporativa no Brasil: 4.1 Instituto Brasileiro de Governança Corporativa/IBGC: 4.1.1 Propriedade – 4.1.2 Conselho de administração – 4.1.3 Gestão – 4.1.4 Auditoria independente – 4.1.5 Conselho fiscal – 4.1.6 Conduta e conflito de interesses – 4.2 Nova Lei das S/As – 4.3 Bolsa de Valores de São Paulo/BOVESPA: 4.3.1 Nível 1 – 4.3.2 Nível 2 – 4.3.3 Novo Mercado – 4.4 Fundos de pensão – 4.5 Banco Nacional de Desenvolvimento Econômico e Social/BNDES – 4.6 Comissão de Valores Mobiliários e a Cartilha de Governança Corporativa. 5. Aspectos legais de governança corporativa. 6. A governança corporativa como elemento para o desenvolvimento econômico sustentável: 6.1 Mecanismos de governança corporativa – 6.2 Estrutura de propriedade no valor e no desempenho corporativo: 6.2.1 Vantagens e desvantagens de acionistas controladores – 6.2.2 Controle e custos de agência – 6.2.3 Tipos de acionistas controladores e custos de agência – 6.2.4 Estrutura de propriedade como variável endógena – 6.2.5 Estudos empíricos sobre a estrutura da propriedade. 7. Estrutura de propriedade e governança corporativa no Brasil: 7.1 Aspectos legais da estrutura de propriedade das empresas abertas no Brasil. 8. Conclusão.

1. Introdução

"Não é o mais forte da espécie que sobrevive, nem o mais inteligente; é o que melhor se adapta à mudança." (Charles Darwin, *Teoria da Evolução das Espécies*)

As empresas que se utilizam do mercado de capitais nas economias capitalistas têm um papel primordial na criação de tecnologia, no aumento da produtividade e na geração de riquezas. O desenvolvimento desse mercado, principalmente a partir do século XX, forneceu parte significativa do financiamento necessário para o crescimento das empresas privadas, propiciando o ambiente para o surgimento da chamada "grande corporação moderna", na qual o papel de gestor da empresa passou a ser exercido não necessariamente por seu proprietário, em decorrência da pulverização do controle acionário.

Ressalte-se, ainda, que o processo de desenvolvimento dos mercados de capitais e a conseqüente diluição do controle das empresas foram mais rápidos e acentuados nos países em que, entre outros fatores, se contava com maior proteção legal aos investidores por meio da existência e da garantia de aplicação de um conjunto de leis e regras claras de mercado.

Nesse sentido, a separação da propriedade e de seu controle entre acionistas e gestores por meio da oferta pública de ações fez surgir a necessidade da criação de mecanismos aptos a alinhar os interesses dos gestores aos dos acionistas, a fim de fazer com que os primeiros procurassem sempre agir no melhor interesse dos acionistas, isto é, maximizando sua riqueza a partir do que foi investido.

É nesse contexto que se insere a *governança corporativa*, com seus diversos instrumentos, como a atuação do conselho de administração, a remuneração dos gestores, a posse de ações por parte dos executivos e a obrigatoriedade da divulgação de informações periódicas sobre a companhia, dentre outros.

Assim, esse tema ganhou relevância sobretudo a partir do final dos anos 80 do século passado, com o aumento da participação ativa dos investidores institucionais e dos pequenos investidores individuais nos mercados bursáteis e com a exigência crescente da garantia de que os gestores da empresa agirão sempre de acordo com o interesse do acionista.

O assunto é também importante na medida em que é possível constatar que as empresas com uma boa estrutura de governança corporativa obtêm melhores resultados e são mais bem avaliadas pelo mercado no que se refere ao preço de suas ações, em detrimento daquelas que apresentam uma estrutura de governança não tão adequada.

Portanto, fica evidente que a hipótese de estrutura de governança corporativa da empresa afeta seu desempenho e seu valor de mercado. Nesse contexto, o objetivo do presente estudo é contribuir para essa discussão, sob o enfoque da estrutura concentrada de propriedade nas empresas de capital aberto, que afeta vários países, dentre eles o Brasil, além de considerar questões importantes como variáveis de governança corporativa, desempenho e valor da empresa, aspecto jurídico e práticas de governança estabelecidas em diversos Estados.

No que concerne à área de estudos, a governança corporativa inclui conhecimentos de Finanças, Economia e Direito, e sua análise não deve ficar restrita a aspectos meramente teóricos e abstratos, mas, ao contrário, deve considerar que a introdução de suas regras corporativas e procedimentos gerenciais é importante para a valorização da companhia no mercado e para a criação de valor aos acionistas.

2. Governança corporativa

2.1 Conceito

A expressão "governança corporativa"[1] foi criada no início da década de 90

1. Arnoldo Wald ("O governo das empresas", *Revista de Direito Bancário, do Mercado de Capitais e da Arbitragem* 15/53-78) explica que a governança corporativa pode ser entendida como o estabelecimento do Estado de Direito na sociedade anônima, pois assegura a prevalência do interesse social sobre os eventuais interesses particulares dos acionistas, sejam eles controladores, sejam representantes da maioria ou da minoria. Por meio da governança corporativa cria-se a "democracia societária", sistema de equilíbrio e separação de poderes, em oposição ao regime anterior, de onipotência e poder absoluto e discricionário do controlador ou do grupo de controle. O Instituto Brasileiro de Governança Corporativa/IBGC apresenta a seguinte definição para o tema: "G*overnança corporativa* é o sistema que assegura aos sócios-proprietários o governo estratégico da empresa e a efetiva monitoração da diretoria executiva. A relação entre propriedade e gestão se dá através do conselho de administração, a auditoria independente e o conselho fiscal, instrumentos fundamentais para o exercício do controle. A boa governança assegura aos sócios eqüidade, transparência, responsabilidade pelos resultados (*accountability*) e obediência às leis do país (*compliance*). No passado recente, nas empresas privadas e familiares, os acionistas eram gestores, confundindo em sua pessoa propriedade e gestão. Com a profissionalização, a

do século passado, mais especificamente nos Estados Unidos da América e no Reino Unido,[2] para definir as regras que regem o relacionamento dentro de uma companhia acerca dos interesses de acionistas controladores, acionistas minoritários e administradores.

E é importante ressaltar que as definições de *governança corporativa*[3] em sua maior parte enfatizam uma visão contratualista das companhias, que leva em conta apenas os interesses do grupo de sócios das empresas, o modelo *shareholder*,[4] que vigora principalmente nos Estados Unidos da América e no Reino Unido.[5]

Uma visão mais abrangente, dentro da linha institucionalista, inclui outros grupos sociais que também têm interesse na preservação da companhia e que são igualmente afetados pelas decisões tomadas por seus administradores, como: credores, fornecedores, trabalhadores, consumidores e a comunidade em geral, dando origem ao modelo *stakeholders*,[6] preponderante em países da Europa Ocidental.

Essa perspectiva é importante, porque não se pode negar que o conceito de "governança corporativa" pela ótica dos *stakeholders* tem maior abrangência, quando identifica não apenas o acionista minoritário, mas também outros grupos que podem ser afetados pela atuação da companhia.[7] Inclusive, a legislação socie-

privatização, a globalização e o afastamento das famílias, a governança corporativa colocou o conselho entre a propriedade e a gestão".

2. Marco Pagano, Fábio Panetta e Luigi Zingales ("Why do companies go public? An empirical investigation", *Journal of Finance* 53) chamam a atenção para o fato de que a expressão "governança corporativa" sequer existia na literatura de administração de empresas no início dos anos 80 do século passado.

3. Arnoldo Wald ("O governo das empresas", *Revista de Direito Bancário, do Mercado de Capitais e da Arbitragem* 15/53-78) explica que a terminologia correta para o tema da governança é "governo das empresas", pois descabe caracterizar a sociedade anônima como corporação, tratando-se de anglicanismo condenável, não só por respeito à língua nacional como, também, pela associação de idéias que pode acarretar. Na língua portuguesa "corporação" tem sentido de "associação profissional", como uma reminiscência medieval. Acresce que os adjetivos "corporativo" e "corporativista" têm sentido pejorativo, enfocando a prevalência de interesses de um grupo ou de uma classe. Ao contrário desta noção, a expressão "governança das empresas" pretende denominar a renovação da entidade, atendendo aos interesses de todos aqueles que a integram ou que com ela colaboram.

4. *Black's Law Dictionary*, 8ª ed., 2004. *Shareholder* é aquele que tem ações em uma determinada companhia.

5. Vários autores já conceituaram a expressão "governança corporativa", dentre os quais podemos citar: (i) Andrei Shleifer e Robert Vishny, "A survey of corporate governance", *Journal of Finance* 52-2/737-783: "*Governança corporativa* pode ser lida como as maneiras pelas quais os fornecedores de recursos garantem que obterão para si o retorno sobre seu investimento"; (ii) Rafael La Porta e outros, "Investor Protection and Corporate Governance", *Journal of Financial Economics* 58/3-27: "*Governança corporativa* é o conjunto de mecanismos que protegem os investidores externos da expropriação pelos internos (gestores e acionistas controladores)"; (iii) Michael Jensen, *A Theory of the Firm: Governance, Residual Claims, and Organizational Forms*, 1ª ed., 320 pp.: "*Governança* é a estrutura de controle de alto nível, consistindo dos direitos de decisão do conselho de administração e do diretor executivo, dos procedimentos para alterá-los, do tamanho e composição do conselho de administração e da compensação e posse de ações dos gestores e conselheiros"; (iv) José Alexandre Scheinkman, *O Desenvolvimento do Mercado de Capitais no Brasil*, disponível em *http://www.princeton.edu*.

6. *Black's Law Dictionary*, 8ª ed., 2004. *Stakeholders* são as demais partes interessadas nos negócios da empresa, mas que não necessariamente são seus proprietários, como: administradores, clientes, fornecedores, funcionários, governo, jornalistas e a comunidade.

7. Nesse sentido, é importante considerar o seguinte exemplo: o caso dos credores da empresa que, pela sua condição, também desenvolvem com os administradores uma espécie de relação "agente-principal" muito próxima da que existe entre esses últimos e os acionistas. Isso acontece porque, mesmo que os credores tenham direito ao adimplemento de uma renda fixa sobre o capital emprestado, eles estão sujeitos ao risco de crédito decorrente da possibilidade de o devedor descumprir com sua obrigação, por incapacidade de fazê-lo. Nesse sentido, o credor, que também é um investidor, por abrir mão de recursos, ainda que temporariamente, em troca

tária brasileira reconhece a importância do atendimento aos interesses dos *stakeholders* em diversos artigos da Lei 6.404, de 15.12.1976.[8]

Vale ressaltar, ainda, que a idéia de governança corporativa é antiga, ainda que se tenha desenvolvido de maneira mais visível a partir da década de 80 do século passado, e tem sua origem nos chamados "problemas de agência",[9] que nascem com a diluição do domínio das corporações. A separação entre propriedade e controle entre acionistas e gestores, por sua vez, demandou também novos mecanismos de monitoramento e de controle.

Importante notar, ainda, que nos mercados com estrutura de propriedade concentrada, como é o caso do brasileiro, o problema de agência passa a ter como protagonistas o acionista controlador[10] e os acionistas minoritários.

de um ativo emitido por uma firma, também é afetado pela política de governança corporativa dessa empresa, visto que é por meio dela que ele pode monitorar a atuação dos gestores da companhia, a fim de viabilizar o futuro pagamento de seus empréstimos.

8. "Art. 116. (...).

"Parágrafo único. O acionista controlador deve usar o poder com o fim de fazer a companhia realizar o seu objeto e cumprir sua função social, e tem deveres e responsabilidades para com os demais acionistas da empresa, os que nela trabalham e para com a comunidade em que atua, cujos direitos e interesses deve lealmente respeitar e atender.

"Art. 117. O acionista controlador responde pelos danos causados por atos praticados com abuso de poder.

"§ 1º. São modalidades de exercício abusivo de poder: a) orientar a companhia para fim estranho ao objeto social ou lesivo ao interesse nacional, ou levá-la a favorecer outra sociedade, brasileira ou estrangeira, em prejuízo da participação dos acionistas minoritários nos lucros ou no acervo da companhia, ou da economia nacional; (...).

"(...).

"Art. 154. (...).

"(...).

"§ 4º. O conselho de administração ou a diretoria podem autorizar a prática de atos gratuitos razoáveis em benefício dos empregados ou da comunidade de que participe a empresa, tendo em vista suas responsabilidades sociais."

9. Michael Jensen e William Meckling ("Theory of the firm: managerial behavior, agency costs and ownership structure", *Journal of Financial Economics*, 1976), pioneiros na pesquisa sobre o problema de agência, analisam a chamada "relação de agência" que surge quando um ou mais indivíduos, denominados "principais", contratam outros indivíduos ou grupo de indivíduos, denominados "agentes", para a realização de um serviço que prescinde da outorga de autoridade para tomada de decisão aos "agentes" pelos "principais" em seu nome e interesse. O problema de agência passa a existir no momento em que o agente, que deve sempre atuar no melhor interesse do principal, passa a atuar, ao contrário, em seu próprio interesse pessoal. Os "conflitos de agência" nas empresas estabelecem-se a partir da delegação das competências para tomadas de decisão aos "agentes", quando os administradores, por terem objetivos pessoais divergentes da maximização da riqueza do "principal", o acionista, passam a decidir em prol de seus interesses particulares, em detrimento do melhor benefício daqueles. Assim, a necessidade de melhores práticas de governança corporativa nasceu como uma forma de resposta a esse conflito, buscando evitar a expropriação da riqueza do acionista pelos gestores. Os autores, então, conceituam um "relacionamento de agência" como um contrato onde uma ou mais pessoas – o principal – engajam outra pessoa – o agente – para desempenhar alguma tarefa em seu favor, envolvendo a delegação de autoridade para tomada de decisão pelo agente. De acordo com eles, se ambas as partes agem tendo em vista a maximização das suas utilidades pessoais, há uma boa razão para acreditar que o agente não agirá sempre no melhor interesse do principal. No caso da relação entre acionistas e gestores, os acionistas podem limitar as divergências monitorando as atividades dos executivos e estabelecendo incentivos contratuais apropriados a eles. A tarefa de alinhar seus interesses aos interesses dos gestores implica custos para os acionistas, que são chamados "custos de agência", dados pelas seguintes somas: (i) custos de criação e estruturação de contratos entre o principal e o agente; (ii) gastos de monitoramento das atividades dos gestores pelo principal; (iii) gastos promovidos pelo próprio agente para mostrar ao principal que seus atos não serão prejudiciais a ele; (iv) perdas residuais, decorrentes da diminuição da riqueza do principal por eventuais divergências entre as decisões do agente e as decisões que maximizariam a riqueza do principal.

10. Nas empresas brasileiras, em sua grande maioria, a figura do acionista controlador tem especial importância, já que é ele que elege grande parte dos administradores e é quem realmente tem o poder de mando na companhia.

2.2 Códigos de Melhores Práticas de Governança Corporativa

Os chamados "Códigos de Melhores Práticas de Governança Corporativa"[11] surgiram em decorrência da evolução do estudo desse tema, em princípio nos países com mercados de capitais mais desenvolvidos.[12]

A partir de então, diversos órgãos governamentais e investidores institucionais estrangeiros também criaram seus próprios Códigos, com as regras de governança corporativa a serem adotadas pelas empresas nas quais são investidores.

De um modo geral, esses Códigos estabelecem princípios básicos e regras de governança, como: independência; funcionamento e avaliação do conselho de administração; remuneração de executivos; características dos diretores individuais; direitos dos acionistas; papel de conselheiros independentes; questões relacionadas à responsabilidade social das companhias – dentre outros.[13]

11. São documentos criados por agentes de mercado (investidores institucionais, organismos internacionais, bolsas de valores e associações) que estabelecem regras ou diretrizes de forma a aprimorar sua governança corporativa.

12. O primeiro desses Códigos surgiu no Reino Unido em 1992, como resultado da iniciativa da Bolsa de Valores de Londres (*London Stock Exchange*), que criou o chamado "Comitê *Cadbury*" com o objetivo de revisar certas práticas de governança corporativa relacionadas a aspectos contábeis, o que originou *The Cadbury Report*, publicado em 1.12.1992. Devido à limitação dos temas tratados no relatório preparado pelo Comitê *Cadbury*, foram posteriormente instalados dois novos Comitês, a saber: Comitê *Greenbury* e Comitê *Hempel*, abordando temas como a remuneração de executivos e conselheiros e as atribuições e responsabilidades do conselho de administração.

13. No Brasil os principais investidores institucionais também têm adotado esses Códigos. A Previ – Caixa de Previdência dos Funcionários do Banco do Brasil, maior fundo de pensão do país, elaborou seu próprio Código e instituiu políticas de orientação para seus 421 representantes nos conselhos de administração e fiscal das empresas em que participa.

3. Sistemas de governança corporativa no mundo

O sistema de governança corporativa adotado pelas empresas depende do ambiente institucional no qual está inserido. O Estado, por meio da definição dos sistemas financeiro e legal, modela a formação do mercado de capitais local e o grau de proteção aos investidores, influenciando o modelo de governança das empresas.[14]

Contudo, há diferenças acentuadas entre os melhores sistemas de governança corporativa no mundo, como o anglo-saxão, o alemão e o japonês. Mas as diferenças entre eles, provavelmente, são menores que as diferenças existentes entre os países menos desenvolvidos.

3.1 Governança corporativa nos Estados Unidos da América

As grandes empresas norte-americanas são caracterizadas pela pulverização do controle acionário.[15] Assim, o movimento em torno da governança corporativa surgiu nos Estados Unidos da América em meados da década de 80 do século passado em resposta a diversos casos de abuso

14. Andrei Shleifer e Robert Vishny ("A survey of corporate governance", *Journal of Finance* 52-2/737-783) observam que a maior parte das economias de mercado desenvolvidas tem conseguido resolver seus problemas de governança corporativa de uma forma razoável, garantindo enormes fluxos de recursos para suas empresas, bem como o retorno dos lucros aos fornecedores de recursos. Entretanto, conforme evidências dos problemas de governança no mercado norte-americano em 2002, isso não significa que as economias desenvolvidas resolveram o problema da governança de forma ótima.

15. Mark Roe (*Strong Managers Weak Owners: the Political Roots of American Corporate Finance*, 2ª ed., 324 pp.) afirma que é difícil encontrar um acionista com mais de 10% das ações de uma empresa listada entre as 500 maiores do país. E o resultado disso é que os acionistas têm pouco incentivo ou capacidade para afetar as políticas corporativas definidas pelos gestores, resultando em uma situação na qual os executivos são fortes e os proprietários são fracos.

de poder e de expropriação da riqueza dos acionistas por parte dos executivos que, àquela época, dominavam os conselhos de administração. Essa resposta adveio, principalmente, pela atuação dos investidores institucionais, sobretudo dos fundos de pensão, cujo ativismo tornou-se sinônimo de governança corporativa no país.[16]

Nesse sentido, o ativismo de diversos investidores institucionais resultou em mudanças nas práticas de governança corporativa de grande parte das empresas norte-americanas na década de 90 do século passado, ocasionando, por exemplo, o aumento da proporção de membros independentes nos conselhos e o aumento dos casos de demissão de diretores executivos devido ao mau desempenho profissional.[17]

Devido a essa evolução, as próprias empresas norte-americanas começaram a elaborar suas diretrizes de governança corporativa.[18]

3.1.1 *Lei Sarbanes-Oxley*

A Lei Sarbanes-Oxley[19] foi criada em resposta à desconfiança dos investidores após os escândalos financeiros e os abusos

16. Rolf Carlsson (*Ownership and Value Creation: Strategic Corporate Governance in the New Economy*, 1ª ed., 307 pp.) ressalta o papel pioneiro dos fundos de pensão dos funcionários públicos da Califórnia – *California Public Employees Retirement System* (CALPERS) – como o grande propulsor do movimento da governança corporativa no país. Esse fundo de pensão é um dos maiores do mundo e gerenciou cerca de 166 bilhões de Dólares em 2000, dos quais 115 bilhões foram investidos em ações de mais de 1.500 empresas. De acordo com o autor, o estopim para o movimento foi a recusa de uma oferta de compra da Texaco, em 1984, pelos seus executivos, prejudicando os acionistas em um caso típico de defesa dos empregos por parte dos gestores. Após esse caso, o CALPERS adotou uma resolução afirmando que, como investidores de longo prazo, não iriam mais aceitar comportamento similar por parte de outras empresas. O fundo, então, elaborou uma lista de problemas a serem enfrentados, como a dependência do conselho em relação aos gestores, o aumento excessivo dos salários dos executivos e os diversos arranjos para evitar ofertas de compras hostis, denominadas *poison pills*. Uma das medidas iniciais adotadas foi a de atuar na criação, em 1985, do Conselho dos Investidores Institucionais (*Council of Institutional Investors* – CII), uma associação com o objetivo de cuidar dos interesses desses investidores e que atuou como importante organismo de *lobby* para alterar a legislação norte-americana, de forma a melhor resguardar os interesses dos acionistas. Em conjunto com outros investidores institucionais, o CALPERS passou também a monitorar as práticas de governança corporativa das empresas, expondo na mídia aquelas que apresentavam deficiências, como conselhos passivos ou pagamento de salários excessivos aos executivos. Além disso, os investidores passaram a concentrar seus votos nas assembléias-gerais dos acionistas, elegendo maior número de conselheiros independentes. O programa de governança corporativa do CALPERS teve três etapas que são importantes para entender o tema nos Estados Unidos da América, a saber: (i) 1984/1990 – abuso de poder dos gestores; conselhos dominados por executivos, *poison pills*, compensação excessiva dos executivos; (ii) 1990/1997 – direitos gerais dos acionistas; independência dos conselhos, voto secreto; (iii) 1997 em diante – criação de valor e o papel do Conselho; competência e *performance* do Conselho, revisão do desempenho na criação de valor, análise de desempenho das práticas de governança corporativa.

17. Sanjai Bhagat e Bernard Black ("The uncertain relationship between board composition and firm performance", *Business Lawyer* 54/921-963) evidenciam que quase todas as empresas norte-americanas têm maioria de membros externos no conselho (não-executivos) e a maior parte conta, inclusive, com maioria de membros independentes (conselheiros profissionais) nos conselhos.

18. Além do CALPERS, outras organizações – como o *Council of Institutional Investors* (CII), o *Institutional Shareholder Services* (ISS) e o *Teachers' Insurance and Annuity Association – College Retirement Equities Fund* (TIAA-CREF), maior fundo de pensão do mundo, com 260 bilhões de Dólares sob gestão – também desempenharam importante papel para modificar o panorama da governança corporativa nos Estados Unidos da América. Isso porque essas instituições elaboraram códigos de governança corporativa a serem seguidos pelas empresas, condicionando a compra de ações ao cumprimento das diretrizes constantes desses códigos. Inclusive, uma pesquisa realizada pelo CALPERS em 1994 com as 300 maiores companhias dos Estados Unidos demonstrou que mais da metade estava desenvolvendo ou já havia desenvolvido diretrizes de governança corporativa.

19. Essa lei foi criada em julho/2002 e é a lei de maior impacto no mercado de capitais dos Estados Unidos da América, desde a legislação dos anos 30, que criou a *Securities and Exchange Comission*/SEC, órgão regulador do mercado de capitais norte-

contábeis descobertos nos últimos anos.[20] A abrangência da Sarbanes-Oxley é extraordinária: vai de questões sobre governança corporativa e responsabilidade dos administradores até regras para a negociação de títulos e *disclosure*.[21]

Assim, ela foi promulgada com o objetivo de conceder maior publicidade às informações e de propiciar fiscalizações preventivas pela SEC. Seu principal intuito é o de coibir a conduta antiética de administradores e auditores, visando a restaurar a confiabilidade nas demonstrações contábeis e financeiras e, com isso, incentivar o investimento nas bolsas de valores.

Além disso, apresenta uma série de implicações para as empresas, mas são as novas regras de *disclosure*, previstas nessa legislação, que têm maior impacto na rotina dos executivos.[22]

As empresas passaram a ter, entre outras exigências, prazos mais curtos para a entrega de documentos à SEC, necessidade de divulgar "fatos relevantes" em tempo real e obrigatoriamente apresentar os resultados de *releases* de acordo com os princípios aceitos pelo US GAAP[23] ou com conciliação para informações não-US GAAP.

Acrescente-se que, por determinação legal, as companhias estão obrigadas a divulgar informações materiais com maior freqüência, em uma tentativa da SEC de impedir que escondam fatos que possam ter impacto na decisão dos investidores.

Com a nova legislação foi criado o Conselho Superior de Contabilidade para Companhias Abertas.[24] Com isso, houve questionamento por parte da União Européia e de órgãos reguladores de países estrangeiros, cujas companhias mantêm títulos listados nas bolsas norte-americanas e, portanto, também estão submetidas à Lei Sarbanes-Oxley.

A argumentação é a de que as novas normas criam conflitos com os sistemas de governança adotados nesses países, aumentando possivelmente os custos para as empresas. Tendo em vista a pressão exercida, a SEC abrandou algumas das regras sobre *disclosure* e práticas de governança corporativa para companhias abertas estrangeiras.[25]

Quanto à responsabilidade dos administradores, para as companhias abertas norte-americanas as normas são bastante rigorosas com relação à transparência e à responsabilidade administrativa e devem servir de referência para os outros países.[26]

americano. Inclusive, a SEC foi a entidade responsável pela regulamentação dessa lei.

20. Exemplos notórios desses escândalos foram os casos da *Enron* e da *Worldcom*.

21. "Transparência".

22. Como efeito prático, a lei pode ter contribuído para o fim de uma fraude contábil na *HealthSouth*, a maior operadora de clínicas de reabilitação dos Estados Unidos da América, fundada por Richard Scrushy. Ex-executivos que testemunharam no julgamento contra a empresa afirmaram que a leitura da Sarbanes-Oxley levou-os a se afastarem da fraude de 2,7 bilhões de Dólares – o que mostra que a lei teve impacto direto sobre os executivos da empresa.

23. *United States Generally Accepted Accounting Principles*, que estabelece as convenções, as regras e os procedimentos das práticas de contabilidade nos Estados Unidos. Esses princípios são emitidos pelo *Financial Accounting Standards Board* e devem ser utilizados nas indicações financeiras. Os princípios incluem não somente regras gerais de aplicação contábil, mas também suas práticas e seus procedimentos detalhados (*Black's Law Dictionary*, 8ª ed., 2004).

24. *Public Company Accounting Oversight Board*, que é o órgão responsável pela supervisão das auditorias de companhias abertas e pelo estabelecimento de padrões relacionados à preparação de relatórios de auditoria, em uma tentativa de pôr fim às práticas questionáveis de contabilidade descobertas entre 2001 e 2002.

25. Foram propostas algumas exceções, como liberdade para que as empresas estrangeiras tenham representantes de empregados e do governo em seus comitês de auditoria.

26. Conforme o art. 302 da Sarbanes-Oxley, o *Chief Executive Officer*/CEO, cargo mais alto da empresa, e o *Chief Financial Officer*/CFO, diretor financeiro, são obrigados a assinar uma declaração, que acompanha o relatório de auditoria, garantindo que as demonstrações financeiras representam fielmente as operações e a condição financeira da empresa.

As normas da SEC também exigem que a empresa divulgue se adotou algum código de ética e conduta válido para o CEO, o CFO e o *Controller*, e as empresas que não adotaram um código devem justificar essa posição. A companhia fica obrigada, ainda, a divulgar quaisquer alterações nas regras de seu código de ética e conduta.

Há também a necessidade de constituir um comitê de *disclosure*, responsável pela revisão dos documentos a serem entregues à SEC e dos *releases*, criando e aperfeiçoando a política de *disclosure*, estabelecendo e monitorando os controles internos para a entrega das declarações.

A SEC determinou, ainda, que em cada relatório anual e trimestral constem todas as participações societárias que não tenham sido mencionadas no balanço,[27] objetivando aumentar a transparência, de modo que os investidores saibam como a companhia utiliza esse tipo de estrutura.

Necessário ressaltar que, de acordo com a regulamentação da SEC, as bolsas norte-americanas estão proibidas de listar qualquer emissor que não cumpra as seguintes regras: (i) cada membro do comitê de auditoria deve ser independente; (ii) o comitê deve ser responsável pela nomeação, contratação, remuneração e supervisão do trabalho de qualquer empresa de auditoria independente que esteja preparando ou emitindo um relatório de auditoria ou, ainda, desempenhando qualquer outro serviço correlato para o emissor; (iii) o comitê de auditoria deve estabelecer procedimentos para recebimento e tratamento de reclamações com respeito a contabilidade, controles internos ou questões de auditoria, inclusive criar procedimentos específicos para o recebimento confidencial de informações de empregados preocupados com práticas contábeis questionáveis; (iv) o comitê deve ter autoridade ou competência para contratar advogados independentes e outros conselheiros; (v) o emissor deve fornecer recursos adequados para a autonomia do comitê de auditoria.

27. Essa exigência surgiu devido ao peso que esse tipo de participação teve no esquema de fraude da *Enron*.

3.2 Governança corporativa no Reino Unido

A pulverização do controle acionário também é uma característica da maioria das companhias abertas no Reino Unido.[28] Devido a uma série de escândalos nos mercados corporativo e financeiro no final dos anos 80 do século passado, o governo do Partido Conservador, à época no poder, deixou patente que tomaria medidas legislativas caso o próprio mercado não se estruturasse com o fim de prevenir a ocorrência de novos escândalos.

Assim, a Bolsa de Valores de Londres[29] formou um comitê para revisar os aspectos de governança corporativa relacionados com as práticas de contabilidade e com os relatórios financeiros. Esse grupo de trabalho[30] publicou, em dezembro/1992, um relatório que representou o início do movimento da governança corporativa no país, intitulado *The Financial Aspects of Corporate Governance*.

Porém, houve pressão por parte dos investidores institucionais para a definição de regras de algumas questões importantes que não haviam sido contempladas no Comitê *Cadbury*, levando à formação de um novo grupo de trabalho, denominado Comitê *Greenbury*, em 1995. Esse relatório trouxe importantes avanços na determinação de práticas de governança.

Já em novembro/1995 a Bolsa de Valores de Londres, em conjunto com várias outras entidades, formou um outro grupo de trabalho, a fim de elaborar altos padrões

28. O Reino Unido e os Estados Unidos da América estão inseridos no chamado *modelo anglo-saxão* de governança corporativa.
29. *London Stock Exchange*.
30. O grupo de trabalho em questão foi denominado Comitê *Cadbury*.

de governança corporativa, que foi chamado de Comitê *Hampel*.[31]

Esse Comitê, além dos aspectos de responsabilidade e de remuneração dos gestores e dos conselheiros, analisados nos comitês anteriores, também discutiu a principal responsabilidade do conselho de administração, definindo-o como órgão que deve promover o aumento da prosperidade das empresas no longo prazo. Portanto, a governança corporativa foi definida por uma dupla perspectiva: responsabilidade e prosperidade do negócio.[32]

3.3 Governança corporativa na Alemanha

O sistema de governança corporativa alemão tem, principalmente, três características distintas, a saber:[33] (i) modelo de equilíbrio dos *stakeholders* como objetivo primordial das empresas, em detrimento da maximização da riqueza dos acionistas; (ii) o mercado de capitais apresenta papel limitado no fornecimento do capital de risco; (iii) gestão coletiva das empresas.

O primeiro ponto – isto é, a busca pelo equilíbrio dos interesses dos *stakeholders* como objetivo das empresas – decorre do modelo alemão de industrialização, bastante regulamentado e controlado pelo Estado. A lei, inclusive, exige a presença de representantes dos empregados nos conselhos das empresas alemãs,[34] e as companhias com mais de 2.000 empregados devem ter metade dos membros do Conselho Supervisor composto por representantes dos empregados.[35]

Outra característica relevante do sistema de governança corporativa alemão é o pouco desenvolvimento do mercado de ações quando comparado com outras economias avançadas.[36] Contudo, o mercado de crédito é bastante desenvolvido, com forte participação dos bancos nas empresas.[37]

Uma terceira característica é a gestão coletiva das empresas, na qual o conselho de gestão, responsável pela operação da companhia, indica um presidente para representar a empresa e orientar o trabalho dos membros do conselho. Esse presidente divide as decisões com os outros membros do conselho, o que o afasta do papel de principal tomador de decisões.[38]

É importante destacar, ainda, que durante os anos 90 do século passado as forças de mercado oriundas da globalização forçaram as empresas alemãs a adotarem

31. O Comitê *Hampel* tinha o objetivo de revisar o relatório do Comitê *Cadbury* e de aproveitar os principais pontos do Comitê *Greenbury*.

32. O relatório do Comitê *Hampel* foi publicado em janeiro/1998 e, após o recebimento de sugestões da sociedade civil, foi alterado e lançado com o título de *Combined Code*, em julho/1998. Esse código de governança corporativa foi incorporado como uma das exigências da Bolsa de Valores de Londres para a listagem das companhias.

33. Rolf Carlsson, *Ownership and Value Creation: Strategic Corporate Governance in the New Economy*, 1ª ed., 307 pp.

34. Conselho Supervisor.

35. Rolf Carlsson (*Ownership and Value Creation: Strategic Corporate Governance in the New Economy*, 1ª ed., 307 pp.) afirma que esse modelo de equilíbrio dos interesses foi reforçado pelos acontecimentos traumáticos ocorridos no século XX, como as duas guerras mundiais, a hiperinflação, as reformas monetárias e a reintegração com a Alemanha Oriental, que tornaram o consenso e a colaboração importantes valores sociais.

36. Rolf Carlsson (*Ownership and Value Creation: Strategic Corporate Governance in the New Economy*, 1ª ed., 307 pp.) aponta que a Bolsa de Valores alemã, a *Deutsche Börse*, é pequena e tem uma capitalização de mercado equivalente à metade da Bolsa de Valores de Londres. Em 1998 sua capitalização em relação ao PIB alemão era de 51% contra 67% da Bolsa de Valores de Londres em relação ao PIB inglês.

37. Esse desenvolvimento do mercado de crédito como substituto do mercado de ações data do século XIX, quando os grandes bancos passaram a fornecer, além do capital de curto e de longo prazos, o capital de risco, bem como a exercer as funções de proprietários ativos das empresas.

38. Nesse ponto, difere do diretor executivo no Brasil e do *Chief Executive Officer* norte-americano. Mas é bom salientar que essa característica tem raízes históricas, em conseqüência dos diversos problemas que a sociedade alemã enfrentou no século XX com líderes que tinham poder excessivo.

os padrões internacionais de governança corporativa.[39] Nesse sentido, o fortalecimento do mercado de ações do país teve grande impulso com a criação do *Neuer Market*[40] da Bolsa de Valores de Frankfurt, que vem alcançando seu principal objetivo, qual seja, o de canalizar capital de risco para novas empresas.[41]

O *Neuer Market* é dirigido às pequenas e médias empresas do setor de tecnologia, mídia e telecomunicações, as quais devem ter um grau elevado de transparência. As regras de listagem e de permanência são muito rígidas, exigindo que as empresas adotem as melhores práticas de governança corporativa, como o princípio *one share, one vote*.[42] Portanto, nesse mercado só são negociadas ações ordinárias, podendo ser adotado o padrão contábil norte-americano US GAAP[43] ou o internacional IASB.[44]

3.4 Governança corporativa na França

A França apresenta, basicamente, dois sistemas de governança corporativa, quais sejam:[45] (i) Sistema I, mais comum e caracterizado por apenas um conselho de administração e pela presença de um líder da organização, ao qual é atribuído o cargo de presidente do conselho e de diretor executivo.[46] Nesse sistema há uma concentração de poder, pois o papel do PDG é descrito por lei e os mencionados cargos não podem ser separados; (ii) Sistema II, que foi uma alternativa inspirada no modelo alemão e criada nos anos 60 do século XX. Esse sistema é utilizado por poucas empresas e tem dois conselhos, o de administração[47] e o de gestão.[48]

De um modo geral, como o sistema francês traz um poder centralizado na figura do PDG e uma forte presença estatal, ainda não se vislumbram na governança corporativa deste país os padrões de transparência, responsabilidade e preocupação com os acionistas, conforme ditam os principais códigos de governança.

Porém, é importante perceber que há grande tendência de as empresas francesas adotarem as práticas modernas de governança. Isso porque a França é um país com pequena presença de fundos de pensão domésticos e há baixo investimento *per capita* no mercado acionário, tornando seu mercado de capitais muito dependente de investidores institucionais estrangeiros, que exigem a adoção e o aprimoramento das práticas de governança corporativa.

3.5 Governança corporativa no Japão

O objetivo das empresas japonesas, devido à cultura coletivista da sociedade, tem sido o da busca pelo equilíbrio dos interesses dos *stakeholders* e a garantia

39. Um exemplo dessas forças de mercado pode ser o acesso das empresas alemãs às Bolsas de Valores de Nova York (*New York Stock Exchange*) e de Londres, que exigem a adoção de determinadas regras de transparência e de divulgação de informações.

40. O *Neuer Market* surgiu em 1997, como uma solução da Bolsa alemã à enorme concentração do mercado principal, já que 70% do volume negociado eram de apenas 10 ações. A falta de liquidez levava as empresas a obter o financiamento para seus empreendimentos na *National Association Securities Dealers Automated Quotation*/Nasdaq norte-americana, o que não fomentava o crescimento do mercado de capitais nacional.

41. Hoje, a maior parte das aberturas de capital na Alemanha acontece no *Neuer Market*, que tem regras mais rígidas de proteção e de transparência aos investidores. Essa iniciativa é importante, na medida em que faz com que as novas empresas se estruturem dentro de alguns padrões internacionais de governança corporativa.

42. "Uma ação, um voto."

43. Cf. nota de rodapé 23.

44. *International Acconting Standards Board*, que define padrões internacionais de regras contábeis.

45. Jonathan Charkham, *Keeping Good Company: a Study of Corporate Governance in Five Countries*, 408 pp.

46. Esse líder recebe o nome de *Président Directeur Générale*/PDG.

47. *Conseil de Surveillance.*

48. *Le Directoire.*

de emprego vitalício para seus funcionários.[49]

Uma outra característica do sistema japonês são os chamados *keiretsu*, isto é, conglomerados de várias empresas e bancos unidos por redes de participações cruzadas entre eles. Assim é porque os bancos são a principal fonte de recursos para as empresas e exercem o papel de financiadores dos conglomerados. E, como as taxas de juros no Japão são muito baixas,[50] o reduzido custo dos recursos acaba sendo motivo para diminuir o incentivo à lucratividade.

Quanto ao sistema de governança, as empresas japonesas utilizam o conceito de um único conselho de administração.[51] Por isso, devido à necessidade de aprimorar os mecanismos de governança no país, a Federação Japonesa das Organizações Econômicas[52] publicou, em 1997, um relatório denominado *Recomendações Urgentes com Relação à Governança Corporativa*.[53]

Esse relatório é importante, na medida em que reconhece a necessidade de adaptação das empresas japonesas aos padrões internacionais de governança corporativa, visando a manter a competitividade do país no século XXI. O relatório sugere, dentre outras coisas, a adoção de diretrizes de governança, a busca por um melhor funcionamento do conselho de administração, a ampliação da função dos auditores e melhorias na transparência das informações ao mercado.

Logo depois, em 1998, houve o Fórum de Governança Corporativa do Japão,[54] que estabeleceu um comitê, destinado à elaboração de um novo relatório, chamado *Princípios de Governança Corporativa – Uma Visão Japonesa*.[55] Esse relatório[56] elaborou diretrizes mais modestas, como a necessidade de explicação formal das empresas em caso de unificação dos cargos de presidente do conselho e de presidente da companhia, bem como a recomendação para a diminuição do tamanho dos conselhos de administração.[57]

3.6 Comparação entre os sistemas de governança corporativa

A comparação entre os sistemas de governança corporativa dos países procura diferenciá-los, considerando os modelos de instituições que atuam como os principais financiadores das empresas.[58] Esse

49. Rolf Carlsson (*Ownership and Value Creation: Strategic Corporate Governance in the New Economy*, 1ª ed., 307 pp.) observa que uma das conseqüências do emprego vitalício no Japão é a priorização, por parte das empresas, de metas de crescimento absoluto e de participação no mercado, ao invés da maximização dos lucros. Mas a pressão internacional por maior competitividade vem fazendo com que muitas empresas japonesas tenham que abandonar a política do emprego vitalício.

50. Em 14.7.2006 o Banco Central do Japão elevou sua taxa de juros para 0,25% (disponível em *http://www.bbc.co.uk/portuguese/economia/story/2006/07/060714_japaojuros_crg.shtml*).

51. Rolf Carlsson (*Ownership and Value Creation: Strategic Corporate Governance in the New Economy*, 1ª ed., 307 pp.) explica que o conselho típico das grandes empresas japonesas é composto só por executivos da companhia, indicados pelos serviços prestados a elas. Assim, conselhos grandes, com cerca de 50 membros, são comuns nas empresas. Quase sempre o homem mais poderoso do conselho é o presidente da companhia, que é o responsável pela seleção dos novos conselheiros e tem mais poderes que o próprio presidente do conselho. Por isso, um conselho típico japonês, com número excessivo de membros e composição interna, tem funções apenas cerimoniais, não sendo um agente eficaz de governança corporativa.

52. *Japanese Federation of Economic Organizations.*

53. *Urgent Recommendations Concerning Corporative Governance.*

54. *Corporate Governance Forum of Japan.*

55. *Corporate Governance Principles – A Japanese View.*

56. Esse relatório teve como base o *Combined Code* britânico.

57. Algumas empresas, como a *Sony*, já se anteciparam e reduziram seu conselho de administração de 50 para 10 membros, tornando-se um exemplo para outras corporações japonesas.

58. Essa comparação tradicional separa os sistemas de governança corporativa entre os centrados

tipo de comparação tem sido utilizado para avaliar os sistemas de governança corporativa e para formular propostas para sua melhoria.[59]

Porém, alguns estudiosos consideram infrutífera a comparação dos sistemas de governança entre os centrados nos bancos ou nos mercados, isto é, entre os centrados nos mercados de crédito ou de ações.

Defendem que os sistemas de governança devem ser classificados a partir dos diferentes níveis de proteção legal aos investidores. Isso porque a diferença entre os sistemas de governança dos países é melhor explicada pelas diferenças entre os direitos assegurados aos investidores, ou seja, pela eficácia da proteção legal oferecida aos fornecedores de recursos.[60]

Assim é porque alguns países têm tanto o mercado de crédito como o de ações fortes ou fracos; por isso, é inconsistente classificá-los como centrados em bancos ou no mercado, conforme demonstra o quadro abaixo:

Tabela I – Classificação dos Sistemas de Governança Corporativa dos Países pelas Fontes de Recursos

País	Bancos	Mercado de Ações	Classificação
Alemanha	Fortes	Não-Desenvolvido	Centrado em bancos
EUA	Não-Fortes	Desenvolvido	Centrado no mercado
Japão	Fortes	Desenvolvido	Indefinida
França	Fracos	Não-Desenvolvido	Indefinida
Itália	Fracos	Não-Desenvolvido	Indefinida

Fonte: Rafael La Porta, Andrei Shleifer, Florêncio Lopez-de-Silanes e Robert Vishny, "Investor protection and corporate governance", *Journal of Financial Economics* 58/3-27.

no mercado, como é o caso dos Estados Unidos da América e do Reino Unido, e aqueles centrados nos bancos, como a Alemanha e o Japão.

59. Nos anos 80 do século XX, quando a economia japonesa apresentava excelente desempenho, considerava-se a governança corporativa centrada em bancos como superior, porque se acreditava que os bancos permitiriam às empresas que focassem em decisões de longo prazo. Além disso, os bancos também dariam recursos para as empresas com problemas de liquidez, evitando maiores problemas financeiros. Mas nos anos 90, a seguir, quando a economia japonesa começou a passar por dificuldades, passou-se a defender a governança centrada no mercado. Ocorre que os bancos, longe de serem promotores de investimentos racionais, exigiam restrições orçamentárias muito baixas para as empresas, emprestando demais para as que estavam em declínio e que deveriam passar por uma reestruturação total. Assim, os bancos japoneses, ao invés de facilitar a governança, faziam conluios com gestores para deter ameaças externas ao seu controle. Para saber mais sobre o assunto, consultar: Michael Porter, "Capital disadvantage: America's falling capital investement system", *Harvard Business Review* 46; Takeo Hoshi, Anil Kashyap e David Scharfstein, "Corporate structure, liquidity and investment: evidence from japanese industrial groups", *Quarterly Journal of Economics* 106/33-60; Jun-Koo Kang e René Stulz, "Do banking shocks afect borrowing firm performance? An analysis of the japanese experience", *Journal of Business* 73/1-23; Randall Morck e Masao Nakamura, "Banks and corporate control in Japan", *Journal of Finance* 54-1/319-340.

60. A proteção legal será abordada com maiores detalhes em item posterior.

Dessa forma, dados os diferentes sistemas de governança existentes no mundo, uma maneira de compará-los acerca da eficácia para atrair recursos dos investidores para as empresas seria considerar o fato de que algumas companhias conseguem captar recursos sem conceder poder aos investidores, devido à sua reputação no mercado de capitais ou ao otimismo dos investidores.

No entanto, esta situação ocorre com poucas empresas e de forma esporádica, levando-se em conta os ciclos no mercado financeiro. Na maioria das vezes as empresas precisam conceder poder aos investidores em troca de recursos, e isso é feito por meio de uma efetiva proteção legal contra a expropriação de gestores e de acionistas controladores.

Quando há ausência de proteção legal, uma alternativa seria a concentração da propriedade nas mãos de grandes investidores, que têm incentivos e direitos de controle suficientes para diminuir o problema de agência gerencial.

Portanto, a combinação entre proteção legal aos investidores e uma certa concentração da propriedade é elemento imprescindível e complementar para um bom sistema de governança corporativa e para a comparação entre os diversos sistemas.[61]

Os sistemas de governança mais desenvolvidos na atualidade – os dos Estados Unidos da América, do Reino Unido, da Alemanha e do Japão – têm uma combinação em diferentes proporções de proteção legal aos investidores e de concentração da propriedade.[62] Contudo, na maioria dos outros países a proteção legal aos investidores é menos eficaz, devido à ausência de leis apropriadas e à fragilidade do sistema judiciário em fazer cumprir a lei. Por isso, a principal conseqüência é a de que as empresas continuam controladas pelas famílias, e mesmo em países ricos, como a Itália, nota-se uma grande dificuldade para captar recursos externos.[63]

Assim, é possível perceber que as instituições econômicas e legais dos países afetam o sistema de governança adotado pelas empresas. Essas instituições podem ser alteradas por meio do processo político, tornando o sistema de governança mais ou menos eficiente. Por isso, o Estado deve atuar de forma decisiva para aprimorar a estrutura de governança das empresas, por meio da alteração do ambiente institucional pelo correspondente aumento da proteção legal aos investidores e pelo fomento ao desenvolvimento do mercado de capitais.

61. Para mais detalhes sobre o assunto, consultar Andrei Shleifer e Robert Vishny, "A survey of corporate governance", *Journal of Finance* 52-22/737-783.

62. Rafael La Porta e outros ("Investor protection and corporate governance", *Journal of Financial Economics* 58/23) observam que os Estados Unidos da América e o Reino Unido têm um sistema legal que garante maior proteção relativa aos acionistas que aos credores, fomentando o mercado de capitais. Já os grandes investidores são menos freqüentes, exceto quando a propriedade é concentrada de forma temporária em processos de aquisição. Na Alemanha os credores têm mais direitos do que nos Estados Unidos, porém os direitos dos acionistas são mais fracos. A Alemanha, portanto, tem um sistema de governança caracterizado pelos grandes investidores, mas com baixa participação de pequenos acionistas no mercado. O Japão situa-se entre os Estados Unidos e a Alemanha no grau de proteção de acionistas e de credores e tem tanto grandes investidores de longo prazo quanto um mercado de pequenos investidores desenvolvidos. Enfim, o mais importante a perceber é que todos esses sistemas de governança têm combinações de proteção legal aos investidores e uma certa concentração da propriedade.

63. Marco Pagano, Fábio Panetta e Luigi Zingales ("Why do companies go public? An empirical investigation", *Jounal of Finance* 53/28) relatam as dificuldades das empresas italianas para a captação de recursos fora da Itália e também apontam que é difícil conseguir financiamento nos bancos do país. A maioria dos sistemas de governança corporativa do mundo, incluindo o Brasil, parece ser mais parecida com a Itália que com os Estados Unidos, Reino Unido, Alemanha e Japão. Inclusive, em relação ao Brasil, a incipiente proteção legal aos investidores faz com que os financiamentos sejam, em sua maioria, internos ou provenientes de bancos estatais.

4. A governança corporativa no Brasil

A principal função do mercado de capitais é a de promover o financiamento das atividades produtivas em uma economia, atuando como instrumento de captação e de transferência de recursos dos investidores para as companhias. Esse modelo de financiamento, conhecido como *modelo do financiamento direto* ou *modelo americano*, é ainda bastante incipiente no caso brasileiro.

Porém, o modelo de financiamento do setor produtivo nacional, calcado em créditos oficiais subsidiados, esgotou-se, devido ao alto endividamento do Estado, a partir de 1982. O desenvolvimento do mercado de capitais, portanto, passou a ser uma importante alternativa para esse ultrapassado modelo de crescimento.[64]

Isso porque o financiamento pelo lançamento de ações força o aumento da eficiência econômica, com o fim de buscar o melhor retorno aos acionistas, fornecedores de capital. Caso contrário esse capital migrará para as empresas que remuneram melhor o investimento. A principal preocupação dos administradores, por isso, não pode mais ser os interesses específicos dos seus controladores, mas o resultado econômico das companhias.[65]

Além disso, o mercado de capitais é também um relevante instrumento para a consecução de objetivos sociais. Assim é porque, ao criar condições financeiras para a realização de investimentos, bem como para dirigir os recursos aos projetos mais produtivos, proporciona o aumento de geração de empregos.

Nesse sentido, a partir de 1990, com a abertura da economia brasileira e com um cenário econômico mais equilibrado, investidores estrangeiros começaram a participar em proporção cada vez maior do capital das empresas nacionais, inicialmente com os investimentos realizados dentro do país, e depois pela aquisição de ADRs[66] representativos de ações de companhias nacionais nas Bolsas norte-americanas. E, ao listar suas ações nas Bolsas norte-americanas, as companhias abertas brasileiras foram obrigadas a seguir diversas regras impostas pela SEC.[67]

Dessa forma, essas companhias passaram a ter contato com práticas avançadas de relação com investidores, acionistas minoritários e analistas de mercado, aplicadas no mercado norte-americano, levando as empresas nacionais a aperfeiçoarem suas políticas de divulgação de informações.[68]

64. Na realidade, já em meados da década de 60 do século passado, por intermédio da edição da Lei 4.728/1965, que normatizou o mercado de capitais nacional e foi parte de uma série de novas normas legislativas objetivando a modernização de todo o mercado financeiro, o Governo Brasileiro reconheceu a importância do mercado de capitais para a Economia e buscou incentivar seu crescimento. Com esse objetivo, várias medidas foram adotadas, como, por exemplo: a criação dos chamados *Fundos 157*, que permitiam ao contribuinte a utilização de parte do imposto devido na compra de ações; a isenção fiscal dos ganhos obtidos em bolsa de valores; a possibilidade de abatimento no imposto de renda de parte dos valores aplicados na subscrição pública de ações decorrentes de aumentos de capital e programas de financiamento a juros subsidiados, efetuados pelo Banco Nacional do Desenvolvimento Econômico e Social/BNDES aos subscritores de ações distribuídas publicamente. Porém, não obstante todos os incentivos governamentais, o mercado de capitais não teve o crescimento esperado, ainda que em alguns momentos tenha havido elevação na quantidade de companhias abrindo seu capital e um volume razoável de recursos captados pelas empresas por meio de ofertas públicas de ações, como ocorreu na primeira metade da década de 80.

65. Os interesses dos acionistas controladores não são, em regra, divergentes dos objetivos das companhias. Apenas devem ser evitadas as situações de expropriação dos investidores e que afetem o valor da companhia.

66. *American Depositary Receipts.*

67. A SEC tem, dentre suas funções, a de estabelecer princípios que podem ser entendidos como de governança corporativa, como os relativos aos aspectos contábeis das empresas, transparência e divulgação de informações.

68. Uma dessas formas utilizadas foi o chamado *non deal roadshow*, que são visitas a investidores de um país ou de uma região sem vínculo a uma oferta de títulos.

A partir de então, as empresas brasileiras começam a ter contato com acionistas mais exigentes e sofisticados, acostumados a investir em mercados com práticas de governança corporativa mais avançadas que as aplicadas no mercado local. Houve também uma maior participação de investidores institucionais brasileiros de grande porte e mais conscientes de sua atuação no mercado.

Ademais, o processo de privatização dos anos 90 do século passado resultou, em muitos casos, no surgimento de grandes empresas privatizadas cujo controle passou a ser compartilhado entre vários grupos nacionais e internacionais. Todo esse contexto foi importante para aprimorar o sistema de governança corporativa no país.

Por isso, embora as principais formas de constituição das companhias abertas no Brasil[69] gerem diferentes modelos de governança corporativa, uma análise das pesquisas realizadas sobre o tema permite traçar um modelo geral para as empresas listadas em bolsa, com as seguintes características:[70] (i) propriedade com forte concentração das ações com direito a voto (ordinárias) e alto índice de emissão de ações sem direito a voto (preferenciais); (ii) empresas com controle familiar ou compartilhado por poucos investidores alinhados por meio de acordo de acionistas para resoluções das questões relevantes; (iii) acionistas minoritários pouco ativos; (iv) alta sobreposição entre propriedade e gestão, com os membros do conselho representando os interesses dos acionistas controladores; (v) baixa precisão na divisão dos papéis entre conselho e diretoria, sobretudo nas empresas familiares; (vi) escassez de conselheiros profissionais no conselho de administração; (vii) remuneração dos conselheiros como fator pouco relevante; (viii) estrutura informal do conselho de administração, com ausência de comitês para tratamento de questões específicas, como auditoria ou sucessão.

É válido mencionar, assim, que o modelo de governança das companhias abertas brasileiras é caracterizado pelo alto índice de emissão de ações sem direito a voto (preferenciais).[71]

Dessa forma, os benefícios de se ter um grande acionista controlador são reduzidos em grande parte no Brasil porque, não obstante a grande concentração das ações ordinárias, a emissão de elevado percentual de ações sem direito a voto e a utilização de esquemas piramidais[72] fazem com que muitos controladores sejam acionistas minoritários das empresas controladas, por não possuírem a maioria do capital social da empresa. Essa situação gera uma combinação de muito poder com baixa alocação de recursos próprios na empresa, diminuindo os benefícios de se ter um acionista controlador.

Assim, devido a essa alta concentração de poder, os membros do conselho de administração são, em sua grande maioria, indicados pelo acionista controlador. Isso reduz a possibilidade de uma postura ativa e independente dos conselhos, necessária para o cumprimento de suas atribuições

69. Empresas privadas nacionais, estatais e subsidiárias de multinacionais.

70. Pesquisas realizadas em 2001 pelo *IBGC*, pela *McKinsey & Co.* e pela *Korn/Ferry International* sobre o mercado acionário brasileiro.

71. Ricardo Leal e Sílvia Valadares ("Ownership and Control Structure of Brazilian Companies", *Unpublished Working Paper*, disponível em *http://www.independent.org/tii/content/pubs/review/TIR12.html*) também demonstram que apenas 11% das companhias abertas não lançam mão desse artifício, que compreende em torno de 46% do capital total das companhias abertas. Por isso, a emissão de ações preferenciais atua como o principal mecanismo de separação entre a propriedade e o controle nas companhias, permitindo aos acionistas majoritários manterem o controle com uma participação menor no capital da empresa e, em conseqüência, aumentando o incentivo para a expropriação da riqueza dos pequenos investidores.

72. Por "esquemas piramidais" se entende a existência de *holdings*, que controlam *holdings*, que controlam empresas.

legais de fixação da orientação geral dos negócios e de fiscalização da gestão dos executivos em prol de todos os acionistas.

Nas empresas familiares, por sua vez, os conselheiros não são profissionais, e normalmente são indicados pelo controlador por laços familiares ou pessoais, o que prejudica a qualidade da análise das questões estratégicas da companhia. Já nas companhias abertas o conselho é composto, em grande parte, por executivos estrangeiros da matriz com pouca disponibilidade para tratamento das questões da subsidiária nacional.

De outro modo, nas empresas estatais geralmente o conselho é composto por ocupantes de altos cargos públicos, indicados por razões políticas, com baixa disponibilidade para o tratamento das questões corporativas.[73]

No entanto, o conjunto de mudanças ocorridas nos anos 90 do século passado – como o aumento da competitividade decorrente da maior estabilidade econômica, a abertura do mercado e a maior dificuldade de obtenção de financiamento estatal – levou as empresas brasileiras à necessidade de maior acesso aos mercados de capitais, sejam nacionais, sejam internacionais.

Essa necessidade de obter recursos ao menor custo possível motivou as empresas a adotarem novas práticas de governança corporativa, pressionando o atual sistema brasileiro, sobretudo com relação aos aspectos de maior consideração dos interesses dos acionistas minoritários, maior transparência das informações ao mercado e profissionalização do conselho de administração.

Importante acrescentar, ainda, que algumas iniciativas institucionais e governamentais também vêm contribuindo para o aprimoramento das práticas de governança corporativa pelas empresas brasileiras, a saber: (i) criação do Instituto Brasileiro de Governança Corporativa/IBGC; (ii) aprovação da Lei 10.303, de 31.10.2001; (iii) criação dos Níveis 1 e 2 de Governança Corporativa e do Novo Mercado pela Bolsa de Valores de São Paulo/BOVESPA; (iv) estabelecimento de novas regras para os fundos de pensão; (v) definição, pelo BNDES, da adoção de práticas de boa governança corporativa como um dos requisitos preferenciais para a concessão de financiamentos; (vi) adoção da *Cartilha de Governança Corporativa* pela Comissão de Valores Mobiliários/CVM.

Portanto, o conjunto das medidas governamentais e institucionais pode contribuir de forma decisiva para o fortalecimento do mercado de capitais brasileiro, criando um círculo virtuoso onde a crescente proteção aos investidores poderá torná-los mais seguros de que irão usufruir do retorno das companhias na mesma proporção dos controladores. Esta percepção é importante, porque aumenta sua disposição para pagar mais pelas ações e diminui o custo de capital das empresas, permitindo que as companhias passem a utilizar o mercado de capitais como uma real alternativa de capitalização.

4.1 Instituto Brasileiro de Governança Corporativa/IBGC

O IBGC, em 1999, lançou o primeiro *Código das Melhores Práticas de Governança Corporativa*[74] do país, devido à ne-

73. Um dado comum é que em todos os tipos de empresas a maioria dos membros do conselho é composta por pessoas a elas externas, mas não profissionais, resultando em baixa quantidade de informação sobre as empresas e na presença de conflito de interesses pela defesa de algum acionista específico. Essas características dos conselheiros são prejudiciais ao desempenho do conselho na defesa do interesse de todos os acionistas. Cumpre ressaltar, ainda, que a remuneração variável dos conselheiros, fator considerado muito importante pelos principais códigos de governança como motivador para um melhor desempenho do conselho, não é adotada pela maioria das empresas brasileiras, corroborando a hipótese de um papel mais consultivo e figurativo que profissional por parte do órgão.

74. O Código foi lançado em maio/1999, e em 2003 passou por sua terceira revisão.

cessidade de elencar as atitudes e os comportamentos que as empresas, voluntariamente, deveriam apresentar como forma de estreitar as relações de confiança entre os acionistas, administradores e grupos de interesse.[75]

De acordo com o IBGC, o foco central de seu Código é o de indicar alternativas para os diversos tipos societários, visando, sobretudo, a atingir os seguintes objetivos: (i) aumentar o valor da sociedade; (ii) melhorar o desempenho societário; (iii) facilitar o acesso da sociedade ao capital com custos mais baixos;[76] (iv) contribuir para a permanência da sociedade no mercado.

Dentre os princípios que inspiram o Código, pode-se considerar:

• *Transparência*[77] – mais que informar, a administração deve cultivar esse princípio como essencial para o fortalecimento da confiança na companhia. A comunicação não deve restringir-se ao desempenho econômico-financeiro, mas contemplar os demais fatores que norteiam a ação empresarial e que conduzem à criação de valor.

• *Eqüidade*[78] – caracteriza-se pelo tratamento justo e igualitário de todos os grupos minoritários, sejam do capital ou das demais partes interessadas, como colaboradores, clientes, fornecedores ou credores.

• *Prestação de contas*[79] – os agentes da governança corporativa devem prestar contas de sua atuação a quem os elegeu e devem responder integralmente por todos os atos que praticarem.

• *Responsabilidade corporativa*[80] – conselheiros e executivos devem zelar pela perenidade das organizações, considerando, portanto, uma visão de longo prazo para a empresa e sua sustentabilidade. Por isso, devem incorporar considerações de ordem social e ambiental na definição dos negócios e nas operações. *Responsabilidade corporativa* é uma visão mais ampla do planejamento empresarial, que contempla todos os relacionamentos com a comunidade em que a sociedade atua.

A versão atual do Código encontra-se dividida em seis temas, quais sejam: (i) propriedade – acionistas, cotistas, sócios; (ii) conselho de administração – representa a propriedade; (iii) gestão – executivo principal (CEO) e diretoria; (iv) auditoria independente;[81] (v) conselho fiscal – função fiscalizadora; (vi) conduta e conflito de interesses.

4.1.1 *Propriedade*

O Código defende que as empresas devem ter somente ações ordinárias. Assim, as empresas com capital já aberto, que têm ações ordinárias e também preferenciais, devem convertê-las em ordinárias ou conceder às preferenciais voto restrito aos assuntos de interesse direto dos preferencialistas.

As regras de votação, por sua vez, devem ser bem definidas e estar sempre disponíveis para todos os proprietários, com o propósito de facilitar a votação.

75. O IBGC, sociedade civil de âmbito nacional, nasceu a partir de uma reunião de um grupo de empresários, membros de conselhos, executivos, consultores e estudiosos de administração empresarial, que o fundou em 27.11.1995. A primeira denominação adotada foi "Instituto Brasileiro de Conselheiros de Administração", focando a atuação do conselho de administração das companhias. Entretanto, com o alargamento de suas preocupações para os demais órgãos sociais, conselho fiscal, diretoria e auditoria independente, a entidade passou a ter o nome atual: *Instituto Brasileiro de Governança Corporativa.*

76. "Acesso ao capital" deve ser entendido como a oferta pública ou privada de ações, financiamentos de longo prazo ou a própria reinversão de recursos oriundos do fluxo de caixa.

77. *Disclosure.*

78. *Fairness.*

79. *Accountability.*

80. *Compliance.*

81. O IBGC chama a atenção para a eventual perda de independência quando uma mesma companhia oferece serviços simultâneos de auditoria e de consultoria.

O Código, ainda, tendo em vista que a maioria das empresas brasileiras tem um controlador ou um grupo controlador, reconhece a compra do controle ou o fechamento do capital como dois dos problemas mais críticos da governança corporativa no Brasil. Assim, determina que a transferência do controle deve ser feita a preço transparente, concedendo a opção de venda aos minoritários (*tag along*).[82] No caso de fechamento do capital, o controlador ou grupo de controle que queira obter 100% do capital e proceder ao fechamento deve informar os demais acionistas de suas intenções.

Há também repúdio ao uso de informações privilegiadas para negociar ações ou cotas por qualquer pessoa e estímulo para que o estatuto preveja que as divergências entre proprietários sejam resolvidas por meio de arbitragem, evitando-se o recurso à esfera judicial.

4.1.2 *Conselho de administração*

De acordo com o Código, uma empresa, independentemente de ter o capital aberto ou fechado, deve sempre ter conselho de administração, que tem a missão de proteger o patrimônio e de maximizar o retorno do investimento dos proprietários, agregando valor ao empreendimento.

O Código também discorre sobre o tamanho do conselho de administração, afirmando que pode variar de cinco a nove membros, dependendo do perfil da empresa.

Outro ponto importante ressaltado pelo Código é o de que deve haver a separação dos cargos do presidente do conselho e do presidente da diretoria. Caso não seja possível, é importante que o conselho tenha um membro de peso, capaz de equilibrar o poder da pessoa que acumula as duas funções.

Além disso, o prazo do mandato do conselheiro deve ser definido, sua duração deve ser curta, normalmente não superior a um ano, e sua reeleição só deve ser possível depois de uma avaliação formal de seu desempenho.

Ademais, como várias atividades do conselho de administração precisam de análises profundas, é interessante a formação de diferentes comitês, como comitê de indicação, de auditoria, de remuneração, entre outros. Os comitês estudam seus assuntos com maior detalhamento e preparam as propostas. Só o conselho pleno é que pode tomar decisões.

4.1.3 *Gestão*

O executivo principal é reconhecido pelo Código como o responsável pela execução das diretrizes fixadas pelo conselho de administração, bem como pela indicação dos membros da diretoria para aprovação do conselho de administração, e estabelece uma série de responsabilidades a serem seguidas por ele, como: (i) dever de prestar contas, já que responde pelo desempenho e pela atuação da empresa; (ii) dever de prestar todas as informações de real interesse, obrigatórias ou espontâneas, para os proprietários e para todas as partes interessadas.

4.1.4 *Auditoria independente*

A auditoria independente é um importante agente de governança corporativa para os proprietários de todos os tipos de empresas, uma vez que sua atribuição é a de verificar se as demonstrações contábeis refletem a realidade da empresa, de acordo com as normas profissionais, e, para esse fim, avaliar os controles e procedimentos internos da empresa. Por isso, recomenda-se que os auditores, em benefício de sua independência, sejam contratados por período definido, compreendendo vários exercícios.

82. Mecanismo que assegura a extensão das condições oferecidas aos acionistas controladores no caso de venda do controle da companhia aos demais acionistas. Trata-se do direito de venda de ações conjuntamente com o bloco controlador.

4.1.5 *Conselho fiscal*

O conselho fiscal é uma instituição brasileira, criada com o objetivo de preencher uma lacuna na fiscalização das atividades do conselho de administração, e funciona como um controle independente para os proprietários.

Para isso, o conselho fiscal tem direito de pedir, aos administradores, cópias das atas das reuniões do conselho de administração, dos relatórios contábeis ou financeiros, além de quaisquer esclarecimentos ou informações.

4.1.6 *Conduta e conflito de interesses*

Dentro do conceito das *melhores práticas de governança corporativa*, além do respeito às leis do país, toda empresa deve ter um código de ética que comprometa toda sua administração e seus funcionários, elaborado pela diretoria e aprovado pelo conselho de administração.

Quanto ao *conflito de interesses*, ele existe quando alguém não é independente em relação à matéria em pauta e a pessoa em questão pode influenciar ou tomar decisões correspondentes. Por isso, tão logo um conflito de interesses tenha sido identificado em relação a um tema específico, a pessoa deve afastar-se das discussões e deliberações.

4.2 Nova Lei das S/As

A reforma da Lei das S/As[83] visa, por meio do estabelecimento de novas regras de funcionamento para as sociedades anônimas, a promover maior proteção aos acionistas ordinaristas minoritários e preferencialistas. Dentre essas alterações, podemos citar:

• Obrigatoriedade de oferta pública de aquisição de ações pelo valor econômico aos ordinaristas minoritários em caso de: (i) cancelamento do registro de companhia aberta; (ii) elevação da participação acionária a porcentagem que impeça a liquidez de mercado das ações remanescentes ou em caso de fusão ou de aquisição.

• Obrigatoriedade de o adquirente do controle de companhia aberta realizar oferta pública de aquisição das ações ordinárias dos demais acionistas da companhia, em caso de alienação direta ou indireta de controle.

• Direito dos preferencialistas e dos minoritários de elegerem um membro para o conselho de administração.

• Possibilidade de participação no conselho de administração de representantes dos empregados, facultada a decisão à empresa.

• Limitação da emissão de ações preferenciais a 50% do total de ações emitidas para as sociedades anônimas instituídas após a publicação da lei.

• Fortalecimento da CVM.

• Possibilidade de o estatuto social prever a arbitragem como mecanismo de solução das divergências entre os acionistas e a companhia ou entre os acionistas controladores e os acionistas minoritários.

Em suma, é fato que a nova Lei das S/As trouxe algumas evoluções e importantes alterações na defesa dos acionistas minoritários, mas ainda assim não pode ser considerada como uma legislação adequada a fomentar o incipiente mercado de capitais brasileiro, sobretudo porque alguns de seus pontos são um verdadeiro retrocesso no que diz respeito às boas práticas de governança corporativa.[84]

83. Refere-se à Lei 10.303, de 31.10.2001, que reformou a Lei 6.404/1976.

84. "Art. 118. Os acordos de acionistas, sobre a compra e venda de suas ações, preferência para adquiri-las, exercício do direito a voto, ou poder de controle deverão ser observados pela companhia quando arquivados na sua sede.

"(...).

"§ 8º. O presidente da assembléia ou do órgão colegiado de deliberação da companhia não com-

4.3 Bolsa de Valores de São Paulo/BOVESPA

A BOVESPA, com o objetivo de desenvolver o mercado de capitais brasileiro, criou os chamados Níveis 1 e 2 de Governança Corporativa e o Novo Mercado,[85] buscando destacar as empresas comprometidas com maior transparência e com melhores práticas de governança corporativa.[86]

4.3.1 *Nível 1*

As companhias que aderiram ao Nível 1[87] comprometem-se, principalmente, com as melhorias na prestação de informações ao mercado e com a dispersão acionária. As mais importantes práticas agrupadas nesse nível são: (i) manutenção em circulação de uma parcela mínima de ações, representando 25% do capital; (ii) realização de ofertas públicas de colocação de ações por meio de mecanismos que favoreçam a dispersão do capital; (iii) melhoria nas informações prestadas trimestralmente; (iv) prestação de informações sobre negociações de ativos e derivativos de emissão da companhia por parte de acionistas controladores ou administradores da empresa; (v) cumprimento de regras de transparência em operações; (vi) divulgação de acordos de acionistas e de programas de opções de ações (*stock options*); (vii) disponibilização de um calendário anual de eventos corporativos.

4.3.2 *Nível 2*

Para a classificação da companhia no Nível 2,[88] além da aceitação das obrigações contidas no Nível 1, a empresa e seus controladores devem adotar um conjunto bem mais amplo de práticas de governança corporativa e de direitos adicionais para os acionistas minoritários.

De um modo geral, os critérios de listagem de companhias no Nível 2 são os seguintes:[89] (i) conselho de administração com mínimo de cinco membros e mandato unificado de um ano; (ii) disponibilização de balanço anual seguindo as normas do US GAAP ou do IAS GAAP; (iii) extensão para todos os acionistas detentores de ações ordinárias das mesmas condições obtidas pelos controladores quando da venda do controle da companhia e de no mínimo 70% desse valor para os detentores de ações preferenciais (*tag along*); (iv) direito de voto às ações preferenciais em algumas matérias, como transformação, incorporação, cisão e fusão da companhia e aprovação de contratos entre a compa-

putará o voto proferido com infração de acordo de acionistas devidamente arquivado."

Essa disposição legal é negativa, na medida em que retira a liberdade e a independência do conselheiro, confundindo seu papel com o do acionista. A consolidação da figura do controlador também pode ser considerada outro retrocesso na nova lei, pois o termo aparece 25 vezes no projeto aprovado, isto é, mesmo número de vezes que o termo aparece nos 300 artigos da lei vigente.

85. O *Novo Mercado* foi inspirado no *Neuer Market* alemão. Diversas bolsas do mundo, enfrentando problemas como o Brasil, resolveram criar novos segmentos nos moldes do Novo Mercado. Merecem destaque: na França, o *Nouveau Marche*; na Inglaterra, o *Alternative Investment Market*/AIM, além de mercados menores criados em Portugal, Espanha, Japão e Itália.

86. Foram implantados em dezembro/2001 pela BOVESPA, e há uma diferença de estágio entre eles, com um nível de exigência crescente na adoção de práticas diferenciadas de governança corporativa. Para mais informações sobre o assunto, consultar *http://www.bovespa.com.br* (acesso em julho/2006).

87. As regras estão consolidadas no *Regulamento de Práticas Diferenciadas de Governança Corporativa Nível 1* (disponível em *http://www.bovespa.com.br/Principal.asp*, acesso em julho/2006).

88. As regras estão consolidadas no *Regulamento de Práticas Diferenciadas de Governança Corporativa Nível 2* (disponível em *http://www.bovespa.com.br/Principal.asp*, acesso em julho/ 2006).

89. Além de presentes no *Regulamento de Listagem*, alguns desses compromissos deverão ser aprovados em assembléias-gerais e incluídos no estatuto social da companhia.

nhia e empresas do mesmo grupo; (v) obrigatoriedade de realização de uma oferta de compra de todas as ações em circulação pelo valor econômico nas hipóteses de fechamento do capital ou cancelamento do registro de negociação nesse Nível; (vi) adesão à Câmara de Arbitragem para a resolução de conflitos societários.

4.3.3 *Novo Mercado*

No final dos anos 90 do século passado tornou-se evidente a crise de grandes proporções pela qual passava o mercado de ações no país.[90] Foi nesse cenário que a BOVESPA criou o *Novo Mercado*[91] como um segmento especial de listagem de ações de companhias que se comprometessem, voluntariamente, a adotar as boas práticas de governança corporativa.[92]

A idéia que norteou a criação do Novo Mercado tem seu fundamento na constatação de que entre os diversos fatores que contribuem para a fragilidade do mercado de capitais brasileiro está a falta de proteção aos acionistas minoritários. Isso ocorre porque a valorização e a liquidez das ações de um mercado são influenciadas positivamente pelo grau de segurança que os direitos concedidos aos acionistas oferecem e pela qualidade das informações prestadas pelas empresas.

Assim, a ausência de regras adequadas de defesa dos interesses dos acionistas minoritários acarreta a exigência, por parte dos investidores, de um deságio sobre o preço da ação, causando uma desvalorização no valor de mercado das companhias.

Dessa forma, é esperado que as empresas cujas ações estejam listadas em algum dos segmentos diferenciados de governança corporativa, nas quais os riscos envolvidos são minimizados, apresentem prêmios de risco consideravelmente menores, implicando a valorização do patrimônio de todos os acionistas.

Quanto às inovações, a principal ocorre em relação à legislação, já que o Novo Mercado exige que o capital social da companhia seja composto somente por ações ordinárias.[93]

4.4 *Fundos de pensão*

O estabelecimento de novas regras pela Secretaria de Previdência Complementar/SPC[94] para a definição dos limites de aplicação dos fundos de pensão, com base na adesão dos níveis diferenciados de governança corporativa da BOVESPA, é outro importante mecanismo de estímulo para a adoção de melhores práticas de governança por parte das empresas.

Assim, de acordo com a Resolução 2.829/2001 da SPC, são os seguintes os percentuais máximos de investimento em ações de empresas listadas nos mencionados níveis de governança da BOVESPA: (i) Novo Mercado – 60% para as reservas dos fundos com contribuição definida e 45% para os demais planos; (ii) Nível 2 – 59% para as reservas dos fundos com contribuição definida e 40% para os demais planos; (iii) Nível 1 – 45% para as reservas dos fundos com contribuição definida e 35% para os demais planos.

90. Apenas para exemplificar essa crise, o número de companhias listadas na BOVESPA tinha caído de 550 em 1996 para 440 em 2001. O volume negociado, após atingir 191 bilhões de Dólares em 1997, recuou para 101 bilhões de Dólares em 2000 e para 65 bilhões de Dólares em 2001. Além disso, muitas companhias fechavam o capital e poucas o abriam.

91. O Novo Mercado foi criado em dezembro de 2001. Cf. com nota nº 84.

92. A premissa básica do *Novo Mercado* é a seguinte: quanto maior o grau de segurança que o investimento proporcionar e quanto maiores a qualidade e a transparência das informações prestadas pela companhia, maiores serão a valorização e a liquidez das ações por ela negociadas.

93. As regras estão consolidadas no *Regulamento de Listagem do Novo Mercado* (disponível em *http://www.bovespa.com.br/Principal.asp*, acesso em julho/2006).

94. Essas regras foram estabelecidas em março/2001.

Essa medida é um relevante estímulo para a entrada das empresas nos níveis diferenciados de governança corporativa da BOVESPA, considerando-se o forte crescimento dos ativos dos fundos de pensão no país[95] e a necessidade de participação desses fundos no mercado bursátil, devido à expectativa de queda na taxa de juros da economia no longo prazo.[96]

4.5 Banco Nacional de Desenvolvimento Econômico e Social/BNDES

O BNDES vem se tornando um grande aliado do mercado de capitais e da governança corporativa, pois passou a considerar o mercado acionário como uma forma de mitigar os riscos e de possibilitar o lucro frente às operações financiadas.[97]

Além disso, o banco, ao patrocinar a capitalização de empresas, visa a estimular a adoção de práticas adequadas de governança corporativa, no intuito de criar condições para a democratização do mercado de capitais e a ampliação da base dos investidores.

Ademais, o BNDES apresenta um programa de apoio às novas sociedades anônimas, sobretudo voltado para pequenas e médias empresas. No entanto, a sociedade deverá submeter-se a condições que representam um verdadeiro estímulo à adoção de práticas adequadas à boa governança, como: (i) a empresa, ao contratar a operação com o BNDES, compromete-se a promover a abertura de seu capital no Novo Mercado da BOVESPA; (ii) após a abertura de capital, se o BNDES optar por converter debêntures de sua titularidade, compromete-se a fazê-lo só em ações ordinárias; (iii) haverá um prazo de carência de até dois anos para efeito de resgate de ações preferenciais classe B;[98] (iv) o conselho de administração deverá ter mandato unificado com prazo de gestão não superior a um ano, permitida a reeleição; (v) a assembléia-geral deverá ser convocada com antecedência mínima de 15 dias e a habilitação dos acionistas para votação terá como base o princípio da boa-fé; (vi) a empresa compromete-se a adotar, no segundo ano após a abertura do capital, adicionalmente às normas de Contabilidade em vigor no Brasil, as normas internacionais de Contabilidade promulgadas pelo IASC ou as utilizadas nos Estados Unidos da América (US GAAP); (vii) a companhia compromete-se a implantar um plano de opção de compra de ações para empregados; (viii) as divergências societárias deverão ser solucionadas por meio de arbitragem; (ix) a alienação do controle ou de participação relevante no capital da companhia somente poderá ser contratada sob a condição de que o adquirente se obrigue a realizar oferta pública de aquisição das ações pertencentes aos acionistas minoritários, nas mesmas condições de pagamento ofertadas

95. Cerca de 150% no período 1995 a 2001.

96. José Roberto Savoia ("O processo de reformas da Previdência no Brasil: uma visão dos fundos de pensão", *Boletim de Previdência Complementar* 1-10) informa que em abril/2001 havia 359 fundos de pensão no país, com patrimônio total de 140 bilhões de Reais. Desse patrimônio, 58% estavam investidos em fundos de renda fixa, 29% em fundos de renda variável, 7% em imóveis e 6% em outras aplicações.

97. A EMBRAER, em 1997, passando por difícil situação financeira, necessitava de um financiamento de 1 bilhão de Dólares para participar de uma concorrência que envolvia a venda de aeronaves ERJ-145 para a *American Airlines*. A venda seria importante para a saúde financeira da empresa, mas, tecnicamente, a operação, naquele momento, envolvia um enorme risco. Dessa forma, o BNDES promoveu o financiamento, mas boa parte dele foi feita por meio de debêntures conversíveis em ações da EMBRAER e pelo preço da ação anterior ao anúncio da venda dos aviões ao exterior. O resultado é que a operação foi um sucesso e marcou uma nova fase para a EMBRAER. A ação da empresa naquele ano subiu 77%, enquanto a BOVESPA teve alta de 45%. E o BNDES, que vendeu depois suas ações, embolsou um ganho com a operação de 500 milhões de Dólares.

98. Classe de ações de titularidade exclusiva do BNDES, com direito a voto, resgatáveis e transformáveis na classe de ações objeto da abertura de capital.

aos acionistas controladores; (x) nos casos de fechamento de capital ou de reembolso das ações de acionistas dissidentes, deverá ser utilizado o valor econômico da companhia, apurado por empresa especializada, como único parâmetro para definição do preço das ações de sua emissão.

4.6 Comissão de Valores Mobiliários e a Cartilha de Governança Corporativa

A Comissão de Valores Mobiliários/ CVM[99] é o órgão brasileiro responsável por assegurar o funcionamento eficiente e regular dos mercados de bolsa e de balcão, promover o acesso do público a informações sobre valores mobiliários negociados e as companhias que os tenham emitido, além de regulamentar as matérias expressas na Lei 6.404/1976, a chamada *Lei das S/As*, dentre outras competências.

No âmbito da governança corporativa, a CVM[100] busca criar um equilíbrio maior entre controladores e acionistas. Em sua *Cartilha de Governança Corporativa* predominam recomendações que asseguram a proteção dos acionistas minoritários.

Ressalte-se também que a adoção das recomendações da CVM sobre governança corporativa implica a utilização de suas regulamentações e de padrões de conduta superiores aos exigidos por lei. Por isso, essa *Cartilha* não constitui uma norma cujo descumprimento seja passível de sanção. Assim, suas orientações têm caráter facultativo.

De um modo geral, a *Cartilha* da CVM, divide-se em:

• Assembléias, estrutura acionária e grupo de controle – dispõe sobre: (i) a forma da convocação e a pauta das assembléias-gerais de acionistas; (ii) prazo de convocação das assembléias-gerais; (iii) acordo de acionistas; (iv) relação de acionistas; (v) processo de votação.

• Estrutura e responsabilidades do conselho de administração – trata dos seguintes aspectos: (i) função, composição e mandato do conselho de administração; (ii) funcionamento de comitês do conselho de administração; (iii) participação de preferencialistas no conselho de administração, presidente do conselho de administração e presidente da diretoria.

• Proteção a acionistas minoritários – aborda os seguintes tópicos: (i) decisões relevantes; (ii) *tag-along* para companhias constituídas antes da entrada em vigor da Lei 10.303, de 31.10.2001; (iii) *tag-along* para companhias constituídas após a entrada em vigor da Lei 10.303, de 31.10.2001; (iv) transações entre partes relacionadas; (v) direito a voto para ações preferenciais no não-pagamento de dividendos; (vi) arbitragem para questões societárias; (vii) proporção de ações ordinárias e preferenciais.

• Auditoria e demonstrações financeiras – dispõe sobre: (i) discussão e análise da administração; (ii) composição e funcionamento do conselho fiscal; (iii) relacionamento com auditor independente; (iv) auditoria; (v) acesso a informações; (vi) informações contábeis; (vii) recomendações dos auditores.

5. Aspectos legais de governança corporativa

A abordagem legal para a governança corporativa é uma continuação da linha de pesquisa de avaliação de ativos que se iniciou em 1958 com as teorias de Modigliani e Miller, pois, com base nessas teorias, os

99. A CVM foi criada em 1976 pela Lei 6.385.

100. A CVM elaborou, em junho/2002, uma *Cartilha de Governança Corporativa*, a fim de estimular o desenvolvimento do mercado de capitais brasileiro por meio da divulgação das práticas da boa governança corporativa. Seu objetivo é orientar nas questões passíveis de influenciar a relação entre administradores, conselheiros, auditores independentes, acionistas controladores e acionistas minoritários (disponível em *http://www.cvm.gov.br/port/public/publ/cartilha/cartilha.doc*, acesso em julho/ 2006).

títulos são avaliados somente pelo seu fluxo de caixa.[101]

Sob esse ponto de vista, um título de dívida vale o fluxo prometido de pagamento de juros e uma ação vale seu fluxo futuro de dividendos. Contudo, essa visão tradicional de finanças não explica como os investidores garantem que obterão para si o fluxo de recursos gerado pelos negócios das companhias e que deveriam ser usados para pagamento dos títulos de dívida ou de dividendos.

Porém, uma linha mais recente de pesquisa define os títulos não apenas pelo fluxo de recursos que irão gerar, mas também pelos direitos que eles conferem aos seus proprietários.[102]

Nessa nova corrente doutrinária o objetivo é o de modelar os instrumentos financeiros de acordo com seu fluxo de caixa e com os direitos que eles alocam aos seus proprietários, pois os investidores receberão dinheiro somente porque terão certos poderes.[103] Pode-se considerar, ainda, que os investidores receberão o retorno sobre seu investimento não somente porque têm certos direitos, mas porque terão a garantia de que poderão exercer seus direitos.[104]

Ocorre que o elemento decisivo para a explicação das diferenças entre os sistemas de governança corporativa nos países é o grau de proteção legal oferecido aos investidores contra a expropriação pelos gestores e acionistas controladores das empresas. De acordo com essa perspectiva, chamada de *abordagem legal para a governança corporativa*, a estrutura de propriedade das empresas e seu sistema de governança seriam uma resposta de equilíbrio ao ambiente legal onde as empresas operam.

Assim, como forma de corroborar esse entendimento, foram examinadas a existência e a garantia de aplicação de leis de proteção aos acionistas e credores em 49 países, comparando-os.

De início, a origem das leis de cada país foi classificada dentro de uma das quatro tradições do direito comercial, a saber: direito comum,[105] direito civil francês, direito civil alemão e direito civil escandinavo.

Após, foram criados três índices:

(i) um para medir o direito de proteção dos acionistas;

(ii) outro para medir o direito de proteção dos credores;

(iii) outro para medir a garantia de aplicação das leis. Os resultados foram os seguintes:

101. Rafael La Porta e outros, "Investor protection and corporate governance", *Journal of Financial Economics* 58/3-27.

102. Rafael La Porta e outros ("Investor protection and corporate governance", *Journal of Financial Economics* 58/3-27) explicam que essa nova linha de pesquisa baseia-se, sobretudo, nos estudos de Hart. Para maior explanação sobre o tema, consultar Oliver Hart, *Firms, Contracts and Financial Structure*, 1ª ed., 1995.

103. Apenas para exemplificar, os acionistas receberão dividendos porque podem depor os conselheiros que não os remuneram, enquanto os credores irão receber seu pagamento porque podem exigir o recebimento de colaterais.

104. Rafael La Porta e outros ("Investor protection and corporate governance", *Journal of Financial Economics* 58/3-27) explicam que o principal fator a assegurar aos investidores o retorno sobre seu investimento não é a existência de leis de proteção, mas a garantia de aplicação dessas leis. Dessa forma, as leis e a existência de um sistema que assegure sua aplicação efetiva são elementos essenciais da governança corporativa e da própria área de finanças. Dentre os direitos básicos dos credores, os autores citam os seguintes: (i) direito prioritário sobre o recebimento do fluxo de caixa com relação aos acionistas; (ii) possibilidade de provocar falência na empresa; (iii) possibilidade de recebimento de colateral. Dentre os direitos básicos dos acionistas, citam: (i) garantia de transparência dos números da empresa por meio da aplicação de procedimentos contábeis aceitos; (ii) recebimento de dividendos *pro rata*; (iii) votação para escolha dos conselheiros; (iv) possibilidade de processar conselheiros executivos por suspeita de expropriação; (v) possibilidade de forçar o pagamento de dividendos; (vi) possibilidade de liquidar a empresa e de receber os recursos devidos.

105 *Common Law*.

Tabela II – Avaliação da Proteção Legal aos Investidores de Acordo com a Origem das Leis

Colocação	Proteção dos Acionistas	Proteção dos Credores	Garantia de Aplicação das Leis
1º	direito comum	direito comum	direito civil escandinavo
2º	direito civil escandinavo	direito civil alemão	direito civil alemão
3º	direito civil alemão	direito civil escandinavo	direito comum
4º	direito civil francês	direito civil francês	direito civil francês

Fonte: Rafael La Porta, Andrei Shleifer, Florêncio Lopez-de-Silanes e Robert Vishny, "Law and Finance", *Journal of Political Economy*, 1998.

Em todas as análises, os países que adotam o direito civil francês, dentre os quais o Brasil, apresentam pior proteção aos investidores. Por outro lado, os países que adotam o direito comum, isto é, os anglo-saxões, apresentam melhor proteção aos investidores. Por isso, a hipótese de que a alta concentração da propriedade ocorre como resposta à falta de proteção legal é corroborada, conforme demonstrado acima, pois há forte correlação negativa entre concentração da propriedade e qualidade da proteção legal aos investidores. Assim, os países com pior proteção legal apresentam a maior concentração da propriedade, medida pelo percentual de ações dos três maiores acionistas. Já os países com melhor proteção legal apresentam a estrutura de propriedade mais pulverizada.[106]

Ressalte-se, ainda, que, independentemente da existência de regras legais, é a garantia de cumprimento das leis que diferencia a renda nos países, já que os países ricos tiveram desempenho superior em todas as medidas utilizadas para avaliar a garantia de aplicação das leis.

Ademais, além de influenciar os padrões de propriedade e de controle das empresas, a proteção legal aos investidores influencia o desenvolvimento dos mercados financeiros.[107] Dessa forma, de acordo com a abordagem legal, a proteção do investidor é condição importante para encorajar o desenvolvimento dos mercados de capitais, porque os investidores tendem a pagar mais pelos títulos quando são protegidos da expropriação. Por isso, o direito dos credores é essencial para alavancar o desenvolvimento do mercado de crédito; bem como o direito dos acionistas, o mercado de ações.

6. A governança corporativa como elemento para o desenvolvimento econômico sustentável

O fator essencial para o desenvolvimento econômico de um país é o inves-

106. Rafael La Porta e outros ("investor protection and corporate governance", *Journal of Financial Economics* 58/3-27) também comparam a qualidade dos padrões contábeis dos países. A Contabilidade tem papel relevante na governança corporativa, pois são necessários padrões contábeis de qualidade para os investidores saberem o que se passa na companhia em que estão investindo. Os resultados da avaliação dos padrões contábeis dos países foram similares aos obtidos na avaliação da garantia de aplicação das leis, onde os países pautados pelo direito civil francês obtiveram o pior resultado.

107. Rafael La Porta e outros ("The quality of government", *Journal of Law, Economics and Organization* 15/222-279, e "Investor protection and corporate valuation", *NBER Working Paper* 7.403-Forthcoming, *Journal of Finance* 2002) demonstram que, quando comparados com países que oferecem baixa proteção legal, os países com maior proteção legal aos investidores têm: (i) maior capitalização de mercado das empresas; (ii) maior quantidade de companhias abertas; (iii) maior taxa de ofertas públicas iniciais de ações; (iv) maiores

timento, que, aplicado tanto ao capital quanto aos recursos humanos, vincula-se a dois fatores: (i) poupança, que é o conjunto de recursos acumulados pelo país; (ii) intermediação financeira, que permite aos investidores o acesso aos recursos disponíveis.

Por isso, a adoção de medidas capazes de incentivar a formação de poupança e sua intermediação eficiente são imprescindíveis para o crescimento econômico do país. Assim é porque uma alta taxa de poupança gera abundantes recursos a serem aplicados, enquanto a intermediação financeira desenvolvida direciona esses recursos para as alternativas com perspectiva de retorno mais vantajoso ao investidor.[108]

Nesse sentido, há duas opções para a associação entre poupança e investimento, a saber: (i) financiamento interno, em que as empresas geram seus próprios recursos; (ii) financiamento externo, que é feito pelo endividamento[109] ou pelo lançamento de ações. Se o endividamento é simples e primitivo, o lançamento de ações no mercado é, comprovadamente, mais eficiente.

Isso porque no endividamento, em que a captação ocorre no mercado financeiro, há a presença da instituição financeira, cuja função é a de viabilizar a mobilização dos recursos obtidos junto ao público para, depois, cedê-los aos que necessitam de financiamento. Já no caso de lançamento de ações a captação de recursos ocorre por meio do mercado de capitais, ou seja, de forma direta, sem intermediações entre poupadores e investidores.

Assim, as empresas, ao analisarem as melhores formas para a captação de recursos, são influenciadas pelo ambiente macroeconômico, pelas instituições jurídicas, pelo grau de desenvolvimento do mercado de capitais e pelo sistema tributário de cada país.[110] Nesse sentido, a governança corporativa pode ser adotada como um mecanismo para diminuir o custo do financiamento externo das empresas, seja para os contratos de dívida, seja para o lançamento de ações, já que é um conjunto de procedimentos de gestão que conjuga os interesses dos diversos financiadores e evita a expropriação de um pelo outro. Além disso, a aplicação da governança corporativa considera a concepção de maximização do valor para os acionistas como principal responsabilidade dos executivos. Para tanto, alguns mecanismos devem ser considerados.

múltiplos P/S (preço/vendas) e P/BV (preço/valor contábil); (v) maiores dividendos; (vi) maiores mercados de crédito.

108. Nas últimas décadas vislumbramos a ascensão de diversos países asiáticos, que saíram de uma situação de pobreza para se tornarem nações industrializadas. Esses países destacaram-se pelas altas taxas de poupança, dentre os quais os mais bem-sucedidos, como Coréia do Sul e Cingapura, apresentam taxas de poupança que variam de 35% a 46% do PIB, respectivamente. Apenas para comparar, o Brasil, em seus melhores momentos econômicos, teve poupança doméstica pouco superior a 20% do PIB. O desenvolvimento da Europa e dos Estados Unidos, a partir do final do século passado, foi impulsionado por uma contínua eficiência na intermediação de poupanças. Esse desenvolvimento provavelmente não teria ocorrido sem um sofisticado mercado financeiro e de capitais. O ideal é que um país tenha poupança interna na faixa dos 25%.

109. No conceito do *financiamento por endividamento* insere-se a atuação governamental que, pela arrecadação de tributos ou pela imposição de mecanismos compulsórios de poupança, financia certas atividades.

110. Os riscos do contrato de dívida, instrumento legal para o financiamento por endividamento, são mais facilmente perceptíveis pelos investidores. Na celebração dos contratos os fornecedores de capital apenas precisam avaliar os bens dados em garantia. Já no lançamento de ações, no caso de um financiamento oriundo do mercado de capitais, os investidores deverão analisar a empresa como um todo, além de estarem submetidos a uma proteção legal nem sempre satisfatória. Além disso, os contratos de dívida são mais facilmente executáveis e os credores se beneficiam do direito de apropriação dos ativos no caso de violação das cláusulas contratuais, falência e liquidação da empresa. Por isso, normalmente, o desenvolvimento do mercado de renda fixa ocorre antes do desenvolvimento do mercado de ações, uma vez que os direitos de propriedade são mais bem protegidos em contratos de renda fixa.

6.1 Mecanismos de governança corporativa

Os mecanismos de governança corporativa podem ser classificados dentro de quatro categorias de "forças de controle" sobre uma empresa, que são as seguintes:[111] (i) ambiente legal, político e regulatório; (ii) mercado de capitais e de fusões e aquisições; (iii) mercado competitivo do setor de atuação; (iv) mecanismos internos – conselho de administração;[112] políticas de remuneração;[113] estrutura de propriedade;[114] estrutura de financiamento.[115]

6.2 Estrutura de propriedade no valor e no desempenho corporativo

6.2.1 *Vantagens e desvantagens de acionistas controladores*

A concentração de propriedade traz tanto benefícios quanto custos para as empresas. A presença de grandes acionistas com alta parcela de propriedade pode ser prejudicial para uma empresa devido à possibilidade de os interesses dos acionistas controladores não estarem alinhados com os interesses dos demais acionistas. Além disso, a concentração substancial de direito sobre fluxo de caixa permite o isolamento da empresa frente a ofertas de aquisição hostil.[116]

Infere-se também que os acionistas controladores podem expropriar o fluxo de caixa da empresa de várias formas, como pelo simples pagamento de salários excessivos a eles próprios, autonomeação em cargos executivos privilegiados e posições no conselho para si ou para familiares e parentes, independentemente da qualificação dessas pessoas. Também podem pagar ou receber preços inflacionados ou deflacionados para suas próprias empresas. A transferência de ações com desconto ou o ato de *insider trading* também são formas alternativas de expropriação de riqueza por controladores.

111. Michael Jensen, "The modern industrial revolution, exit and the failure of internal control systems", *Journal of Finance* 48-3.

112. Não obstante haja poucos estudos sobre a formalização teórica do papel dos conselhos, muitos estudos empíricos foram conduzidos buscando identificar as características e os fatores que afetam sua função e o conseqüente efeito no monitoramento e desempenho das empresas. Nesse sentido, duas características dos conselhos são mais importantes: o tamanho e a independência. Os estudos empreendidos indicam que os conselhos menores e com maior proporção de conselheiros externos são mais efetivos no monitoramento da administração. Para mais detalhes, consultar Benjamin Hermalin e Michael Weisbach, "Board of directors as an endogenously determined institution: a survey of the economic literature", *NBR Working Paper* 8.161.

113. A pesquisa sobre a remuneração dos executivos sob a ótica da governança corporativa foca-se, sobretudo, em dois aspectos: (i) nível de remuneração; (ii) papel da remuneração atrelado ao desempenho da empresa. O nível de remuneração como mecanismo de governança corporativa parte da hipótese de que um administrador tende a arriscar menos a perda de um emprego quanto maior for sua remuneração proveniente dele, e "arriscar menos o emprego" significa agir de acordo com os interesses dos administradores. Estudos valiosos sobre o tema da remuneração dos executivos foram realizados pelos seguintes autores: John Core e outros, *Executive Equity Compensation and Incentives: a Survey*, 2001.

114. Diane K. Denis ("Twenty-five years of corporate governance research... and counting", *Review of Financial Economics* 10/191-212) observa que acionistas com uma parcela superior a 5% das ações de uma empresa são considerados acionistas significantes, e um acionista com parcela significante de propriedade tem o incentivo e o poder de monitorar a administração da empresa.

115. A estrutura de financiamento da empresa é um importante mecanismo para disciplinar os administradores, em especial a tomada de dívidas. Isso porque, se uma empresa tem dívidas, a necessidade de quitação imediata serve como um mecanismo de comprometimento da administração em manter um nível de desempenho, ao menos para honrar as obrigações com os credores.

116. Adrei Shleifer e Robert Vishny, "A survey of corporate governance", *Journal of Finance* 52-2/737-783; Rafael La Porta e outros, "Corporate ownership around the world", *Journal of Finance* 54-2/471-517; Lucian Bebchuk, "A rent-protection theory of corporate ownership and control", *Working Paper* 7.203. Ressalte-se que a expressão "aquisição hostil" é usada quando uma parte adquire controle de uma empresa comprando a maioria das ações sem negociar diretamente com os atuais controladores.

Inclui-se ainda a possibilidade de os executivos utilizarem os ativos da empresa como garantia de transações pessoais ou de tomar empréstimos de fundos da empresa com vantagens comerciais. No geral, há também a propensão a praticar uma gestão com subinvestimento, uma vez que os custos dos investimentos, caso não vinguem, serão divididos com todos os acionistas.[117]

Porém, a presença de acionistas e da concentração de ações em suas mãos também pode trazer benefícios à empresa, pois essa presença é capaz de mitigar o problema do *freerider*[118] de monitoramento da administração e reduzir os custos de agência. Acionistas com grande concentração de direitos poderiam ser incentivados a arcar com custos de monitoramento que proporcionassem maiores ganhos que os custos associados de sua aplicação.[119]

117. Michael Jensen e William Meckling, "Theory of the firm: managerial behavior, agency costs and ownership structure", *Journal of Financial Economics*, 1976.

118. Problema que se estabelece quando os administradores ou os executivos detêm o controle efetivo da empresa em decorrência do reduzido poder individual dos acionistas, devido à pequena parcela de propriedade.

119. Trabalhos mais recentes tentam modelar os benefícios de grandes acionistas em contextos diferentes. Rafael La Porta e outros ("Corporate ownership around the world", *Journal of Finance* 54-2/471-517) e Lucian Bebchuk ("A rent-protection theory of corporate ownership and control", *Working Paper* 7.203) argumentam que a existência de grandes acionistas é uma tentativa de minimizar os conflitos de agência em países com baixa proteção legal e institucional dos investidores. O principal argumento é o de que, nesses ambientes de baixa proteção, a única forma de equilibrar os interesses seria a existência de um acionista controlador, que permitiria certo comprometimento a investidores externos no sentido de que os acionistas controladores não desviariam os ativos da empresa. Essa sinalização seria positiva para investidores externos devido ao fato de que a avaliação de preços de ações é baseada nas expectativas de expropriação, *ex post*, pelos acionistas controladores. Se os acionistas controladores expropriarem o fluxo de caixa da empresa, os investidores externos irão apreçar as ações com um prêmio de desconto e, em conseqüência, os acionistas controladores terão suas ações com valor destruído.

6.2.2 *Controle e custos de agência*

Os padrões de estrutura de propriedade são determinantes do nível de expropriação de riqueza por parte dos acionistas controladores. Mecanismos de propriedade como estrutura piramidal, propriedade cruzada e emissão de ações sem direito a voto permitem aos acionistas controladores aumentar o direito de voto nas empresas em relação ao direito sobre fluxo de caixa.[120]

Esses tipos de estruturas de propriedade apenas exacerbam os problemas de expropriação, porque, enquanto os acionistas controladores usufruem a totalidade de benefícios privados, apenas arcam com parte dos custos de expropriação, proporcionalmente aos seus direitos sobre o fluxo de caixa. Além disso, esses mecanismos de controle podem ser utilizados para assegurar o poder de controle dos acionistas controladores, pois evitam o monitoramento por qualquer tipo de mecanismo de governança corporativa.[121]

6.2.3 *Tipos de acionistas controladores e custos de agência*

Há, sobretudo, cinco tipos de acionistas controladores considerados como relevantes pela literatura que trata do tema: (i) um indivíduo ou família controladora; (ii) investidor institucional; (iii) instituição financeira; (iv) governo; (v) grupos de investidores. A idéia dessa classificação é a de que os efeitos do acionista controlador no desempenho das empresas podem variar de acordo com a classificação do controlador.

O controle familiar muitas vezes faz com que os interesses da família sejam co-

120. "Estrutura piramidal" é um mecanismo de controle por meio de níveis hierárquicos entre empresas. "Propriedade cruzada" é um mecanismo não só para assumir controle efetivo desproporcional à propriedade, mas, também, para proteger o poder de acionistas controladores.

121. Lucian Bebchuk, "A rent-protection theory of corporate ownership and control", *Working Paper* 7.203.

locados acima dos interesses de todos os outros acionistas e *stakeholders* da empresa. Isso pode ocorrer devido ao poder de voto predominante e ao envolvimento com a administração, facilitando a implementação de políticas e de projetos que beneficiam a si em detrimento do desempenho da empresa.

Por outro lado, a presença de uma família controladora permite maior monitoramento da administração, pela presença de seus membros em uma relação com a administração, reduzindo o custo de agência associado à separação entre propriedade e controle. A família controladora e seus membros têm o incentivo de aumentar o valor da empresa e melhorar seu monitoramento porque esses fatores estão relacionados à sua riqueza e ao nome da família, que, por sua vez, estão ligados à continuidade do negócio.[122]

Já as instituições financeiras parecem preferir a liquidez de suas posições, o que as leva a tomar parcela menor ou um papel secundário no controle, desfavorecendo um monitoramento rígido da administração. De outra forma, em países como o Japão as instituições financeiras no papel de controladoras permitiriam um comprometimento maior com investimentos de longo prazo, por meio de fluxos de capital garantidos a custos menores e sem restrição.

Os investidores institucionais, por sua vez, são responsáveis por um maior monitoramento da administração e da difusão das práticas de governança corporativa nos mercados desenvolvidos, como nos Estados Unidos e no Reino Unido.[123]

Em relação a controladores estrangeiros e domésticos há alguns fatores que podem determinar diferenças de desempenho e de valor entre as empresas. As empresas controladas por outras empresas estrangeiras normalmente apresentam vantagens tecnológicas no negócio e vantagens provenientes de sua ligação com a matriz no exterior, como fluxo de caixa, garantias e relações comerciais e bancárias. Além disso, em alguns casos há vantagens e benefícios legais como incentivo a se instalarem no país. Por outro lado, o fato de o controlador ser estrangeiro e estar sediado em outro país pode levar a uma maior dificuldade de monitoramento da administração.

Quanto ao papel do governo como controlador de empresas, a literatura é mais condizente com um papel ineficiente, com controle muitas vezes político e objetivos pouco claros e definidos. Os direitos de propriedade são exercidos em algum nível burocrático, com vagos incentivos para melhorar o desempenho operacional, assim como a inexistência de incentivos internos de remuneração aos executivos.

6.2.4 *Estrutura de propriedade como variável endógena*

A análise dos efeitos da concentração de propriedade no valor e no desempenho das empresas parte da hipótese de que a estrutura de propriedade seja exógena, isto é, de que não seja afetada pelas próprias variáveis de valor e/ou desempenho da empresa.[124]

Acrescente-se, ainda, que até os anos 80 do século passado era comum o tratamento da endogeneidade como existente na variável de concentração de propriedade, mas de certa forma contornável nos estudos empíricos. Porém, recentes pesquisas

122. Rafael La Porta e outros, "Corporate ownership around the world", *Journal of Finance* 54-2/471-517; Eugene Fama e Michael Jensen, "Separation of ownership and control", *Journal of Law and Economics* 26/301-325.

123. Philip English II, Thomas Smythe e Chris McNeil, "The CALPERS effect revisited", *Journal of Corporate Governance* 180/1-18.

124. Um exemplo nesse sentido pode ser o fato de que determinados grupos de investidores, tanto externos quanto internos, selecionam as empresas de suas carteiras de investimento usando como critério o desempenho delas e escolhendo as melhores – o que certamente afeta a variável de concentração de propriedade.

passaram a analisar a causalidade, levando a significativos questionamentos,[125] focando o estudo, em princípio, três fatores: (i) tamanho da empresa; (ii) potencial de riqueza ou de controle; (iii) regulamentação do setor.

No que se refere ao tamanho das empresas, ele varia dentro de um próprio setor e entre os diversos setores, de forma que, quanto maior o tamanho viável da empresa, maior a disponibilidade de recursos e maior o valor de mercado de uma parcela de sua propriedade. Assim é porque isso influencia a concentração de sua propriedade nas mãos de um acionista de forma inversa, pois, quanto maior o valor de mercado e maior o valor absoluto da empresa, menores a probabilidade e a possibilidade de uma parcela maior da propriedade ser ditada por um acionista controlador.

Já o potencial de controle é definido como a riqueza potencial a ser gerada como retorno ao acionista por meio de um melhor monitoramento da administração da empresa, com conseqüente melhora do desempenho operacional dela. A hipótese básica é a de que, se os interesses de acionistas e administradores fossem perfeitamente alinhados, o potencial de controle de uma empresa seria inexistente. Mas isso não ocorre, porque os custos de transação e prêmios no mercado de controle corporativo[126] evidenciam a existência de um potencial próprio de controle para cada empresa.

Assim, as alterações nas estruturas de propriedade das empresas seriam uma resposta parcial a esses potenciais de controle das empresas existentes. Tomando essas suposições, quanto maior o potencial de controle de uma empresa, maior o incentivo para a concentração de propriedade, já que os *payoffs* futuros seriam atrativos.

Quanto à regulação do setor, ela restringiria as opções de investimento por parte dos acionistas, além do quê os setores regulados já sofreriam certo monitoramento por parte dos agentes de mercado. Esses efeitos combinados serviriam como incentivadores para uma redução da concentração de propriedade em empresas de setores regulados.[127]

6.2.5 *Estudos empíricos sobre a estrutura da propriedade*

Os primeiros estudos empíricos na literatura testaram a hipótese do efeito *free-riding*[128] causado pela propriedade dispersa das empresas, por meio de regressões de taxas de lucratividade ou de retornos sobre ativos dependentes de uma variável *dummy* de tipo de controle.

A grande maioria dos resultados nessa linha não apresentou significância estatística, rejeitando a hipótese de que um alto grau de dispersão da propriedade resultaria em pior desempenho para as empresas.[129]

125. Harold Demsetz e Kenneth Lehn ("The structure of corporate ownership: causes and consequences", *Journal of Political Economy* 93-6/1.155-1.177) foram os primeiros a formalizar um modelo empírico que trata a concentração de propriedade como uma variável endógena.

126. *Takeovers* e aquisições hostis.

127. Harold Demsetz e Kenneth Lehn ("The structure of corporate ownership: causes and consequences", *Journal of Political Economy* 93-6/1.155-1.177), em seu estudo empírico acerca da proposição de fatores determinantes da estrutura de propriedade das empresas, apresentam significância estatística para uma regressão por mínimos quadrados ordinários para dados de propriedade de 511 empresas norte-americanas para os anos de 1980 e 1981 e dados históricos de balanço de 1976 1980. Além disso, os autores também apresentam resultados não-significativos estatisticamente para o teste de efeitos da estrutura de propriedade na *performance* das empresas.

128. Adolph Berle e Garnier Means (*The Modern Corporation and Private Property*, 1932) foram os propositores desse modelo.

129. Vários autores apresentaram trabalhos nessa linha de pesquisa, aplicados ao mercado norte-americano. Para uma abordagem mais detalhada, consultar: David Kamerschen, "The influence of ownership and control on profit rates", *The American Economic Review* 58/432-447.

De outro lado, aplicando-se a mesma abordagem para outros países, as evidências mostraram que as empresas nas mãos de proprietários-controladores apresentavam melhor desempenho que aquelas controladas por executivos.[130]

Há também estudos que argumentam que a concentração de propriedade é uma variável endógena, ou seja, determinada por características de cada empresa, sendo que algumas exigiriam maior controle por meio da concentração de propriedade e outras, não. Em conseqüência, as regressões sem levar em conta o efeito de endogeneidade resultariam em soluções insignificantes, já que as concentrações de propriedade de cada empresa seriam, teoricamente, eficientes.[131] Já uma outra linha de pesquisa foca a posse de ações por executivos, isto é, quando o agente e o principal são a mesma pessoa, ao menos parcialmente.[132]

Outros autores investigaram essa relação entre estrutura de propriedade, posse de ações por executivos e desempenho das 500 maiores empresas norte-americanas.[133] As evidências apresentadas são as de que o desempenho e o valor das empresas apresentam um comportamento quadrático, sugerindo um nível ótimo de concentração de propriedade por parte dos administradores.[134]

Os estudos mais recentes focam ambas as abordagens, mas com a introdução de inovações econométricas e testes de causalidade das variáveis.[135] Após, um novo estudo introduziu a variável de excesso de direito de voto em relação ao direito sobre fluxo de caixa, apresentando resultados para uma amostra de 2.658 empresas asiáticas, onde a relação é negativa em ambos os casos de concentração de propriedade e excessos de votos, em relação ao valor e ao desempenho das empresas.

7. Estrutura de propriedade e governança corporativa no Brasil

A estrutura de propriedade predominante no Brasil é a concentrada, tanto nas empresas que estão nas mãos de famílias quanto nas multinacionais estrangeiras.[136] Também não há clara percepção acerca da importância da separação entre propriedade e gerência.

Além disso, a propriedade concentrada no Brasil significa que o conflito de agência ocorre entre o controlador e os acionistas minoritários, ou seja, refere-se sobretudo à questão da expropriação.

Mencione-se também que o Estado, embora tenha encolhido nas últimas décadas, ainda é um importante acionista nas corporações e controla grandes empresas como a Petrobrás, o Banco do Brasil, a

130. Peter S. Steer e John R. Cable, "International organization and profit: an empirical analysis of large U.K. companies", *Journal of Industrial Economics* 27/13-30.

131. Harold Demsetz e Kenneth Lehn, "The structure of corporate ownership: causes and consequences", *Journal of Political Economy* 93-6/1.155-1.177.

132. René Stulz, "Managerial control of voting rights: financing policies and the market for corporate control", *Journal of Financial Economics* 27/13-30.

133. Essa lista foi extraída da revista *Fortune*.

134. Randall Morck, Andrei Shleifer e Robert W. Vishny, "Management ownership and market valuation: an empirical analysis", *Journal of Financial Economics*, 1988, pp. 293-315.

135. Stacey Kole ("Measuring managerial equity ownership: a comparison of sources of ownership data", *Journal of Corporate Finance: Contracting, Governance and Organization* 1/413-435) foi quem primeiro estudou esse modelo, que testa a causalidade do desempenho da empresa na variável de concentração de propriedade por administradores.

136. Ricardo Leal e outros ("Ownership, control and corporate valuation of brazilian companies", *OECD Working Paper*, abril/2000) analisam a estrutura de propriedade das empresas privadas de capital aberto e demonstram que a percentagem média de propriedade do maior acionista é de 58%, e dos três maiores somados é de 78% sobre o direito de voto. Os controladores são compostos por indivíduos ou famílias em cerca de 51% e por estrangeiros em cerca de 14,7%.

Caixa Econômica Federal e boa parcela do setor da eletricidade.[137]

Essa estrutura de propriedade concentrada[138] decorre sobretudo do ambiente legal e macroeconômico doméstico preponderante no país, isto é, pautado por uma baixa eficiência da atuação judiciária, o que significa proteção legal insatisfatória aos investidores, bem como por décadas de economia instável, com ambiente de altas taxas de inflação.

Por isso, a evolução do cenário macroeconômico para um contexto de maior estabilidade exige a implementação das devidas reformas legal e institucional no que se refere à estrutura que regula o mercado de capitais e ao efetivo funcionamento das regras de governança corporativa.

137. Charles Oman ("Corporate governance in development: the experiences of Brazil, Chile, India and South Africa", *OECD Development Center*, 2003), em importante estudo apresentado sobre o tema, conclui que no Brasil o Estado ainda é o maior proprietário, seguido pelas famílias, o que demonstra cabalmente a elevada concentração de propriedade existente no país.

138. Há que se observar também que esse modelo de concentração de propriedade, embora gere muitas críticas por parte dos integrantes do nosso mercado, que consideram o modelo norte-americano de pulverização acionária superior ao modelo de propriedade concentrada, não é propriamente maléfico e a fonte de todos os infortúnios para a implantação da governança corporativa no país. Assim, apesar de defenderem que o modelo pulverizado norte-americano seria mais eficiente, uma vez que as companhias seriam dirigidas por administradores profissionais, sem a presença de acionistas controladores que tenderiam a centralizar todas as decisões e seriam menos propensos a aceitar a prestação de contas aos acionistas, na realidade, apresentam uma análise falha, conforme comprovam os recentes escândalos corporativos norte-americanos, como o da *Enron* e o da *Worldcom*, nascidos de abusos e fraudes perpetrados por membros da administração de grandes empresas, todas com capital pulverizado por milhares de acionistas e administradores profissionais. O próprio mercado norte-americano nos dá exemplos demonstrativos de que na análise das práticas de governança corporativa não há espaço para avaliações simplistas, pois duas das companhias mais valorizadas nos Estados Unidos, a *Microsoft* e a *Wal-Mart*, têm a figura do acionista controlador, ainda que seja na forma de controle minoritário.

Nesse sentido, já no que se relaciona ao novo cenário econômico do país, um importante fato para esse início foi o processo de privatização iniciado a partir de 1990. Em conseqüência desse processo, já se pode notar a presença de grandes corporações com menor concentração de propriedade em importantes setores, como o aço, a mineração, a energia, a infra-estrutura e no setor das telecomunicações, em que o controle é compartilhado por grupos locais, por fundos de pensão, por fundos de investimento e por companhias estrangeiras.

A eficiência desses arranjos novos de controle ainda necessita ser incrementada, mas configura uma importante perspectiva, sobretudo para o ambiente propício às práticas de governança corporativa.

Importante mencionar também que essas mudanças econômicas devem ser acompanhadas por alterações na legislação, a fim de promover o desenvolvimento do mercado de capitais, possibilitando ao investidor toda a proteção de que necessita para investir nesse mercado. Isso porque regras claras de divulgação dos dados da companhia e uma proteção legal eficaz são condições imprescindíveis para o crescimento e o desenvolvimento desse mercado.

7.1 Aspectos legais da estrutura de propriedade das empresas abertas no Brasil

As regras de estrutura de propriedade das empresas abertas foram alteradas pela Lei 6.404/1976,[139] que modificou o

139. A Lei 6.404, de 15.12.1976, a chamada *Lei das S/As*, em substituição ao Decreto-lei 2.627/1940, praticamente inaugurou a era de sociedades por ações no Brasil, pois a lei anterior foi inicialmente voltada para empresas familiares da época e não havia conseguido democratizar e ampliar o acesso ao capital. Mas, a partir da intenção do Governo de atrair a poupança privada para o investimento em ações, a lei de 1976 mostrou-se, então, mais sofisticada e de maior abrangência, inserindo aprimora-

limite de ações preferenciais de 50% do capital social das empresas para dois terços do total de ações emitidas, sendo que os estatutos das empresas podiam deixar de reconhecer alguns direitos das ações preferenciais, como o direito a voto, em contrapartida a vantagens patrimoniais, que podiam consistir em prioridade na distribuição de dividendos ou reembolso do capital. A restrição era a de que nos casos de não-distribuição de dividendos fixos ou mínimos por três exercícios consecutivos as ações preferenciais teriam o direito assegurado de voto.[140]

Porém, a partir de 1996 a Lei 6.404/1976 passou a sofrer as maiores alterações, sendo que a primeira modificação implementada nesse período foi promovida pela Medida Provisória 1.334/1996, que foi reeditada diversas vezes e convertida na Lei 9.447/1997, redefinindo as competências do Banco Central do Brasil e da CVM em relação às instituições financeiras.

A seguir, a Lei 9.457/1997 também alterou a Lei do Mercado de Valores Mobiliários, com o intuito de restaurar a credibilidade do mercado de capitais, oferecendo mais instrumentos para a CVM inibir e punir a prática de ilícitos no mercado financeiro, cada vez mais sofisticados e envolvendo maiores volumes de recursos.

Além disso, essa mesma lei alterou a Lei das S/As e, em relação à estrutura de propriedade das companhias abertas, passou a conferir aos portadores de ações preferenciais a garantia de dividendos no mínimo 10% maiores que os atribuídos às ações ordinárias, salvo se fosse garantido o direito a dividendos fixos ou mínimos.

Após, com a edição da Lei 10.303/2001, que ficou conhecida como "a nova Lei das S/As", as vantagens das ações preferenciais passaram a ser prioridade na distribuição de dividendos fixos ou mínimos, prioridade no reembolso de capital, com ou sem prêmio, ou a acumulação das preferências e vantagens anteriores.

Porém, para a admissão ao mercado de valores mobiliários, as ações preferenciais passaram a ter o direito de participar de distribuição de dividendos correspondente a um mínimo de 25% do lucro líquido do exercício, direito a recebimento de dividendo no mínimo 10% superior às ações ordinárias ou direito de serem incluídas na oferta pública de alienação de controle.

Essa lei também prevê que nas companhias desestatizadas pode ser criada a ação preferencial de classe especial ou *golden share*, de propriedade exclusiva do ente desestatizante, à qual o estatuto social pode conferir os poderes que especificar.

Outra alteração importante em relação à estrutura da propriedade das companhias abertas foi a alteração do número de ações preferenciais sem direito a voto, que passou a ter o limite de 50% do total das ações emitidas, sendo válida para as companhias novas e às companhias fechadas existentes no momento em que decidirem abrir seu capital.

8. Conclusão

Procuramos, com o presente trabalho, demonstrar a importância e a atualidade do estudo da governança corporativa para o aperfeiçoamento e desenvolvimento do mercado de capitais em nosso país. Com o inexorável movimento de globalização da economia e seu reflexo no mercado de capitais, é inevitável que haja uma maior homogeneização das regras que regem as companhias abertas, na medida em que os investidores globais, tendo um enorme leque de opções para aplicação de seus re-

mentos até então ausentes, como o conselho de administração, a representação de votos e novas regras contábeis.

140. Essa alteração no limite de emissão de ações preferenciais refletiu a preocupação da legislação, à época, de adaptar a tradição do empresariado brasileiro em não aceitar abrir mão da maioria das ações com direito a voto e, por conseqüência, do controle e, ao mesmo tempo, de permitir a atração de novos investidores interessados apenas na rentabilidade e na liquidez dos valores mobiliários.

cursos e com liberdade para operar em vários países, estão cada vez mais exigentes com relação a seus investimentos.

Observamos que as regras de governança corporativa não estão dissociadas da realidade dos mercados em que são aplicadas, principalmente em relação à estrutura de propriedade das companhias.

Assim percebemos porque em mercados como o brasileiro, com predominância de empresas com capital concentrado e controlador definido, os principais problemas de governança envolvem o relacionamento entre o acionista controlador e os acionistas minoritários, deixando para segundo plano aqueles decorrentes da separação entre propriedade e controle entre acionistas e gestores, típicos de mercados com predomínio de empresas com capital pulverizado.

No caso brasileiro merecem destaque as iniciativas adotadas para o aperfeiçoamento das regras de governança corporativa, em especial as alterações na Lei das S/As, introduzidas pela Lei 10.303/2001, e a iniciativa da BOVESPA de criar o *Novo Mercado*.

As alterações introduzidas na legislação societária foram de grande alcance e representam um avanço em relação à legislação anterior, embora existam certos setores do próprio mercado que as considerem tímidas e continuem a exigir novas mudanças, algumas claramente arbitrárias, como a transformação compulsória de todas as ações existentes em ações com direito a voto.

Na realidade, aqueles que clamam por novas e radicais alterações na legislação cometem um erro muito comum em nosso país: o de achar que basta mudar a lei para que todos os problemas estejam resolvidos. Essa postura é claramente equivocada e, apesar de ainda precisarmos de algumas alterações legislativas, o mais importante, conforme ficou demonstrado nesse trabalho, é que a comunidade e, em especial, o investidor tenham a certeza de que a atuação legal será efetiva.

Além disso, o caminho saudável a ser seguido não é o da intervenção estatal crescente para os diversos setores da economia, mas a auto-regulação, por meio da adoção voluntária de regras de governança corporativa por parte das empresas.

Bibliografia

BEBCHUK, Lucian. "A rent-protection theory of corporate ownership and control". *Working Paper* 7.203. Cambridge/MA, National Bureau of Economic Research, 1999.

BERLE, Adolph, e MEANS, Garnier. *The Modern Corporation and Private Property*. Nova York, Macmillan, 1932.

BHAGAT, Sanjai, e BLACK, Bernard. "The uncertain relationship between board composition and firm performance". *Business Lawyer* 54/921-963. 1999.

Black's Law Dictionary. 8ª ed. 2004.

CABLE, John, e STEER, Peter. "International organization and profit: an empirical analysis of large U.K. companies". *Journal of Industrial Economics* 27/13-30. 1978.

CARLSSON, Rolf. *Ownership and Value Creation: Strategic Corporate Governance in the New Economy*. 1ª ed. Nova York, John Wiley & Sons, 2001 (307 pp.).

CHARKHAM, Jonathan. *Keeping Good Company: A Study of Corporate Governance in Five Countries*. Oxford, Clarendon Press, 1994 (408 pp).

CORE, John, e outros. *Executive Equity Compensation and Incentives: a Survey*. University of Pennsylvania, Working Paper, 2001.

DEMSETZ, Harold, e LEHN, Kenneth. "The structure of corporate ownership: causes and consequences". *Journal of Political Economy* 93-6/1.155-1.177. Dezembro/1985.

DENIS, Diane. "Twenty-five years of corporate governance research... and counting". *Review of Financial Economics* 10/191-212. 2001.

ENGLISH II, Philip, McNEIL, Chris, e SMYTHE, Thomas. "The CALPERS effect revisited". *Journal of Corporate Governance* 180/1-18. 2003.

FAMA, Eugene, e JENSEN, Michael. "Separation of ownership and control". *Journal of Law and Economics* 26/301-325. Junho/1983.

GRAVA, William. *Tese de Doutorado*. São Paulo, USP.

HART, Oliver. *Firms, Contracts and Financial Structure*. 1ª ed. Oxford, Oxford University Press, 1995.

HERMALIN, Benjamin, e WEISBACH, Michael. "Board of directors as an endogenously determined institution: a survey of the economic literature". *NBR Working Paper* 8.161. Cambridge/MA, 2001.

HOSHI, Takeo, KASHYAP, Anil, e SCHARFSTEIN, David Scharfstein. "Corporate structure, liquidity and investment: evidence from japanese industrial groups". *Quarterly Journal of Economics* 106/33-60. Fevereiro/1991.

INSTITUTO BRASILEIRO DE GOVERNANÇA CORPORATIVA/IBGC. Disponível em *http://www.ibgc.org.br* (acesso em julho/2006).

JENSEN, Michael. *A Theory of the Firm: Governance, Residual Claims, and Organizational Forms*. 1ª ed. Cambridge/MA, Harvard University Press, 2001 (320 pp.).

__________. "The modern industrial revolution, exit and the failure of internal control systems". *Journal of Finance* 48-3. Julho/1993.

__________, e FAMA, Eugene. "Separation of ownership and control". *Journal of Law and Economics* 26/301-325. Junho/1983.

__________, e MECKLING, William. *Theory of the Firm: Managerial Behavior, Agency Costs and Ownership Structure*. Journal of Financial Economics, 1976.

KAMERSCHEN, David. "The influence of ownership and control on profit rates". *The American Economic Review* 58/432-447. 1968.

KANG, Jun-Koo, e STULZ, René. "Do banking shocks afect borrowing firm performance? An analysis of the japanese experience". *Journal of Business* 73/1-23. 2000.

KASHYAP, Anil, HOSHI, Takeo, e SCHARFSTEIN, David Scharfstein. "Corporate structure, liquidity and investment: evidence from japanese industrial groups". *Quarterly Journal of Economics* 106/33-60. Fevereiro/1991.

KOLE, Stacey. "Measuring managerial equity ownership: a comparison of sources of ownership data". *Journal of Corporate Finance: Contracting, Governance and Organization* 1/413-435. 1996.

LA PORTA, Rafael, e outros. "Corporate ownership around the world". *Journal of Finance* 54-2/471-517. Abril/1999.

__________. "Investor protection and corporate governance". *Journal of Financial Economics* 58/3-27. Outubro/2000.

__________. "Investor protection and corporate valuation". *NBER Working Paper* 7.403-Forthcoming. *Journal of Finance* 2002. Cambridge/MA, 1999.

__________. "Law and finance". *Journal of Political Economy*. 1998.

__________. "The Quality of Government". *Journal of Law, Economics and Organization* 15/222-279. 1999.

LEAL, Ricardo, e outros. "Ownership, control and corporate valuation of brazilian companies". *OECD Working Paper*. Abril/2000.

__________, e VALADARES, Sílvia. "Ownership and control structure of brazilian companies". *Unpublished Working Paper* (disponível em *http://www.independent.org/tii/content/pubs/review/TIR12.html*).

LEHN, Kenneth, e DEMSETZ, Harold. "The structure of corporate ownership: causes and consequences". *Journal of Political Economy* 93-6/1.155-1.177. Dezembro/1985.

McNEIL, Chris, ENGLISH II, Philip, e SMYTHE, Thomas. "The CALPERS effect revisited". *Journal of Corporate Governance* 180/1-18. 2003.

MEANS, Garnier, e BERLE, Adolph. *The Modern Corporation and Private Property*. Nova York, Macmillan, 1932.

MECKLING, William, e JENSEN, Michael. "Theory of the firm: managerial behavior, agency costs and ownership structure". *Journal of Financial Economics*. 1976.

MORCK, Randall, e NAKAMURA, Masao. "Banks and corporate control in Japan". *Journal of Finance* 54-1/319-340. Fevereiro/1999.

——————, SHLEIFER, Andrei, e VISHNY, Robert. "Management ownership and market valuation: an empirical analysis". *Journal of Financial Economics*. 1988 (pp. 293-315).

NAKAMURA, Masao, e MORCK, Randall. "Banks and corporate control in Japan". *Journal of Finance* 54-1/319-340. Fevereiro/1999.

OMAN, Charles. *Corporate Governance in Development: the Experiences of Brazil, Chile, India and South Africa*. OECD Development Center, 2003.

PAGANO, Marco, PANETTA, Fábio, e ZINGALES, Luigi. "Why do companies go public? An empirical investigation". *Journal of Finance* 53. Fevereiro/1998.

PORTER, Michael. "Capital disadvantage: America's falling capital investement system". *Harvard Business Review* 46. Setembro-outubro/1992.

RAPPAPORT, Alfred. *Creating Shareholder Value – A Guide for Managers and Investors*. 2ª ed. The Free Press, 1998 (205 pp.).

ROE, Mark. *Strong Managers Weak Owners: the Political Roots of American Corporate Finance*. 2ª ed. Princeton/New Jersey, Princeton University Press, 1994 (324 pp.).

SAVOIA, José Roberto. "O processo de reformas da Previdência no Brasil: uma visão dos fundos de pensão". *Boletim de Previdência Complementar* 1-10. Maio-junho/2001.

SCHARFSTEIN, David Scharfstein, HOSHI, Takeo, e KASHYAP, Anil. "Corporate structure, liquidity and investment: evidence from japanese industrial groups". *Quarterly Journal of Economics* 106/33-60. Fevereiro/1991.

SCHEINKMAN, José Alexandre. *O Desenvolvimento do Mercado de Capitais no Brasil*. Disponível em: *http://www.princeton.edu*.

SHLEIFER, Andrei, MORCK, Randall, e VISHNY, Robert. "Management ownership and market valuation: an empirical analysis". *Journal of Financial Economics*. 1988 (pp. 293-315).

——————, e VISHNY, Robert. "A survey of corporate governance". *Journal of Finance* 52-2/737-783. Junho/1997.

SMYTHE, Thomas, ENGLISH II, Philip, e McNEIL, Chris. "The CALPERS effect revisited". *Journal of Corporate Governance* 180/1-18. 2003.

STEER, Peter, e CABLE, John. "International organization and profit: an empirical analysis of large U.K. companies". *Journal of Industrial Economics* 27/13-30. 1978.

STULZ, René. "Managerial control of voting rights: financing policies and the market for corporate control". *Journal of Financial Economics* 27/13-30. 1978.

——————, e KANG, Jun-Koo. "Do banking shocks afect borrowing firm performance? An analysis of the japanese experience". *Journal of Business* 73/1-23. 2000.

VALADARES, Sílvia, e LEAL, Ricardo. "Ownership and control structure of brazilian companies". *Unpublished Working Paper* (disponível em *http://www.independent.org/tii/content/pubs/review/TIR12.html*).

VISHNY, Robert, e SHLEIFER, Andrei. "A survey of corporate governance". *Journal of Finance* 52-2/737-783. Junho/1997.

——————, MORCK, Randall, e SHLEIFER, Andrei. "Management ownership and market valuation: an empirical analysis". *Journal of Financial Economics*. 1988 (pp. 293-315).

WALD, Arnoldo. "O governo das empresas". *Revista de Direito Bancário, do Mercado de Capitais e da Arbitragem* 15/53-78. Ano 5. São Paulo, Ed. RT, 2002.

WEISBACH, Michael, e HERMALIN, Benjamin. "Board of directors as an endogenously determined institution: a survey of the economic literature". *NBR Working Paper* 8.161. Cambridge/MA, 2001.

ZINGALES, Luigi, PAGANO, Marco, e PANETTA, Fábio. "Why do companies go public? An empirical investigation". *Journal of Finance* 53. Fevereiro/1998.

Atualidades

ESTUDO A RESPEITO DE ALGUNS ASPECTOS SOCIETÁRIOS DA NOVA LEI N. 11.638/2007

MODESTO CARVALHOSA

Introdução. Exposição e justificativa do Anteprojeto da CVM. Importantes mudanças societárias: A) A empresa de grande porte; B) Publicações das demonstrações financeiras das sociedades de grande porte. Interpretação normativa. C) Sanção quanto à não publicação das demonstrações financeiras.

Introdução

A publicação da Lei n. 11.638, de 28 de dezembro de 2007, é de valiosa importância para a adequação das *empresas de grande porte* à nova realidade econômica brasileira, levando-se em conta o processo cada vez mais crescente da globalização e conseqüente necessidade de transparência dos mercados, de que decorre a evolução mundial dos princípios fundamentais de contabilidade e o relevante interesse público nas atividades empresariais.

Exposição e justificativa do Anteprojeto da CVM

Com efeito, a reforma do capítulo de regime jurídico de apuração patrimonial das empresas teve como fim primordial oferecer ampla transparência e efetiva publicidade do estado dos negócios das *grandes empresas* com sede no País. Estabeleceu-se, para tanto, a publicidade das demonstrações financeiras das sociedades de grande porte, abrangendo, dessa forma, o segmento das companhias fechadas, quando não constituídas sob a forma de sociedades por ações.

A CVM, com isso, visou trazer para o regime jurídico de ampla publicidade também as *grandes corporações que atualmente se refugiam sob a forma de sociedades limitadas* para, assim, ficarem desobrigadas do regime de publicidade dos seus balanços e demais documentos que compõem suas demonstrações financeiras.

Como se vê, o que a CVM objetivou foi um aperfeiçoamento na elaboração das demonstrações financeiras e a obrigação das limitadas de grande porte de publicarem seus balanços. Trata-se, com efeito, de *matéria de ordem pública de inquestionável relevância*.

Importantes mudanças societárias

A) A empresa de grande porte

Muito embora até entrar em vigor o novo Código Civil ainda vigesse a teoria dos *atos de comércio*, tanto a doutrina como a jurisprudência cuidaram de ajustar o Direito Comercial em torno da figura da *empresa*, com critérios mais adequados à realidade econômica do final do século XX.

Lembre-se que, mesmo antes de 2002, o Direito brasileiro já vinha adotando fundamentalmente a teoria da empresa, que solidificou-se com a publicação do novo Código Civil, em seu art. 966 que assim define a atividade do empresário:

> Art. 966. Considera-se empresário quem exerce profissionalmente atividade econômica organizada para a produção ou circulação de bens e serviços.

Daí conceitua-se a *empresa* como a *atividade* econômica, profissional e organizada que oferece ao mercado bens e serviços gerados mediante a organização dos fatores de produção (força de trabalho, matéria-prima, capital e tecnologia).

Isto posto, os organismos internacionais, os governos nacionais e suas agências regulatórias, agentes econômicos em geral e os principais mercados financeiros do mundo passaram a exigir que as *empresas de grande porte*, qualquer que seja o tipo societário que ostentem, tenham visibilidade nos países onde atuam.

Assim é que os organismos multilaterais, como a Organização das Nações Unidas – ONU, a *United Nations Conference on Trade Development* – UNCTAD e outros vêm insistindo sobre a necessidade de que *seja tornada pública* a posição patrimonial e os resultados econômicos colhidos por entidades empresariais que eles denominam de "*accountables*", ou seja, que tenham uma *influência* tal no afazer econômico e na vida das comunidades nacionais em que atuam, que se faz necessário que a sociedade civil, as autoridades públicas como um todo e as regulatórias, as registrarias, e o mercado econômico e financeiro tenham efetivo conhecimento universal (publicidade) e poder de vigilância sobre elas. Insista-se que se trata de *medida de ordem pública* cuja relevância é notória, como referido.

Nesse passo, uma das alterações da lei societária mais importantes trazidas pela Lei n. 11.638/2007 encontra-se em seu art. 3º e que institui a figura das *sociedades de grande porte independentemente do tipo societário*, e que são aquelas as possuidoras de ativos superiores a R$ 240 milhões ou receitas brutas anuais maiores do que R$ 300 milhões. Todas elas passam a ser submetidas ao *regime jurídico* das demonstrações financeiras estabelecido pela Lei das S/A – arts. 176 e ss.:

> Art. 3º. Aplicam-se às sociedades de grande porte, ainda que não constituídas sob a forma de sociedades por ações, as disposições da Lei n. 6.404, de 15 de dezembro de 1976, sobre escrituração e elaboração de demonstrações financeiras e a obrigatoriedade de auditoria independente por auditor registrado na Comissão de Valores Mobiliários.

Dessa forma, as *grandes empresas*, limitadas e anônimas fechadas, deverão ter seus balanços auditados por uma auditoria independente, seguindo as regras aplicadas às companhias abertas. Ou seja, entende-se que as *empresas de grande porte*, independentemente do tipo societário, pela sua *relevância pública* no âmbito econômico e social (*accountables*), devem ter o mesmo nível de transparência de informações que as companhias abertas.

Além disso, o parágrafo único do art. 3º acima citado, dispõe que para os fins exclusivos da Lei n. 11.638/2007, a sociedade ou *conjunto de sociedades* sob controle comum que tiver, no exercício social anterior, ativo total superior a R$ 240 milhões ou receita bruta anual superior a R$ 300 milhões também será considerada sociedade de grande porte, independentemente do tipo societário:

> Parágrafo único. Considera-se de grande porte, para os fins exclusivos desta Lei, *a sociedade ou conjunto de sociedades sob controle comum* que tiver, no exercício social anterior, ativo total superior a R$ 240.000.000,00 (duzentos e quarenta milhões de reais) ou receita

bruta anual superior a R$ 300.000.000,00 (trezentos milhões de reais).

Para se verificar o faturamento da sociedade ou do conjunto de sociedades sobre controle comum deve-se observar as *demonstrações financeiras do exercício social anterior arquivadas na Junta Comercial*.

B) Publicações das demonstrações financeiras das sociedades de grande porte

A questão da obrigatoriedade da publicação dos balanços das sociedades limitadas de grande porte, em virtude da edição da Lei n. 11.638, de 28.12.2007, tem suscitado certa perplexidade nos meios jurídicos e empresariais.

Essa exigência de adequação das sociedades limitadas de grande porte às normas de elaboração das suas demonstrações financeiras rigorosamente de acordo com a lei societária vigente (arts. 176 e ss.) visou sanar uma anomalia trazida pelas empresas multinacionais. Algumas delas foram já constituídas como limitadas e, a partir dos anos 1980, quase todas convertidas em sociedades limitadas, a despeito da enorme dimensão que ostentam, simplesmente para dispensarem-se da publicação de seus balanços e, assim, evitarem a transparência de suas atividades empresariais no Brasil.

A constituição e a conversão em limitadas pelas grandes multinacionais sediadas do Brasil, como se fossem simples padarias de esquina, lanchonetes, papelarias e outros pequenos negócios familiares, tornou-se uma enorme distorção que colocava o nosso país em situação vexaminosa por possuir duas classes de grandes empresas: as nacionais que publicavam, como sociedades anônimas, seus balanços e as multinacionais que na sua absoluta maioria refugia-se na forma de limitadas para impedir, dessa forma, a transparência dos setores que dominam, notadamente o automobilístico, o farmacêutico além das grandes distribuidoras de bebidas e outras áreas industriais relevantes da economia brasileira.

Assim para dar apenas alguns exemplos, constituíram-se como sociedades limitadas ou converteram-se em limitadas a Bayer, Bosch, Firestone, Carrefour, Coca-Cola, Daimler-Chrysler, Dow, Eli Lilly, Ericson, Ford Motor, Gates, General Motors, Goodyear, Honda, IBM, Intel, Johnson-Johnson, Kimberly Clark, Mangels, Microsoft, Mitsubishi, Monsanto, Motorola, Nestlé, Nortel, Pfizer, Proctel & Gambler, Rhodia, Scania, Schering, Siemens, Timkem, Toyota, Unilever, Volkswagen, Wal-Mart, em meio a uma lista maior de constituições ou de conversões em massa à arcaica forma societária.

Sobre essas multinacionais de grande porte, protegidas pelo tipo limitada, não se tem qualquer informação sobre (*i*) lucro líquido e (*ii*) sua variação, sobre (*iii*) margem líquida, (*iv*) rentabilidade do patrimônio líquido, (*v*) lucro da atividade (operacional), (*vi*) lucro financeiro, (*vii*) lucro não operacional, (*viii*) ebitda, (*ix*) ativo total, (*x*) patrimônio líquido, (*xi*) endividamento oneroso, (*xii*) nível de endividamento geral, (*xiii*) liquidez corrente e (*xiv*) crescimento sustentável. Mesmo a sua *receita líquida* é sonegada, sendo o seu valor precariamente estimado pelas revistas especializadas, sem qualquer informação das próprias multinacionais limitadas.

O assunto afeta a questão de soberania nacional, pois grandes multinacionais sediadas no Brasil reportam sua situação financeira unicamente às suas matrizes e ainda por via da consolidação de balanço do grupo, sem que no Brasil se tenha a menor idéia da situação refletida nas suas demonstrações, guardadas a sete chaves.

Ocorre que a nova Lei n. 11.638/2007, atendendo ao inquestionável interesse público envolvido, elimina essa constrangedora situação exigindo que as *limitadas de grande porte*, vale dizer, aquelas multinacionais que são *dominantes* ou *relevantes* nos diversos setores produtivos do país, passem a publicar os seus balanços, devendo seguir as mesmas regras contábeis determinadas pelo *International Financial Reporting Standards* – IFRS para as companhias abertas.

Interpretação normativa

Nota-se que o art. 3º e parágrafo único da Lei n. 11.638/2007 refere-se expressamente ao *regime jurídico* das demonstrações financeiras imposto pela Lei das S/A. Não faz referência expressa à publicação dessas demonstrações, o que poderia dar margem à assertiva de que as limitadas de grande porte não estariam obrigadas a publicar suas demonstrações financeiras. Trata-se de uma interpretação sem qualquer tecnicalidade normativa.

Como se sabe, a interpretação do direito desenvolve-se no (*i*) contexto *sistemático* e, portanto, de *integração normativa* (a norma inserida no sistema), no (*ii*) contexto *funcional* (função social da regra) e (*iii*) *teleológico* (objetivo da norma).

Deve-se, assim, primeiramente, verificar as relações da norma e sua *integração no sistema normativo* considerado este, necessariamente, como um todo coerente e conexo.

As normas, pois, devem ser examinadas no conjunto do sistema legal em vigor, levando-se em conta todo o ordenamento positivo, como um organismo uno, e levando-se em conta, principalmente, os *dispositivos constitutivos do mesmo repositório legal*, ou seja, da lei em que se inserem.

É, portanto, indispensável o confronto da norma a ser interpretada com os demais preceitos da mesma lei, de forma a se configurar um conjunto coerente e lógico de disposições e princípios de direito, evitando-se os inevitáveis erros que decorreriam da consideração isolada de cada regra em si mesma.

A *interpretação sistemática* exige, portanto, a *integração da norma* em questão com as demais disposições do mesmo diploma e relacionadas com o mesmo objeto, sob a luz dos princípios e dos enunciados que as condicionam e as restringem reciprocamente.

Com efeito, somente a *análise integrada* das normas de um mesmo instituto jurídico legal pode possibilitar o conhecimento do sentido de cada uma delas e a sua recíproca interdependência e coordenação, *deduzindo-se do conjunto das regras o sentido de cada uma delas*, como salienta Carlos Maximiliano:

"Por umas normas se conhece o espírito das outras. Procura-se conciliar as palavras antecedentes com as conseqüências, e *do exame das regras em conjunto deduzir o sentido de cada uma*.

"(...).

"Cada preceito, portanto, é membro de um grande todo. Por isso do exame em conjunto resulta bastante luz para o caso em apreço.

"Confronta-se a prescrição positiva com outra de que proveio, ou que da mesma dimanaram; verifica-se o nexo entre a regra e a exceção, entre o geral e o particular, e deste modo se obtêm esclarecimentos preciosos. *O preceito, assim submetido a exame, longe de perder a própria individualidade, adquire realce maior, talvez inesperado*. Com esse trabalho de síntese é melhor compreendido.

"(...).

"Já se não admitia em Roma que o Juiz decidisse tendo em mira apenas uma parte da lei; *cumpria examinar a norma em conjunto*; 'Incivile est, nisi tota lege perspecta, una aliqua participa e juz proposita, judicare, vel, respondere' – 'é contra Direito julgar ou emitir parecer, tendo diante dos olhos, ao invés da lei em conjunto, só uma parte da mesma'" (*Hermenêutica e Aplicação do Direito*, 9ª ed., Rio de Janeiro, Forense, 1979, pp. 128 e 129) (grifamos).

Apenas a *análise integrada* e, portanto, *sistemática* dos textos legais leva a uma interpretação razoável e não conflitante das normas.

Repita-se, pois:

Normas jurídicas não podem ser consideradas isoladamente, sob pena de ser-lhes atribuído significado e conteúdo distorcido e equivocado.

Nas palavras de Eduardo Espinola: "E pois que toda legislação constitui um todo, tanto quanto possível orgânico e correspondente aos princípios unitários que o informam: *é óbvio, toda norma, no apreciar-se com as outras, como unidade, pode adquirir significado e conteúdo diferentes dos á primeira vista apresentados quando encarada sozinha*" (in *Interpretação da Norma Jurídica – Repertório Enciclopédico do Direito Brasileiro*, vol. XXVIII, Rio de Janeiro, Editor Borsoi, p. 186) (grifamos).

Além da integração da regra no contexto sistemático, é também necessário, para a apreensão do significado normativo do texto, a sua análise dentro do *contexto funcional*.

A verificação do conteúdo e do sentido da norma jurídica, na realidade, não pode prescindir da perquirição sobre o *fim prático visado*, ou seja, *a função que deve desempenhar frente às relações sociais e econômicas que disciplina*.

Daí resulta que, sendo o Direito ciência essencialmente finalística, sua interpretação deverá necessariamente levar em consideração o *elemento teleológico*, isto é, *o fim* da *lei* (e não da norma isoladamente) e *as exigências econômicas e sociais* a que visa satisfazer, ou seja, sua *utilidade social*.

Essa foi a linha a que se filiou a nossa Lei de Introdução ao Código Civil, em seu art. 5º:

> Na aplicação da lei, o juiz atenderá aos fins sociais a que ela se dirige às exigências do bem comum.

A propósito, a lição do Professor Caio Mário da Silva Pereira: "Numa linha de equilíbrio, a que se filiou o art. 5º da nossa Lei de Introdução ao Código Civil, inspirado pela modernização da hermenêutica, o intérprete há de buscar o entendimento real da norma jurídica em função da sua *utilidade social* e da sua adaptação às injunções da vida social contemporânea de sua aplicação" (*Instituições de Direito Civil*, vol. I, 2ª ed., Rio de Janeiro, Forense, 1966, p. 133) (grifamos).

Isto posto, o art. 3º da nova Lei n. 11.638/2007, que altera e passa integrar a lei societária, declara que aplicam-se às sociedades de grande porte, ainda que constituídas sob a forma de limitadas, *as disposições* da Lei n. 6.404/1976 sobre a escrituração e a elaboração de demonstrações financeiras, e a obrigatoriedade de auditoria independente por auditor registrado na CVM. Em conseqüência, as demonstrações financeiras das limitadas de grande porte devem obedecer ao *regime jurídico* estabelecido nos arts. 176 e ss. da lei societária, cujo *§ 1º* (do art. 176) determina que as demonstrações de cada exercício serão publicadas, com a indicação dos valores correspondentes das do exercício anterior:

> Art. 176. Ao fim de cada exercício social, a diretoria fará elaborar, com base na escrituração mercantil da companhia, as seguintes demonstrações financeiras, que deverão exprimir com clareza a situação do patrimônio da companhia e as mutações ocorridas no exercício:
>
> § 1º. *As demonstrações de cada exercício serão publicadas com a indicação dos valores correspondentes das demonstrações do exercício anterior.*

A respeito, a Resolução n. 785/1995 do Conselho Federal de Contabilidade – CFC, declara que o *propósito específico* das informações contábeis é o de alcançar *todos os usuários* das informações contábeis (NBC-T-1).

Em conseqüência, não haveria nenhum sentido se as demonstrações financeiras das grandes empresas limitadas não estivessem à disposição de *todos os presumíveis* "usuários das informações contábeis", para utilizar a linguagem do CFC.

E como é impossível estabelecer, identificar, individualizar e restringir esses *usuários* das informações contábeis, a Lei n. 6.404/1976 e agora a Lei n. 11.638/2007 que a integra determinam que *todas* as empresas submetidas ao *regime jurídico* das demonstrações financeiras constante dos seus arts. 176 e ss. são obrigadas a publicar na forma e para os fins e efeitos do art. 289 da Lei n. 6.404/1976, as suas demonstrações financeiras.

Temos assim que a Lei n. 6.404/1976 simplesmente *submete* as S/A e agora, com a introdução da Lei n. 11.638/2007, as limitadas de grande porte, ao *regime jurídico* das demonstrações financeiras estabelecido nos seus arts. 176 e ss. E nesse *regime jurídico* está inserida, *dentre outros inúmeros procedimentos*, a determinação de publicação das demonstrações financeiras.

Saliente-se que o art. 3º da nova lei não trouxe expresso em seu texto a obrigatoriedade da publicação das demonstrações financeiras de empresas de grande porte, visto que *já há no referido art. 176 e § 1º essa determinação*, sendo desnecessária a sua repetição no contexto do art. § 3º.

Por outro lado, a nova Lei n. 11.638/2007 não alterou ou excepcionou o § 1º do art. 176, como o fez com os seus incisos IV e V e seu § 6º, ao incluir as limitadas de grande porte no *regime jurídico* das demonstrações financeiras ali instituído.

Entende-se como *regime jurídico* um sistema, ou seja, um *conjunto* de imposições legais que regem um instituto, uma matéria, um assunto. No caso em estudo, designa o conjunto de normas que regem as demonstrações financeiras, estabelecido nos arts. 176 e ss. da Lei n. 6.404/1976, com as alterações da Lei n. 11.638/2007.

Nesse sentido manifestou-se Celso Antônio Bandeira de Mello: "Diz-se que há uma disciplina jurídica autônoma quando corresponde a um *conjunto sistematizado* de princípios e regras que lhe dão identidade, diferenciando-a das demais ramificações do Direito" (*Curso de Direito Administrativo*, 22ª ed., São Paulo, Malheiros Editores, p. 51) (grifamos).

Note-se, a respeito, que quando a Lei n. 11.638/2007 cria *novos dispositivos* não originalmente previstos na Lei n. 6.404/1976, prevê expressamente a *necessidade de publicação* em seus arts. 177, § 2º, inciso II e art. 7º do novo diploma:

> Art. 177. (...).
>
> § 2º. (...).
>
> II – no caso da elaboração das demonstrações para fins tributários, na escrituração mercantil, desde que sejam efetuados em seguida lançamentos contábeis adicionais que assegurem a preparação e *a divulgação de demonstrações financeiras* com observância do disposto no *caput* deste artigo, devendo ser essas demonstrações auditadas por auditor independente registrado na Comissão de Valores Mobiliários.
>
> Art. 7º. As demonstrações referidas nos incisos IV e V do *caput* do art. 176 da Lei n. 6.404, de 15 de dezembro de 1976, poderão ser *divulgadas no primeiro ano de vigência* desta Lei, sem a indicação dos valores correspondentes ao exercício anterior.

E, por sua vez, o art. 289 da lei societária determina que as publicações ordenadas na lei societária serão feitas no *Diário Oficial do Estado* em que esteja situada a sede da companhia e em outro jornal de grande circulação editado na localidade respectiva.

> Art. 289. As publicações ordenadas pela presente Lei serão feitas no órgão oficial da União ou do Estado ou do Distrito Federal, conforme o lugar em que esteja situada a sede da companhia, e em outro jornal de grande circulação editado na localidade em que está situada a sede da companhia.

Em conseqüência, não pode restar qualquer dúvida sobre a obrigatoriedade de publicação das demonstrações financeiras das limitadas de grande porte tanto no *Diário Oficial* como num jornal de grande circulação para que, assim, cumpra-se o determinado na referida Lei n. 11.638/2007 que, por feliz iniciativa da Comissão de Valores Mobiliários, procurou estabelecer a necessária transparência dos balanços daquelas companhias multinacionais de relevante importância para a nossa economia e que adotam a forma de sociedades limitadas.

A propósito, a *Ementa* da nova Lei n. 11.638/2007 afasta qualquer dúvida, quando define que se estende às sociedades de grande porte disposições relativas à elaboração e *divulgação* de demonstrações financeiras:

> Altera e revoga dispositivos da Lei n. 6.404, de 15 de dezembro de 1976, e da Lei n. 6.385, de 7 de dezembro de 1976, e estende às sociedades de grande porte disposições relativas à *elaboração e divulgação* de demonstrações financeiras.

Lembre-se que, a *ementa* de um diploma legal constitui o *sumário do conteúdo* desse mesmo documento normativo, visto ter *a função* de descrever o *núcleo essencial* da matéria regulada, possibilitando a identificação exclusiva, rápida e clara do instrumento normativo.

Neste sentido, com o intuito de melhorar a tecnicalidade das leis publicadas, foi editada a *Lei Complementar n. 95*, de 1998 (art. 59 da CF), que disciplina a "elaboração, a redação, a alteração e a consolidação das leis". Essa Lei Complementar dispõe, com efeito, sobre a técnica legislativa.

Esse diploma normativo, estabelece que as leis serão estruturadas em três segmentos básicos: (*i*) *preliminar* que compreende a epígrafe e a *ementa* que conterá o preâmbulo, o enunciado *do objeto* e a indicação do *âmbito* de aplicação das disposições normativas; (*ii*) *normativa* que compreende o texto das normas de conteúdo substantivo relacionada com a matéria regulada; e (*iii*) *final* que compreende as disposições pertinentes às medidas necessárias à implementação das normas de conteúdo substantivo, às disposições transitórias, se for o caso, a cláusula de vigência e a cláusula de revogação, quando couber.

Isto posto, concluí-se que não teria nenhum sentido manter no *anonimato* as demonstrações financeiras que serão elaboradas pelas limitadas de grande porte conforme a lei das sociedades anônimas e devidamente auditadas, sem que houvesse a publicação desses documentos contábeis na forma prevista nos citados arts. 176, § 1º, e 289.

Em outras palavras: não haveria nenhum sentido, ou seja, a Lei n. 11.638/2007 seria *inútil e inócua* se a obediência ao regime jurídico das demonstrações financeiras pelas limitadas de grande porte não incluísse a publicação, doravante, de seus balanços auditados. Não teria a nova lei *nenhuma utilidade social*, que é a própria razão de sua inserção no ordenamento jurídico.

Se assim fosse possível, todo o cumprimento das novas regras contábeis e respectiva certificação pelos auditores independentes levaria *a nada*, pois continuariam as limitadas de grande porte a *engavetar os seus balanços*. Não teria a lei nenhuma função, o que é inadmissível.

Não há norma legal inútil e muito menos *lei inútil*, ainda que parcialmente. Deve a Lei n. 11.638/2007 ser interpretada *sistemática*, *funcional* e *teleologicamente* e assim deve ser observada e cumprida conforme a sua *Ementa*, acima citada.

C) Sanção quanto à não publicação das demonstrações financeiras

A publicação dos balanços das empresas de grande porte (arts. 176, § 1º, e 289) tem efeito *registrário*, uma vez que a Junta Comercial está revestida da função de *certificar as publicações que arquivou*, tanto sob o aspecto da existência do documento como da sua oportunidade. Essa certificação proporciona ao Poder Público, ao juízo, aos acionistas, a terceiros elementos de *prova formal* necessários à preservação de seus respectivos interesses. Daí a necessidade não apenas da dupla publicação (órgão oficial e jornal de grande circulação), mas do seu *arquivamento no Registro do Comércio*, para o efeito de poder a respectiva Junta Comercial atestar-lhes a regularidade da publicação e fornecer certidões do seu registro.

Nesse sentido é o disposto no § 5º do art. 289 da Lei n. 6.404/1976:

> Art. 289. (...).
>
> § 5º. Todas as publicações ordenadas nesta Lei deverão ser arquivadas no Registro do Comércio.

A matéria está, sobretudo, regulada no art. 54 da Lei n. 8.934, de 18 de novembro de 1994, que dispõe:

> Art. 54. A *prova da publicidade* de atos societários, quando exigida em lei, será feita mediante anotação nos registros da Junta Comercial à vista da apresentação da folha do *Diário Oficial*, ou do jornal onde feita a publicação, dispensada a juntada da mencionada folha.

Ainda ordena esta última lei, em seu art. 40, que todo ato, documento ou instrumento apresentado a arquivamento será objeto de exame do cumprimento das formalidades legais pela Junta Comercial.

Com efeito, se cabe às Juntas Comerciais zelar pela legalidade dos atos submetidos a arquivamento, cumpre-lhes, também, negar arquivamento ao ato em que se contém a violação da lei; se já efetuado tal arquivamento por inadvertência, cabe-lhes proceder o seu cancelamento, consoante a Súmula 473 Supremo Tribunal Federal:

A administração pode anular seus próprios atos, quando eivados de vícios que os tornam ilegais, porque deles não se originam direitos; ou revogá-los, por motivo de conveniência ou oportunidade, respeitados os direitos adquiridos e ressalvada, em todos os casos, a apreciação judicial.

Foi essa relevante matéria regulamentada pelo Decreto n. 1.800, de 30 de janeiro de 1996, que dispõe sobre o Registro Público de Empresas Mercantis e Atividades Afins, notadamente no Capítulo II do Decreto, que trata da publicidade do registro público:

> Art. 30. Ao Procurador incumbe:
>
> I – internamente:
>
> a) fiscalizar o fiel cumprimento das normas legais e executivas em matéria de Registro Público de Empresas Mercantis e Atividades Afins;

Nesse passo, a Junta Comercial de São Paulo – JUCESP entende que quando a publicação de determinado ato societário for obrigatória, a falta do registro público *impede o arquivamento de ato societário subseqüente*.

Conclusão

De todo o exposto, a leitura sistemática, funcional e teleológica da Lei n. 11.638/2007, a partir de sua ementa e dos arts. 176, § 1º, e 177, § 2º, inciso II, da Lei n. 6.404/1976 com as alterações trazidas pela Lei n. 11.638/2007, leva à conclusão que todas as sociedades de grande porte, independentemente de seu tipo societário, deverão elaborar e publicar as suas demonstrações financeiras na forma e para os efeitos estabelecidos na lei societária (art. 289) e arquivá-las no Registro do Comércio, conforme a lei registrária respectiva.

São Paulo, 5 de maio de 2008.

Atualidades

SOCIEDADES COOPERATIVAS E PRÁTICAS RESTRITIVAS À CONCORRÊNCIA*

MARCO AURÉLIO GUMIERI VALÉRIO

Introdução. 1. Imposição de tabelas de preços por sociedades cooperativas: 1.1 Aspectos gerais; 1.2 Análise da jurisprudência do CADE; 1.3 Estudo de caso envolvendo sociedade cooperativa. 2. Adoção de cláusula de exclusividade por sociedades cooperativas: 2.1 Aspectos gerais; 2.2 Análise da jurisprudência do CADE; 2.3 Estudo de caso envolvendo sociedade cooperativa. 3. Programa de prevenção de infrações à ordem econômica e sociedade cooperativa: 3.1 Aspectos gerais; 3.2 Portaria SDE n. 14, de 9 de março de 2004. Conclusão. Bibliografia.

"No contexto das importantes transformações em curso no mundo da economia e do trabalho, os fiéis leigos empenham-se em primeira linha na solução dos gravíssimos problemas do crescente desemprego, lutando em favor de uma mais rápida superação das numerosas injustiças que provêm de deficientes organizações do trabalho, transformando o lugar de trabalho numa comunidade de pessoas respeitadas pela sua subjetividade e no seu direito à participação, desenvolvendo novas formas de solidariedade entre aqueles que tomam parte no trabalho comum, fomentando novos tipos de empresariado e revendo os sistemas de comércio, de fiança e de intercâmbios tecnológicos"

(Papa João Paulo II. "Exortação apostólica pós-sinodal *christifideles laici* sobre vocação e missão dos leigos na Igreja e no mundo", disponível em *http://www.vatican.va*, acesso em 23.4.2007).

Introdução

A defesa da concorrência não é um fim em si mesmo, mas um meio pelo qual se busca criar uma economia eficiente, na qual o consumidor disponha da maior variedade de produtos pelos menores preços possíveis. Assim, toda a coletividade desfruta do bem-estar gerado.

Uma economia forte e competitiva é condição essencial para o desenvolvimento sustentável em longo prazo, haja vista o fato de ser nesse ambiente que os agentes econômicos se deparam com incentivos adequados para aumentar a produtividade e introduzir novos e melhores produtos e serviços no mercado. Contribui, destarte, com a geração do tão desejado "espetáculo do crescimento econômico".[1]

* Trabalho apresentado no I Simpósio Brasileiro de Pesquisa em Direito Cooperativo, ocorrido entre os dias 21 e 23.5.2007, na cidade de São Paulo, realizado pela Organização das Cooperativas Brasileiras-OBC e organizado pela Escola Superior de Direito Tributário-ESDT.

1. Luís Inácio Lula da Silva, "Discurso de posse do cargo de Presidente da República", proferido no Plenário do Congresso Nacional, em Brasília, no dia 1.1.2003, in Carlos Figueiredo (org.), *Cem Discursos Históricos*, São Paulo, Leitura, 2003, pp. 545-549.

No Brasil, ainda que a legislação inicial sobre a matéria remonte aos idos dos anos 1960, apenas ao longo dos últimos quinze anos o antitruste assumiu caráter prioritário no contexto das políticas públicas.[2]

Em razão da conjugação de fatores inibidores advindos da forte intervenção estatal, a exemplo do fechamento do mercado a produtos estrangeiros, da manutenção de mecanismos de controle de preços e dos altos índices inflacionários – características que marcaram a heterodoxa economia nacional ao longo dos tempos – a defesa da concorrência não era tarefa verdadeiramente factível.

Contudo, nos anos 1990, o Estado sofreu profundas transformações, sobretudo na segunda metade da década.[3]

A abertura do mercado interno às importações, resultado direto do processo de globalização, impôs um novo padrão de competição, expondo os agentes aqui instalados à concorrência internacional. Além disso, a estabilização da economia, alcançada a partir da implantação do Plano Real, representou fato novo na vida das empresas, uma vez que a baixa inflação e a estabilidade de preços requerem postura renovada dos que atuam no mercado. Ademais, houve o acirramento da crise fiscal do setor público, até então tratada com certa indiferença quanto à sua existência e dimensão. Por fim, o esgotamento do padrão de intervenção estatal antes em vigor exigiu, não apenas sua reconstrução, como também a redefinição de seu papel na área econômica.[4]

Essas mudanças não apenas permitiram como exigiram que a tarefa de defesa da concorrência fosse vigorosamente empreendida, o que culminou com a edição da Lei n. 8.884, de 11 de junho de 1994, também conhecida como Lei Antitruste.[5]

Concomitantemente ao desenvolvimento do antitruste, todo um processo de desregulação da economia foi engendrado.

A supressão de monopólios estatais e o processo de desestatização resultaram num forte ingresso de investimentos estrangeiros no país. Em 1998 atingiu-se o

2. Políticas públicas é o conjunto organizado de programas destinados à garantia dos direitos fundamentais. São típicas dos Estados sociais.

3. Gilberto Dupas, *Economia Global e Exclusão Social: Pobreza, Emprego, Estado e Futuro do Capitalismo*, pp. 114-115. Segundo o autor, "a redução do grau e as mudanças na forma de intervenção estatal na economia são respostas à crise do Estado, que se deu a partir do final da década de 1970, transcorrendo ao longo dos anos 1980, e à globalização econômica, durante a de 1990".

4. Na análise de Luiz Carlos Bresser Pereira, a "crise do Estado impôs a necessidade de reconstruí-lo; a globalização, o imperativo de redefinir suas funções. Antes da integração mundial dos mercados, e dos sistemas produtivos, os Estados podiam ter como um de seus objetivos fundamentais proteger as respectivas economias da competição internacional. Depois da globalização, as possibilidades – e a desejabilidade – de o Estado continuar a exercer esse papel diminuíram muito. Seu novo papel é garantir a universalidade dos serviços de educação básica e de saúde, financiando a formação de capital humano, e promover a competitividade internacional das empresas. A regulação e a intervenção continuam necessárias, na educação, na saúde, na cultura, no desenvolvimento tecnológico, nos serviços públicos monopolistas, nos investimentos em infra-estrutura – uma intervenção que não apenas compense os desequilíbrios distributivos provocados pelo mercado globalizado, mas principalmente que capacite os agentes econômicos a competir mundialmente" (*Reforma do Estado para a Cidadania*, Brasília, Editora 34, 1998, p. 34).

5. O fato da Lei de Defesa da Concorrência também ser conhecida como Lei Antitruste, merece comentário. Richard Lewinsohn lembra que o termo antitruste (*antitrust*) é derivado de truste (*trust*). Em sua forma clássica, constitui-se numa empresa *holding* ou supersociedade estabelecida acima das diferentes empresas, cujos negócios, em sua totalidade, são administrados ou, pelo menos, controlados financeiramente por ela. Popularmente, o termo sobreviveu como referência a qualquer grande empresa que é um monopólio, ou tende a sê-lo (*Trustes e Cartéis: suas Origens e Influências na Economia Mundial*, Rio de Janeiro, Livraria Globo, 1945, p. 14). Há quem diga que a utilização da denominação Lei Antitruste é indevida, pois a legislação não é contra o monopólio em si, mas a favor de uma saudável relação competitiva. Deve conviver, se for o caso, com monopólios naturais advindos da capacidade e eficiência de determinadas empresas. Todavia, a expressão Lei Antitruste é consagrada e dela não se pode fugir.

pico histórico de movimentações financeiras em fusões e aquisições, estimado em US$ 52.000.000.000,00 (cinqüenta e dois bilhões de dólares).

Embora a análise de condutas nunca tenha sido deixada de lado, era natural que, naquele período, o julgamento de atos de concentração recebesse um tratamento prioritário por parte do Sistema Brasileiro de Defesa da Concorrência-SBDC.

Superada essa fase, a política da concorrência voltou seus olhos contra condutas restritivas à competição. Desde o início de 2003, o tripé que compõe o SBDC – o Conselho Administrativo de Defesa Econômica-CADE, autarquia vinculada ao Ministério da Justiça; a Secretaria de Direito Econômico-SDE, órgão também ligado ao Ministério da Justiça; e a Secretaria de Acompanhamento Econômico-SEAE, órgão do Ministério da Fazenda – concentrou seus recursos e esforços no combate, em especial, aos cartéis.

Os agentes econômicos brasileiros, após décadas de interferência do Estado na economia, colaborando indiretamente para a organização de cartéis por meio da fixação de preços e de cotas de produção, ficaram condicionados a não visualizar seus atos e contratos pela ótica concorrencial.

As sociedades cooperativas, caracterizada pela noção essencial de ajuda mútua é, segundo Waldirio Bulgarelli, "a um tempo, empresa econômica e associação de pessoas. Empresa econômica porque a cooperativa, tendo em vista a melhoria econômica de seus associados, assenta-se sobre um complexo organizacional dos fatores da produção; associação de pessoas pois reúne um certo número de membros em torno do ideal de cooperação, para exploração da empresa".[6]

Embora objetive o aperfeiçoamento moral do homem por meio da comunhão e da solidariedade, como qualquer outro agente econômico, a cooperativa também encontra sérias dificuldades em enxergar os limites legais do antitruste, tornando-se presença constante em indiciamentos propostos pela SDE e em processos administrativos julgados pelo CADE.

Segundo dados apurados pelo Procurador-Geral do CADE, Doutor Arthur Badin, as cooperativas – em especial as médicas – são sistematicamente condenadas pela exigência de unimilitância, ou seja, a exclusividade na prestação de serviços médicos, quando implica fechamento de mercado para atuais concorrentes ou potenciais entrantes. Trinta e oito por cento (38%) das condenações aplicadas pelo Plenário em julgamentos ocorridos entre 1994 e 2005 foram devidas a esse motivo. Outra prática comum associada ao serviço médico é a tabela de honorários. Trinta e cinco por cento (35%) das condenações perpetradas pelo Plenário entre 1994 e 2005, foram devidas a esse motivo.[7]

Muitas das condenações, contudo, poderiam ter sido evitadas caso seus colaboradores tivessem conhecimento das regras antitruste.

A adoção de um programa de prevenção de infrações à ordem econômica como o criado pela Portaria SDE n. 14, de 9 de março de 2004, pode ajudar as sociedades cooperativas a se distanciar de eventuais problemas decorrentes de condutas que causem danos à concorrência.

O objetivo desse trabalho é o de contribuir na difusão da cultura da concorrência entre as sociedades cooperativas, aju-

6. Waldirio Bulgarelli, *As Sociedades Cooperativas e sua Disciplina Jurídica*, p. 72.

7. Brasil, Ministério da Justiça, CADE e Advocacia-Geral da União, *Relatório de Gestão e Correição da Procuradoria do CADE 2006/2007*, Relator Dr. Arthur Badin, no prelo. A última condenação foi da Unimed de Assis/SP, pela prática de unimilitância (Brasil, Ministério da Justiça, CADE, PA n. 08012.010712/2005-22. Representante: Agência Nacional de Saúde Suplementar-ANS; Representada: Unimed de Assis-Cooperativa de Trabalho Médico. Conselheiro-relator: Abraham Benzaquem Sicsú, disponível em *http://www.cade.gov.br*, acesso em 25.4.2007).

dando-as na tarefa de visualizar os limites da cooperação entre competidores.

Nesse intuito, o artigo é dividido em três partes, a saber: 1. *Imposição de tabelas de preços por sociedades cooperativas*; 2. *Adoção de cláusula de exclusividade por sociedades cooperativas*; e 3. *Programa de prevenção de infrações à ordem econômica*.

1. Imposição de tabelas de preços por sociedades cooperativas

1.1 Aspectos gerais

As práticas restritivas horizontais consistem na tentativa de reduzir ou eliminar a concorrência, seja ao estabelecer acordos entre competidores do mesmo mercado com respeito a preços ou outras condições, seja ao praticar preços predatórios. Em ambos os casos visam, de imediato ou no futuro, individualmente ou em grupo, o aumento do poder de mercado ou a criação de condições para exercê-lo com maior facilidade.[8]

Algumas práticas podem também gerar benefícios em termos de bem-estar ao mercado, desse modo, é preciso ponderar tais efeitos face aos potenciais impactos anticompetitivos da conduta. Uma prática restritiva somente gerará eficiências líquidas se os efeitos positivos derivados compensarem os negativos.

Segundo o Anexo I da Resolução n. 20, de 9 de junho de 1999, do CADE, uma das situações mais comuns de práticas restritivas horizontais, ainda que outras sejam possíveis, são os ilícitos de associações profissionais, que podem ser qualquer prática que limite, sem justificativa, a concorrência entre profissionais, principalmente mediante a conduta acertada de preços.

Tornou-se comum no Plenário a análise da edição de tabelas por entidades integrativas ou representativas que alegam, em suas defesas, não terem fins lucrativos e que, portanto, estariam imunes à Lei Antitruste.

Observa-se que o legislador abrangeu no art. 15 da Lei Antitruste todas as situações em que possa ser verificada a possibilidade de ocorrência de infrações à ordem jurídica. Segundo o Conselheiro João Bosco Leopoldino da Fonseca, em voto proferido no Processo Administrativo (PA) n. 65/92 "a Lei n. 8.884/1994 não estabelece qualquer isenção de obrigatoriedade do seu cumprimento a qualquer agente econômico".[9]

A Lei n. 8.884/1994 deixa claro que não existem exceções nem casos específicos que retirem do CADE a competência para conhecer dos atos lesivos à concorrência, mesmo quando seus efeitos são oriundos de associações ou sociedades sem fins lucrativos, como é o caso das sociedades cooperativas.[10]

8. Brasil, Ministério da Justiça, CADE, Resolução n. 20, de 9.6.1999, *dispõe, de forma complementar, sobre o processo administrativo, nos termos do art. 51 da Lei n. 8.884, de 11.6.1994*, Brasília, DF, *DOU* 28.6.1999, disponível em *http://www.cade.gov.br*, acesso em 23.1.2007.

9. "Art. 15. Esta lei aplica-se às pessoas físicas ou jurídicas, de direito público ou privado, bem como a quaisquer associações de entidades de pessoas, constituídas de fato ou de direito, ainda que temporariamente, com ou sem personalidade jurídica, mesmo que exerçam atividades sob regime de monopólio legal" (Brasil, Lei n. 8.884, de 11.6.1994. *Transforma o Conselho Administrativo de Defesa Econômica, em autarquia, dispõe sobre a repressão às infrações contra a ordem econômica e dá outras providências*. Disponível em *http://www.planalto.gov.br*, acesso em 12.6.2007).

10. Paula Forgioni destaca que, "com a amplitude que foi dada pelo art. 15 da Lei 8.884/1994, ao que tudo indica, será pouco frutífera a alegação de qualquer ente, público ou privado, de que não está sujeito às disposições da Lei Antitruste, procurando-se esquivar das restrições que lhe são impostas. De fato, qualquer um que possa praticar um ato restritivo da concorrência deverá ser atingido pelas disposições da Lei, ainda que sua atividade não tenha fins lucrativos. Será o caso, por exemplo, das ordens profissionais, nitidamente corporativistas, ainda que sem fins lucrativos, que deverão passar a se preocupar com as conseqüências de atos destinados a disciplinar o mercado em que atuam seus

A tendência do CADE é a de não aceitar o argumento de que as tabelas de preços têm valor meramente referencial. Ainda que não seja a intenção de quem a emite ou não haja a imposição ou a coação de seu uso, as tabelas de preços provocam efeitos nocivos à concorrência, já que atua como instrumento inibidor da livre formação de preços.

O tabelamento influencia as entidades a praticarem preços balizados por aqueles divulgados, desestimulando a procura por ganhos de eficiência e de melhoria da qualidade dos serviços prestados. Não traz, assim, qualquer benefício à sociedade.

É nessa direção que vai o entendimento do Conselheiro Mércio Felsky, na representação movida contra o Sindicato dos Contabilistas de Alfenas, ao dizer que "a edição de tabelas por parte de agentes capazes de influenciar os mercados, mesmo quando ditas orientativas, são prejudiciais à livre concorrência na medida em que afeta o poder de decisão individual de cada agente econômico para estabelecer seus próprios preços em conformidade com seus custos. Esse efeito é ainda mais grave quando há imposição de tabela por parte do sindicato".[11]

Em matéria antitruste, a própria existência de tabelas de preços constitui-se em prova suficiente da ação coordenada e, para quem a organiza ou elabora, caracteriza conduta anticompetitiva, que tem por objetivo o domínio de mercado e o prejuízo à concorrência.

Como bem registrou o Conselheiro Ruy Santacruz, em voto proferido na representação contra o Conselho Regional de Medicina do Estado de Alagoas, "do ponto de vista estritamente econômico, não me parece racional supor que a fixação de tabelas de preços por parte de agentes econômicos que afetam um mesmo produto/serviço possa ter por objetivo proteger os consumidores de eventuais excessos de preços. Não existe preço justo se fixado por uma das partes. Tabela de preços elaborada por concorrentes visa, de uma maneira geral, a obtenção de preços que não seriam alcançados na sua ausência. É evidente que a lei de defesa da concorrência é norteada pela chamada regra da razão. Sendo assim, cabe examinar as especificidades inerentes a cada caso, à luz da legislação. Sua adoção significa o reconhecimento de que uma mesma conduta pode ou não ser enquadrada como infração da ordem econômica, dependendo de quem a praticou e em qual mercado, porém, sempre à luz do que determina o art. 20 c/c 21".[12]

Todavia, como bem destaca o Conselheiro Fernando de Oliveira Marques, em voto dado na representação contra a Cooperativa dos Médicos Anestesiologistas de Goiás Ltda., o CADE pode aceitar uma tabela de preços elaborada por concorrentes. Essa exceção exigiria algumas condições: (a) que os concorrentes associados não detenham capacidade suficiente para impor aos consumidores a tabela de preços, eliminando ou reduzindo significativamente suas alternativas no mercado; e (b) no caso de comprovada capacidade dos concorrentes de imporem a tabela, seria preciso determinar que ela não teria por objeto unifi-

filiados ou associados" (Paula Andréa Forgioni, *Os Fundamentos do Antitruste*, pp. 146-147).

11. Brasil, Ministério da Justiça, CADE, PA n. 08000.003233/95-83. Representante: Ministério Público de Minas Gerais. Representados: Sindicato dos Contabilistas de Alfenas, Conselho Regional de Contabilidade de Minas Gerais e Conselho Federal de Contabilidade. Conselheiro-relator: Lucia Helena Salgado e Silva. Voto-vista: Conselheiro Mércio Felsky, disponível em *http://www.cade.gov.br*, acesso em 15.4.2007.

12. Brasil, Ministério da Justiça, CADE, PA n. 08000.011520/94-40. Representante: Comitê de Integração de Entidades Fechadas de Assistência à Saúde-CIEFAS. Representadas: Sociedade de Medicina de Alagoas, Conselho Regional de Medicina do Estado de Alagoas, Sociedade Alagoana de Radiologia e Sindicato dos Estabelecimentos de Serviços de Saúde do Estado de Alagoas-Sindhospital. Conselheiro-relator: Ruy Santacruz, disponível em *http://www.cade.gov.br*, acesso em 15.4.2007.

car preços, fixando máximos ou mínimos e que esse efeito não poderia de maneira alguma ocorrer, ainda que não fosse pretendido.[13]

1.2 Análise da jurisprudência do CADE

A jurisprudência do CADE encontra-se pacificada com relação ao tratamento de denúncias de orientação de preços por entidades médicas. Assim, partindo-se da premissa de que o profissional exerce legalmente a medicina, dentro dos padrões técnicos, cabe tão-somente a ele estipular seus honorários. Ainda segundo o Conselheiro Mércio Felsky, sói que agora na representação movida contra o Conselho Regional de Medicina do Estado de São Paulo e outros, "alçar-se nesse direito, seja ordem profissional ou entidade de classe, associação, sindicato ou cooperativa, entidade pública ou privada, é assumir funções próprias do mercado, é instituir cartel, ainda que disfarçadamente".[14]

O Plenário já condenou diversas entidades de classe que editam listas de preços tendentes à uniformização da atuação de seus membros.

O primeiro caso foi o Processo Administrativo n. 53/92 no qual se decidiu, por unanimidade, que a Associação dos Hospitais de Sergipe cometeu infração às normas antitruste ao elaborar tabela de preços de serviços hospitalares induzindo seus associados a segui-la de maneira uniforme. Segundo o Conselheiro Carlos Eduardo Vieira de Carvalho, "a questão que se coloca de plano é que a adoção dessas tabelas é, em princípio, prejudicial à concorrência, porquanto elimina os mecanismos normais de formação de preços no mercado, de acordo com as regras da oferta e da procura".[15]

Prevalece no CADE o entendimento de que a caracterização da adoção de conduta uniforme entre concorrentes não pressupõe o caráter impositivo. Não há dúvida de que a elaboração de tabelas de preços só pode ter o objetivo de obstar a atuação dos mecanismos de mercado para a formação do preço, ou seja, prejudicar a competição.

Para a Conselheira Neide Terezinha Malard, em voto-vista proferido no caso supra, "a assertiva de que a tabela é meramente referencial é o argumento mais banal utilizado por esse tipo de cartel e não se sustenta por sua própria inconsistência. Referencial a que, é de se indagar. Aos custos da empresa média, da pequena ou da grande? A qualidade dos serviços de quem melhor os presta ou o contrário?".[16]

13. Brasil, Ministério da Justiça, CADE, PA n. 08012.021738/96-92. Representante: Sindicato Nacional das Empresas de Medicina de Grupo-SINAMGE. Representada: Cooperativa dos Médicos Anestesiologistas de Goiás Ltda.-COOPANEST/GO. Conselheiro-relator: Fernando de Oliveira Marques, disponível em *http://www.cade.gov.br*, acesso em 15.4.2007.

14. Brasil, Ministério da Justiça, CADE, PA n. 08000.011517/94-35. Representante: Comitê de Integração de Entidades Fechadas de Assistência à Saúde-CIEFAS. Representados: Conselho Regional de Medicina do Estado de São Paulo-CRM/SP, Associação Paulista de Medicina-APM, Associação dos Médicos de Santos-AMS, Sociedade Brasileira de Patologia-SBP, Colégio Brasileiro de Radiologia-CBR, Sindicato dos Médicos de São Paulo-SIMESP e Sindicato dos Médicos de Santos, São Vicente, Guarujá, Cubatão e Praia Grande-SMS. Conselheiro-relator: Mércio Felsky, disponível em *http://www.cade.gov.br*, acesso em 15.4.2007.

15. Brasil, Ministério da Justiça, CADE, PA n. 53/92. Representante: Ministério Público de Sergipe. Representada: Associação Médica do Sergipe. Conselheiro-relator: Carlos Eduardo Vieira de Carvalho, disponível em *http://www.cade.gov.br*, acesso em 15.4.2007.

16. Brasil, Ministério da Justiça, CADE, PA n. 53/92, cit. Voto-vista: Conselheira Neide Teresinha Malard, disponível em *http://www.cade.gov.br*, acesso em 15.4.2007. No mesmo sentido: PA n. 08000.018302/96-99. Representante: Ministério da Economia, Fazenda e Planejamento. Representada: Associação Brasileira da Indústria de Armazenagem Frigorificada-ABIAF. Conselheiro-relator: Mércio Felsky. "Tabelas orientativas são instrumentos capazes de influir na formação de preços, tendendo a uniformizá-los ao inserir no ambiente da livre concorrência um elemento perturbador, alheio às regras do livre mercado. (...) A tendência deste Plenário tem sido no sentido de não aceitar o

A tabela comum a diversos concorrentes é uma prova contundente de coordenação de preços. Ainda segundo a Conselheira Neide Terezinha Malard, "não se requer seja impositiva a tabela. A conduta se materializa na medida em que, utilizando-se de sua indiscutível aptidão para influenciar seus afiliados, elabora tabela, divulgando-a e até recomendando-a, com o declarado objetivo de proteger a categoria dos médicos".[17]

Mesmo quando utilizando tabela orientativa, ou seja, sem imposição de obediência por meio da ameaça de desfiliação, resta claro o objetivo da entidade em influenciar a adoção de conduta comercial uniforme. Ainda que não seja intenção de quem emite a tabela, ou não haja imposição ou coação ao seu uso, esta provoca efeitos nocivos à concorrência, uma vez que atua como instrumento inibidor da livre formação de preços pelo mercado ao influenciar as entidades a praticar preços balizados por aqueles divulgados. Tal acerto desestimula a procura por ganhos de eficiência e de melhoria da qualidade dos serviços prestados, não trazendo quaisquer benefícios ao consumidor.

No mesmo sentido, observa-se o entendimento do Conselheiro Arthur Barrionuevo Filho de que a "divulgação de tabela de preços sejam estes máximos ou mínimos, por entidade associativa, ainda que sob o calor de meramente informativa, configura prática restritiva que, além de influenciar não-filiados, evita que os preços sejam determinados pelas regras de mercado e desestimula a diversificação de produtos e serviços e o desenvolvimento de sua qualidade".[18]

Importante ressaltar, ainda, que tem sido repelido o argumento de que a elaboração de listas de preços constitui exercício regular de direito, garantido pela Constituição Federal de 1988 nos incisos XVII, XVIII e XXI, do art. 5º, que reconhecem a liberdade de associação para fins lícitos e de criação de associações, independentemente da autorização do Estado e sem qualquer ingerência deste em seu funcionamento, e a possibilidade de estas entidades representarem seus membros.[19]

O Conselheiro Thompson Andrade, em voto proferido como relator na representação contra a Associação Médica Brasileira, afastou tais alegações ressaltando que "não pairam dúvidas sobre essas garantias e não se contesta a existência de associações como entidades representativas da classe médica". Mesmo assim, não há qualquer incompatibilidade entre esses princípios e a

argumento, comum nesses casos, de que as tabelas possuem caráter meramente referencial, dados os diferentes tamanhos das empresas e as diversas tecnologias adotadas. Ainda que não seja intenção de quem emite a tabela, ou não haja imposição ou coação ao seu uso – como parece ser o presente caso – esta provoca efeitos nocivos à concorrência, uma vez que atua como instrumento inibidor da livre formação de preços pelo mercado ao influenciar as empresas a praticarem preços balizados por aqueles divulgados. Tal acerto de preços desestimula a procura por ganhos de eficiência e de melhoria da qualidade dos serviços prestados, não trazendo quaisquer benefícios ao consumidor".

17. Brasil, Ministério da Justiça, CADE, PA n. 53/92, cit. Voto-vista: Conselheira Neide Teresinha Malard, disponível em *http://www.cade.gov.br*, acesso em 15.4.2007.

18. Brasil, Ministério da Justiça, CADE, PA n. 145/93. Representante: SDE, *ex officio*. Representado: Sindicato Brasiliense de Hospitais. Conselheiro-relator: Arthur Barrionuevo Filho, disponível em *http://www.cade.gov.br*, acesso em 15.4.2007.

19. "Art. 5º. Todos são iguais perante a lei, sem distinção de qualquer natureza, garantindo-se aos brasileiros e aos estrangeiros residentes no País a inviolabilidade do direito à vida, à liberdade, à igualdade, à segurança e à propriedade, nos termos seguintes: (...) XVII – é plena a liberdade de associação para fins lícitos, vedada a de caráter paramilitar; XVIII – a criação de associações e, na forma da lei, a de cooperativas independem de autorização, sendo vedada a interferência estatal em seu funcionamento; (...) XXI – as entidades associativas, quando expressamente autorizadas, têm legitimidade para representar seus filiados judicial ou extrajudicialmente; (...)" (Brasil, Constituição Federal de 1988 promulgada em 5.10.1988, disponível em *http://www.planalto.gov.br*, acesso em 12.7.2007).

defesa da livre concorrência e a repressão ao abuso de poder econômico.

Em princípio a atuação de qualquer associação é aceita, como forma de preservar a democracia. "Todavia, deve-se recordar que em um Estado Democrático de Direito o limite à atuação dos entes privados encontra-se na preservação do interesse público."[20]

Não há uma definição de interesse público, assim, ele deve ser buscado caso a caso, o que implica numa busca de equilíbrio entre diversos direitos fundamentais reconhecidos pela Carta Magna. O art. 170 da Constituição Federal de 1988 determina que a ordem econômica deve sempre observar a livre concorrência, a livre iniciativa e a defesa do consumidor. Assim, segundo o Conselheiro Thompson Andrade, "tão importante quanto zelar pela liberdade de associação é cuidar para que estes três princípios não sejam atacados". Isso não significa necessariamente escolha de uma garantia constitucional em detrimento de outra, mas sim harmonização entre todas, a fim de se garantir a supremacia do interesse público.[21]

Assim, a jurisprudência se encontra unificada neste sentido, condenando os acordos entre concorrentes que visem à fixação de preços, máximos ou mínimos, e adotando procedimentos restritivos quanto à divulgação de preços por entidades associativas de profissionais liberais.

1.3 Estudo de caso envolvendo sociedade cooperativa

No caso julgado em 26 de março de 2003, a Representada, Cooperativa dos Médicos Anestesiologistas de Goiás Ltda., foi denunciada pela Representante, Sindicato Nacional das Empresas de Medicina de Grupo, de impor, por meio de expediente enviado aos médicos anestesistas cooperados do Estado de Goiás, uma tabela de preços para os procedimentos médicos anestesiológicos.[22]

Após a análise dos autos do processo administrativo, restou claro para o Conselheiro-relator Fernando de Oliveira Marques, que a Representada atuava de forma a subverter os mecanismos de livre formação de preços dos serviços médicos de anestesiologia, induzindo seus cooperados à prática de conduta comercial uniforme ao editar a "Lista Referencial de Honorários Médicos dos Procedimentos Anestesiológicos".

A imposição do uso de tabelas de preços constitui prática prejudicial à livre concorrência e à livre iniciativa, uma vez que busca uniformizar os preços dos procedimentos médicos de modo a eliminar as negociações individuais, desconsiderando, dessa forma, as peculiaridades de cada contrato de prestação de serviços médicos.

A utilização dessa lista referencial não propicia melhorias na qualidade dos serviços, mas, ao contrário, impede que cada agente econômico estabeleça, individualmente, seus preços de acordo com os custos envolvidos no serviço a ser prestado.

A Representada alegou em sua defesa que "a lista de honorários apenas sugere a adoção de valores razoáveis a serem cobrados pelos serviços de anestesiologia, não existindo qualquer sanção pela sua não-observância". A esse argumento, res-

20. Brasil, Ministério da Justiça, CADE, PA n. 08000.007201/97-09. Representante: Comitê de Integração de Entidades Fechadas de Assistência à Saúde-CIEFAS. Representada: Associação Médica Brasileira-AMB. Conselheiro-relator: Thompson Andrade, disponível em *http://www.cade.gov.br*, acesso em 15.4.2007.

21. Idem.

22. Brasil, Ministério da Justiça, CADE, PA n. 08012.021738/96-92. Sindicato Nacional das Empresas de Medicina de Grupo-SINAMGE. Representada: Cooperativa dos Médicos Anestesiologistas de Goiás Ltda.-COOPANEST/GO. Conselheiro-relator: Fernando de Oliveira Marques, disponível em *http://www.cade.gov.br*, acesso em 15.4.2007.

pondeu o Conselheiro-relator Fernando de Oliveira Marques que "a conduta infrativa consiste no acordo para a elaboração e distribuição da mesma aos associados, tornando-a, dessa forma, um instrumento de uniformização de preços, impedindo que estes formem uma estrutura de mercado regulada pela concorrência". A simples denominação de "Lista Referencial de Honorários Médicos dos Procedimentos Anestesiológico" não exclui os efeitos de tabela que a mesma possui.[23]

O Conselheiro-relator Fernando de Oliveira Marques ainda destacou que a edição dessa tabela uniformizava os honorários dos médicos anestesiologistas do Estado de Goiás ao ignorar as particularidades dos serviços prestados em conformidade com as variações de regiões, hospitais e profissionais, excluindo a concorrência por meio desse tabelamento.

Não havia como contratar médico anestesiologista que não observasse e fixasse honorários nos termos da Lista Referencial, do que decorre, inequivocamente, o efeito de tabela.

A Representada congregava na época da apuração dos fatos, 216 médicos anestesiologistas, sendo que estavam registrados no Conselho Regional de Medicina de Goiás-CRM/GO, apenas 114 médicos da mesma especialidade, o que demonstra que a sociedade cooperativa, além de abarcar os médicos anestesiologistas inscritos naquele Estado, alcançava os demais médicos dessa especialidade que prestavam serviços em outros, atestando-se o poder de mercado da COOPANEST.

Como condenação, foi determinado à Representada: (a) a cessação das práticas objeto da Representação; (b) o pagamento de multa de R$ 63.846,00 (sessenta e três mil, oitocentos e quarenta e seis reais), com base no art. 23, III, da Lei n. 8.884/1994; e (c) a publicar a decisão, em meia página e às suas próprias expensas, em jornal de maior circulação na capital do Estado de Goiás, por dois dias seguidos, em duas semanas consecutivas. Além disso, foi fixada uma multa diária de R$ 5.384,00 (cinco mil trezentos e oitenta e quatro reais), nos termos do art. 25 da Lei 8.884/1994, na hipótese de descumprimento da decisão.

23. Idem.

2. *Adoção de cláusula de exclusividade por sociedades cooperativas*

2.1 Aspectos gerais

Segundo a Resolução n. 20, de 9 de junho de 1999, as práticas restritivas verticais são limitações impostas sobre mercados relacionados ao longo da cadeia produtiva. São anticompetitivas quando implicam na criação de mecanismos de exclusão de rivais. Aumentam barreiras à entrada para concorrentes potenciais, elevam custos dos efetivos ou aumentam a probabilidade do exercício do poder de mercado, por meio da constituição de mecanismos que permitem a superação de obstáculos à coordenação entre agentes que, de outra forma, existiriam.[24]

Como no caso das horizontais, as restrições verticais pressupõem, em geral, a existência de poder sobre o mercado de origem, bem como sobre parcela substancial do mercado alvo, de modo a configurar risco de prejuízo à competição. Embora tais restrições constituam, *a priori*, limitações à livre concorrência, podem também apresentar benefícios que devem ser ponderados em face dos potenciais efeitos anticompetitivos.

Os acordos de exclusividade têm caráter restritivo das transações de mercado e, potencialmente, são aptos a causar pre-

24. Brasil, Ministério da Justiça, CADE, Resolução n. 20, de 9.6.1999, que *dispõe, de forma complementar, sobre o processo administrativo, nos termos do art. 51 da Lei n. 8.884, de 11.6.1994*, Brasília, DF, *DOU* 28.6.1999, disponível em *http://www.cade.gov.br*, acesso em 23.1.2003.

juízos à concorrência, mas devem ser examinados pela regra da razão, já que também podem ter como efeitos ganhos de eficiência.

Essas eficiências estão freqüentemente relacionadas à economia de custos de transação. Evitam que a intensificação da concorrência intramarcas leve à proliferação de condutas oportunistas[25] em prejuízo da qualidade dos serviços e em detrimento da reputação, ou ainda, asseguram adequada remuneração para incentivar a alocação de recursos à oferta de produtos ou serviços.

Segundo o Anexo I da Resolução n. 20/1999, do CADE, entre as condutas mais comuns de práticas restritivas verticais, estão os acordos de exclusividade, caracterizados pelo compromisso dos compradores ou locadores de produto ou serviço em adquiri-los de determinado vendedor ou prestador e vice-versa. Ficam, dessa maneira, proibidos de comerciar com rivais.[26]

Potenciais efeitos anticompetitivos relacionam-se à implantação de condutas colusivas tendentes à cartelização no mercado de origem, quando são utilizados como instrumento de divisão do mercado entre produtos ou serviços substitutos, ou aumento unilateral do poder de mercado da entidade que impõe a exclusividade por meio de barreiras à entrada no segmento de distribuição ou de fornecimento de insumos. Resulta diretamente, de cláusulas contratuais, ou indiretamente, pelo aumento de custos dos competidores.[27]

Possíveis benefícios dessa prática envolvem economia de custos de transação, ao buscar a contenção das condutas oportunistas em defesa de investimentos não recuperáveis, como em marcas ou ainda em tecnologia e na proteção de ativos específicos. Devem ser cuidadosamente ponderados na avaliação final.

2.2 Análise da jurisprudência do CADE

Em diversos casos analisados pelo CADE que levaram à condenação de entidades por prejuízos à livre concorrência, princípio fundamental da ordem econômica, verificou-se a existência, em seus estatutos sociais, da cláusula de exclusividade, também conhecida como cláusula de lealdade, ou ainda cláusula de unimilitância, por meio da qual se impõe uma limitação de reserva aos filiados, coagindo-os a deixarem de atender outras associações sob pena de exclusão do quadro cooperativo em caso de desobediência a essa regra.

Foi o que se verificou na Unimed de São João da Boa Vista, condenada em processo administrativo por descredenciar médicos sob a alegação de que estes exerciam dupla militância.[28]

25. Condutas oportunistas são verificadas quando uma parte envolvida num determinado contrato procura aproveitar-se, às custas da outra parte, do processo de renegociação do referido acordo.

26. Brasil, Ministério da Justiça, CADE, Resolução n. 20, de 9.6.1999, que *dispõe, de forma complementar, sobre o processo administrativo, nos termos do art. 51 da Lei n. 8.884, de 11.6.1994*, Brasília, DF, *DOU* 28.6.1999, disponível em *http://www.cade.gov.br*, acesso em 23.1.2007.

27. Como exemplo, pode-se citar o caso do *Shopping Center* Iguatemi, acusado de inserir no contrato de locação de parte de suas lojas cláusula de exclusividade proibindo o locatário de também se instalar em outro local, caracterizando infração à ordem econômica segundo o art. 20, incs. I, II e IV, c/c art. 21, incs. IV e V da Lei n. 8.884/1994. Para o Conselheiro Pfeiffer, ao impor a cláusula, "a representada subverteu a ordem inerente à autonomia da vontade típica das economias de mercado, impedindo que lojistas possam, voluntariamente, instalar-se em *shoppings* identificados como concorrentes, uma vez que os impedem de contratar uma série de marcas para compor um *tenant mix* mais diversificado, que poderiam proporcionar maior bem-estar aos consumidores que os freqüentam" (Brasil, Ministério da Justiça, CADE, PA n. 08012.009991/98-82. Representante: Participações Morro Vermelho Ltda. Representadas: Condomínio *Shopping Center* Iguatemi e *Shoppings Centers* Reunidos do Brasil Ltda. Conselheiro-relator: Roberto A. Castellanos Pfeiffer, disponível em *http://www.cade.gov.br*, acesso em 15.4.2007).

28. Brasil, Ministério da Justiça, CADE, PA n. 08000.0011866/94-84. Representante: Caixa Bene-

Já a Unimed de Encosta da Serra foi condenada pelo CADE em 2002 por impedir que seus médicos se filiassem a outras sociedades cooperativas similares. Na hipótese de descumprimento da cláusula de exclusividade, o cooperado desobediente seria desligado do quadro associativo.

Em seu Estatuto Social, a Representada estipulava, no art. 8º, inciso V, que os médicos cooperados obrigavam-se "a não prestar serviços, a qualquer título, a pessoas jurídicas, públicas ou privadas, ou físicas por aquelas como beneficiárias agenciadas ou inscritas, contanto que, aquelas entidades, desenvolvam objetivamente atividades concorrentes com a cooperativa ou, a critério da Diretoria, venha a realizar atividades colidentes com os objetivos societários" e, no art. 12, § 1º, inciso I do mesmo Estatuto Social determinava que, além de outros motivos, o Conselho de Administração poderia eliminar o associado que viesse "a exercer qualquer atividade considerada prejudicial à cooperativa ou que colidam com seus objetivos, especialmente desrespeitando o estatuído no artigo oitavo, inciso V, deste".[29]

Independente da efetiva aplicação da sanção de exclusão do cooperado, os efeitos deletérios à competição da cláusula de lealdade são verificados sempre que se comprove distorções nas hipóteses em que as sociedades cooperativas gozem de posição dominante, aumentando as barreiras à entrada no mercado, além de reforçar eventual domínio de mercado já conquistado e ser propícia ao exercício de posição dominante.

Foi o que ocorreu com a Unimed de Nova Friburgo, condenada pela imposição de unimilitância na prestação de serviços médico-hospitalares a seu corpo de filiados. Ao deter noventa e quatro por cento (94%) do mercado relevante, impediu a entrada de outros planos de saúde na região.[30]

Impedir a contratação dos profissionais associados a uma cooperativa que detém posição dominante constitui uma efetiva barreira à entrada de novos planos de saúde na área de atuação, o que restringe a órbita de escolha dos consumidores, limitando a concorrência no mercado relevante, reforçando, assim, a posição dominante da sociedade cooperativa.

A motivação para a condenação reside no fato de que a cláusula de exclusividade cerceia os direitos dos médicos de exercerem sua atividade profissional por meio de outros planos de saúde. Ademais, as operadoras concorrentes necessitam, por óbvio, de médicos que gozem de reconhecimento e respeitabilidade na comunidade, não apenas para se estabelecerem, como também para permanecerem no mercado.

A imposição de unimilitância retira destas operadoras o acesso a uma significativa parcela dos profissionais de qualidade, diminuindo suas chances de oferecer concorrência efetiva às já instaladas.

A jurisprudência do CADE, nos casos envolvendo cooperativas médicas que exigem exclusividade, pauta-se pela análise dos efeitos que as cláusulas de exclusividade possam operar. Assim, nas hipóteses em que a cooperativa tiver posição dominante e a sua cláusula de lealdade impedir que todos os seus membros prestem servi-

ficente do Banco do Estado de São Paulo-CABESP. Representada: Unimed de São João da Boa Vista-Cooperativa de Trabalho Médico. Conselheiro-relator: Paulo Dyrceu Pinheiro, disponível em *http://www.cade.gov.br*, acesso em 15.7.2007.

29. Brasil, Ministério da Justiça, CADE, PA n. 08012.001280/2001-35. Representante: Yamil e Souza Dutra; Representada: Unimed de Encosta da Serra/RS. Conselheiro-relator: Miguel Tebar Barrinuevo, disponível em *http://www.cade.gov.br*, acesso em 15.7.2007.

30. Brasil, Ministério da Justiça, CADE, PA n. 08000.004961/95-76. Representante: Prevlife Socorro Médico e Assistência Integral Ltda. Representadas: Unimed de Nova Friburgo, Unimed Rio de Janeiro e Unimed Espírito Santo. Conselheiro-relator: Afonso Arinos de Mello Franco Neto, disponível em *http://www.cade.gov.br*, acesso em 15.7.2007.

ços a qualquer outra operadora de plano de saúde, ao retirar a possibilidade de que parcela substancial dos médicos atuantes da região seja contratada por outras operadoras de planos de saúde, ainda que disponham de horas vagas para tanto, a sociedade cooperativa impõe uma barreira artificial à entrada ou permanência de concorrentes no mercado relevante em que atua.

Houve casos, contudo, em que, embora a associação à outra entidade fosse proibida, a prestação de serviços não era. Assim, a Unimed de São Gonçalo Niterói escapou da condenação por essa ressalva.

No art. 8º, alínea "c", de seu Estatuto Social está prevista que "a eliminação de associados é de competência do Conselho de Administração, depois de parecer do Cotep, incidindo sobre a pessoa que: (...); (c) associe-se a outra cooperativa singular que tenha o mesmo ou similar objeto social da Unimed; (...)".[31]

Nesse caso, o histórico da postura da Unimed de São Gonçalo Niterói em relação a seus cooperados demonstra que a proibição não alcança a prestação de serviços a outros planos, afastando a hipótese de imposição de unimilitância. Denota-se do pacto cooperativo firmado entre a entidade e seus associados que não há imposição de exclusividade que os impeça de prestar serviço a qualquer outro plano de saúde concorrente. Tanto isso é verdade que de acordo com as provas realizadas nos autos, constata-se que diversos dos cooperados da Representada prestam serviços a outras sociedades operadoras de planos de saúde, até mesmo a Aliança Metropolitana, a Representante, afastando qualquer incidência de lealdade.

Deste modo, restou patente que no caso examinado não havia impedimento a que outras operadoras de saúde contratassem as horas vagas de médicos cooperados. Assim, concluiu-se que a cláusula em questão não constituía barreira à entrada ou permanência de planos de saúde operados por outras pessoas jurídicas, uma vez que não lhes retirava a possibilidade de contratar médicos que também fossem vinculados à Unimed de São Gonçalo Niterói.

Ocorreria a vedação de associação e não prestação de serviços, daqueles médicos a uma outra cooperativa que exercesse a mesma atividade.

Há ainda que ser ressaltado a expressa proibição de tal prática pela lei específica disciplinadoras dos planos privados de assistência à saúde, a Lei n. 9.656, de 3 de junho de 1998, que, no inciso III do art. 18, estabelece aos médicos o direito à manutenção de relacionamento de contratação, credenciamento ou referenciamento com número ilimitado de operadoras, sendo expressamente vedado às operadoras, independente de sua natureza jurídica constitutiva, impor contratos de exclusividade ou de restrição à atividade profissional.[32]

2.3 Estudo de caso envolvendo sociedade cooperativa

No caso julgado em 6 de março de 2002, a Representada, Cooperativa de Trabalho Médico Unimed de Fortaleza, foi denunciada pela Representante, Hapvida Assistência Médica de Saúde, por impor aos seus cooperados um coeficiente de honorários que, após deliberação em Assembléia Geral Extraordinária (AGE), seria fixado segundo um coeficiente de honorários de mercado ou mínimo, ou seja, o médico cooperado receberia pela Unimed de Fortale-

31. Brasil, Ministério da Justiça, CADE, PA n. 08012.005779/2002-01. Representante: Aliança Metropolitana-RJ, Cooperativa de Trabalho Médico. Representada: Unimed São Gonçalo Niterói-Cooperativa de Serviços Médicos e Hospitalares. Conselheiro-relator: Ricardo Villas Bôas Cueva. Voto-vista: Conselheiro Roberto Augusto Castellanos Pfeiffer, disponível em *http://www.cade.gov.br*, acesso em 15.7.2007.

32. Brasil, Lei n. 9.656, de 3.6.1998. *Dispõe sobre os planos de seguros privados de assistência à saúde*, disponível em *http://www.planalto.gov.br*, acesso em 12.7.2007.

za o valor de coeficiente de honorários do concorrente de menor valor ao qual ele fosse credenciado.[33]

A deliberação foi enviada aos cooperados pelo Presidente da entidade. Tal conduta traz o potencial efeito de compelir os médicos que estejam filiados a operadora de plano de saúde concorrente a se desligarem da mesma, a fim de prestar seus serviços com exclusividade a Unimed de Fortaleza, para poder auferir um coeficiente de honorários mais elevado. Isto porque todos aqueles que fossem filiados à operadora de planos de saúde que pague coeficientes de honorários inferiores ao oferecido pela Unimed de Fortaleza, receberiam desta cooperativa o padrão idêntico pago pelo outro plano. Assim, para receber um coeficiente de honorários idêntico ao pago pela Unimed de Fortaleza, teriam que estar filiados exclusivamente a ela, salvo se a outra operadora oferecesse o mesmo coeficiente de honorários.

São claros os efeitos deletérios que a imposição do coeficiente de honorário mínimo traz à livre concorrência. Visava a Representada, com efeito, estabelecer uma reserva de mercado desestimulando, de modo artificial e ilícito, que os médicos prestassem serviços simultaneamente a outros planos de saúde.

Por meio de tal expediente a Representada visou limitar artificialmente a concorrência, pois criaria dificuldades para outros planos concorrentes entrarem e permanecerem no mercado relevante. Com efeito, é natural que tais planos necessitem de médicos conveniados de bom padrão. Quanto maior o número de médicos de qualidade que as representadas mantiverem cativos graças a tal cláusula de exclusividade, maior seria a dificuldade das concorrentes em entrarem no mercado relevante e competirem em igualdade de condições com a Unimed de Fortaleza.

Os médicos não teriam incentivos para participar de outras operadoras, dado que haveria um decréscimo em seus honorários e receberiam valor menor do que colegas seus que prestam serviços com exclusividade à Representada.

Assim, restou evidenciado que se buscava, por intermédio desta cláusula de coeficiente de honorários, um resultado semelhante àquele que seria obtido por prática que sabe ser proibida. Seu efeito é parecido ao da imposição de exclusividade, ou seja, inibir que os médicos filiados à Unimed de Fortaleza prestassem serviços a outras operadoras de planos privados de assistência à saúde.

O estabelecimento de um coeficiente de honorários mínimo nos moldes traz, ainda, efeitos mais perversos que a imposição de lealdade. Ao fixar que somente receberiam um coeficiente de honorários maior caso fossem filiados exclusivamente à Representada, já que, caso contrário, receberia o coeficiente de honorários mínimo recebido em outras operadoras, a cooperativa forçava o médico a se descredenciar das outras operadoras, ou este tentaria obter um coeficiente de honorários maior nas outras operadoras às quais é filiado em concomitância com a Unimed de Fortaleza, a fim de atingir patamar semelhante ao praticado pela última.

Há lesão à concorrência, pois tal expediente estimula o descredenciamento de médicos dos outros planos. Prejudica-se também o consumidor, não somente por ele ter restringido o seu acesso a determinados médicos, mas também por ser ameaçado por uma elevação geral das mensalidades de planos de saúde, caso os médicos pressionem para todos os planos elevarem o pagamento de honorários.

Por meio da imposição de exclusividade a Representada visa a, artificialmente, limitar a possibilidade de concorrência,

33. Brasil, Ministério da Justiça, CADE, PA n. 08012.001847/00-49. Representante: Hapvida Assistência Médica de Saúde. Representada: Cooperativa de Trabalho Médico Unimed de Fortaleza. Conselheiro-relator: Thompson Andrade, disponível em *http://www.cade.gov.br*, acesso em 15.4.2007.

criando dificuldades para outros planos concorrentes entrarem e permanecerem no mercado relevante. Com efeito, as operadoras concorrentes necessitam de médicos conveniados de bom padrão, para estimular os consumidores a contratarem-na. Quanto maior o número de médicos de qualidade que as representadas mantiverem cativos graças a tal cláusula de exclusividade, maior será a dificuldade das concorrentes em entrar no mercado relevante e competir em igualdade de condições com as representadas.

Impondo a exclusividade, a representada limita substancialmente o número de médicos que podem ser contratados pelas concorrentes. Neste contexto, não é desarrazoado afirmar que em cidades dotadas de poucos médicos, se todos tiverem cláusula de exclusividade com uma operadora de plano de assistência privada à saúde, restará estabelecida uma barreira artificial à entrada no mercado de outras operadoras que poderiam oferecer concorrência. Não é este o caso dos autos, mas tal raciocínio demonstra o quão deletéria pode constituir-se tal cláusula de exclusividade.

Eram sérias as repercussões da conduta, dado que, mesmo que não tendo havido um fechamento completo do mercado, ele era significativo, tendo em vista que a Unimed de Fortaleza tinha 42% dos médicos atuantes no mercado geográfico. Ademais, havia um fechamento em relação aos profissionais conveniados, ou seja, caso o consumidor quisesse acessar os serviços do médico conveniado exclusivamente com a Representada, teria que contratar o plano privado de saúde operado por ela.

Diante da inexistência de boa-fé, impôs-se à Representada uma multa no valor de R$ 95.769,00 (noventa e cinco mil, setecentos e sessenta e nove reais). Além disso, a Unimed de Fortaleza foi ainda condenada a: imediata cessação da prática; retirada dos estatutos da cooperativa a cláusula de "coeficiente de honorários mínimo"; comunicar aos seus associados, com base no art. 24 da Lei n. 8.884/1994, o inteiro teor da presente decisão; no prazo de 30 dias após a publicação do acórdão, comprovar perante o CADE o cumprimento de cada uma das deliberações acima; publicar, em meia pagina, às expensas das representadas, no jornal de maior circulação nas cidades que compõem o mercado relevante, de extrato da decisão condenatória, por 2 (dois) dias seguidos, por duas semanas consecutivas (art. 24, I, da Lei n. 8.884/1994). O descumprimento desta determinação, assim como de qualquer das outras anteriormente cominadas, seria punido com a aplicação de multa diária equivalente a R$ 6.384,00 (seis mil trezentos e oitenta e quatro reais).

3. *Programa de prevenção de infrações à ordem econômica e sociedade cooperativa*

3.1 Aspectos gerais

Dada a importância hodierna do combate aos cartéis é importante que as sociedades cooperativas se preocupem com essa questão, uma vez que o ato de qualquer um de seus colaboradores, seja associado ou funcionário, pode trazer sérias e graves repercussões.

O conselheiro do CADE Luiz Fernando Rigato Vasconcelos, ao determinar a condenação de empresas pela prática de infração à ordem econômica em processo administrativo, recomendou a elas que adotassem programas de prevenção em matéria antitruste como forma de melhor orientar seus empregados e dirigentes a respeito das práticas que caracterizam ilícitos concorrenciais.[34]

34. Brasil, Ministério da Justiça, CADE, PA n. 08012.009088/1999-48. Representante: Conselho Regional de Farmácia do Distrito Federal-CRF/DF. Representados: Abbott Laboratórios do Brasil Ltda. e outras. Conselheiro-relator: Ricardo Villas Bôas Cueva. Voto-vista: Conselheiro Luiz Fernando Ri-

No referido julgamento, o Plenário condenou por três votos a dois mais de vinte laboratórios farmacêuticos por fixarem em acordo condição de venda aos distribuidores de medicamentos, consubstanciada na exigência de que estes não trabalhassem com genéricos; por limitação ao acesso de novas empresas ao mercado; por criação de dificuldades ao funcionamento ou desenvolvimento dos distribuidores de medicamentos; por recusa de venda de bens dentro das condições de pagamento normais aos usos e costumes comerciais, dentre outras acusações. A recomendação do Conselheiro foi posteriormente ratificada por todos os participantes do julgamento conforme consta da ementa.[35]

Na visão do Plenário, se os representantes das empresas envolvidas estivessem mais bem orientados com relação ao que podem e ao que não podem fazer em matéria antitruste, talvez fosse possível evitar tal condenação.

A simples justificativa de desconhecimento da lei não surte qualquer efeito, haja vista o fato de que, segundo o art. 3º da Lei de Introdução ao Código Civil ninguém se escusa de cumprir a lei alegando que não a conhece.[36]

A adoção de um programa de prevenção de infrações à ordem econômica pode ajudar as sociedades cooperativas a se distanciarem de eventuais problemas decorrentes de condutas que causem danos à concorrência.

Ele começa com um levantamento dos procedimentos da cooperativa que especifique e qualifique o relacionamento com competidores, com fornecedores, com clientes, com distribuidores ou revendedores e com associações de classe.

Posteriormente, todos os contratos firmados passam por uma análise para se constatar a possibilidade de que tenham ou possam vir a ter algum efeito antitruste.

Em derradeiro, todos os documentos emitidos, até mesmo os internos, sofrem um exame e, na hipótese de problemas, recebem uma recomendação quanto à melhor forma de redigi-los.

A sociedade cooperativa pode elaborar um guia que aborde situações vivenciadas no dia-a-dia de seus colaboradores, mostrando como devem agir em cada uma delas.

Nada impede que as regras contidas neste texto sejam incluídas num código de ética. Esse manual servirá para o treinamento de pessoal pelo qual passarão desde diretores, gerentes e advogados, até equipes de vendas, *telemarketing*, suprimentos, logística, etc.

O curso pode ser estruturado de forma a dar aos colaboradores o conhecimento da norma antitruste e das regras do guia, tudo em linguagem simples e acessível. Além disso, pode conter análise teórica e prática de casos julgados pelo CADE que envolvam cooperativas. Por fim, deve ser aplicado um teste para medir o aprendizado.

Como fase final do programa, os colaboradores da cooperativa firmam uma declaração, na qual atestam terem sido informados em relação à lei antitruste, bem como em relação à norma interna, assumindo o compromisso de cumpri-las fielmente, sob pena de responsabilidade pessoal.

Embora não se possa afirmar que a implementação de um programa de prevenção de infrações à ordem econômica resolva todos os problemas das sociedades cooperativas em matéria antitruste, é certo que diminuirá a freqüência com que essas entidades figuram como representadas nos

gato Vasconcelos, disponível em *http://www.cade.gov.br*, acesso em 15.3.2007.

35. Brasil, Ministério da Justiça, CADE, PA n. 08012.009088/1999-48, cit. Ementa redigida pelo Conselheiro Luiz Fernando Rigato Vasconcelos, disponível em *http://www.cade.gov.br*, acesso em 15.3.2007.

36. Brasil, Decreto-lei n. 4.657, de 4.9.1942, *Lei de introdução ao Código Civil Brasileiro*, disponível em *http://www.planalto.gov.br*, acesso em 12.3.2007.

processos administrativos julgados pelo CADE.

3.2 Portaria SDE n. 14, de 9 de março de 2004

A Portaria n. 14, de 9 de março de 2004 da SDE definiu diretrizes gerais para elaboração de Programas de Prevenção de Infrações à Ordem Econômica-PPI e estabeleceu requisitos e condições para a emissão de um Certificado de Depósito.

Os PPI poderão ser depositados na SDE por quaisquer pessoas jurídicas de direito público ou privado, bem como por quaisquer associações de entidades ou pessoas, mesmo que exerçam atividades sob regime de monopólio legal.

Compete ao depositante elaborar o PPI, definir seu conteúdo e diligenciar para sua efetiva execução.

O requerimento de depósito do PPI deverá ser protocolado no Setor Processual da SDE, acompanhado das seguintes informações e documentos: I – qualificação completa do depositante, de seu representante legal e de seus sócios; II – especificação do grupo econômico ao qual o depositante pertence, bem como indicação das atividades econômicas que exerce, discriminando produtos e serviços; III – histórico da atuação do grupo econômico ao qual o depositante pertence junto ao SBDC nos últimos cinco anos, incluindo: (a) a quantidade de averiguações preliminares e processos administrativos em curso e julgados; (b) os atos de concentração apresentados; e (c) multas impostas pelo SBDC e seus respectivos pagamentos; IV – descrição do PPI, que deverá conter: (a) criação de padrões e procedimentos claros com relação à observância da legislação de defesa da concorrência por parte do quadro de funcionários do depositante; (b) indicação e qualificação de dirigente com autoridade para coordenar e supervisionar os objetivos propostos no PPI; (c) indicação do grau de delegação e fiscalização, pelos dirigentes do depositante, dos poderes de negociação, bem como de efetiva prestação de contas por parte dos funcionários responsáveis pelos contatos com os agentes dos mercados onde atua o depositante; e (d) mecanismos de disciplina eficientes para identificação e punição dos envolvidos com reais ou potenciais infrações à ordem econômica; V – descrição do material de apoio utilizado para o PPI, tais como vídeos, manuais, folhetos, palestras, programas de computador, regulamento e relatórios de comissão ou grupo responsável pela punição dos eventuais envolvidos em infrações à ordem econômica, regulamento de programas de destruição de documentos e arquivos e sistemas de monitoramento de potenciais e reais infrações à ordem econômica; VI – instrumento de contratação de serviços de auditoria externa e independente sobre matérias relacionadas à defesa da concorrência, que deverá ser realizada em intervalo máximo de dois anos entre cada uma das auditorias; VII – declarações dos ocupantes de cargo de administração, direção, gerência, chefes de equipes de vendas e participantes de reuniões de associações de classe ou quaisquer outras formas de associação existentes nos mercados de atuação ou de interesse do depositante, atestando o conhecimento do PPI; e VIII – declaração de associações de classe atestando que, sob seus auspícios, seus associados não se utilizam de ações anticompetitivas, tais como fixação de preço e definições de política comercial comum.

No prazo de sessenta dias a contar do protocolo do requerimento de depósito do PPI no Setor Processual da SDE, o Departamento de Proteção e Defesa Econômica-DPDE verificará a existência dos requisitos mínimos, elaborando parecer sobre a conveniência e oportunidade da emissão do Certificado de Depósito.

Aprovado o parecer do DPDE pelo Secretário de Direito Econômico, será expedido o Certificado de Depósito, que terá validade de dois anos, renovável por períodos idênticos, desde que atualizadas as informações prestadas.

A SDE poderá, a qualquer tempo, revogar o Certificado de Depósito se constatado: I – ausência dos requisitos previstos; II – descumprimento das obrigações assumidas; III – omissão de informação relevante durante o procedimento ou se a prestou de forma enganosa; IV – condenação judicial ou administrativa por qualquer das infrações previstas na Lei de Defesa da Concorrência ou legislação correlata.

Não será concedido o Certificado de Depósito ao requerente que: I – tenha sido condenado pelo CADE em decorrência de infração à ordem econômica ou de violação da Lei n. 8.884/1994 nos dois anos anteriores ao protocolo do PPI; ou II – esteja sendo investigado pela SDE, CADE ou SEAE.

A SDE, mediante requerimento do depositante, procederá à análise da efetividade do PPI para fins de recomendação de redução das penas aplicadas pelo CADE nos termos da Lei n. 8.884, de 11 de junho de 1994.

A sugestão de redução de pena prevista no *caput* não será possível caso ocorra uma das seguintes hipóteses: I – a potencial ou real infração à ordem econômica tiver contado com a anuência ou a clara omissão de dirigente do depositante; ou II – a infração à ordem econômica não for comunicada à SDE, no prazo de trinta dias a contar do seu conhecimento por dirigentes do depositante. O DPDE analisará a efetividade do PPI nos autos do expediente aberto para fins de emissão do Certificado de Depósito do PPI.

Por fim, cabe destacar que poderá beneficiar-se da sugestão de redução de pena qualquer agente econômico que, mesmo não tendo o Certificado de Depósito, comprove ter implementado um PPI quando do início das investigações de infrações contra a ordem econômica pela SDE. Comprovada a existência do PPI, caberá a SDE proceder à análise de sua efetividade.

Conclusão

A iniciativa dos pioneiros de Rochdale[37] manifestou-se na intenção de construir um sistema socioeconômico livre de exploração no qual as pessoas desfrutariam de direitos e obrigações iguais, distribuindo igualmente entre elas os malefícios e os benefícios de sua ação social inspirados por um sentido próprio de solidariedade com o objetivo de valorização progressiva do ser humano.

No entanto, a história se encarregou de demonstrar o utopismo da proposta de socialização contida na doutrina cooperativista de Robert Owen[38] e outros ideólogos do movimento. A dialética da interação entre o movimento cooperativista e as forças propulsoras do capitalismo não só frustrou a proposta inicial, como possibilitou a incorporação do cooperativismo na própria dinâmica da expansão do capital.

Dentro de uma economia de mercado em que imperam os princípios da livre iniciativa e da livre concorrência, as sociedades cooperativas, instituições que apresentam a grata vantagem de conjugar eficientemente as finalidades de valorizar o homem e aumentar a produtividade econômica, são tratadas como qualquer outro agente econômico e, sendo assim, estão sob o jugo das normas antitruste.

37. A matriz do cooperativismo de consumo surgiu na Travessa de Sape, em Rochdale, distrito de Lancashire, na Inglaterra, como fruto da iniciativa de vinte e oito tecelões que buscavam um meio de melhorar sua precária situação econômica. Reuniram-se pela primeira vez em 1843 para discutir as possíveis soluções para seus problemas de sobrevivência. Optaram pela fundação de um armazém cooperativo, inaugurado em 21 de dezembro de 1844.

38. Robert Owen considerava o homem nem bom nem mau, mas o resultado do meio social. Pregava a necessidade de uma transformação pacífica, gradual e moderada a fim de que nenhuma parte do corpo político e nenhum indivíduo sofra com a mudança. Combateu o lucro e a concorrência, que impedem que os trabalhadores comprem o produto de seu trabalho, ou seja, que seu consumo seja equivalente ao que eles mesmos produziram.

A formação de cartel constitui crime contra a ordem econômica. Trata-se de uma interferência no mecanismo de mercado por meio de acordo de preços, controle das quantidades ou de divisão de mercado entre empresas concorrentes, que transfere renda dos consumidores para seus organizadores, reduzindo o bem-estar da sociedade. O consumidor sai perdendo e o contribuinte também, quando se trata de cartéis em licitações públicas, nas quais os participantes acertam o preço nos bastidores e se paga mais caro do que deveria pela compra de produtos e pela prestação de serviços.

Sua formação é amplamente reconhecida como a mais danosa conduta anticompetitiva e a que merece maior atenção das autoridades de defesa da concorrência.

O combate aos cartéis avançou nos últimos anos no Brasil. Contudo, o avanço no combate aos cartéis não requer apenas alterações nas instituições públicas, mas também uma mudança de cultura. Aqui entra o importante trabalho do SBDC de informar os agentes econômicos a respeito das regras antitruste, bem como o de incentivar a adoção de programas de prevenção de infrações à ordem econômica.

Apesar da dura constatação da quantidade de sociedades cooperativas condenadas por práticas danosas à concorrência, essa realidade pode e deve ser alterada. O cooperativismo é um dos mais importantes fatores de transformação da economia brasileira e, como tal, deve ser defendido.

Bibliografia

BIALOSKORSKI NETO, Sigismundo. *Aspectos Econômicos das Cooperativas*. Belo Horizonte, Mandamentos, 2006.

BRASIL. Constituição da República Federativa do Brasil (promulgada em 5.10.1988). Disponível em *http://www.planalto.gov.br*, acesso em 12.7.2007.

______. Lei n. 8.884, de 11.6.1994. *Transforma o Conselho Administrativo de Defesa Econômica, em autarquia, dispõe sobre a repressão às infrações contra a ordem econômica e dá outras providências*. Disponível em *http://www.planalto.gov.br*, acesso em 12.4.2007.

______. Lei n. 9.656, de 3.6.1998. *Dispõe sobre os planos de seguros privados de assistência à saúde*. Disponível em *http://www.planalto.gov.br*, acesso em 12.7.2007.

______. Lei n. 10.149, de 21.12.2000. *Altera e acrescenta dispositivos à Lei n. 8.884, de 11.6.1994, que transforma o Conselho Administrativo de Defesa Econômica-CADE em autarquia, dispõe sobre a prevenção e repressão às infrações contra a ordem econômica, e dá outras providências*. Disponível em *http://www.planalto.gov.br*, acesso em 12.3.2007.

______. Ministério da Justiça, CADE, Consulta n. 83/2002. Consulente: Associação Brasileira de Indústria Farmacêutica. Conselheiro-relator: Miguel Tebar Barrionuevo. Voto-vista: Conselheiro Cleveland Prates Teixeira. Disponível em *http://www.cade.gov.br*, acesso em 15.4.2007.

______. Ministério da Justiça, CADE, PA n. 53/92. Representante: Ministério Público de Sergipe. Representada: Associação Médica do Sergipe. Conselheiro-relator: Carlos Eduardo Vieira de Carvalho. Disponível em *http://www.cade.gov.br*, acesso em 15.4.2007.

______. Ministério da Justiça, CADE, PA n. 08012.001847/00-49. Representante: Hapvida Assistência Médica de Saúde. Representada: Cooperativa de Trabalho Médico Unimed de Fortaleza. Conselheiro-relator: Thompson Andrade. Disponível em *http://www.cade.gov.br*, acesso em 15.4.2007.

______. Ministério da Justiça, CADE, PA n. 08012.002299/2000-18. Representante: Ministério Público de Santa Catarina. Representados: Posto Divelin e outros. Conselheiro-relator: Afonso Arinos de Mello Franco Neto. Disponível em *http://www.cade.gov.br*, acesso em 15.4.2007.

______. Ministério da Justiça, CADE, PA n. 08000.003233/95-83. Representante: Ministério Público de Minas Gerais. Representados: Sindicato dos Contabilistas de

Alfenas, Conselho Regional de Contabilidade de MG e Conselho Federal de Contabilidade. Conselheiro-relator: Mércio Felsky. Disponível em *http://www.cade.gov.br*, acesso em 15.4.2007.

______. Ministério da Justiça, CADE, PA n. 08012.001826/2003-10. Representante: SDE *ex officio*. Representados: ASSEVIRGS-Associação das Empresas de Vigilância do Rio Grande do Sul *et al*. Conselheiro-relator: Afonso Arinos de Mello Franco Neto. Disponível em *http://www.cade.gov.br*, acesso em 15.4.2007.

______. Ministério da Justiça, CADE, PA n. 08012.009088/1999-48. Representante: Conselho Regional de Farmácia do Distrito Federal-CRF/DF. Representados: Abbott Laboratórios do Brasil Ltda. e outras. Conselheiro-relator: Ricardo Villas Bôas Cueva. Voto-vista: Conselheiro Luiz Fernando Rigato Vasconcelos. Disponível em *http://www.cade.gov.br*, acesso em 15.3.2007.

______. Ministério da Justiça, CADE, PA n. 08000.011520/94-40. Representante: Comitê de Integração de Entidades Fechadas de Assistência à Saúde-CIEFAS. Representadas: Sociedade de Medicina de Alagoas, Conselho Regional de Medicina do Estado de Alagoas, Sociedade Alagoana de Radiologia e Sindicato dos Estabelecimentos de Serviços de Saúde do Estado de Alagoas-Sindhospital. Conselheiro-relator: Ruy Santacruz. Disponível em *http://www.cade.gov.br*, acesso em 15.4.2007.

______. Ministério da Justiça, CADE, PA n. 08000.018302/96-99. Representante: Ministério da Economia, Fazenda e Planejamento. Representada: Associação Brasileira da Indústria de Armazenagem Frigorificada-ABIAF. Conselheiro-relator: Mércio Felsky.

______. Ministério da Justiça, CADE, PA n. 08012.021738/96-92. Representante: Sindicato Nacional das Empresas de Medicina de Grupo-SINAMGE. Representada: Cooperativa dos Médicos Anestesiologistas de Goiás Ltda.-COOPANEST/GO. Conselheiro-relator: Fernando de Oliveira Marques. Disponível em *http://www.cade.gov.br*, acesso em 15.4.2007.

______. Ministério da Justiça, CADE, PA n. 145/93. Representante: SDE *ex officio*. Representado: Sindicato Brasiliense de Hospitais. Conselheiro-relator: Arthur Barrionuevo Filho. Disponível em *http://www.cade.gov.br*, acesso em 15.4.2007.

______. Ministério da Justiça, CADE, PA n. 08000.007201/97-09. Representante: Comitê de Integração de Entidades Fechadas de Assistência à Saúde-CIEFAS. Representada: Associação Médica Brasileira-AMB. Conselheiro-relator: Thompson Andrade. Disponível em *http://www.cade.gov.br*, acesso em 15.4.2007.

______. Ministério da Justiça, CADE, PA n. 08000.011517/94-35. Representante: Comitê de Integração de Entidades Fechadas de Assistência à Saúde-CIEFAS. Representados: Conselho Regional de Medicina do Estado de São Paulo-CRM/SP, Associação Paulista de Medicina-APM, Associação dos Médicos de Santos-AMS, Sociedade Brasileira de Patologia-SBP, Colégio Brasileiro de Radiologia-CBR, Sindicato dos Médicos de São Paulo-SIMESP e Sindicato dos Médicos de Santos, São Vicente, Guarujá, Cubatão e Praia Grande-SMS. Conselheiro-relator: Mércio Felsky. Disponível em *http://www.cade.gov.br*, acesso em 15.4.2007.

______. Ministério da Justiça, CADE, PA n. 08012.005779/2002-01. Representante: Aliança Metropolitana-RJ, Cooperativa de Trabalho Médico. Representada: Unimed São Gonçalo Niterói-Cooperativa de Serviços Médicos e Hospitalares. Conselheiro-relator: Ricardo Villas Bôas Cueva. Voto-Vista: Conselheiro Roberto Augusto Castellanos Pfeiffer. Disponível em *http://www.cade.gov.br*, acesso em 15.7.2007.

______. Ministério da Justiça, CADE, PA n. 08012.001280/2001-35. Representante: Yamil e Souza Dutra; Representada: Unimed de Encosta da Serra/RS. Conselheiro-relator: Miguel Tebar Barrinuevo. Disponível em *http://www.cade.gov.br*, acesso em 15.7.2007.

______. Ministério da Justiça, CADE, PA n. 08012.009991/98-82. Representante: Participações Morro Vermelho Ltda. Representadas: Condomínio *Shopping Center*

Iguatemi e *Shoppings Centers* Reunidos do Brasil Ltda. Conselheiro-relator: Roberto A. Castellanos Pfeiffer. Disponível em *http://www.cade.gov.br*, acesso em 15.4.2007.

______. Ministério da Justiça, CADE, PA n. 08012.010712/2005-22. Representante: Agência Nacional de Saúde Suplementar-ANS; Representada: Unimed de Assis-Cooperativa de Trabalho Médico. Conselheiro-relator: Abraham Benzaquem Sicsú. Disponível em *http://www.cade.gov.br*, acesso em 25.4.2007.

______. Ministério da Justiça, CADE, PA n. 08000.0011866/94-84. Representante: Caixa Beneficente do Banco do Estado de São Paulo-CABESP. Representada: Unimed de São João da Boa Vista-Cooperativa de Trabalho Médico. Conselheiro-relator: Paulo Dyrceu Pinheiro. Disponível em *http://www.cade.gov.br*, acesso em 15.7. 2007.

______. Ministério da Justiça, CADE, PA n. 08000.004961/95-76. Representante: Prevlife Socorro Médico e Assistência Integral Ltda. Representadas: Unimed de Nova Friburgo, Unimed Rio de Janeiro e Unimed Espírito Santo. Conselheiro-relator: Afonso Arinos de Mello Franco Neto. Disponível em *http://www.cade.gov.br*, acesso em 15.7.2007.

______. Ministério da Justiça, CADE, Resolução n. 20, de 9.6.1999. *Dispõe, de forma complementar, sobre o processo administrativo, nos termos do art. 51 da Lei n. 8.884, de 11.6.1994*. Brasília, DF, *DOU* 28.6.1999. Disponível em *http://www.cade.gov.br*, acesso em 23.1.2007.

______. Ministério da Justiça, CADE e Advocacia-Geral da União. *Relatório de Gestão e Correição da Procuradoria do CADE 2006/2007*. Relator Dr. Arthur Badin, no prelo.

______. Projeto de Lei n. 5.877/2005. *Estrutura o Sistema Brasileiro de Defesa da Concorrência e dispõe sobre a prevenção e repressão às infrações contra a ordem econômica e dá outras providências*. Disponível em *http://www.camara.gov.br*, acesso em 12.3.2007.

BULGARELLI, Waldirio. *As Sociedades Cooperativas e sua Disciplina Jurídica*. Rio de Janeiro, Renovar, 2000.

DUPAS, Gilberto. *Economia Global e Exclusão Social: Pobreza, Emprego, Estado e Futuro do Capitalismo*. São Paulo, Paz e Terra, 1999.

FORGIONI, Paula Andréa. *Os Fundamentos do Antitruste*. São Paulo, Ed. RT, 1998, pp. 146-147.

FRANKE, Walmor. *Direito das Sociedades Cooperativas*. São Paulo, Saraiva/EDUSP, 1973.

LEVENSTEIN, M., SUSLOW, V. Y., e OSWALD, L. J. *Contemporary International Cartels and Developing Countries: Economic Effects and Implications for Competition Policy*. Disponível em *http://www.unix.oit*, acesso em 15.4.2007.

PAPA JOÃO PAULO II. "Exortação apostólica pós-sinodal *christifideles laici* sobre vocação e missão dos leigos na Igreja e no mundo". Disponível em *http://www.vatican.va*, acesso em 23.4.2007.

POLONIO, Wilson Alves. *Manual das Sociedades Cooperativas*. São Paulo, Atlas, 1998.

VALÉRIO, Marco Aurélio Gumieri. *Antitruste em Setores Regulados*. São Paulo, Lemos & Cruz, 2006.

DO DESPACHO DE PROCESSAMENTO DA RECUPERAÇÃO JUDICIAL DE EMPRESAS NA NOVA LEI N. 11.101/2005. CABE RECURSO?

MARIA CELESTE MORAIS GUIMARÃES

I – Introdução. II – Da natureza jurídica do despacho judicial de processamento do pedido de recuperação judicial. III – Dos efeitos do despacho judicial de processamento do pedido de recuperação. IV – Da admissibilidade da interposição de recurso. V – Conclusão.

I – Introdução

Dispõe o art. 52 da nova Lei n. 11.101/2005 que, "estando em termos a documentação exigida no art. 51 desta Lei, o juiz deferirá o processamento da recuperação judicial".

A ação de recuperação judicial, ou o seu processo, inicia-se, assim, com o deferimento do pedido pelo juiz que a manda processar. Nesse instante, surgem as principais conseqüências que dela decorrem, dentre elas, a suspensão do curso da prescrição e de todas as ações e execuções em face do devedor, inclusive aquelas dos credores particulares do sócio solidário.

É o despacho do juiz, pois, que determina essas medidas, daí a importância deste ato judicial no processo. O despacho judicial de processamento do pedido de recuperação não é novidade no direito concursal brasileiro. O Decreto-lei n. 7.661/1945, no que dispunha sobre a concordata preventiva, foi alterado pela Lei n. 7.274 de 10.12.1984, para cuja elaboração concorreu o renomado jurista paranaense Rubens Requião. Visando tornar mais ágil e eficiente a ação de concordata, pela Portaria n. 115, de 24.2.1983, foi constituído um Grupo de Trabalho nomeado pelo então Ministro da Justiça, que apresentou sugestões e elaborou propostas de documento legislativo disciplinador de Falência e Concordatas. Dentre as medidas sugeridas, que foram incorporadas ao Decreto-lei n. 7.661/1945, pela citada Lei n. 7.274/1984, estava a introdução no processo da concordata preventiva do "despacho de processamento do pedido", previsto no então *§ 1º*, do *art. 161*.

A finalidade de tal *despacho*, assim denominado, para não confundi-lo com a sentença concessiva da concordata preventiva, era a de introduzir no processo uma fase intermediária, de natureza cognitiva, entre o pedido e a sentença, de modo a propiciar ao magistrado maiores elementos na sua decisão de conceder ou não a concordata, vez que no regime do Decreto-lei n. 7.661/1945, a concordata sabidamente era uma concessão do juiz, nos dizeres de Fábio Konder Comparato, uma *verdadeira concordata-sentença*.

Tal experiência, como se vê, foi mantida pela Lei n. 11.101/2005, que, em seu *art. 52*, dispôs que "o juiz deferirá o processamento da recuperação judicial".

Do despacho ordenatório que defere ou indefere o processamento do pedido de recuperação judicial a lei não previu recurso. Seria ele, então, irrecorrível ou, ao silêncio da lei, poder-se-á aplicar o sistema recursal do CPC?

É sobre tais questões que iremos debater no presente trabalho, com o fim de trazer uma contribuição à boa aplicação da nova lei de falência e recuperação judicial de empresas pelos seus operadores.

II – Da natureza jurídica do despacho judicial de processamento do pedido de recuperação judicial

Inicialmente, é bom que se esclareça que, na vigência do Decreto-lei n. 7.661/1945, a lei também era omissa acerca do recurso cabível do despacho que deferia o pedido de processamento da concordata preventiva. Assim, a doutrina e a jurisprudência, à época, divergiam sobre a possibilidade ou não de interposição de recurso, como se vê das decisões a seguir colacionadas:

> A favor: "Recurso – Agravo de instrumento – Despacho que defere processamento de concordata preventiva – Aplicabilidade do sistema recursal do Código de Processo Civil – Arts. 207 e 210 do Decreto-lei 7.661/1945 – Cabimento do recurso" (*RJTJESP* 135/305).
>
> *Contra*: "Concordata – Despacho inicial – O despacho do juiz mandando processar a concordata não enseja recurso. Recurso especial não atendido" (STJ, *RT* 675/227).

Com a edição da *Súmula 264* do STJ, pacificou-se o entendimento, ao tempo do regime do Decreto-lei n. 7.661/1945, de que não cabia recurso do despacho judicial de processamento da concordata preventiva: "É irrecorrível o ato judicial que apenas manda processar a concordata preventiva".

É sabido que na sistemática processual brasileira, o juiz está dotado de duas espécies de poderes: o de dar solução à lide, e o de conduzir o feito segundo o procedimento legal, resolvendo todos os incidentes que surgirem até o momento adequado à prestação jurisdicional. Durante a marcha processual e no exercício de seus poderes, o juiz pratica atos processuais de duas naturezas: *decisórios* e *não decisórios*.

Quanto aos atos *decisórios propriamente ditos*, ensina Humberto Theodoro Júnior (2007:261)[1] "visa-se a preparar ou obter a declaração da vontade concreta da lei frente ao caso *sub iudice*". A enumeração dos atos decisórios do juiz está feita pelo próprio Código, que, no *art. 162*, os classifica em *sentença, decisão interlocutória* e *despachos*.

O próprio Código, para superar divergências doutrinárias em torno da classificação e definição dos atos decisórios do juiz, os conceituou no *art. 162 e parágrafos*, assim dispostos:

a) *Sentença*: "ato do juiz que implica alguma das situações previstas nos arts. *267* e *269*" (com a redação dada pela Lei n. 11.232, de 2005);

b) *Decisão interlocutória*: "é o ato pelo qual o juiz, no curso do processo, resolve questão incidente" (art. 162, § 2º); e

c) *Despachos*: "todos os demais atos do juiz praticados no processo, de ofício ou a requerimento da parte, a cujo respeito a lei não estabelece outra forma" (art. 162, § 3º).

O mestre Alfredo de Araújo Lopes da Costa (1941:324),[2] ainda ao tempo do Código de 1939, com incontestáveis propriedade e atualidade sustentava que: "Os atos do juiz regulam *a marcha do processo* (despachos de simples movimento: manda citar o réu, a testemunha, o perito, designar

1. Humberto Theodoro Júnior, *Curso de Direito Processual, Teoria Geral do Direito Processual Civil e Processo de Conhecimento*, vol. 1, 47ª ed., p. 261.

2. Alfredo de Araújo Lopes da Costa, *Direito Processual Civil (Código de 1939)*, vol. 1, p. 324.

dia para a vistoria, ordenar vista ao autor, marcar dia e hora para audiências), a *formação do fundo do processo* (mandar juntar documentos, inquirir testemunhas, tomar o depoimento da parte) ou *decidem as questões suscitadas*, sobre o processo ou sobre o mérito".

E conclui o eminente processualista: "As duas primeiras espécies representam a direção processual, que cabe ao juiz. São *despachos*. Os despachos podem ser *positivos* ou *negativos*, *deferindo* ou *indeferindo* os requerimentos. O termo, etimologicamente, melhor se aplica aos atos de simples impulso processual, aos que o Código nacional (de 1939) chama de 'despachos de expediente'. A última espécie é constituída pelas *decisões* ou *sentenças*. Os atos do juiz são declarações de vontade. Não há vontade sem deliberação. Assim, todos eles são decisões, neste sentido".

Vê-se, portanto, que, às escancaras, no caso do despacho previsto no *art. 52* da Lei n. 11.101/2005, a despeito de o legislador tê-lo intitulado "despacho judicial" de processamento do pedido, não se trata *apenas* de um ato de impulso do processo, deferindo o requerimento do autor. Mas, sim, de decisão, eis que importa em deliberação do juiz no sentido de constituir um novo estado de direito, cujos efeitos repercutirão não só para o autor – o empresário ou sociedade empresária, como também para os credores e demais terceiros interessados que serão afetados por este *novo estado*, que é o da recuperação judicial.

Pela redação da *Súmula 264* do STJ – "é irrecorrível o ato que apenas manda processar" – verifica-se que aquela Colenda Corte enxerga este ato como apenas de impulso do processo. Esquece-se, contudo, de que, a partir dele, vários efeitos são produzidos no processo, inclusive *erga omnes*, afetando terceiros não intervenientes.

O ato que manda processar o pedido de recuperação não pode ser resumido a um mero despacho de expediente, como poderia insinuar o próprio nome – *despacho* – que a ele foi dado pelo legislador em 1984 (Lei n. 7.272/1974), o qual foi mantido pelo de 2005 (Lei n. 11.101).

Como explicar, então os efeitos que dele derivam? No caso da falência, os efeitos em relação à pessoa do falido, aos seus bens, quanto aos direitos dos credores e aos contratos, decorrem da *sentença declaratória* (*art. 99* da Lei n. 11.101/2005), como já ocorria com o Decreto-lei n. 7.661/1945 (*art. 14*). No momento em que o legislador, ao modificar o processo da concordata preventiva – pela já citada Lei n. 7.274/1974 –, introduziu o despacho judicial de processamento do pedido, pretendeu criar uma fase intermediária no processo, de natureza cognitiva, destinada a propiciar ao juiz elementos de convicção acerca do mérito do pedido.

Como já salientado na introdução deste trabalho, a concordata preventiva no direito brasileiro constituía, nos dizeres de Rubens Requião (1993:62),[3] "um benefício outorgado pelo Estado, através de sentença judicial, ao empresário honesto e de boa-fé, mas infeliz nos seus negócios". Sua finalidade era a de facilitar o pagamento dos credores, com dilações de prazo ou remissão de parte da dívida, e, conseqüentemente, permitir ao empresário evitar a falência, reconstituindo sua atividade e nela prosseguindo. Para ser concedida a concordata, o empresário deveria, portanto, *merecer*, *fazer jus* ao benefício. Por isso, a lei impunha várias condições, *requisitos*, que, comprovados pelo devedor, ensejariam o deferimento do pedido por *sentença*. Embora o instituto tivesse mantido a denominação de "concordata", isto é, um *acordo* – pacto entre o devedor e os credores – sob o regime do Decreto-lei n. 7.661/1945 nada disso ele continha, porque o juiz prescindia da manifestação dos credores para concedê-lo ou não.

Aí está a razão da introdução de um procedimento *preliminar* na concordata

3. Rubens Requião, *Curso de Direito Falimentar*, 15ª ed., vol. 2, p. 62.

preventiva, pelo legislador de 1974: permitir ao juiz formar seu convencimento acerca de ser devido ou não o benefício ao devedor.

Se tal procedimento foi mantido pela Lei n. 11.101, de 2005, que em nada o alterou, é de se concluir, sim, que o instituto da recuperação judicial é também um *benefício outorgado pelo Estado* ao empresário que preencha as condições legais e demonstre sua viabilidade econômica de forma a prosseguir em sua atividade, de reconhecida função social. O despacho de processamento do pedido tem por finalidade, pois, dar início ao *procedimento preliminar* destinado a propiciar os elementos necessários ao juízo de procedência do pedido. A novidade introduzida pela Lei n. 11.101/2005, de a Assembléia de Credores aprovar ou não o plano de recuperação, não desvirtua o instituto como benefício legal, não o transmuta em *acordo*, como muitos estão por aí a afirmar – diga-se, temerariamente – como se pretendessem reintroduzir a sua *natureza contratual*, existente antes do Decreto-lei n. 7.661/1945. O *§ 1º, do art. 58*, da Lei n. 11.101/2005 desmente a posição contratualista, porque o legislador *permitiu* ao juiz deferir o pedido de recuperação judicial de empresas ainda que o plano *não tenha sido aprovado pelos credores* nas condições ali estabelecidas.

Como se infere dos *incisos I a V do art. 52*, o *despacho* de processamento do pedido produz vários efeitos, tanto para o devedor, como para os credores e terceiros, como analisaremos adiante. Cite-se, ainda, como efeito, a suspensão da prescrição e de todas as ações e execuções contra o devedor, inclusive aquelas dos credores particulares do sócio solidário, como previsto no *art. 6º* da nova lei. Não seria crível que um mero despacho de expediente pudesse produzir tantos e tamanhos efeitos. Não temos dúvida, portanto, de que, havendo efeitos da decisão produtíveis *erga omnes*, não se configura aquela como mero despacho de impulso ao processo.

Quanto ao despacho que *indefere* o processamento do pedido, também a lei silenciou. Como há na hipótese um indeferimento do pedido inicial, com a conseqüente extinção do processo *sem resolução do mérito*, de acordo com a nova sistemática processual do *art. 267* do CPC, cabe o recurso de *apelação*, como se vê do Acórdão a seguir transcrito:

> Apelação – Extinção do processo sem julgamento do mérito. Interposição pelo réu. Admissibilidade – Nos termos da melhor doutrina, ao réu assiste interesse em apelar da sentença que extingue o processo sem julgamento do mérito, objetivando obter com o processo a sentença de improcedência (STJ, 4ª T., apelação 18-0-DF, v.u., j. 13.3.1995, rel. Ministro Sálvio de Figueiredo Teixeira).

III – Dos efeitos do despacho judicial de processamento do pedido de recuperação

Como salientado no item anterior, o despacho judicial de processamento do pedido de recuperação produz vários efeitos, dentre os quais destacamos os seguintes:

a) Nomeação do administrador judicial – Art. 52, inc. I

No despacho que defere o processamento da recuperação, o juiz nomeia o administrador judicial nos termos do *art. 21*. Ao tempo do Decreto-lei n. 7.661/1945, a hipótese correspondia ao *inciso IV*, do *§ 1º*, do *art. 161*, que tratava da nomeação do comissário na concordata.

As funções do administrador judicial na recuperação são muito mais reduzidas do que as por ele exercidas na falência, eis que o devedor, em regra, na recuperação judicial, permanece com a plena administração da sociedade empresária, sob a sua fiscalização.

Dentre as atribuições a ele conferidas na recuperação judicial, arroladas no *inci-*

so II, do art. 22, está a de fiscalizar as atividades do devedor e o cumprimento do plano de recuperação judicial (*alínea a*). Com a nova lei, contudo, tal função também será exercida pelo Comitê de Credores, o que alterou o sistema da revogada concordata preventiva, no qual apenas o comissário exercia tal mister e, portanto, poderia ser responsabilizado pela omissão no dever de fiscalizar a atividade do concordatário.

Diferentemente do síndico na falência e do comissário na concordata, à época do Decreto-lei n. 7.661, de 1945, a nova lei não exige que o administrador judicial seja *credor*, até porque há a previsão, na atual Lei n. 11.101/2005, inexistente no regime legal anterior, da constituição do *Comitê de Credores*. Tampouco faz esta última lei a exigência de ser ele graduado em nível superior, usando a expressão *preferencialmente*. Fica, portanto, ao prudente arbítrio do juiz escolher um profissional idôneo e habilitado para tão importante função.

b) Dispensa da apresentação de certidões negativas para que o devedor exerça as suas atividades – Art. 52, inc. II

A nova lei ficou a desejar com relação à apresentação das certidões negativas, especialmente quanto ao aspecto fiscal. Muito a propósito a observação de Manoel Justino Bezerra Filho (2005:153),[4] ao comentar tal dispositivo: "embora, neste momento, sejam dispensadas as certidões negativas fiscais, terão que ser apresentadas logo adiante, sem o que não poderá o juiz conceder a recuperação judicial (*art. 57*)".

É inegável que a dispensa das certidões negativas, neste momento, no processo, não impede a exigência de que as mesmas sejam apresentadas pelo devedor em outros processos, como por exemplo, no caso das licitações para contratação de obras e serviços pela administração pública, por força da Lei n. 8.666/1993.

No caso das certidões negativas fiscais, a Lei n. 11.101/2005, de fato, vai exigir sua apresentação mais adiante, nos termos do *art. 57* (após a juntada aos autos do plano aprovado pela assembléia-geral de credores ou decorrido o prazo previsto no art. 55 da lei sem objeção de credores), como, aliás, também exigia o Decreto-lei n. 7.661/1945, ao tempo da concordata preventiva no *inciso I*, do *art. 174*. Embora a nova lei prestigie a legislação tributária ao exigir a comprovação de quitação do crédito tributário pelo devedor, entendemos que, em sede de recuperação judicial, a exigência das certidões negativas fiscais é de todo descabida, podendo, inclusive, inviabilizar a concessão da recuperação de inúmeras empresas em situação de crise econômico-financeira, o que mitiga o objetivo maior do instituto que é a preservação da atividade econômica.

c) Suspensão de todas as ações ou execuções contra o devedor – Art. 52, inc. III

No despacho que defere, para processamento, o pedido de recuperação judicial, o juiz ordena a suspensão das ações e execuções contra o devedor, por créditos sujeitos à recuperação judicial. No estado instável ou crítico de seus negócios, que determina a sua pretensão à recuperação, o que mais teme o devedor são as execuções de seus débitos, que levam à penhora imediata de seus bens ou o pedido de falência. Determinando a lei a suspensão de ações e execuções, impedindo os credores de pedir-lhe a falência, abre-se ao devedor um prazo de tranqüilidade para recompor a sua atividade, pagando, ao final, os credores e recuperando a empresa. O Decreto-lei n. 7.661/1945 também previa no *inciso II*, do *art. 161*, a suspensão das ações e execuções contra o devedor na concordata preventiva, contudo, por créditos sujeitos aos seus efeitos, no caso, os quirografários.

4. Manoel Justino Bezerra Filho, *Nova Lei de Recuperação e Falência Comentada*, 3ª ed., p. 153.

A jurisprudência tem prestigiado esta universalidade do juízo da recuperação judicial, como se vê da decisão a seguir colacionada:

Agravo de instrumento. Ação de reintegração de posse. Competência. Empresa em recuperação judicial.

Ação cautelar incidental. Conexão. Todas as causas envolvendo pretensões resultantes de relações jurídicas constituídas por empresas que se vêem constrangidas ao pedido de recuperação judicial devem ser apreciadas pelo juízo que o pedido recebeu. Os objetivos declarados pelo art. 47 da Lei de Regência, e o risco manifesto de decisões conflitantes, justifica a conclusão pela preservação da universalidade do juízo do pedido, assim como se cristalizou na antiga Lei de Falências. Decisão confirmada.[5]

É bem verdade que há exceções à universalidade do juízo da recuperação arroladas nos §§ *1º, 2º e 7º, do art. 6º*, da Lei n. 11.101/2005, quais sejam, as ações que demandarem quantia ilíquida, as ações por créditos trabalhistas, que serão processadas perante a justiça especializada até a apuração do respectivo crédito e as ações de natureza fiscal, que não são suspensas pelo deferimento da recuperação judicial, ressalvada a concessão de parcelamento nos termos do CTN e da legislação ordinária específica.

Ressalte-se que os processos permanecem suspensos no juízo original contra o devedor, em face dos efeitos do despacho judicial de processamento do pedido de recuperação judicial. Contudo, podem prosseguir contra os coobrigados, por força do *§ 1º*, do *art. 49*, da lei, que expressamente prevê que os credores do devedor conservam seus direitos e privilégios contra os coobrigados, fiadores e obrigados de regresso.

Outra falha lamentável da nova lei é a de excluir as execuções fiscais dos efeitos da *suspensão* em face do deferimento da recuperação judicial.

Mais uma vez, mantém-se o Fisco no Brasil em seu estado de "intocável", alheio ao que mais ocorre ao seu redor. Se a própria Constituição Federal consagrou o princípio da preservação da empresa como objetivo a ser tutelado pela ordem econômica e financeira do País, não se concebe que a Fazenda Pública não possa dar a sua contribuição ao soerguimento da empresa e saneamento do meio empresarial.

Não estamos a defender que o Fisco não possa receber o que lhe é de direito. Não sujeitá-lo, porém, ao juízo da recuperação, permitindo que as execuções fiscais continuem a ser processadas, é mitigar o interesse coletivo e social em nome de um credor que, embora se reconheça preferencial, não pode ficar à margem do processo de recuperação judicial.

O ideal seria que a Fazenda Pública tivesse o ônus de se apresentar na recuperação judicial como qualquer outro credor, disposição absolutamente sensata, que deveria ser adotada sem tardança pelo legislador pátrio.[6] Não se compreende, com efeito, que o "juízo universal" não abranja os créditos fazendários, cuja satisfação costuma ser, afinal de contas, decisiva para o pagamento dos credores quirografários.

Por outro lado, se o soerguimento da grande empresa combalida é de interesse público, por razões de ordem social e econômica, é inevitável o sacrifício relativo do Fisco, e imprescindível a sólida proteção dos assalariados.

Outra restrição que não existia ao tempo do Decreto-lei n. 7.661/1945 diz respeito ao prazo improrrogável de 180 (cento e oitenta) dias a que faz menção o *§ 4º*, do citado *art. 6º*, da Lei n. 11.101/2005. Tal regra é questionável, porque se for ne-

5. TJRJ, 4ª C.Cível, AI 2005.002.22257, rel. Desembargador Jair Pontes de Almeida, j. 14.3.2006.

6. Nesse sentido, o entendimento de Fábio Konder Comparato, "A reforma da empresa", *Revista de Direito Mercantil, Industrial, Econômico e Financeiro*, n. 50, vol. 22, p. 21.

cessário ampliar o prazo de suspensão por período maior que *180 dias* – o que pode vir a ser necessário – o juiz estaria impedido de fazê-lo, com pleno comprometimento da eficácia do processo. Cada ação de recuperação há de ter as suas peculiaridades, em face da complexidade da crise da empresa, do número de credores envolvidos ou da própria condução do processo. Colocar em risco o possível sucesso do processo de recuperação em detrimento de todos os interesses envolvidos, porque o prazo de suspensão não possa ser prorrogado, é inaceitável. Trata-se de formalidade que não se sustenta em face do escopo da nova lei.

d) Apresentação de contas demonstrativas mensais enquanto perdurar a recuperação judicial pelo devedor – Art. 52, inc. IV

Aqui está outra exigência, a princípio, desnecessária do processo de recuperação judicial de empresas. De qual valia será impor ao devedor a apresentação de contas demonstrativas "enquanto durar a recuperação judicial"? É de se indagar quem verificará a validade destas contas demonstrativas mensais. Será possível a declaração da falência ante o descumprimento pelo devedor de tal exigência? Entendemos que não. Faria melhor o legislador se estabelecesse que as contas ficariam à disposição do Juízo para análise do administrador judicial, do Comitê de Credores, ou do Ministério Público, quando entendessem necessário.

Há de se reconhecer, contudo, uma importante finalidade nesta exigência: ela reside no fato de propiciar um acompanhamento pelo juiz e credores do efetivo cumprimento da lei e do plano pelo devedor, quando devidamente analisadas as contas apresentadas. De fato, as contas podem revelar eventual favorecimento a credores, atos contrários ao disposto no plano, pagamento de lucros e *pro-labore* a administradores, incompatíveis com o vulto do negócio. Com uma atuação diligente e proba do magistrado, tal exigência pode se revestir do caráter de medida preventiva da prática de ilícitos pelo devedor, evitando-se possível desvio de bens ou recursos.

e) Intimação do Ministério Público – Art. 52, inc. V

O Ministério Público não participa da fase postulatória do processo de recuperação judicial de empresas. A lei prevê apenas sua intimação quando o juiz deferir o processamento do pedido ou decretar a falência do devedor. De fato, não se justifica mesmo a atuação do órgão ministerial antes do despacho de processamento da recuperação. A partir do deferimento do pedido, a lei lhe reserva papel importante na atuação institucional como fiscal da lei e do interesse coletivo.

f) Expedição de editais ordenada pelo juiz – Art. 52, § 1º

A nova lei estabeleceu no *§ 1º*, do *art. 52*, que o juiz ordenará a expedição de edital, para publicação no órgão oficial, contendo a relação nominal de credores e a advertência acerca dos prazos para habilitação dos créditos e para que os credores apresentem objeção ao plano de recuperação judicial apresentado pelo devedor.

A esse respeito, o revogado Decreto-lei n. 7.661/1945 também assim dispunha no *art. 161*, *§ 1º*, estabelecendo a exigência da publicação de edital contendo a lista nominativa dos credores. Tal procedimento tinha o objetivo de agilizar o processo de concordata preventiva, porque os credores constantes da lista não precisavam habilitar-se, eliminando-se, assim, os inúmeros autos de habilitação de créditos.

Quer-nos parecer que a intenção do legislador de 2005 é a mesma: agilizar o processo de recuperação judicial. Se o nome do credor consta da relação publicada no edital, não há necessidade de habilitação; se dela não consta, o credor estará alertado para o prazo de que trata o *§ 1º*, do *art. 7º*, devendo, portanto, providenciar a habilitação de seu crédito.

A questão que se coloca, e que vem sendo muito criticada, é o alto custo da publicação dos editais. Como são extensos, indicando a relação completa dos credores, com os respectivos valores dos créditos, as despesas com sua publicação são grandes, não se justificando sejam suportadas pelo devedor. Os órgãos oficiais certamente não admitirão a publicação gratuita dos editais, restando, assim, ao devedor, cuja empresa já se encontra em dificuldades financeiras, arcar com o alto custo da publicação, de forma a atender à exigência da lei.

Um remédio para tal ônus seria o cabimento de concessão de assistência judiciária à sociedade, vez que a jurisprudência a tem admitido para a massa falida, nos processos de falência, se demonstrado o comprometimento da sua saúde financeira. Contudo, não nos parece ser o caso da sociedade empresária em recuperação judicial, que, pela natureza do processo, deve demonstrar a sua viabilidade econômica. Curioso contra-senso a ser vencido pela doutrina.

g) Constituição do Comitê de Credores – Art. 52, § 2º

Avanço significativo da nova lei é a instituição do Comitê de Credores, cuja mais importante função é a de atuar como órgão fiscalizador durante o processo de recuperação judicial da empresa.

Se houver credores que representem, no mínimo, 25% (vinte e cinco por cento) de uma das três classes previstas nos incisos do *art. 26*, quais sejam, trabalhistas, com direitos reais de garantia e privilégios especiais ou quirografários e com privilégios gerais, será possível requerer ao juiz a convocação da Assembléia-Geral de Credores para eleição do Comitê de Credores ou substituição de seus membros.

Ao tempo da concordata regida pelo Decreto-lei n. 7.661/1945, os credores ficavam impossibilitados de intervir na gestão da empresa devedora, restando-lhes confiar no improvável: que os administradores passassem a utilizar métodos mais racionais, situação em que os riscos de insucesso aumentavam, pela dificuldade de obtenção de recursos destinados a investimento e a capital de giro.

Este é um óbice que a nova lei verdadeiramente afastou: a gestão do devedor com a fiscalização do Comitê de Credores, alcança uma capacidade de atuação bem maior que a desempenhada anteriormente pelo comissário na concordata.

A nosso ver, conquanto não aprovada, a redação da Subemenda Substitutiva ao PL n. 4.376/1993 era mais producente, vez que previa que os credores poderiam requerer, a qualquer tempo, a convocação da Assembléia de Credores para a constituição do Comitê ou poderia o juiz, *de ofício*, quando entendesse de sua necessidade, ante o grau de complexidade do procedimento concursal em questão, ou quando de sua avaliação a respeito do porte econômico-financeiro do devedor, constituir o Comitê.

Outorgar tal competência ao juiz seria da maior importância para o processo de recuperação judicial. Como o administrador judicial não é escolhido dentre os *credores* do devedor, como ocorria no caso do comissário na concordata, ao tempo do Decreto-lei n. 7.661/1945, o Comitê passa a ser o órgão de representação dos credores. Se este não é constituído, o processo perde em transparência, em legitimidade e, acima de tudo, em efetividade, sem a participação dos seus maiores interessados e da própria sociedade como um todo.

Como se vê dos efeitos destacados, o despacho judicial de processamento do pedido cria, faz surgir, uma situação jurídica nova para o devedor, que poderá repercutir até mesmo nos coobrigados, fiadores e obrigados de regresso que também sofrerão os efeitos do processamento da recuperação judicial por força do *§ 1º*, do *art. 49* da lei.

IV – Da admissibilidade da interposição de recurso

Como bem salienta Humberto Theodoro Júnior (2007:629),[7] citando Gabriel Rezende Filho, "psicologicamente o recurso corresponde a uma irresistível tendência humana". Na verdade, lembra-nos o Professor que "é intuitiva a inconformação de qualquer pessoa diante do primeiro juízo ou parecer que lhe é dado. Naturalmente, busca-se uma segunda ou terceira opinião".

Para o Mestre Alfredo de Araújo Lopes da Costa (1941:160),[8] "recurso é o meio de que se vale a parte, para, anulado ou modificado um ato do juiz, conseguir situação processual mais favorável". E prossegue: "O que assim caracteriza o recurso é: a) dirigir-se contra um ato judicial (do juiz); b) pretender um novo ato, do poder judicante".

No primeiro grau de jurisdição admitem-se os seguintes recursos: *apelação* (arts. 496, n. I, e 513); *agravo* (arts. 496, n. II, e 522) e *embargos de declaração* (art. 535).

Apelação, segundo José Carlos Barbosa Moreira (1976:204):[9] "É o recurso que se interpõe das sentenças dos juízes de primeiro grau de jurisdição para levar a causa ao reexame dos tribunais do segundo grau, visando a obter uma reforma total ou parcial da decisão impugnada".

São apeláveis tanto as sentenças proferidas em procedimentos contenciosos como as dos feitos de jurisdição voluntária. Também nos procedimentos incidentes ou acessórios, como medidas cautelares, habilitação, e outros, a apelação é o recurso cabível contra a decisão. O mesmo, todavia, não ocorre com o julgamento de incidentes do processo, quando ocorrem apenas *decisões interlocutórias*.

No caso do despacho (assim denominado pela lei) judicial de processamento do pedido de recuperação judicial de empresas, não chegamos ao absurdo de pensar que caberia o recurso de apelação, pois, por evidente, não se trata, tal decisão, de uma sentença. Com a edição da Lei n. 11.232, de 22.12.2005, o sistema recursal brasileiro sofreu grande alteração com a mudança da definição legal de sentença, que passou a ser "o ato do juiz que implica alguma das situações previstas nos *arts. 267 e 269* (do CPC)". Segundo a melhor doutrina, "as situações previstas nos arts. 267 e 269" somente se prestam a configurar sentença (e a desafiar apelação) quando *põem fim ao processo* ou quando *resolvem por inteiro o objeto principal do processo* pendente de acertamento em juízo. Para a decisão ser tratada como sentença, é preciso, assim, que todo o pedido ou todos os pedidos da inicial tenham sido resolvidos, positivamente ou negativamente. Se o pronunciamento não os abrange em toda extensão, deixando questões para solução no decisório final do processo, não pode ser havido como sentença. Sua natureza seria, portanto, de decisão interlocutória.[10]

No caso do processo de recuperação judicial, a Lei n. 11.101/2005 não previu recurso para a decisão do juiz que a mande processar, como para a que negue o seu prosseguimento. Se despacho "de mero expediente"[11] ela não é, como demonstra-

7. Humberto Theodoro Júnior, *Curso de Direito Processual Civil...*, vol. 1, 47ª ed., cit., p. 629.

8. Alfredo de Araújo Lopes da Costa, *Direito Processual Civil...*, vol. 3, cit., p. 160.

9. José Carlos Barbosa Moreira, *O Novo Processo Civil Brasileiro*, vol. 1, 1ª ed., p. 204.

10. Nesse sentido, o entendimento de Humberto Theodoro Júnior, *Curso de Direito Processual Civil...*, vol. 1, 47ª ed., cit., p. 656.

11. Usamos esta expressão "despacho de mero expediente", que era empregada pelo texto primitivo do art. 504 do CPC, mas que foi abolida pela Lei n. 11.276, de 7.2.2006, apenas para reforçar que a decisão que defere ou indefere o processamento do pedido não é de mero impulso da marcha processual.

mos anteriormente, nem é sentença, com base no entendimento acima exposto, resta-nos concluir que se trata de uma decisão interlocutória, embora não se enquadre estritamente no conceito do § 2º do art. 162 do CPC ("resolve questão incidente). A rigor, dá-se em antecipação de tutela. Envolve não apenas alguma questão, mas a própria lide, isto é o conjunto de questões, o mérito.[12] Interlocutória, apenas porque em provimento provisório, não definitivo, todavia, provimento de caráter satisfativo, porque todos os efeitos, que seriam esperados da sentença de mérito, serão a partir dali produzidos.

Diante da omissão legal, sem solução a questão não pode ficar. Muito a propósito lembramos, mais uma vez, a lição de Humberto Theodoro Júnior (2007:655),[13] segundo o qual "cabe ao intérprete a penosa missão de descobrir o caminho jurídico da superação da deficiência normativa".

No nosso modo de ver, da decisão que manda processar o pedido de recuperação judicial cabe recurso. Reforça o nosso entendimento o fato de que no direito processual brasileiro existem decisões de diversas espécies gravadas com o estigma da *irrecorribilidade*, mas, sempre previstas *expressamente*. Isto porque a regra há de ser a *recorribilidade* das decisões judiciais. A Constituição Federal prevê como garantia fundamental recorrer-se ao Judiciário no caso de lesão ou ameaça a direito (*art. 5º, inc. XXXV*). Como nos mostra Manuel Galdino da Paixão Júnior (2002:322):[14] "Desse modo implícito, a Constituição brasileira autoriza a recorribilidade ao deixar registrada, inclusive, a estruturação orgânica básica das justiças. Ora, seria um despropósito pensar que o Estado houvesse previsto a organização das entidades, preparando-as para as destinações competenciais, sem a pressuposição de que as partes a quem as leis indicassem fossem destinatários da autorização legal de movimentar os órgãos em atividades de revisão".

De sorte que, não tendo a Lei n. 11.101/2005 excluído expressamente o cabimento de RECURSO do despacho judicial de processamento do pedido de recuperação judicial, e não configurando tal "despacho" mero impulso do processo, deve-se aplicar o sistema recursal do Código de Processo Civil, que prevê o recurso de AGRAVO, como, aliás, era o entendimento dos Tribunais antes da edição da *Súmula 264* do STJ (*RJTJESP* 135/305).

V – Conclusão

As regras legais não podem ser lidas e interpretadas isoladamente, fora do sistema a que se integram e em atrito com a sua teleologia. O *art. 47* da Lei n. 11.101/2005, delineador do escopo do instituto da recuperação judicial de empresas, definiu a ação de recuperação judicial de empresas como a aquela destinada: "A viabilizar a superação da situação de crise econômico-financeira do devedor, a fim de permitir a manutenção da fonte produtora, do emprego dos trabalhadores e dos interesses dos credores, promovendo, assim, a preservação da empresa, sua função social e o estímulo à atividade econômica".

Ora, se não se veda à apreciação do Judiciário nenhuma lesão a direito, com mais superiores motivos, não se deveria afastar o exame se o prejuízo alegado adviesse da atividade do Estado, destinada a assegurar a paz, pela justiça.

É bem verdade que a ação de recuperação judicial de empresas é uma conquista do Direito brasileiro ao propiciar ao devedor – empresário ou sociedade empresária –, que demonstre a sua viabilidade econômica, a manutenção da fonte produtora e a continuação da atividade econômica.

12. Veja art. 468 do CPC: "A sentença, que julgar total ou parcialmente a lide, tem força de lei nos limites da lide e das questões decididas".

13. Humberto Theodoro Júnior, ob. cit., p. 655.

14. Manuel Galdino da Paixão Júnior, *Teoria Geral do Processo*, p. 322.

Contudo, também não se pode negar que os efeitos da decisão que defere o seu processamento poderão atingir credores e demais terceiros com os quais o devedor mantém relações obrigacionais.

Esperamos que o entendimento do Superior Tribunal de Justiça, expresso na *Súmula 264*, editada ao tempo da concordata preventiva, não prevaleça para o processo da recuperação judicial e que se possa assegurar a interposição de recurso da decisão que manda processar o pedido do devedor. Se não se admitir a interposição do AGRAVO, entendemos cabível o MANDADO DE SEGURANÇA, vez que tal decisão poderá acarretar prejuízo, não só para os credores, mas também para terceiros que sofrerão os efeitos da decisão. A propósito, semelhante tentativa de extirpação do Agravo (com a previsão legal do pedido de reconsideração da decisão monocrática do relator, que o converta em Agravo Retido) vem ensejando o uso do mandado de segurança.

A garantia constitucional da jurisdição não encontra óbice senão nos limites do próprio texto constitucional.

Referências bibliográficas

ABRÃO, Nelson (1985). *O Novo Direito Falimentar.* São Paulo, Ed. RT.

______ (1993). *Curso de Direito Falimentar.* 4ª ed., São Paulo, Ed. RT.

ARNOLDI, Paulo Roberto Colombo (1991). "O novo modelo jurídico da empresa nacional e a reforma da lei de falências", *RT* 663, São Paulo, jan./1991.

BARBOSA MOREIRA, José Carlos (1976). *O Novo Processo Civil Brasileiro.* vol. 1, 1ª ed., Rio de Janeiro, Forense.

BERTOLDI, Marcelo M., e RIBEIRO, Márcia Carla Pereira (2006). *Curso Avançado de Direito Comercial.* 3ª ed., rev., atual. e ampl., São Paulo Ed. RT.

BEZERRA FILHO, Manoel Justino (2006). *Jurisprudência da Nova Lei de Recuperação de Empresas e Falências.* São Paulo, Ed. RT.

______ (2005). *Nova Lei de Recuperação e Falências Comentada.* 3ª ed., 2ª tir., São Paulo, Ed. RT.

BULGARELLI, Waldirio (1991). "Reforma da Lei de Falências", *Revista de Direito Mercantil, Industrial, Econômico e Financeiro,* vol. 25, n. 83, São Paulo, jul.-set./1991.

CASTRO, Rodrigo R. Monteiro, e ARAGÃO, Leandro Santos de (coords.) (2006). *Direito Societário e a Nova Lei de Falências e Recuperação de Empresas.* São Paulo, Quartier Latin.

COELHO, Fábio Ulhoa (1992). *Manual de Direito Comercial.* 4ª ed. São Paulo, Saraiva.

______ (2005). *Comentários à Nova Lei de Falências e de Recuperação de Empresas.* São Paulo, Saraiva.

COMPARATO, Fábio Konder (1970). *Aspectos Jurídicos da Macro-Empresa.* São Paulo, Ed. RT.

______ (1983). "A reforma da empresa", *Revista de Direito Mercantil, Industrial, Econômico e Financeiro,* vol. 22, n. 50, São Paulo, abr.-jun./1983.

CUNHA, Alexandre dos Santos (coord.) (2006). *O Direito da Empresa e das Obrigações e o Novo Código Civil Brasileiro.* São Paulo, Quartier Latin.

FAZZIO JÚNIOR, Waldo (2005). *Nova Lei de Falências e Recuperação de Empresa.* 2ª ed., rev. e ampl., São Paulo, Atlas.

FERNÁNDEZ-RÍO, Angel José Rojo (1982). "El estado de crisis económica", in *Jornadas sobre la Reforma del Derecho de Quiebra.* Madri, Civitas.

FOLENA DE OLIVEIRA, Jorge Rubem (1999). "A possibilidade jurídica da declaração de falência das sociedades civis com a adoção da teoria da empresa no Direito positivo brasileiro", *RDM* n. 113, São Paulo, jan.-mar./1999.

FUENTES, Massaguer (1982). "El estado de crisis económica", in *Jornadas sobre la Reforma del Derecho di Quiebra.* Madri, Civitas.

JIMÉNEZ, Adrián Piera (1982). *Jornadas sobre la Reforma del Derecho di Quiebra.* Madri, Civitas.

LOBO, Jorge (1996). *Direito Concursal.* Rio de Janeiro, Forense.

______ (1998). "Direito da crise econômica da empresa", *RDM* n. 109, São Paulo, jan.-mar./1998.

LOPES DA COSTA, Alfredo de Araújo (1941). *Direito Processual Civil (Código de 1939)*. vol. I, São Paulo, Ed. RT.

LUCCA, Newton de, e SIMÃO FILHO, Adalberto (coords.) (2005). *Comentários à Nova Lei de Recuperação de Empresas e Falência. Comentários Artigo por Artigo*. São Paulo, Quartier Latin.

MENDEZ, Joaquim Bisbal (1986). *La Empresa en Crisis y el Derecho de Quiebras*. Bolonha.

PAIXÃO JÚNIOR, Manuel Galdino da (2002). *Teoria Geral do Processo*. Belo Horizonte, Del Rey.

REQUIÃO, Rubens (1993). *Curso de Direito Falimentar*. vols. 1 e 2, 15ª ed., São Paulo, Saraiva.

SANTINI, Gerardo (1982). "Soluciones jurídicas al estado de crisis de la empresa en los sistemas de economia de mercado", in *Jornadas sobre la Reforma del Derecho de Quiebra*. Madri, Civitas.

SIMIONATO, Frederico Augusto Monte. "A disciplina da reorganização da empresa em crise econômica no projeto de lei concursal", *Revista de Direito Mercantil, Industrial, Econômico e Financeiro*, vol. 3, São Paulo.

SOUZA JÚNIOR, Francisco Satiro de, e MORAES PITOMBO, Antônio Sérgio A. (coords.) (2005). *Comentários à Lei de Recuperação de Empresas e Falência: Lei 11.101/2005*. São Paulo, Ed. RT.

THEODORO JÚNIOR, Humberto (2007). *Curso de Direito Processual, Teoria Geral do Direito Processual Civil e Processo de Conhecimento*. vol. 1, 47ª ed., Rio de Janeiro, Forense.

VALVERDE, Trajano de Miranda (1948). *Comentários à Lei de Falências*. vols. 1, 2 e 3, Rio de Janeiro, Revista Forense.

RECUPERAÇÃO DE CRÉDITO NAS OPERAÇÕES AGRÍCOLAS E REGULAÇÃO DO MERCADO BANCÁRIO

RENATO BURANELLO

1. Introdução. 2. Regulação do mercado financeiro e Acordo Basiléia II. 3. Recuperação de crédito nas operações agrícolas: 3.1 Ação de execução para entrega de coisa; 3.2 Medidas cautelares de seqüestro e arresto. 4. Conclusões de acordo com o estudo de casos.

1. Introdução

Nesse artigo estudamos as principais questões e aspectos sobre a recuperação de crédito nas operações agrícolas no mercado brasileiro e os reflexos da regulação dos mercados bancários internacionais e, em especial, as adequações do Acordo Basiléia II. Para tanto, o estudo foi desenvolvido com base nos procedimentos comuns adotados na execução de contratos e títulos no financiamento do agronegócio dentro dos fundamentos do processo civil brasileiro e suas recentes alterações.

2. Regulação do mercado financeiro e Acordo Basiléia II

Em janeiro de 2001, o Comitê de Supervisão Bancária da Basiléia (*Basle Comittee ou Banking Supervision*) divulgou novo acordo, denominado simplesmente Acordo Basiléia II, desenvolvido com conceitos mais apurados de sensibilidade ao risco, com o objetivo de dar maior segurança e confiabilidade ao Sistema Financeiro Internacional. O acordo está calcado em três principais pilares, entre os quais resta clara a alteração na metodologia de análise de risco de crédito e operacional.

O primeiro e mais importante diz respeito ao requerimento mínimo de capital, baseado nos riscos de crédito (risco do não pagamento ao banco), operacional (risco de perdas provocadas por um erro pessoal, falhas nos computadores ou fraude) e de mercado. A intenção é fazer com que os bancos com disposição de correr risco maior que a média tenham as suas exigências de capital aumentadas.

O segundo pilar diz respeito ao processo de avaliação realizado pelos órgãos supervisores das instituições, para que a adequação de capital seja adaptada às condições de cada instituição, e assim, melhor realizada. Para tanto, o Comitê da Basiléia no Acordo Basiléia II propõe a adoção pelos bancos de *ratings* internos (*internal ratings based approach*), elaborados pelos próprios bancos e sujeitos à aprovação das autoridades locais de supervisão. O critério da classificação interna dos riscos representa uma mudança fundamental no tratamento da regulação do capital bancário. Esse critério foi concebido em dois estágios, em virtude da dificuldade constatada para sua implementação associada à complexidade das estimativas requeridas. Nos dois estágios, os bancos serão responsáveis pelas estimativas dos riscos de insolvência (*probability of default*) de cada devedor, que determinarão as medidas de risco deste novo procedimento, sendo que o requerimento do capital cresce de forma exponencial quanto maior for esta probabilidade.

Esse critério está dividido em dois estágios:

(i) *básico* (*foundation internal ratings based approach*) – onde serão levantadas as prováveis perdas em virtude de falência (*loss given the default*), ou seja, o percentual de perda esperada relativa ao grau de exposição do banco em caso de *default* do tomador (a ser determinado pelas autoridades supervisoras); e

(ii) *avançado* (*advanced internal ratings based approach*) – nesse, o percentual será calculado pelos próprios bancos e, adicionalmente, a maturidade das exposições do banco (*effective maturity*) em relação aos devedores também será considerada na construção dos riscos ponderados (*risk weight buckets*). Nestes cálculos estarão incluídos os chamados fatores de mitigação de riscos de crédito, tais como contas garantidas, os colaterais, os derivativos de crédito, entre outros.

O terceiro e último pilar diz respeito à disciplina de mercado, em que as instituições deverão ser mais transparentes, divulgando todas informações, para que o mercado possa realizar uma completa avaliação da situação da instituição financeira, melhorando o perfil de risco das instituições financeiras. O objetivo desse pressuposto do acordo é estimular uma maior disciplina do mercado por meio do aumento da transparência dos bancos, para que os agentes de mercado sejam bem informados e possam entender melhor o perfil de risco dos bancos. Entre as novas exigências de abertura dos bancos em diversas áreas estão a forma pela qual o banco calcula sua adequação às necessidades de capital e seus métodos de avaliação de risco.

Desta forma, acredita o órgão de regulação ter lançado as bases para uma estrutura flexível de adequação de capital, que tem a capacidade de se adaptar nas mudanças do sistema financeiro com maior segurança. Apresentamos a seguir estudo sobre as operações agrícolas no Brasil e suas formas e índices de recuperação, como base na adequada definição dos indicadores de risco de crédito e operacional.

3. Recuperação de crédito nas operações agrícolas

O agronegócio representa, hoje, a maior participação individual no produto interno bruto na economia brasileira e destaca-se no mercado mundial devido a exportação de grandes volumes de importantes *commodities* agrícolas. Para o desenvolvimento da atividade é fundamental o financiamento privado, que vem sendo realizado com a participação de instituições financeiras nacionais e internacionais, nas operações de crédito estruturadas com a "securitização" dos Contratos Comerciais de Compra e Venda de Produtos Agropecuários (Contratos) e as Cédulas de Produto Rural (CPRs) com os instrumentos nas operações de pré-pagamento e novos títulos do agronegócio.

Nesse sentido, a eficácia do sistema processual será medida em função de sua utilidade, no sentido de não apenas assegurar os direitos, mas também garantir a satisfação do crédito. Por isso, o instrumento precisa ser desenvolvido a partir das necessidades peculiares a cada área de atuação. Considerando a existência de títulos executivos extrajudiciais, os direitos sobre os Contratos e Cédulas de Produto Rural, e diante de seu inadimplemento, *torna-se possível ao credor manejar a Ação de Execução para Entrega de Coisa, como forma de buscar e apreender no patrimônio do devedor ou de terceiros, o produto agropecuário que lhe fora prometido à entrega ou venda.*

Ainda, nas operações de crédito para o agronegócio são aplicáveis como forma de assegurar melhor resultado na execução, as ações cautelares, na grande maioria dos casos. As medidas cautelares estão sempre fundadas em hipóteses em que a utilidade e a eficácia de um determinado procedimento judicial, neste caso a ação de execução, corre o risco de acabar esvaziado, pela passagem de tempo ou pela conduta do devedor, *assim caberá em sede cautelar as medidas de seqüestro ou arresto de produto agropecuário para assegurar futura execução enquanto ação principal.*

3.1 Ação de execução para entrega de coisa

Com o propósito de atender a tutela específica nas obrigações de entregar produto e diante das peculiares características do mercado agrícola, os instrumentos processuais específicos têm feito diferença em relação aos procedimentos comuns. Apresentada em juízo a petição inicial da ação executiva, e estando esta com todas suas exigências atendidas, será determinada a citação do devedor, para, *no prazo de 10 dias, entregar o produto ao credor* ou depositá-lo em juízo, caso queira opor Embargos à Execução. Poderá ainda o juízo, fixar multa por dia de atraso no cumprimento da obrigação de entrega. Uma vez citado o devedor, podem ocorrer as seguintes situações:

a) o devedor entrega a coisa ao credor, oportunidade em que a Ação Executiva restará satisfeita, salvo se for necessário seu prosseguimento para pagamento de frutos ou ressarcimento de prejuízos;

b) o devedor deposita a coisa em juízo, nascendo o direito de ingressar com Embargos à Execução;

c) o devedor permanece inerte, não entregando nem depositando a coisa em juízo, oportunidade em que será expedido mandado de busca e apreensão, de modo a permitir seu depósito em mãos do credor;

d) o devedor aliena a terceiros a coisa litigiosa, oportunidade em que será expedido mandado de busca e apreensão contra o terceiro adquirente, ainda que de boa-fé, que somente será ouvido depois de depositá-la em juízo;

e) o produto vendido não é entregue, se deteriorou, não foi encontrado, ou estando em mãos de terceiros não tenha o credor interesse em ali apreendê-lo, caso em que a ação será convertida em perdas e danos para cobrança dos prejuízos.

Como se observa, *a enorme eficácia da Ação de Execução para Entrega de Coisa reside no fato de que qualquer discussão acerca da mesma deverá ser precedida da apresentação do produto devido, seja espontaneamente pelo devedor, seja pelo credor através da busca e apreensão. Necessário ressaltar que como meio de aumentar o sucesso de eventual busca e apreensão do produto devido, o credor deverá realizar o monitoramento e na constatação "in loco" desde o inicio do plantio até a produção, e ainda, local onde o produto está sendo armazenado, ou para quem está sendo alienado.*

Nas obrigações de entrega de coisa identificada apenas pelo gênero (p. ex., soja, café, açúcar, álcool e fumo) e quantidade, deverá, no início do processo executivo, ser individualizada a coisa devida. Por esta razão, nos parece que a melhor solução é que no próprio Contrato ou Cédula de Produto Rural seja desde o início identificado o produto contratado, de modo a evitar este incidente de individualização. Observamos que a cobrança de Cédula de Produto Rural deve seguir o rito da Execução para Entrega de Coisa Incerta, muito embora já existam decisões judiciais no sentido da utilização da Ação de Execução para Entrega de Coisa Certa, desde que na própria cédula o produto esteja individualizado. Assim, o credor tem forte meio para conseguir o adimplemento das obrigações de entrega de produtos agropecuários.

Para garantir o resultado prático e útil da Ação de Execução para Entrega de Coisa, seja certa ou incerta, *poderá o credor utilizar-se das medidas cautelares de se-*

qüestro e arresto. Tais procedimentos cautelares visam garantir o sucesso dos processos executivos, não aguardando o prazo da execução ou possível desvio do produto, na maior parte das vezes, evitando que o devedor desvie o produto devido que será exigido pela Ação de Execução.

3.2 Medidas cautelares de seqüestro e arresto

Entre as medidas cautelares típicas, o seqüestro consiste na apreensão de bem determinado, objeto do litígio, para lhe assegurar a entrega nas condições contratadas, pondo fim a execução. Paralelamente, o arresto cautelar é medida que consiste na apreensão judicial de bens do devedor, feita a requerimento de alguém que se afirme seu credor, para segurança de alguma pretensão de natureza monetária ou de alguma pretensão específica tornada impossível de execução *in natura*.

No seqüestro a constrição recai sobre bens determinados, ou seja, serão apreendidos os bens que constituem o objeto do contrato não cumprido, com a finalidade de garantir a entrega da coisa à parte vencedora na execução. A finalidade do seqüestro é a conservação da integridade da coisa sobre a qual versa a disputa judicial, preservando-a de danos, de depreciação ou deterioração. Requisito essencial para que a medida seja requerida é que haja prova literal da dívida (contrato não cumprido) e demonstração do perigo da demora na decisão da futura execução (feita através da execução).

Neste ponto, se mostrará essencial o acompanhamento da produção do produto devido, como antes observado, eis que deverá fornecer dados quanto ao término da colheita (p. ex., seus desvios a terceiros e falta de tratos culturais). Ademais, caso o credor demonstre que ao ser citado para a Ação Cautelar o devedor poderá desviar o produto devido, frustrando da mesma forma a Ação Executiva, poderá o juízo conceder medida liminar que garantirá o êxito da Ação de Execução.

Uma vez deferida a medida liminar na ação cautelar, o credor poderá realizar a constrição do produto a ele vendido ou prometido, antes mesmo do ingresso da Ação de Execução para Entrega de Coisa, que poderá ser iniciada após o vencimento da obrigação ou com o vencimento antecipado na devida comprovação de uma das hipóteses expressas nos Contratos ou nas Cédulas de Produto Rural.

A medida judicial de seqüestro é auto-exeqüível, importando imediata expedição do mandado executivo. Não há citação do réu para a execução, nem possibilidade de embargos. O cumprimento do mandado faz-se até com o emprego de força policial, caso haja resistência.

O bem seqüestrado é colocado sob custódia de um depositário judicial, nomeado pelo juiz. A entrega dos bens seqüestrados ao depositário far-se-á logo depois que este assinar o compromisso. O depositário não é representante das partes, e seu desempenho constitui-se função pública, possuindo o dever de preservar a coisa.

Quando sobrevier a sentença de mérito e sendo favorável aquele que requereu o seqüestro, o bem objeto da medida cautelar postulada converter-se-á em depósito, em favor do credor.

4. Conclusões de acordo com o estudo de casos

Em conjunto com o desenvolvimento do presente artigo, foi realizado estudo de casos de mesma natureza aos aqui estudado. Definiu-se inicialmente regiões de grande relevância ao agronegócio, considerando-se a produção e a comercialização. São elas: Sul – Paraná e Rio Grande do Sul; Sudeste – São Paulo, Minas Gerais e Espírito Santo; Centro-Oeste – Goiás, Mato Grosso e Mato Grosso do Sul; e Nordeste – Pernambuco.

Para definição da importância de tais regiões para o agronegócio, foram feitas pesquisas nos tribunais competentes, escritórios de advocacia especializados no contencioso, assim como cinco escritórios independentes espalhados pelo Brasil com atividade principal na recuperação de créditos no setor agropecuário.

Como resultado dessa pesquisa, durante a qual foram analisados cento e oitenta processos de execução, juntamos ao presente estudo, como amostragem, alguns *legal cases* que demonstram a forma de recuperação de crédito nas operações do agronegócio, bem como, nos indicam algumas conclusões. Após o levantamento dos processos judiciais em andamento ou finalizados no setor agropecuário, dentro das áreas (regiões de atuação, estruturas contratual e operacional) usuais no financiamento à atividade, chegamos às seguintes conclusões:

a) as medidas judiciais de execução para entrega de produto (objeto dos Contratos e das Cédulas de Produto Rural) têm demonstrado ser, ainda que possa contar com grande volume de processos e do estado moroso em que se encontram a maioria dos Tribunais Estaduais do país, instrumento rápido e eficaz na recuperação dos créditos agrícola;

b) o pedido liminar (seqüestro) ocorre, normalmente, no prazo médio de 72 horas após a entrega dos documentos necessários pelo credor ao escritório de advocacia contratado. A análise e concessão da medida pelo juiz ocorre no primeiro despacho da autoridade com a apresentação do pedido, o que se dá normalmente em no máximo 24 horas ou um dia da petição inicial. Com as diligências dos advogados em conjunto com o oficial de justiça, ocorre imediatamente após concessão da liminar, independentemente do dia da semana ou hora do dia da concessão liminar, na apreensão do produto no local onde estiver, conforme relatórios de monitoramento e gestão do produto. Os procedimentos judiciais apresentados necessitam para adequada efetividade das medidas judiciais, dos serviços de monitoramento de lavouras prestados adequadamente e fiel depósito dos produtos colhidos;

c) conclui-se essencial à prestação dos serviços de monitoramento de lavouras outorgadas como garantia em operações de financiamento agrícola, bem como sua posterior administração através do controle de estoques depositados em armazéns, tem-se como fundamental no objetivo de melhor controle do risco, a atividade da empresa de *colateral management*, com objetivo de: a) identificação e inspeção das áreas que serão empenhadas em garantia ao banco; b) controle e manutenção dos percentuais da garantia de forma a identificar eventual redução desse percentual que possa resultar em maior exposição do banco em relação ao risco do crédito; c) identificação das quebras e frustrações de safra iniciando antes do processo de colheita, acompanhamento da lavoura, verificação das causas que possam ou venham a resultar na deterioração, depreciação, ou eventual extravio do produto por parte do tomador dos recursos se torna um meio preventivo de conduta por parte da instituição financeira em minimizar as eventuais perdas que possa sofrer. Dessa forma, o monitoramento possibilita à instituição financeira realizar uma gestão efetiva de riscos e proteção de sua garantia e a tomada de medidas necessárias e imediatas aqui citadas;

d) reforçamos nossa opinião de que os instrumentos processuais fornecem meios eficientes para compelir o devedor a entregar os produtos constantes de Contrato ou de Cédulas de Produto Rural, dentre outros da espécie dos títulos executivos extrajudiciais. Ainda é muito comum que após o seqüestro do produto, as partes venham a se compor liquidando a obrigação com a entrega amigável do produto ou com a aceitação pelo credor do equivalente em dinheiro nas mesmas condições originalmente pactuadas, na grande maioria dos casos dentro de 30 dias da concessão da medida cautelar e antes da propositura da Ação de Execução;

e) a execução de penhor ou hipoteca deixa de ser medida primária na recuperação de crédito de operações agrícolas, passando a ser vista como medida subsidiária, na hipótese de se mostrar frustrada a tentativa da execução do objeto original da obrigação principal, prevista como procedimento da Ação de Execução para Entrega de Coisa; e

f) a hipótese de conversão para perdas e danos fica restrita à ocorrência de inadimplemento absoluto, se não for possível o adimplemento pelas formas específica ou equivalente, nas quais não há qualquer possibilidade de execução da coisa, pelo seu perecimento ou desvio principalmente relacionadas nas operações agrícolas à falta de monitoramento de lavouras ou da administração colateral de estoques.

Notem que em grande parte dos *cases* analisados, foi verificada a presença de acordo em caso de êxito no cumprimento da medida cautelar com a possibilidade de solicitação ao juízo de venda do produto, quando perecível ou pendente de exportação. Não é outra conclusão senão essa que se extrai dos trabalhos de contencioso realizados por este e demais escritórios correspondentes especializados, diante dos quais podemos afirmar que com o cumprimento de todas as medidas de monitoramento, bem como, com o recebimento de toda documentação pertinente devidamente formalizada, os percentuais de êxito na recuperação dos créditos são de aproximadamente 90% dos casos no mercado agropecuário brasileiro.

Diante do exposto, concluímos, por fim, que a gestão dos procedimentos na ordem estabelecida por esse trabalho visando à mitigação dos riscos de financiamento de produtos agropecuários, implementada tanto por instituições financeiras internacionais como instituições financeiras brasileiras, leva a melhor classificação do *rating* interno da instituição financeira para as operações em discussão e, com isso, a conseqüente possibilidade de aprovação pela agência reguladora das atividades bancárias, permitindo-se análise mais real e transparente do risco de crédito nas operações de financiamento do agronegócio.

Atualidades

EFEITOS DA FALÊNCIA DO EMPREGADOR NA AÇÃO DE EXECUÇÃO DE CRÉDITO TRABALHISTA

VINÍCIUS JOSE MARQUES GONTIJO

1. Introdução 2. Preferência dos créditos: 2.1 A natureza da preferência do crédito trabalhista. 3. A execução das obrigações do devedor. 4. Princípio da norma mais favorável. 5. Efeitos da falência do empregador na ação de execução de crédito trabalhista: 5.1 Lei de execuções fiscais; 5.2 Exame da constitucionalidade; 5.3 O depósito recursal; 5.4 O redirecionamento da execução trabalhista contra agentes diversos do devedor. 6. Conclusões. 7. Bibliografia.

1. Introdução

Neste nosso articulado examinaremos os efeitos da falência do empregador na competência da Justiça do Trabalho para a execução do crédito do empregado.[1]

Naturalmente, acerca do processo de conhecimento trabalhista não pairam maiores discussões: a competência é da Justiça Especial do Trabalho. Isso até mesmo em razão de expresso comando contido no § 2º do art. 6º da Lei n. 11.101, de 9 de fevereiro de 2005 (Lei de Falências – LF).[1]

Naturalmente, não havendo litígio quanto ao crédito trabalhista, ele poderá ser diretamente habilitado no processo falimentar; por isso, Mauro Rodrigues Penteado[2] distingue as circunstâncias relativas àquilo que ele nomeou de "reclamatória típica e atípica", conforme haja início ou não da reclamação trabalhista perante a Justiça do Trabalho.

De qualquer maneira, sabe-se perfeitamente que a ação de conhecimento trabalhista somente poderá ser julgada na Justiça do Trabalho, pouco interessando se ela se iniciou diretamente perante a Justiça do Labor ou na Falimentar. Por outro lado, o nosso tema está delimitado aos efeitos da quebra, repita-se, sobre o processo de execução trabalhista.

Para tanto, ainda que respeitando a pirâmide de hierarquia normativa "maleável" do Direito do Trabalho,[3] adotaremos o método juspositivista dogmático kelse-

1. "As demandas em curso na Justiça do Trabalho não são alteradas pelo estado falimentar do reclamado. A semelhança das disposições do Decreto-lei n. 7.661/1945 [antiga Lei de Falências], as reclamações trabalhistas continuarão em curso, devendo o crédito trabalhista ser habilitado no Juízo Falimentar (art. 6º, § 1º, § 2º), após a regular liquidação" (Eduardo Câmara, *Alterações e Reflexos Trabalhistas da Lei de Recuperação e Falência*, p. 16).

2. Mauro Rodrigues Penteado, *Comentários à Lei de Recuperação de Empresas e Falência*, pp. 138 e 139, coord. Francisco Satiro de Souza Júnior e Antônio Sérgio A. de Moraes Pitombo.

3. "De um modo geral é possível dizer que, ao contrário do direito comum, em nosso direito, a pirâmide que entre as normas se forma terá como vértice não a Constituição Federal ou a lei federal ou as convenções coletivas de modo imutável. O vértice da pirâmide da hierarquia das normas trabalhistas será ocupado pela norma vantajosa ao trabalhador, dentre as diferentes em vigor" (Amauri Mascaro Nascimento, *Curso de Direito do Trabalho*, 20ª ed., pp. 291 e 292).

niano, segundo o qual: "O fundamento de validade de uma norma apenas pode ser a validade de uma outra norma. Uma norma que representa o fundamento de validade de uma outra norma é figurativamente designada como norma superior, por confronto com uma norma que é, em relação a ela, a norma inferior".[4]

Assim, na hermenêutica do tema proposto examinaremos sob a perspectiva da pirâmide hierárquica trabalhista a que melhor se adequará em favor do empregado, como norma de fundamento teleológico que orienta o ramo do Direito Trabalhista.

2. Preferência dos créditos

A perfeita exposição do tema exige de nós a lapidação adequada do ferramental jurídico com isso evitando equívocos e desacertos decorrentes de imprecisão técnica.

Para isso, cumpre-nos registrar que a preferência dos créditos é um gênero composto por duas espécies: (*a*) a garantia e (*b*) o privilégio.

"Destarte, salta aos olhos que os créditos preferenciais são de duas ordens: os resultantes de direitos reais de garantia e os créditos privilegiados, sendo que os primeiros advêm dos contratos e da lei e os últimos são determinados apenas por lei."[5]

De fato, a garantia poderá ser real ou quirografária, em que pese esta última não ter preferência (cf. art. 958 do Código Civil – CC).[6] Na garantia real, o credor tem, assegurando a adimplência da obrigação, bem destacado, notadamente no patrimônio do devedor, mas não obrigatoriamente, uma vez que o gravame real poderá onerar algo de terceiro, desde que com isso ele consinta.[7]

Por outro lado, na garantia quirografária, o credor tem, assegurando a adimplência da obrigação, o patrimônio do devedor, como um todo considerado. Assim, "O patrimônio da pessoa responde pelas suas obrigações. A noção é singela e exata. Pelos débitos, assumidos voluntariamente ou decorrentes da força da lei, respondem os bens do devedor, tomado o vocábulo 'bens' em sentido genérico, abrangentes de todos os valores ativos de que seja titular".[8]

Já a preferência dos créditos que se compreende no privilégio não se confunde com a garantia senão pelo que as espécies de um mesmo gênero têm em comum.

Em verdade, o privilégio representa a ordem de vocação do crédito na partilha dos ativos do devedor, externando-se basicamente, no caso de mais de um credor promover a execução, sobre a mesma coisa; ou, mais comumente, quando vários credores executam de maneira colegiada a garantia comum: o patrimônio do devedor.

A *privilegia exigendi* consiste: "na *preferência* que a lei atribui a alguns credores sobre o patrimônio do devedor. Tem esses credores direito a pagamento preferencial, tal como os titulares de direito real de garantia, mas o direito do credor privilegiado estende-se a todo o patrimônio do devedor e é conferido pela lei em atenção à *causa* e à *qualidade* do crédito. O privilégio não outorga poder imediato sobre

4. Hans Kelsen, *Teoria Pura do Direito*, 4ª ed., p. 215.

5. Sérgio Abdalla Semião, "Das preferências e privilégios creditórios na falência", *RT* 801/61.

6. Naturalmente, nesta classificação está abstraída a garantia pessoal ou fidejussória decorrente, p.ex., de aval ou fiança, porque esta modalidade não interessa ao objeto deste artigo, e, por si só, não desnatura o caráter quirografário do crédito.

7. "*Direito real de garantia* é o que confere ao credor da pretensão de obter o pagamento da dívida com o valor de bem aplicado exclusivamente à sua satisfação. Sua função é garantir ao credor o recebimento da dívida, por estar vinculado determinado bem ao seu pagamento. O direito do credor 'concentra-se sobre determinado elemento patrimonial do devedor'" (Orlando Gomes, *Direitos Reais*, 14ª ed., p. 343).

8. Caio Mário da Silva Pereira, *Instituições de Direito Civil*, v. 4, 9ª ed., p. 219. Naturalmente, excluídos os bens impenhoráveis.

as coisas, como se verifica com os direitos reais de garantia".[9]

Firmada a distinção entre as modalidades de preferência dos créditos, há necessidade de examinar qual delas é a espécie que tem o crédito trabalhista.

2.1 A natureza da preferência do crédito trabalhista

Em que pese ser possível antever na sucessão trabalhista uma "garantia", na medida em que o empregado tenha no ferramental utilizado em seu labor a "garantia" da solvência das verbas decorrentes do contrato de emprego (arts. 10 e 448 da Consolidação das Leis do Trabalho – CLT), constata-se que esta não seria uma garantia no sentido técnico da expressão. O fato é que o crédito trabalhista conta hoje, tecnicamente, com um *privilégio*, sendo certo que nem sempre foi assim.

A Consolidação das Leis do Trabalho, editada em 1º de maio de 1943, não cuidou de assegurar ao crédito trabalhista qualquer garantia real e mesmo o privilégio era limitado e sem definição de classe (privilégio geral, especial ou modalidade extraordinária),[10] sendo certo que o *caput* do art. 449 apenas prescreveu que os direitos materiais decorrentes do contrato de emprego subsistiriam em caso de processo concursal empresarial falimentar ou, à época, concordatário; direitos como a irredutibilidade salarial ou férias remuneradas, sem, contudo, assegurar qualquer modalidade de preferência especial para o crédito daí decorrente. E, havendo rescisão do contrato de emprego, "Não constituindo a falência força maior, mas risco empresarial assumido pelo empregador, responderá este por todas as cominações inerentes à rescisão, como se despedida injusta fosse, nos termos da legislação específica".[11]

Diante disso, se constata que o crédito trabalhista estava reduzido, na prática, à condição de quirografário e são diversos os precedentes do Pleno do Supremo Tribunal Federal determinando a competência da justiça estadual para a execução do crédito trabalhista em caso de concordata do empregador. A título de exemplo, veja-se:

> Execução trabalhista, estando a devedora em concordata ou falência – Competência do juízo falimentar.[12]

> Reclamação trabalhista. Competência do juiz de concordata.[13]

Naturalmente, as Turmas da colenda Corte Excelsa também aí reconheciam a ausência efetiva de privilégio do crédito trabalhista, reconhecendo-o como quirografário, uma vez que determinava sua sujeição ao processo de concordata:

> Recurso conhecido e provido. O crédito do empregado, reconhecido na instância trabalhista, deve ser declarado no juízo da falência ou concordata, não sendo permitido iniciar execução em juízo diverso, depois de decretada a falência ou requerida a concordata.[14]

> Reclamação trabalhista – Execução – Empresa sujeita ao regime de concordata – Competência do juízo falimentar – Extraordinário conhecido e provido.[15]

Quanto ao fato de que a concordata, quando existia no Brasil, somente atingia o crédito *quirografário* nunca houve dúvidas, até porque decorria de expres-

9. Orlando Gomes, *Direitos Reais*, 14ª ed., p. 348.

10. Cf. redação original do § 1º do art. 449 da CLT: "Na falência e na concordata, constituirão crédito privilegiado a totalidade dos salários devidos ao empregado e um terço das indenizações a que tiver direito, e crédito quirografário os restantes dois terços".

11. Guiomar T. Estrella Faria, *O Contrato de Trabalho na Falência do Empregador*, p. 41.

12. STF, Pleno, Conflito de Jurisdição (CJ) 2.488, j. 29.7.1959, Rel. Ministro Barros Barreto, *RTJ* 10-01/233.

13. STF, Pleno, CJ 2.627, j. 19.5.1961, Rel. Ministro Cândido Motta, *DJ* 23.7.1962, p. 234.

14. STF, 2ª T., RE 43.375, j. 15.12.1959, Rel. Ministro Antônio Villas Boas, *DJ* 16.1.1960, p. 748.

15. STF, 1ª T., RE 46.029, j. 24.11.1960, Rel. Ministro Sampaio Costa, *DJ* 24.7.1961, p. 196.

so preceito legal: art. 147 do Decreto-lei n. 7.661, de 21 de junho de 1945 (antiga Lei de Falências).[16] Na concordata "não se cogita da *classificação dos créditos*, porque a concordata não atinge os créditos garantidos com direito real, nem os créditos privilegiados".[17] Destarte, quando a Corte Suprema incluía o crédito trabalhista na concordata, apenas reconhecia e declarava o caráter quirografário daquele crédito.

Curiosamente, somente pela reforma do art. 102 da antiga Lei de Falências introduzida pela Lei n. 3.726, de 11 de fevereiro de 1960, é que o crédito trabalhista foi alçado ao grau de privilegiado e, por isso, excluído do processo de concordata. Veja-se que o voto do Ministro Victor Nunes no Conflito de Jurisdição n. 2.591 bem revela essa ascensão:

> No segundo precedente, tomou-se aquele por paradigma, e assim votou o Sr. Ministro Relator: "De acordo com o parecer da douta Procuradoria-Geral e com o decidido por este Tribunal no conflito n. 2.060 (apenso ao *DJ* de 13.1.1958, p. 127, Relator o eminente Ministro Abner de Vasconcelos), julgo procedente o conflito e competente o Juízo da 2ª Vara Cível do Distrito Federal".
>
> Assim também se decidiu nos Conflitos 2.487 (8.6.1959), Relator o Sr. Ministro Lafayette de Andrada, e 1.457 (12.10.1943), Relator o Sr. Ministro Aníbal Freire.
>
> Entretanto, na sessão da 2ª Turma, de 9.5.1961, ao negar provimento ao agravo 23.764, observou o Sr. Ministro Hahnemann Guimarães que "a Lei n. 3.726, de 11 de fevereiro de 1960, tornou privilegiado o crédito por salário e indenização trabalhista, que pode ser exigido na Justiça especial, apesar da concordata" – Em esclarecimento verbal, S. Excia. observou que anteriormente à Lei n. 3.726 votava em sentido contrário, mas essa lei conferiu aos créditos dos empregados um privilégio quase absoluto, colocando-os à frente dos demais créditos privilegiados, alterando, para esse efeito, o art. 102 da Lei de Falências.[18]

A partir desta modificação legal, a jurisprudência do Supremo Tribunal Federal se firmou no sentido que terminou sendo sumulado:

> A concordata do empregador não impede a execução de crédito nem a reclamação do empregado na Justiça do Trabalho (verbete n. 227).

Somente muito depois disso, em 14 de fevereiro de 1977, a Lei n. 6.449 imprimiu nova redação ao § 1º do art. 449 da CLT para prescrever o privilégio do crédito decorrente da legislação trabalhista em caso de falência do empregador.

Com o advento do Código Tributário Nacional (Lei n. 5.172, de 25 de outubro de 1966 – CTN), o privilégio dos créditos trabalhista e tributário se firmou pelo preceito contido no *caput* do art. 186 daquele Diploma Legal que foi recebido pela Constituição Federal de 1988 como lei complementar.

No entanto, a Lei Complementar n. 118, de 9 de fevereiro de 2005, que modificou o Código Tributário Nacional a fim de validar diversas alterações decorrentes da vigente Lei de Falências (Lei n. 11.101/2005) imprimiu nova redação ao art. 186 do CTN para prescrever que o crédito trabalhista e o decorrente do acidente do trabalho são os únicos que preferem ao crédito tributário em situação normal do devedor, no entanto, havendo a declaração

16. "*Os credores quirografários são abrangidos pela concordata* – Todos os credores quirografários são abrangidos pela concordata. Todos eles: comerciais ou civis, residentes no país ou no exterior, ausentes ou embargantes, admitidos ou não no passivo" (José da Silva Pacheco, *Processo de Falência e Concordata*, 6ª ed., p. 614).

17. Francisco Cavalcanti Pontes de Miranda, *Tratado de Direito Privado*, t. 30, p. 263.

18. STF, Tribunal Pleno, CJ 2.591-Guanabara, j. 19.5.1961, v.u., Rel. Ministro Victor Nunes, *DJ* 23.7.1962, p. 231 (*Ementa*: "A partir da Lei 3.726, de 11.2.1960, o crédito reconhecido ao empregado pela Justiça do Trabalho pode, perante ela, ser executado, embora a empresa se ache em concordata").

da falência do devedor (parágrafo único do art. 186 do CTN), a ordem do privilégio do crédito se vê alterada, facultando-se inclusive a limitação do privilégio do crédito trabalhista (inciso II do parágrafo único do art. 186 do CTN).

De fato, conforme autorizado pela Lei Complementar, a Lei de Falências, no inciso I do art. 83, limitou o teto do privilégio, em caso de falência do empregador, a 150 salários mínimos por empregado e tudo o que extrapolar este limite é considerado quirografário. Nesse sentido, é a precisa lição que se extrai de Fábio Ulhoa Coelho, *verbis*:

"*Créditos trabalhistas*. Também nessa classe de preferências dos credores da falida estão os créditos trabalhistas de qualquer origem (CLT, art. 449, § 1º). Saldo salarial, férias não gozadas, décimo terceiro proporcional ou integral, aviso prévio, hora extra e todos os demais valores devidos ao empregado, conforme apurados pela Justiça do Trabalho, devem ser pagos pelo administrador judicial no atendimento a essa ordem de classificação.

"Atente-se que nem todos os créditos de natureza trabalhista gozam desse grau de preferência no concurso falimentar. A lei estabelece um limite de valor, ao definir os créditos desta classe [classe número 1, concursal]. O limite é de 150 salários mínimos por credor. Quer isso dizer que o empregado com crédito inferior ou igual a esse limite concorre nessa classe preferencial pela totalidade de seu direito; mas aquele que possui crédito maior que o teto indicado participa do concurso em duas classes: pelo valor de 150 salários mínimos na dos empregados e equiparados e pelo que exceder, na dos quirografários."[19]

É bom que não se olvide que, dedutíveis do montante concursal de 150 (cento e cinqüenta) salários mínimos, até o limite de 5 (cinco) salários mínimos por empregado, por verbas de natureza estritamente salariais, vencidas e não pagas nos três meses que antecedem à sentença de quebra serão pagos com preferência absoluta, inclusive sobre os extraconcursais (art. 151, LF).

Destarte, tendo sido constatada a natureza da preferência do crédito trabalhista, que não goza de qualquer garantia real, mas de um privilégio, bem como o limite deste privilégio em caso de falência, podemos agora dissertar sobre a execução das obrigações do devedor.

3. A execução das obrigações do devedor

Na vivência diuturna da vida humana, as pessoas se obrigam mutuamente inúmeras vezes, e executam aquilo a que se obrigaram independentemente da imposição de quem quer que seja. A esse cumprimento natural das relações assumidas, dá-se o nome de execução voluntária.

Com efeito, essa modalidade de execução é absolutamente majoritária, na medida em que as pessoas normalmente cumprem as obrigações assumidas por elas na forma do ajustado.

Contudo, constata-se que, em certas ocasiões, as pessoas não honram suas obrigações espontaneamente, e, nesses casos, aquele que se sentiu lesado buscará a tutela do Estado que, substituindo a vontade do inadimplente, executará coativamente as obrigações assumidas pelo devedor.

Assim, o Estado, visando a solucionar as querelas, forçará o inadimplente a executar a sua obrigação, cumprindo-a.

Observa-se ordinariamente que as pessoas, quando têm uma boa saúde econômico-financeira, cumprem voluntariamente as obrigações assumidas, obviamente na forma, modo e limites pactuados e legalmente exigíveis. Entretanto, quando estão sob distúrbios de ordem econômico-financeiros elas têm maior propensão a inadimplir as obrigações contraídas.

19. Fábio Ulhoa Coelho, *Comentários à Nova Lei de Falências e de Recuperação de Empresas*, 4ª ed., p. 215.

Havendo a inexecução voluntária da obrigação, o inadimplente fica sujeito a uma execução forçada, que poderá ser, conforme o caso, singular ou concursal, esta última também chamada coletiva.[20]

Havendo a inadimplência do devedor, o credor buscará, ordinariamente através do Estado, o mecanismo de coação para a efetivação da obrigação assumida. Isso se dá por via da execução forçada,[21] que consiste na atuação do Estado "como substituto, promovendo uma atividade que competia ao devedor exercer: a satisfação da prestação a que tem direito o credor. Somente quando o obrigado não cumpre voluntariamente a obrigação é que tem lugar a intervenção do órgão judicial executivo. Daí a denominação de 'execução forçada', adotada pelo Código de Processo Civil, no art. 566, à qual se contrapõe a idéia de 'execução voluntária' ou 'cumprimento' da prestação, que vem a ser o adimplemento".[22]

Essa execução tanto pode ser singular quanto concursal.

Na execução singular, o credor atua de forma isolada, buscando a satisfação de seu crédito mediante a expropriação judicial de tantos bens e direitos do devedor quantos bastem ao pagamento do que lhe é devido. Naturalmente, esse mecanismo beneficia o credor que se diligencia com agilidade na busca da satisfação de seu crédito, e, dessa forma, se o devedor possui um patrimônio deficitário, ou seja, com um passivo exigível superior ao ativo, fatalmente ocorreria que determinado grupo de credores sairia "privilegiado" em detrimento de outros, que por vezes nada receberiam, ainda que se tratassem de créditos tecnicamente privilegiados.

Contudo, sabe-se que o patrimônio do devedor é a garantia de todos os credores, e, estando o devedor em estado de ruína econômica, todos os credores devem concorrer, em igualdade de condições, para o resultado pecuniário da garantia que lhes era assegurada. Esse procedimento é informado pelo princípio consubstanciado no antigo brocardo latino *par condicio creditorum*.[23]

Nesse diapasão, é que emerge a execução concursal – ou coletiva –, que consiste na concorrência de todos os credores para o produto dos bens e direitos do devedor, considerados em sua totalidade.[24] Em outras palavras, apura-se o ativo e liquida-se o passivo exigível; ou seja, são vendidos todos os bens e direitos penhoráveis do devedor a fim de se pagar os credores, apurando-se o acervo do devedor. Nesse sentido são as precisas palavras de Pontes de Miranda, *verbis*:

20. Com menor freqüência utilizada, mas também ainda aceita é a terminologia *execução universal*. No entanto, todas elas guardam equivalência conceitual.

21. "A execução em sentido estrito é a *execução forçada*. Não é execução, portanto, nesse significado técnico, a satisfação voluntária, mediante a qual o devedor cumpre por atos próprios a sua obrigação; nem a atividade de órgãos judiciários ou administrativos, pela qual se dá efetividade a uma ordem do juiz" (Antônio Carlos de Araújo Cintra, Ada Pellegrini Grinover e Cândido Rangel Dinamarco, *Teoria Geral do Processo*, 9ª ed., p. 265). Naturalmente, a expressão *execução* tem um sentido *material*, que significa cumprimento voluntário, adimplência; e outro, que foi utilizado pelos autores, no sentido *processual*.

22. Humberto Theodoro Júnior, *Curso de Direito Processual Civil*, v. 2, 38ª ed., 2ª tir., p. 7.

23. Com efeito, o princípio da *par condicio creditorum* não é absoluto no direito brasileiro, sendo que o legislador moderno deu uma nova leitura ao princípio, alocando-o em categorias de credores e, então, criou uma ordem de classificação dos créditos para pagamento, o que gerou privilégios a determinados grupos de credores que o legislador entende devem ter os pagamentos priorizados (cf., *v.g.*, art. 186 do CTN e arts. 83 e 84, LF).

24. Efetivamente, a execução concursal "se caracteriza pela *universalidade*, quer do ponto de vista objetivo – por atingir necessariamente não apenas um determinado bem, ou alguns, mas a totalidade dos bens do devedor, suscetíveis de excussão (art. 751, n. II [CPC]) – quer do ponto de vista subjetivo – por não ser promovida em benefício de um único credor, ou de alguns, mas de todos os credores (art. 751, n. III [CPC]), convocados a participar do processo, a fim de receberem os quinhões que no produto lhe venham a tocar" (José Carlos Barbosa Moreira, *O Novo Processo Civil Brasileiro*, 17ª ed., p. 315).

"A dupla universalidade da falência, a subjetiva e a objetiva, consuma-se pela chamada admissão e satisfação de todos os credores e pela arrecadação dos bens do devedor falido e a extração do valor desses bens e pela incidência da eficácia da decretação da falência em quaisquer bens, mesmo os não encontrados, os que se ignoram, os que têm grande expressão patrimonial e os que não a têm, os direitos formativos, os direitos expectativos e os próprios bens futuros.

"Liquida-se para que todos os credores sejam satisfeitos com todos os bens e para que se saiba o que restou de bens ou o que faltou para que a satisfação fosse completa. Parte-se do princípio da *par condicio creditorum* ou princípio do igual tratamento dos credores e somente se atendem as exceções que a lei crie a esse princípio."[25]

Também, e nem por isso menos relevante, os processos concursais empresariais representam o principal meio que assegurará a verdadeira e plena implementação dos privilégios dos credores, sendo que para isso se forma o "quadro geral de credores" (Q.G.C.) com a ordem legal de realização do pagamento a ser efetivado no concurso. "O resultado do processo de verificação contenciosa dos créditos declarados concentra-se no quadro geral de credores. A ordem destes no quadro obedece ao critério da classificação dos créditos segundo a natureza ou qualidade deles".[26]

Diante disso, declarada a falência, dá-se início ao processo de execução coletiva, com a força de atração de outros processos (*vis attractiva*), formando-se o Juízo Universal Falimentar. "O juízo da falência é um mar onde se precipitam todos os rios".[27]

No entanto, não se olvide: *a falência declarada abre processo de execução coletiva e, não, de conhecimento coletivo.* Por isso, determinadas ações não são atraídas para o juízo falimentar, tais como aquelas não reguladas pela Lei de Falências e aquelas em que se demanda quantia ilíquida (inclusive as reclamações trabalhistas).[28]

4. Princípio da norma mais favorável

Não nos cabe aqui maiores digressões acerca da classificação do Direito do Trabalho com sendo ramo do Direito Privado ou do "Direito Social", na medida em que isso não é relevante para o tema proposto e examinado.

Porém, na hermenêutica do Direito do Trabalho, é fato praticamente incontroverso que: "Possui relevância no exame da hierarquia das fontes a prevalência da norma mais favorável ao empregado, a qual torna maleável a hierarquia apresentada. Isso significa que deve ser aplicado o instituto que proporcione melhores condições para o empregado, ainda que contidos em norma de hierarquia inferior. Esse é o traço de originalidade que marca o Direito do Trabalho".[29]

A simetria e interação entre as normas de Direito, em seus diferentes ramos, apresenta como conseqüência lógica que a "primeira característica do ordenamento jurídico é, pois, a *unidade*".[30] O Direito forma um todo uno e indissolúvel.

Assim, ao se implementar o princípio *in dubio pro operario* (ou *misero*) – no sentido material da expressão, deve-se ter em mente o que seja, na falência do empregador, a expressão "empregado". Deve-se tomar o indivíduo isoladamente considerado

25. Francisco Cavalcanti Pontes de Miranda, *Tratado de Direito Privado*, t. 28, p. 31.

26. Trajano de Miranda Valverde, *Comentários à Lei de Falências*, v. 2, 4ª ed., p. 105.

27. J. X. Carvalho de Mendonça, *Tratado de Direito Comercial Brasileiro*, v. 7, p. 361.

28. Amador Paes de Almeida, *Os Direitos Trabalhistas na Falência e Concordata do Empregador*, pp. 84 a 88.

29. Alice Monteiro de Barros, *Curso de Direito do Trabalho*, p. 122.

30. Norberto Bobbio, *O Positivismo Jurídico – Lições de Filosofia do Direito*, p. 199.

ou a classe social que o Direito do Trabalho apresenta como vetor de proteção? Por outras palavras, estando em um processo concursal, deve-se buscar a implementação da tutela do empregado de maneira particular, privada ou, ao revés, lograr proteção à comunidade de empregados enquanto classe social? Vela-se pela relação jurídica empregatícia ou pelos interesses particulares de um credor trabalhista em especial?

De fato, é de capital importância sabermos se a aferição da norma mais benéfica, na falência do empregador, é feita com base na pessoa do indivíduo empregado ou da classe empregado, tutelando a relação jurídica delineada nos arts. 2º e 3º da CLT.

Destarte, compete-nos compreender o que seja o conteúdo do Direito do Trabalho, sendo que:

"Todo sistema consiste em um conjunto de partes coordenadas, que se articulam organicamente formando um todo unitário. Não obstante formado por um complexo de partes componentes, qualifica-se todo o sistema por ter uma categoria básica, que lança sua marca específica e distintiva ao conjunto do sistema correspondente.

"O Direito do Trabalho, enquanto um sistema jurídico coordenado, tem na relação empregatícia sua categoria básica, a partir da qual se constroem os institutos, princípios e normas essenciais desse ramo jurídico especializado e que demarca a característica própria deste ramo perante os demais ramos jurídicos correlatos.

"O conteúdo do Direito do Trabalho molda-se também a partir dessa sua característica sistemática específica. Assim, será em torno da relação empregatícia – e de seu sujeito ativo especial, o empregado – que emergirá firmado o conteúdo principal do ramo justrabalhista. Sob esse ponto de vista, o Direito do Trabalho será, essencialmente – como já falavam *Hueck* e *Nipperdey* –, o direito de *todo e qualquer empregado*. Esse o conteúdo básico desse ramo jurídico: todas as relações *empregatícias* fixam-se sob sua normatividade. Não obstante, esclareça-se que existem hipóteses de relações empregatícias que, embora se situando dentro do próprio ramo justrabalhista, quedam-se sob uma normatividade jurídica singular, distinta dos demais empregados. É o que se passa com o caso dos empregados domésticos, no Brasil.

"Sob o ponto de vista conteudístico o Direito do Trabalho é, fundamentalmente, portanto, o direito dos *empregados* em geral."[31]

Ora, se o Direito do Trabalho tem por conteúdo a relação de emprego e, em especial, a proteção ao empregado, pensamos que a sua hermenêutica deve buscar a implementação da tutela à classe dos empregados e, naturalmente, não de um empregado em detrimento do outro. Não há gradação ou privilégios entre os créditos de dois empregados que possam dar sustentação técnica para que a diligência de um na obtenção do pagamento se faça à custa dos recursos que seriam empregados no rateio entre eles e mesmo com o acidentado do trabalho, cujo crédito não encontra qualquer limite quantitativo e concorre em igualdade de privilégio com os empregados e seus equiparados legalmente.

Se há falência e, portanto, concurso de credores (inclusive empregados), o Direito do Trabalho e o Processo do Trabalho devem conjugar esforços para implementar o Direito do Trabalho individual consubstanciado na sentença de mérito e permitir a real proteção aos privilégios dos empregados, implementando-os enquanto classe. Isso, contudo, somente se pode lograr no processo concursal empresarial que contempla a técnica completa e necessária ao cumprimento das obrigações do devedor, inclusive, sendo este o caso, a desconsideração da personalidade jurídica e a responsabilização dos terceiros.

31. Maurício Godinho Delgado, *Introdução ao Direito do Trabalho*, p. 87.

Por tudo o quanto foi exposto, tem-se por corolário que, a implementação da hierarquia normativa justrabalhista e do princípio da norma mais favorável exigem, em caso de falência do empregador, a formação do concurso processual falimentar como único caminho possível de se assegurar o privilégio dos empregados.

5. *Efeitos da falência do empregador na ação de execução de crédito trabalhista*

Conforme já constatado e suficientemente demonstrado a única maneira de efetivamente se implementar o privilégio do crédito trabalhista, em caso de falência do empregador, é mediante a habilitação do crédito na ação de falência. Por isso, acertadamente, o Pleno do Supremo Tribunal Federal, por votação unânime, reconheceu a incompetência da Justiça do Trabalho para executar o crédito do trabalhador em caso de falência do devedor:

> *Conflito de Competência. Execução trabalhista e superveniente declaração de falência da empresa executada.*
>
> Competência deste Supremo Tribunal Federal para julgar o conflito à luz da interpretação firmada do disposto no art. 102, I, "o" da CF. Com a manifestação expressa do TST pela competência do Juízo suscitado, restou caracterizada a existência de conflito entre uma Corte Superior e um Juízo de primeira instância, àquela não vinculado, sendo deste Supremo Tribunal a competência para julgá-lo. Precedentes: CC 7.025, Rel. Min. Celso Mello, 7.027, Rel. Min. Celso Mello e 7.087, Rel. Min. Marco Aurélio.
>
> *Alegação de coisa julgada material. Inexistência.* Tendo o referido *mandamus* como objeto a declaração de direito líquido e certo da massa falida em habilitar nos autos da falência o crédito do interessado, as teses suscitadas quanto à natureza privilegiada do crédito trabalhista, quanto à anterioridade da penhora em relação à declaração da falência e quanto à competência da Justiça Trabalhista para dar seguimento à execução, são todas razões de decidir, não alcançadas, segundo o disposto no art. 469, I do CPC, pela coisa julgada material. Ausência de identidade entre os elementos da ação mandamental impetrada e do conflito de competência.
>
> Quanto ao mérito, tenho por competente o Juízo suscitante, uma vez que, a natureza privilegiada do crédito trabalhista, conferida por força de lei, somente pode ser concebida no próprio âmbito do concurso de credores habilitados na falência. O processo falimentar é uma execução coletiva, abarcando, inclusive, credores de mesma hierarquia, que não podem ser preteridos, uns pelos outros, pelo exaurimento do patrimônio da massa falida nas execuções individuais, impedindo-se, assim, o justo rateio entre seus pares, na execução falimentar.
>
> Conflito conhecido para declarar a competência do suscitante, o Juízo de Direito da 3ª Vara Cível da Comarca de Americana-SP.[32]

Naturalmente, no Tribunal Superior do Trabalho também já houve ocasião de examinar a matéria e se concluir:

32. STF, Tribunal Pleno, CC 7.116-8-SP, j. 7.8.2002, v.u., Rela. Ministra Ellen Gracie, *DJ* 23.8.2002, p. 70. Naturalmente, após o julgamento unânime do Pleno do STF, aquela Corte, em outras ocasiões, veio a reiterar o entendimento, como, p.ex.: "*Agravo regimental no agravo de instrumento. Matéria infraconstitucional. Ofensa indireta à Constituição do Brasil. Execução trabalhista e superveniente declaração da falência da empresa executada. Competência. Juízo falimentar.* 1. As alegações de desrespeito aos postulados da legalidade, do devido processo legal, da motivação dos atos decisórios, do contraditório, dos limites da coisa julgada e da prestação jurisdicional, se dependentes de reexame prévio de textos normativos inferiores, podem configurar, quando muito, situações de ofensa meramente reflexa ao texto da Constituição do Brasil. 2. O STF firmou entendimento no sentido de que, decretada a falência, a execução do crédito trabalhista deve ser processada perante o juízo falimentar, sendo necessária a sua habilitação no juízo universal (Plenário, CComp. 7.116, Rela. Ministra Ellen Gracie, *DJ* 23.8.2002). Agravo regimental a que se nega provimento" (STF, AgRg no AI 584.049-1-RJ, 2ª T., j. 8.8.2006, v.u., Rel. Ministro Eros Grau, *DJ* 1º.9.2006, *RT* 855/198).

Agravo de instrumento. Execução. Massa falida. Incompetência da Justiça do Trabalho. Provimento.

Demonstrada aparente ofensa ao art. 5º, incisos LIII e LIV, da Constituição Federal, dá-se provimento ao Agravo de Instrumento para determinar o processamento do apelo.

Agravo de Instrumento conhecido e provido.

Recurso de revista. Execução. Massa falida. Incompetência da Justiça do Trabalho.

Embora o crédito trabalhista desfrute de privilégio em relação ao crédito fazendário e aos créditos com garantia real, está efetivamente sujeito a rateio com outros créditos de idêntica hierarquia creditícia, pelo que forçosa a sua habilitação no processo falencial, a fim de resguardar satisfação eqüitativa e proporcional de todos eles.

Recurso conhecido e provido.[33]

Seguindo no esteio dos Tribunais Superiores, tem-se que a jurisprudência do Superior Tribunal de Justiça, que é a Corte competente para solucionar o conflito de competência entre o juízo especial do trabalho e o juízo falimentar (art. 105, I, *d*, da Constituição Federal, de 5.10.1988 – CF), é pacífica no sentido de que, declarada a falência do empregador, é necessária a habilitação do crédito do empregado no processo da bancarrota. Cite-se a título de exemplo:

Agravo interno. Competência. Conflito positivo. Justiça trabalhista e juízo falimentar. Execução de crédito trabalhista. Falência superveniente. Juízo universal.

Decretada a quebra, as reclamatórias trabalhistas prosseguirão na Justiça do Trabalho, mas os atos de execução dos seus julgados iniciar-se-ão ou terão seguimento no juízo falimentar, ainda que já efetuada a penhora, sob pena de se romperem os princípios da indivisibilidade e da universalidade do juízo da falência, com manifesto prejuízo para os credores.

Agravo a que se nega provimento.[34]

Note-se que há correto precedente do Superior Tribunal de Justiça em reclamação para preservação da autoridade de decisão daquela Corte nulificando atos executivos praticados no Juízo do Trabalho por descumprimento de decisão na qual se reconheceu a incompetência da Justiça Especial, veja-se:

Processo Civil. Reclamação para preservação da autoridade de decisão do STJ, proferida em Conflito de Competência. Ato praticado pelo Juízo Trabalhista após a decretação de sua incompetência absoluta. Invalidade.

– Decidida, em Conflito de Competência, a incompetência absoluta do juízo trabalhista, os atos decisórios por ele praticados são automaticamente nulos, independentemente de decretação pelo STJ.

– Após a decisão do conflito, compete ao juízo incompetente meramente remeter os autos ao juízo competente, sendo-lhe vedado tomar qualquer nova decisão no processo.

– Reclamação acolhida.[35]

Destarte, decretada a falência do empregador, sendo absolutamente incompetente a Justiça do Trabalho para executar o crédito do empregado, ela deverá, após a sentença no processo de conhecimento, liquidar o débito (art. 6º, § 2º da Lei n. 11.101/2005) e remeter o credor à habilitação de seu crédito junto à massa falida do devedor ou, já estando em curso a ação de execução, deverá determinar sua suspensão e, também, a habilitação do crédito na ação de falência. Por óbvio, se houver a venda no juízo trabalhista de eventual bem dado em penhora, o produto deverá

33. TST, 3ª T., RR 718.888/2000.0, j. 4.8.2004, Rela. Ministra Maria Cristina Irigoyen Peduzzi.

34. STJ, 2ª S., AgRg no CC 46.928-SP, j. 28.9.2005, v.u., Rel. Ministro Castro Filho, *DJ* 13.10.2005, p. 139.

35. STJ, 2ª S., Rcl 1.870-SC, j. 28.9.2005, v.u., Rela. Ministra Nancy Andrighi, *DJ* 21.11.2005, p. 121.

se reverter para a massa falida a fim de assegurar a implementação do privilégio dos credores.[36]

5.1 Lei de execuções fiscais

Ao teor do que prescreve o art. 889 da CLT, aplicam-se subsidiariamente ao processo de execução do crédito trabalhista, naquilo em que compatível, as disposições da Lei de Execuções Fiscais (Lei n. 6.830, de 22 de setembro de 1980 – LEF), a qual, por sua vez, determina, em sintonia com o art. 187 do CTN, que a *cobrança judicial* da dívida ativa da Fazenda Pública não se sujeita ao concurso de credores ou mesmo à habilitação em falência (art. 29 da LEF).

A partir daí se poderia imaginar que a execução trabalhista não seria suspensa pela falência do empregador e não haveria que se falar em habilitação, devendo prosseguir a cobrança judicial no foro do trabalho.

No entanto, conforme já tivemos oportunidade de registrar e esclarecer,[37] sabidamente a Lei de Falências tanto contempla normas de cunho processual quanto material.

Assim, quando o Código Tributário Nacional e a Lei de Execuções Fiscais prescrevem que a "cobrança judicial" do crédito fazendário não se sujeita ao concurso de credores, isso quer dizer, apenas e tão-somente, que não se sujeita às normas de ordem processual, sem, no entanto, excluir a aplicação das normas de cunho material e a ordem de preferência do crédito é, naturalmente, norma desta natureza. "Do ponto de vista material, portanto, a ordem jurídica fixa uma hierarquia clara entre os créditos componentes do quadro geral de credores que disputam o patrimônio da massa falida".[38]

Nesse diapasão, quando a Súmula n. 44 do extinto Tribunal Federal de Recursos (TFR), de aplicação corrente no Superior Tribunal de Justiça, preceitua, *verbis*:

> Ajuizada a execução fiscal anteriormente à falência, com penhora realizada antes desta, não ficam os bens penhorados sujeitos à arrecadação no juízo falimentar, proposta a execução fiscal contra a massa falida, a penhora far-se-á no rosto dos autos do processo da quebra, citando-se o síndico.[39]

Isso não significa o afastamento da aplicação das normas materiais, inclusive a ordem de privilégio dos créditos. Tanto isso é verdade que, os "bens" não ficam sujeitos à arrecadação para a massa falida, mas de maneira nenhuma isso impede a arrecadação do produto da venda dos bens para que seja assegurada a ordem de preferência dos créditos do devedor comum. Nesse sentido, é a jurisprudência do Superior Tribunal de Justiça, inclusive por decisão da Corte Especial, veja-se:

> *Processual. Execução fiscal. Massa falida. Bens penhorados. Dinheiro obtido com a arrematação. Entrega ao juízo universal. Credores privilegiados.*
>
> I – A decretação da falência não paralisa o processo de execução fiscal, nem desconstitui a penhora. A execução continuará a se desenvolver, até a alienação dos bens penhorados.
>
> II – Os créditos fiscais não estão sujeitos a habilitação no juízo falimentar, mas não se livram de classificação, para disputa de preferência com créditos trabalhistas (DL 7.661/1945, art. 126).

36. STJ, 2ª S., CC 38.844-SP, j. 8.10.2003, v.u., Rel. Ministro Ari Pargendler, *DJ* 14.2.2005, p. 143.

37. Vinícius Jose Marques Gontijo, "Da prescrição do crédito fazendário na falência do contribuinte", *Revista Tributária e de Finanças Públicas* 74/206. Também neste sentido já observava Trajano de Miranda Valverde, *literis*: "A complexidade da lei reguladora da situação jurídica – falência – é visível. Há nela disposições substantivas e disposições adjetivas" (Trajano de Miranda Valverde, *Comentários à Lei de Falências*, v. 3, 4ª ed., pp. 123-124).

38. Maurício Godinho Delgado, *Salário – Teoria e Prática*, p. 233.

39. A figura jurídica do síndico foi substituída na vigente Lei de Falências pelo "administrador judicial".

III – Na execução fiscal contra falido, o dinheiro resultante da alienação de bens penhorados deve ser entregue ao juízo da falência, para que se incorpore ao monte e seja distribuído, observadas as preferências e as forças da massa.[40]

E, mesmo em sede de Embargos de Divergência, a 1ª Seção daquela Corte decidiu:

Processual civil. Tributário. Execução fiscal. Penhora. Massa falida. Preferência do crédito trabalhista.

1. O art. 186 do CTN, ao prescrever que o crédito tributário prefere a qualquer outro, ressalva a preferência do crédito trabalhista, situando-o em patamar superior ao crédito fiscal.

2. A preferência do crédito trabalhista há de subsistir quer a execução fiscal tenha sido aparelhada antes ou depois da decretação da falência.

3. Mesmo já aparelhada a execução fiscal com penhora, uma vez decretada a falência da empresa executada, sem embargo do prosseguimento da execução singular, o produto da alienação deve ser remetido ao juízo falimentar, para que ali seja entregue aos credores, observada a ordem de preferência legal. Precedente da Corte Especial (REsp n. 118.148-RS).

4. Embargos de divergência conhecidos e rejeitados.[41]

Destarte, o prosseguimento da execução fiscal individual promovida pela Fazenda Pública não significa subtração da preferência do crédito e, na prática, redunda em uma inutilidade. A venda se faz na execução individual (o que inviabiliza a adjudicação), porém o produto é arrecadado para a massa falida a fim de ser observada a ordem legal.

De fato, a não submissão do crédito fazendário à habilitação não pode significar negativa de vigência à ordem de preferência dos créditos prescrita o art. 186 do CTN.

5.2 Exame da constitucionalidade

Celso Agrícola Barbi já anotava que "a finalidade da competência em razão da matéria é especializar os juízes, propiciando, assim, meios para o aprimoramento do trabalho da magistratura".[42] Por isso, nosso legislador constitucional, no art. 114 da CF, prescreveu a competência material da Justiça do Trabalho.

No entanto, estando prestada a jurisdição especial material, a execução da obrigação acertada e liquidada não demanda a especialização judicial trabalhista, podendo (e devendo), ao revés, ser aplicada pelo Poder Judiciário incumbido especialmente da execução coletiva falimentar, assegurando a *par condicio creditorum* inclusive em favor dos demais empregados incluídos no quadro geral de credores da massa falida. De fato, as "normas de direito processual não são um fim em si mesmas. Elas são criadas para um fim determinado: a garantia da realização prática do direito material não atuado espontaneamente".[43]

Por isso mesmo, o art. 113 da Carta de 1988 prescreveu que a lei disporá da jurisdição e competência da Justiça do Trabalho, sendo que a Lei n. 11.101/2005 determinou a inclusão do crédito trabalhista na falência do empregador (art. 83, I).

Nesse sentido, a doutrina já reconhece a constitucionalidade da competência do juízo falimentar para o cumprimento da obrigação sentenciada na Justiça do Trabalho. Veja-se: "Outro aspecto a ser sopesado é o previsto no art. 113 da Constituição Federal, o qual declara que 'a lei disporá sobre a constituição, investidura, jurisdição, competência, garantias e condições

40. STJ, REsp 188.148-RS, Corte Especial, j. 19.12.2001, m.v., Rel. Ministro Humberto Gomes de Barros, *DJ* 27.5.2002, p. 121.

41. STJ, 1ª S., EREsp 444.964-RS, j. 6.10.2003, m.v., Rel. p/acórdão Ministro João Otávio de Noronha, *DJ* 9.12.2003, p. 204.

42. Celso Agrícola Barbi, *Comentários ao Código de Processo Civil*, v. 1, 7ª ed., p. 15.

43. Cleber Lúcio de Almeida, *Direito Processual do Trabalho*, p. 11.

de exercício dos órgãos da Justiça do Trabalho'. Assim, tem-se que a limitação da competência trabalhista, prevista no art. 6º, § 2º da LRF, é constitucional, pois não há qualquer entrave à alteração da competência trabalhista em face da lei".[44]

Note-se que, conforme nos revela Maurício Godinho Delgado,[45] mesmo antes da atual Lei de Falências, na vigência do antigo Decreto-lei n. 7.661/1945, a doutrina e jurisprudência trabalhistas dominantes já entendiam que haveria incompetência do Juízo do Trabalho para executar o crédito trabalhista na falência do empregador. Na vigente Lei de Falências, então, com muito mais razão assim deverá se firmar tanto a doutrina quanto a jurisprudência, na medida em que o crédito trabalhista sofre variações no seu privilégio e mesmo no limite deste privilégio.

Por tudo isso, não temos como deixar de concluir que, de maneira nenhuma, haveria qualquer inconstitucionalidade na inclusão do crédito trabalhista na ação de falência do empregador, na medida em que a competência material da Justiça Especializada foi resguardada.

5.3 O depósito recursal

Sabidamente, para a interposição de recursos na Justiça do Trabalho, tais como Recurso Ordinário e Recurso de Revista, o empregador está obrigado a realizar o chamado "depósito recursal", originalmente prescrito no art. 899 da CLT, veio a ser posteriormente regido pela Lei n. 8.177/1991 e novamente alterado pela Lei n. 8.542/1992.

A Instrução Normativa (IN) n. 3 do TST, de 12 de março de 1993, interpretou o mencionado depósito para recurso nas ações na Justiça do Trabalho, afirmando peremptoriamente no item I que os depósitos recursais "não têm natureza jurídica de taxa de recurso, mas de garantia do juízo recursal, que pressupõe decisão condenatória ou executória de obrigação de pagamento em pecúnia, com valor líquido ou arbitrado". Assim, o depósito recursal tem natureza de garantia da execução, em caso de êxito da parte.

Ocorre que, declarada a falência, não há que se falar em execução na Justiça do Trabalho (por isso mesmo, a massa falida está dispensada do depósito recursal na forma do item X da IN n. 3/1993 do TST) e da jurisprudência sumulada pelo Tribunal Superior do Trabalho:

> Súmula n. 86, TST. Deserção. Massa falida. Empresa em liquidação extrajudicial. Não ocorre deserção de recurso de massa falida por falta de pagamento de custas ou de depósito do valor da condenação. Esse privilégio, todavia, não se aplica à empresa em liquidação extrajudicial.[46]

Portanto, na mesma linha de raciocínio, sendo os depósitos recursais garantia de execução, que não pode tramitar na Justiça do Trabalho após a falência do empregador, eles também devem ser arrecadados para a massa falida a fim de que o seu produto possa ser utilizado para pagar os credores e assegurar a implementação dos privilégios prescritos em lei. Nesse senti-

44. Marcelo Papaléo de Souza, *A Nova Lei de Recuperação e Falência e as suas Conseqüências no Direito e no Processo do Trabalho*, p. 279.

45. Maurício Godinho Delgado, *Curso de Direito do Trabalho*, 3ª ed., p. 821.

46. Parece-nos que a súmula deverá ser revista quanto à exclusão da exigência do pagamento de custas. Com efeito, na antiga Lei de Falências (Decreto-lei n. 7.661/1945), as custas processuais eram encargos da massa (art. 124, § 1º, I) e somente seriam exigíveis e pagos nesta classe diretamente no processo falimentar; contudo, na vigente Lei de Falências (Lei n. 11.101/2005) as custas processuais ascenderam à categoria de extraconcursais da classe número IV (art. 84, IV) e somente poderão ser afastadas caso a massa falida esteja no gozo de assistência judiciária. "As custas do processo de falência devem ser atendidas pelo administrador judicial e, além disso, há as custas relativas às ações e execuções [caso das execuções fiscais] em que a massa tenha sido vencida" (José da Silva Pacheco, *Processo de Recuperação Judicial, Extrajudicial e Falência*, p. 214).

do, andou bem a jurisprudência do STJ e do TST quando decidiu:

Processo civil. Conflito de competência. Execução trabalhista contra massa falida.

Sobrevindo a falência do empregador, a execução da sentença de procedência da reclamatória trabalhista já não pode se dar na Justiça do Trabalho, que deve destinar os bens penhorados sob sua jurisdição (aí incluídos os valores postos a sua disposição), ao Juízo Universal da Falência, onde serão distribuídos segundo o princípio da *par condicio creditorum*, observados os privilégios e preferências. Agravo regimental não provido.[47]

Agravo de instrumento. Preliminar de incompetência da Justiça do Trabalho. Decisão definitiva do Superior Tribunal de Justiça em conflito de competência.

Assentado o entendimento no Superior Tribunal de Justiça de que sobrevindo a falência do empregador, a execução da sentença de procedência da reclamatória trabalhista já não pode se dar na Justiça do Trabalho, que deve destinar os bens penhorados sob sua jurisdição (aí incluídos os valores postos a sua disposição), ao Juízo Universal da Falência, onde serão distribuídos segundo os princípios da *par condicio creditorum*, observados os privilégios e preferências (STJ, AR-ED-CC 33.397-MG, ac. 2ª Seção, Rel. Min. Ari Pargendler, *DJ* 5.5.2003), resta prejudicado o exame do Agravo de Instrumento, cabendo, neste momento, apenas a remessa dos autos ao Juízo Universal da Falência, a quem deve ser disponibilizado o saldo dos depósitos efetuados perante a Justiça do Trabalho e os bens eventualmente penhorados.[48]

Os depósitos recursais eventualmente realizados em garantia do juízo executivo trabalhista devem ser disponibilizados para a massa falida arrecadar, sendo que, se eventual e ilicitamente forem levantados, após a declaração da falência, com prejuízo para o concurso de credores, isso não terá eficácia em relação à massa falida, na medida em que implicará subtração das preferências creditórias, bem como da *par condicio creditorum*, viabilizando, com isso, a retomada da quantia para a massa falida, mediante ação própria ou não: "Ora, o ato praticado após a declaração da falência ou seqüestro é reputado, pela lei, nulo de pleno direito, podendo ser pronunciado até mesmo de ofício pelo juiz".[49]

Caso a massa falida não tenha como reaver do empregado que levantou o depósito recursal a quantia após a declaração da falência devidamente comprovada nos autos da execução trabalhista, parece-nos plenamente viável a responsabilização civil da União Federal e, até mesmo, do juiz federal do trabalho que autorizou o levantamento mesmo estando ciente da falência e de sua incompetência absoluta para a prática de atos executivos.

5.4 O redirecionamento da execução trabalhista contra agentes diversos do devedor

Conforme já tivemos a oportunidade de lecionar:

"De fato, ao se examinar a responsabilização de terceiro por obrigações contraídas em nome da sociedade, pouco interessando se este terceiro seja sócio, administrador ou membro de conselho ou outro órgão social, faz-se necessário compreender que ela poderá se dar, como decorrência da relação societária, de três maneiras diversas:

"*Primeiro*, a responsabilização do terceiro pelas obrigações da pessoa jurídica poderá decorrer do tipo societário pelo qual se optou. Assim, os sócios podem,

47. STJ, 2ª S., AgRg nos ED no CC 33.397-MG, j. 26.2.2003, Rel. Ministro Ari Pargendler, *DJ* 5.5.2003, p. 213.

48. TST, 5ª T., AIRR 30.544/2002-900-09-00.0, j. 15.12.2004, v.u., Rel. Ministro João Batista Brito Pereira, *DJ* 18.2.2005.

49. Carlos Roberto Claro, *Revocatória Falimentar*, 3ª ed., p. 105.

voluntariamente, optar por um tipo de sociedade em que todos eles respondam de maneira subsidiária, porém solidária e ilimitada pelas obrigações da entidade, ou, ainda que nem todos os sócios da sociedade respondam pelas obrigações da pessoa jurídica, haverá um sócio ou um grupo deles que desta maneira responderá.

"*Segundo*, a responsabilidade do terceiro decorrente de ações ou omissões ilícitas praticadas em órgão da sociedade. Trata-se de responsabilização civil por dano.

"E, finalmente, em *terceiro*, no caso de desconsideração da personalidade jurídica, com isso atingindo terceiro em relação à sociedade".[50]

Em que pese atualmente não haver grande discussão acerca da classificação acima proposta para os ramos do Direito em geral, naturalmente, sabe-se perfeitamente que a dinâmica jurisprudencial e doutrinária trabalhistas gerou o entabulamento da teoria da desconsideração da personalidade jurídica com matizes próprias ao ramo juslaboral.

Impropriamente, argumentava-se que as hipóteses dos arts. 134 e 135 do CTN pudessem ser causas de desconsideração da personalidade jurídica[51] e, como o crédito trabalhista prefere ao tributário (art. 186, *caput*, CTN), havendo a possibilidade de se aplicar esta teoria em favor da Administração Pública, com muito mais razão deveria ser aplicada em favor do empregado, uma vez que, caso contrário, poderia haver a subversão da ordem de preferência, na medida em que o Fisco poderia lograr receber seu crédito e o empregado não.

Contudo, declarada a falência, na vigência da antiga Lei de Falências, inicialmente, conforme se observa do precedente abaixo, o Superior Tribunal de Justiça vinha entendendo que o redirecionamento da ação de execução contra agentes diversos do devedor, tais como os sócios e os administradores da sociedade falida, seria matéria da competência do juízo falimentar, até porque o benefício econômico daí emergente deveria se dar em favor da comunidade de credores e, não, de um credor em específico. Assim, tínhamos:

> *Conflito de competência. Falência. Execução trabalhista. Quebra anterior.*
>
> 1. Imóvel adquirido de sócio de empresa declarada falida foi objeto de penhora em autos de reclamação trabalhista em fase de execução determinando a Justiça do Trabalho seu praceamento, com designação de leilão. A lide trabalhista é posterior à decretação da quebra.
>
> 2. Neste caso, o entendimento da Segunda Seção do Superior Tribunal de Justiça é no sentido da competência do Juízo Falimentar.
>
> 3. Precedentes.
>
> 4. Conflito conhecido para declarar a competência do Juízo de Direito da Vigésima Quinta Vara Cível do Fórum Central de São Paulo, o suscitado.[52]

Contudo, recentemente e ainda na vigência do antigo Decreto Falimentar, o Superior Tribunal de Justiça alterou seu posicionamento e firmou jurisprudência em sentido contrário ao anterior, trazendo com isso a natural perplexidade decorrente desta modificação do entendimento da Corte Superior:

> *Conflito de competência. Justiça do Trabalho. Falência da empregadora. Juízo falimentar. Competência.*
>
> 1. Se a execução promovida contra pessoa jurídica foi direcionada para atingir um dos sócios não mais se justifica a remessa dos autos ao juízo falimentar – eis que o patrimônio da falida quedou-se livre de constrição.

50. Vinícius Jose Marques Gontijo, "Responsabilização no direito societário de terceiro por obrigação da sociedade", *RT* 854/39.

51. Em que pese atualmente se saber que ali não estão causas de desconsideração da personalidade jurídica, mas sim de responsabilização de administradores.

52. STJ, 2ª S., CC 46.221-SP, j. 13.4.2005, v.u., Rel. Ministro Fernando Gonçalves, *DJ* 20.4.2005, p. 256.

2. Tal solução não é admissível se, no juízo falimentar, houver a desconsideração da personalidade jurídica da falida, confundindo-se o patrimônio dos sócios com o da sociedade quebrada. Neste caso prevalece a competência do juízo universal.

3. Os atos decisórios praticados pelo juízo absolutamente incompetente são nulos (art. 113, § 2º, CPC). A nulidade pode ser declarada em julgamento de conflito de competência (art. 122, CPC).

4. É nula a decisão do juízo que, embora absolutamente incompetente, determina a penhora de bem do executado, assim como são nulos todos os atos decorrentes da constrição judicial, inclusive eventual arrematação.

5. Se há diferença de alta monta entre a avaliação realizada no juízo incompetente e a realizada no juízo competente, não deve subsistir a arrematação realizada naquele primeiro juízo, especialmente quando o bem é alienado por valor que, considerada a avaliação do juízo competente, traduziria preço vil.[53]

O próprio Superior Tribunal de Justiça reconhece a alteração de seu entendimento quando afirma:

Uniformização de jurisprudência. Indeferimento.

– Não há divergência jurisprudencial a justificar a instauração do incidente de uniformização quando o órgão julgador altera o próprio entendimento.

– Nessa situação, não há dissidência a ser uniformizada, mas simples evolução da jurisprudência.

Conflito de competência. Execução trabalhista. Falência da empresa reclamada. Redirecionamento da execução. Patrimônio dos sócios.

– Se a execução promovida contra pessoa jurídica foi direcionada para atingir um dos sócios, não mais se justifica a remessa dos autos ao juízo falimentar – eis que o patrimônio da falida quedou-se livre de constrição.[54]

Na nova Lei de Falências, não temos a menor dúvida em afirmar que a jurisprudência do Superior Tribunal de Justiça haverá de ser reformulada, caso tenha a pretensão de manter seu caráter técnico.

De fato, o crédito do mesmo empregado, em caso de falência do empregador, poderá estar em *até* quatro situações distintas, a saber:

1. caso os estabelecimentos do falido não tenham sido lacrados[55] e o empregado seja mantido no trabalho pela massa falida, todo o crédito trabalhista emergente da relação de emprego havida com a massa falida é extraconcursal (art. 84, I, LF);

2. as verbas trabalhistas devidas ao empregado pelo serviço prestado à falida (portanto, anteriores à sentença falimentar) são concursais e, até o limite de 150 salários mínimos, serão pagos na primeira classe (art. 83, I, LF) para cada empregado;[56]

3. se acaso houver crédito superior a 150 salários mínimos para o mesmo empregado, o que extrapolar o limite será pago na classe quirografária;

4. havendo a cessão onerosa dos estabelecimentos da falida na ação de falências, o adquirente poderá manter o empregado e, neste caso, haverá novo contrato de emprego, sem qualquer sucessão trabalhista (art. 141, II, LF), até porque a venda aqui se fez em favor dos próprios credores e, dentre eles, os empregados.

Ora, se a execução trabalhista pudesse ser redirecionada após a declaração da falência do empregador, a ordem dos pri-

53. STJ, 2ª S., CC 61.274-SP, j. 28.2.2007, v.u., Rel. Ministro Humberto Gomes de Barros, *DJ* 8.3.2007, p. 157.

54. STJ, 2ª S., AgRg CC 58.092-ES, j. 22.11.2006, v.u., Rel. Ministro Humberto Gomes de Barros, *DJ* 4.12.2006, p. 255, *RT* 858/195.

55. Que é a regra na nova dinâmica do processo falimentar regido pela Lei n. 11.101/2005 (art. 99, XI), uma vez que os estabelecimentos somente podem ser lacrados nos casos taxativamente enumerados no art. 109 da LF.

56. Observe-se que, dedutíveis à conta deste montante de 150 salários mínimos, até o limite de cinco salários mínimos por empregado, por verbas de natureza estritamente salariais, vencidas e não pagas nos três meses que antecedem à sentença de quebra serão pagos com preferência absoluta, inclusive sobre os extraconcursais – cf. 151 da Lei n. 11.101/2005.

vilégios (dentre elas a havida para o mesmo empregado e antes demonstrada) e até mesmo a lógica do sistema falimentar, que se assenta no concurso de credores e na *par condicio creditorum*, restaria frustrada. A falência, que é o processo que, por excelência, visa a assegurar a implementação dos privilégios e garantias, restaria bastante esvaziado.

Não nos esqueçamos também que, a desconsideração da personalidade jurídica por um juízo trabalhista poderia redundar na negativa de vigência da ordem de privilégio dos créditos na falência, uma vez que poderia haver o pagamento da integralidade do crédito trabalhista (até mesmo superior aos 150 salários mínimos) em detrimento de outros credores cujo privilégio supera ao trabalhista.

Declarada a falência, conforme já demonstrado ao longo deste nosso articulado, a Justiça do Trabalho não detém mais competência para a prática de atos de execução, dentre eles a responsabilização e a desconsideração da personalidade jurídica. Assim, naturalmente, não é possível o redirecionamento da execução contra terceiros, inclusive os sócios, na medida em que isso seria prática de ato executivo para o qual o juízo trabalhista não tem mais competência.

Soma-se ao exposto, o fato de que, se a possibilidade de redirecionamento da execução fosse mesmo aplicada pela Justiça do Trabalho após a falência, poder-se-ia chegar ao extremo da ilegalidade de um credor receber seu crédito em detrimento do outro, subtraindo a igualdade entre eles e mesmo o privilégio de seu crédito.

Pior, poder-se-ia haver a desconsideração da personalidade jurídica no próprio juízo falimentar (o único competente) e esta restar frustrada pela drenagem do patrimônio havida anteriormente por um credor isolado em evidente fraude ao processo concursal, mitigando o preceito do art. 126 da Lei n. 11.101/2005.

Por tudo isso, não temos como deixar de concluir que, após a declaração da falência do empregador, a Justiça do Trabalho não tem mais competência para promover a execução das obrigações acertadas na sentença (ou mesmo dar cumprimento) e, portanto, não pode praticar qualquer ato de execução, nem mesmo a desconsideração da personalidade jurídica da sociedade empregadora.

6. Conclusões

Como conclusões deste nosso articulado, podemos afirmar:

1. A natureza da preferência do crédito trabalhista é privilégio, sendo que, na vigente Lei de Falências, este privilégio está limitado ao teto de 150 salários mínimos para cada empregado;

2. Sendo a falência modalidade de execução coletiva, o crédito trabalhista, uma vez acertado e liquidado perante o Juízo Especial Trabalhista, deverá ser objeto de habilitação na ação de falência do empregador judicialmente declarada, ficando suspensas as execuções até o encerramento da falência;

3. A necessidade de habilitação se faz, inclusive, por conta do Princípio da Norma mais Favorável, uma vez que este deve ser entendido como a norma mais benéfica aos empregados, enquanto classe social, privilegiando-se a *par condicio creditorum* entre os próprios trabalhadores e, não, em benefício de um indivíduo em específico.

Isso, mormente, se considerarmos que na nova sistemática legal não considera mais o crédito trabalhista, na sua integralidade, como o mais privilegiado e, conseqüentemente, poderia terminar por se pagar um empregado em detrimento dos demais credores que, sobre o empregado, tenham privilégio, negando-se vigência à nova ordem legal dos créditos.

4. Finalmente, a eventual responsabilização ou mesmo a desconsideração da personalidade jurídica, em caso de falência de sociedade, somente poderá ser decretada no Juízo Universal Falimentar, na medida em que o produto deverá se verter para o benefício de todos os credores e, não, de apenas um deles isoladamente considerado.

Mesmo porque, o Juízo Trabalhista é incompetente para a prática de qualquer ato executivo após a falência do devedor, inclusive, o redirecionamento da ação de execução contra agente diverso do devedor condenado na sentença.

7. *Bibliografia*

ALMEIDA, Amador Paes de. *Os Direitos Trabalhistas na Falência e Concordata do Empregador*. São Paulo, LTr, 1996.

ALMEIDA, Cleber Lúcio de. *Direito Processual do Trabalho*. Belo Horizonte, Del Rey, 2006.

BARBI, Celso Agrícola. *Comentários ao Código de Processo Civil*. v. 1, 7ª ed., Rio de Janeiro, Forense, 1997.

BARROS, Alice Monteiro de. *Curso de Direito do Trabalho*. São Paulo, LTr, 2005.

BOBBIO, Norberto. *O Positivismo Jurídico – Lições de Filosofia do Direito*. São Paulo, Ícone, 1995.

CÂMARA, Eduardo. *Alterações e Reflexos Trabalhistas da Lei de Recuperação e Falência*. São Paulo, LTr, 2006.

CINTRA, Antônio Carlos de Araújo; GRINOVER, Ada Pellegrini; DINAMARCO, Cândido Rangel. *Teoria Geral do Processo*. 9ª ed., São Paulo, Malheiros Editores, 1992.

CLARO, Carlos Roberto. *Revocatória Falimentar*. 3ª ed., Curitiba, Juruá, 2005.

COELHO, Fabio Ulhoa. *Comentários à Nova Lei de Falências e Recuperação de Empresas*. 4ª ed., São Paulo, Saraiva, 2007.

DELGADO, Maurício Godinho. *Curso de Direito do Trabalho*. 3ª ed., São Paulo, LTr, 2004.

______. *Introdução ao Direito do Trabalho*. São Paulo, LTr, 1995.

______. *Salário – Teoria e Prática*. Belo Horizonte, Del Rey, 1997.

FARIA, Guiomar T. Estrella. *O Contrato de Trabalho na Falência do Empregador*. Porto Alegre, Sergio Antonio Fabris, 1984.

GOMES, Orlando. *Direitos Reais*. 14ª ed., Rio de Janeiro, Forense, 1999.

GONTIJO, Vinícius Jose Marques. "Da prescrição do crédito fazendário na falência do contribuinte", *Revista Tributária e de Finanças Públicas* 74/202.

______. "Responsabilização no direito societário de terceiro por obrigação da sociedade", *Revista dos Tribunais* 854/38.

KELSEN, Hans. *Teoria Pura do Direito*. 4ª ed., São Paulo, Martins Fontes, 1994.

MENDONÇA, J. X. Carvalho de. *Tratado de Direito Comercial Brasileiro*. v. 7, Rio de Janeiro, Freitas Bastos, 1962.

MIRANDA, Francisco Cavalcanti Pontes de. *Tratado de Direito Privado*. t. 28, Campinas, Bookseller, 2003.

______. *Tratado de Direito Privado*. t. 30, Campinas, Bookseller, 2004.

MOREIRA, José Carlos Barbosa. *O Novo Processo Civil Brasileiro*. 17ª ed., Rio de Janeiro, Forense, 1995.

NASCIMENTO, Amauri Mascaro. *Curso de Direito do Trabalho*. 20ª ed., São Paulo, Saraiva, 2005.

PACHECO, José da Silva. *Processo de Falência e Concordata*. 6ª ed., Rio de Janeiro, Forense, 1996.

______. *Processo de Recuperação Judicial, Extrajudicial e Falência*. Rio de Janeiro, Forense, 2006.

PENTEADO, Mauro Rodrigues. *Comentários à Lei de Recuperação de Empresas e Falência*. São Paulo, Ed. RT, 2006. Coord.: SOUZA JÚNIOR, Francisco Satiro de *et* PITOMBO, Antônio Sérgio A. de Moraes.

PEREIRA, Caio Mário da Silva. *Instituições de Direito Civil*. v. 4, 9ª ed., Rio de Janeiro, Forense, 1992.

SEMIÃO, Sérgio Abdalla. "Das preferências e privilégios creditórios na falência", *Revista dos Tribunais* 801/59.

SOUZA, Marcelo Papaléo de. *A Nova Lei de Recuperação e Falência e as suas Conseqüências no Direito e no Processo do Trabalho*. São Paulo, LTr, 2006.

THEODORO JÚNIOR, Humberto. *Curso de Direito Processual Civil*. v. 2, 38ª ed., 2ª tir., Rio de Janeiro, Forense, 2005.

VALVERDE, Trajano de Miranda. *Comentários à Lei de Falências*. vs. 2 e 3, 4ª ed., Rio de Janeiro, Forense, 1999.

MUDANÇA DE PARADIGMAS NA ORGANIZAÇÃO INDUSTRIAL: COMO RECONHER BENEFÍCIOS EM MERCADOS CONCENTRADOS

Maria Paula Bertran

1. Introdução. 2. Contextualização do trabalho de Sutton: 2.1 A pesquisa empírica. 3. Esboço do modelo dos custos irrecuperáveis, o paradigma de Sutton. 4. Análise dos custos irrecuperáveis exógenos: 4.1 Custos irrecuperáveis exógenos no modelo de Estrutura-Conduta-Desempenho, o paradigma de Bain; 4.2 Custos irrecuperáveis exógenos no modelo de custos irrecuperáveis, o paradigma de Sutton; 4.3 Comparando as diferenças. 5. Custos irrecuperáveis endógenos no modelo de custos irrecuperáveis, o paradigma de Sutton. 6. Manutenção das franjas no paradigma de custos irrecuperáveis, de Sutton: 6.1 Explicação de Sutton para a concorrência com diferenciação e a explicação de Bain para o comportamento da franja. 7. Confronto gráfico dos paradigmas. 8. Conclusão. 9. Bibliografia.

1. Introdução

Muitas gerações de estudos empíricos sobre estrutura industrial foram baseados nos apelos do modelo chamado de Estrutura-Conduta-Desempenho, originalmente formulado pelo clássico autor norte-americano Joe Bain.[1] No paradigma de Bain supõe-se que uma única via de causalidade corre da estrutura (nível de concentração do mercado) para a conduta (grau de propensão ou viabilidade da colusão) e da conduta para o desempenho (lucratividade das empresas do setor correspondentes a padrões de mercado concorrencial ou monopolizado). O paradigma de Bain referenda a lógica econômica clássica de que dada qualquer configuração de mercado, a expansão no tamanho desse mercado (viabilizada pelo aumento da demanda de seus produtos), não acompanhada de maneira imediata pelo aumento da produção, gerará um crescimento nos lucros dos fabricantes do setor. O aumento dos lucros do setor, por sua vez, incitará novos entrantes a superarem eventuais barreiras econômicas de produção, para também participarem do mercado, objetivando seus bons retornos. Com a efetiva entrada de novos agentes e aumento da oferta de bens, os preços do mercado tendem a diminuir, atingindo seus padrões originais, de antes do aumento de demanda, em um patamar chamado de preço de equilíbrio.

Nesse clássico modelo, a análise das barreiras de mercado impostas aos novos possíveis entrantes tem papel fundamental. Se as barreiras aos novos entrantes forem excessivamente altas, o equilíbrio de longo prazo do mercado mostrar-se-á pouco provável, incitando outras medidas para manutenção do bem-estar econômico, tais como a intervenção estatal, por exemplo. O elemento mais comumente explorado

1. Cf. Joe Bain, *Barriers to New Competition*, 1956.

quando se procura investigar barreiras à entrada em um setor econômico é o custo de instalação de plantas industriais minimamente eficientes. Os custos de instalação de plantas industriais não serão, porém, as únicas ou mesmo as mais significativas barreiras à entrada, em muitos ramos da indústria.

Este trabalho tem como objetivo principal apresentar um modelo teórico alternativo ao modelo de "Estrutura-Conduta-Desempenho" para explicação das estruturas de mercado em Organização Industrial. O modelo a ser explorado é chamado de Custos Irrecuperáveis, e foi modernamente elaborada pelo teórico inglês, atual professor da *London School of Economics*, John Sutton.[2] Segundo o modelo de Custos Irrecuperáveis, as mais relevantes barreiras à entrada, em alguns mercados, não são correspondentes à instalação de plantas industriais, mas sim custos de diferenciação dos produtos. Desse modo, o modelo tem o mérito de alertar para a importância de análise de custos de entrada relacionados a gastos com publicidade e investimentos em Pesquisa e Desenvolvimento, bem como outros processos de diferenciação vertical dos produtos.[3]

A relação entre tamanho do mercado e estrutura concorrencial do mercado está no centro das análises do paradigma de Sutton. O ponto fundamental de sua teoria aponta que a relação de causalidade entre grande tamanho de mercado (muita demanda) e baixa concentração (produção pulverizada), tradicionalmente vista como pertinente a todas as indústrias em geral, por influência do paradigma de Bain, só é pertinente a um certo grupo de indústrias. Mais importante: não é válida para indústrias em que publicidade e Pesquisa e Desenvolvimento têm papel significativo.

2. Cf. John Sutton, *Sunk Costs and Market Structure – Price Competition, Advertising and the Evolution of Concentration*, 1991.

3. Para investigação dos outros elementos de economias de escala interferentes no processo de diferenciação vertical, v. Sutton, cap. 14.

As constatações do modelo de Custos Irrecuperáveis têm imediato impacto na maneira como os órgãos estatais responsáveis pelo resguardo da concorrência devem lidar com a concentração de algumas indústrias. No paradigma de Sutton o poder de mercado já não é medido pelo número de participantes do mercado, bem como não admite que a estrutura concorrencial possa ser presumida em função de uma baixa concentração entre os participantes do mercado. Ao contrário, a grande concentração pode representar um estágio máximo de concorrência.

Este texto é estruturado, inicialmente, com a apresentação do contexto empírico de motivação da pesquisa que promoveu a criação do paradigma de Sutton, que, ao contrário do paradigma de Bain, estabelece uma correlação negativa entre concentração e tamanho dos mercados. Nos tópicos seguintes, com o objetivo de apresentar as minúcias dos modelos e com base na teoria dos jogos, explica-se a diferenciação dos tipos de custos irrecuperáveis entre endógenos e exógenos para cada um dos paradigmas. Por fim, estabelece-se um confronto entre o modelo de Estrutura-Conduta-Desempenho, de Bain, e o modelo dos Custos Irrecuperáveis, de Sutton. A conclusão retoma o caminho de explicação dos modelos e aponta para a necessidade de que a saúde da concorrência seja pensada a partir das referências do novo paradigma que a literatura estabelece.

2. Contextualização do trabalho de Sutton

Sutton inicia seu livro apontando a constatação empírica de que a estrutura de concentração de empresas de algumas indústrias é muito similar, mesmo em diferentes países. Segundo ele, é uma regularidade empírica que um setor industrial dominado por poucas firmas em um país, também seja dominado por poucas firmas em qualquer outro lugar do mundo. A maioria dos estudos, diz, justifica essa similaridade espacial (historicamente constatada por muito economistas,[4] mas jamais investigada com a devida atenção), como um reflexo de necessidades tecnológicas e gostos de demanda muito parecidos. Por esse motivo, a estrutura de equilíbrio da indústria também seria muito parecida em todos os países. Sutton rejeita essa explicação, deslocando-se do ramo de estudiosos que se filiam a essa visão mais clássica e insere sua obra no rol das investigações que primam pela explicação obtida por variáveis como características essenciais da indústria (destacadamente, graus de economias de escala, intensidade em propaganda e investimentos em Pesquisa e Desenvolvimento).

2.1 *A pesquisa empírica*

A história da industrialização de bens homogêneos é responsável pela reconstrução do argumento de Sutton. A demonstração da regularidade empírica é feita com uma série de exemplos, devidamente submetidos a sua metodologia econométrica. O trabalho é embasado no estudo de vinte indústrias nos ramos de comidas e bebidas (sal, açúcar, farinha, pão, embutidos, vegetais enlatados, comida congelada, sopas desidratadas, margarina, refrigerantes, cereais matinais, água mineral, confeitos de açúcar, confeitos de chocolate, café torrado, café instantâneo, bolachas, comida para animais, comida para bebês e cerveja), em seis países (França, Alemanha, Itália, Japão, Inglaterra e Estados Unidos).

2.1.1 *Sensibilizando o leitor à hipótese da pesquisa*

Para ilustrar a sistemática da análise de Sutton, tome-se um exemplo hipotético do mercado de açúcar cristal. Imagine o leitor, brasileiro ou não, alguma marca de açúcar. Veio-lhe um nome? Indício de que Sutton está certo! O açúcar cristal é, a princípio, um produto homogêneo, sem muitas possibilidades de diferenciação. O que faz, então, com que uma marca seja preferida a outra, ou que uma marca seja lembrada e outras não? A resposta mais evidente poderia ser o preço, mas ao confrontarmos os dados de Sutton, pode-se pensar que o critério de escolha de uma marca sobre outra, ainda que mais cara, é na verdade o desenho do logo da empresa, a forma da embalagem, ou a memória da bela modelo que fez a propaganda do açúcar na televisão. O açúcar com bela modelo e o açúcar sem bela modelo são o mesmo produto? Sutton diz: *não*. Do mesmo modo, cereais matinais. Pergunte-se a uma criança de seis anos se a granola feita domiciliarmente pode lhe proporcionar a "força do tigre" (como outros produtos adquiridos nos supermercados). Se a resposta for negativa, há mais um indício do acerto de Sutton. Se toda água mata a sede, por que Perrier é um sucesso incomparável de vendas no mundo? Seu gato prefere mesmo aquela marca, ou, com fome, de bom grado outras comeria?

3. *Esboço do modelo dos custos irrecuperáveis, o paradigma de Sutton*

O ponto de partida teórico de Sutton, uma vez identificada a regularidade empírica da correlação negativa entre concentração e mercado, acima desenvolvida, é a literatura de diferenciação de produtos. Para ele, publicidade e Pesquisa e Desenvolvimento podem ser ambos pensados como custos irrecuperáveis que aumentam o nível de preços que o consumidor estaria disposto a pagar pelo produto da empresa que incorreu em tais custos. Firmas que se disponham a incorrer em custos de publicidade ou Pesquisa e Desenvolvimento geram uma estrutura competitiva com as ou-

4. Sutton cita Phillips (1971), George & Ward (1975) e Schmalensee (1989). Cf. J. Sutton, (1991) p. 4.

tras firmas que também investem na diferenciação de seus produtos. Como os custos de diferenciação são muito altos, poucas firmas concorrem, ainda que o façam de modo intensivo. Como há um grande número de participantes que não se dispõem a incorrer com gastos de publicidade ou tecnologia, fica garantida uma franja de produtores capaz de atender à demanda de um público que também não se dispõe a pagar pela diferenciação promovida pelas empresas líderes.

4. Análise dos custos irrecuperáveis exógenos

Neste tópico será estudado o custo exógeno para o início da produção de uma indústria de bens homogêneos. A figura dos custos exógenos explica as barreiras externamente impostas para a entrada de uma firma na estrutura industrial de um setor. Pode ser representada de modo satisfatório pelos custos incorridos na aquisição de uma planta produtiva minimamente eficiente. Essa planta deve ser entendida como desprovida de qualquer valor de revenda e, portanto, de valor irrecuperável.

Duas explicações para os custos irrecuperáveis exógenos podem ser tomadas. A primeira corresponde ao parâmetro da teoria clássica do modelo de Estrutura-Conduta-Desempenho, de Bain. A seguinte é referente ao modelo dos Custos Irrecuperáveis, de Sutton.

4.1 Custos irrecuperáveis exógenos no modelo de Estrutura-Conduta-Desempenho, o paradigma de Bain

Considerando que os únicos custos irrecuperáveis sejam os chamado *setup costs*, ou seja, os custos necessários para o início das atividades da firma na indústria (conforme interpretação do termo *setup*), à medida que o mercado (medido pela população dos consumidores) aumenta, o número de equilíbrio das firmas entrantes também aumenta, fazendo com que a concentração caia indefinidamente.

Para observar essa conduta por uma perspectiva da teoria dos jogos, associa-se a opção de entrada (e os *setup costs*) ao estágio 1 do jogo. O estágio 2 do jogo é aquele em que as firmas que já passaram pelo estágio 1, passam a concorrer entre si. Para que haja essa situação, deve-se notar que a entrada deve ocorrer no estágio 1 até o ponto em que os lucros (estágio 2) do último entrante cubram os custos irrecuperáveis de entrar no estágio 1. Para qualquer nível de concentração da indústria, qualquer aumento no tamanho do mercado fará com que o aumento de lucros desse mercado induza novas firmas a nele entrar. Desse modo, a concentração pode cair indefinidamente à medida que o tamanho do mercado aumenta. Quando se analisa o estágio 2, a concentração é tomada como fixa, sendo inerente ao resultado tomado no estágio 1, o qual não é reversível (isto é, envolve custos irrecuperáveis). Isso quer dizer que se pode construir na análise desse jogo a tradicional hipótese do modelo de Estrutura-Conduta-Desempenho: os preços caem quando a concentração cai.

ESTRUTURA DO JOGO EM DUAS ETAPAS, NA PERSPECTIVA DE ESTRUTURA-CONDUTA-DESEMPENHO

Decisão de entrada (*setup costs* determinam a entrada no jogo)	→	Competição de preços (equilíbrio decorrente da decisão de entrada no estágio 1)
Estágio 1		Estágio 2

4.2 Custos irrecuperáveis exógenos no modelo de custos irrecuperáveis, o paradigma de Sutton

Diferentemente do paradigma de Bain, o paradigma de Sutton associa concentração a preços ou unidades marginais. Essa função será afetada por atrações do mercado, como a natureza física do produto (produto homogêneo *versus* produto diferenciado) e a estrutura de competição do mercado (pequena disputa ou guerra de preços). Considerando a homogeneidade dos custos fixos incorridos para a entrada, o nível de participantes do mercado será determinado unicamente pelo dia-a-dia da política de preços.

Essa idéia é também satisfatoriamente disposta com o uso de uma estrutura de jogo em duas etapas. Representa-se a decisão da firma em dois estágios: no estágio 1 do jogo, cada agente, de uma gama de potenciais entrantes, decide se quer entrar ou não. No estágio 2, as firmas que entraram estabelecem seus respectivos preços de acordo com a competição que se configura (mas não em função dos *setup costs* do estágio 1, ponto que diferencia este modelo daquele de Estrutura-Conduta-Desempenho).

Essa maneira de apresentar os *setup costs* tem uma aplicação de importância imediata, qual seja a de que preços estabelecidos na segunda etapa do jogo só dependem dos *setup costs* de maneira indireta, ou seja, apenas pela decisão de entrada no jogo na etapa 1. Isso gera a conclusão de que erros envolvendo excesso de entrantes na indústria pode gerar perdas, uma vez que a determinação dos preços a serem praticados só é determinada no estágio 2, e que o grau de competição do estágio 2 pode não ser suficiente para cobrir os gastos com a decisão de entrada tomada no estágio 1. A decisão de entrada das firmas dependerá do jogo entre o nível de *setup costs* incorridos no estágio 1 e da intensidade da competição de preços no estágio 2. Quanto maior o grau de competição no estágio 2, menores os lucros dos entrantes e menor o número de firmas que escolherão entrar. O equilíbrio da estrutura reflete, então, a tensão entre o nível do *setup costs*, que devem ser compensados *ex-post*, e a intensidade da competição de preços para os próximos entrantes. Mais entrantes significam menores preços, mas quanto menores os preços (para qualquer número de entrantes), menos atrativa será a entrada.

ESTRUTURA DO JOGO EM DUAS ETAPAS, NO MODELO DE CUSTOS IRRECUPERÁVEIS, NO PARADIGMA DE SUTTON

Decisão de entrada (*setup costs* iguais para todos os entrantes)	→	Competição de preços (dificuldade da competição determina a entrada no jogo)
Estágio 1		Estágio 2

4.3 Comparando as diferenças

A explicação de Sutton para os custos irrecuperáveis exógenos confirma o resultado do paradigma de Bain, mas o faz com outras justificativas. Na explicação de Sutton, de acordo com a intensidade da competição estabelecida no estágio 2, o nível de equilíbrio de concentração será correspondentemente maior. A intuição que delineia esse resultado é a de que a previsão de um regime muito duro de competição faz com que a entrada seja menos atrativa, aumentando o nível de equilíbrio da concentração. Um dos maiores benefícios da formulação do jogo em dois estágios é que ele permite uma elegante desmistificação da visão tradicional dos efeitos de estrutura-conduta-desempenho (alta concentração implica altas margens e altos lucros).

Em resumo: quando os custos irrecuperáveis são exógenos, e quando as firmas oferecem produtos homogêneos, o nível de equilíbrio da concentração pode cair em razão do tamanho do mercado e dos *setup costs*, segundo o modelo de Estrutura-Conduta-Desempenho, do paradigma de Bain, mas deve aumentar de acordo com a dureza da competição, inovação introduzida pelo modelo de Custos Irrecuperáveis, do paradigma de Sutton.

5. *Custos irrecuperáveis endógenos no modelo de custos irrecuperáveis, o paradigma de Sutton*

As atenções voltam-se agora para o caso dos custos irrecuperáveis endógenos. Custos irrecuperáveis endógenos são aqueles determinados pelas próprias firmas para ganho de participação no mercado ou para a mera manutenção de sua participação no mercado. Os componentes desses custos podem ser de vários tipos. Os exemplos mais óbvios, ainda que não os únicos, como já mencionado, são custos com publicidade e Pesquisa e Desenvolvimento.

De acordo com o paradigma de Estrutura-Conduta-Desempenho, os custos irrecuperáveis exógenos implicariam aumento em relação aos *setup costs* envolvidos para entrada no mercado, adequadamente entendidos como componentes do estágio 1 do jogo representado no item 4.1. O modelo de Sutton quebra essa construção.

A consideração dos custos irrecuperáveis endógenos implica a necessidade de estabelecimento de mais um estágio na configuração do jogo representativo do paradigma de Sutton. Conforme visto anteriormente, o estágio 1 do modelo de Sutton estabelece os *setup costs* da firma, mas apenas o estágio 2, caracterizado pela dureza da competição, será capaz de determinar o preço de equilíbrio dos bens. Os custos irrecuperáveis exógenos inserem uma nova etapa de investimentos para diferenciação do produto, fazendo com que a competição já não aconteça apenas pelos preços, mas aconteça simultaneamente por preços e produtos, o que caracteriza um novo padrão para o estágio 3.

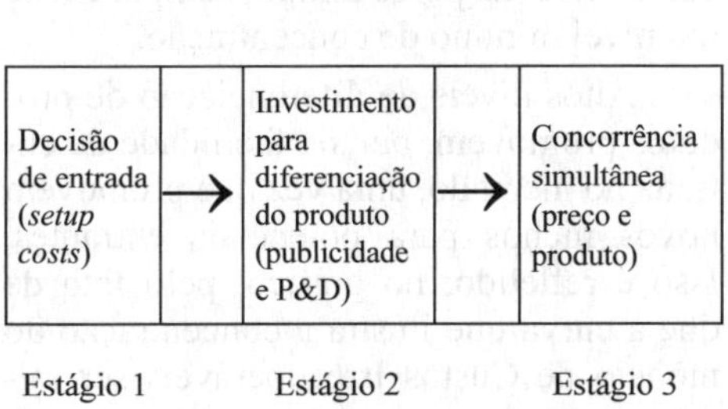

Dadas tais circunstâncias, o aumento no tamanho do mercado não leva a uma fragmentação da estrutura do mercado. Uma corrida competitiva por aumento dos custos irrecuperáveis endógenos do estágio 2 do jogo aumenta o nível de equilíbrio dos custos irrecuperáveis incorridos pelas firmas, diminuindo os participantes do estágio 3. Suponha-se que grandes custos com publicidade (ou P&D) incorram no estágio 2 do jogo. A empresa pode aumentar a demanda por seus produtos no estágio 3 (isto é, para quaisquer preços praticados por outras firmas, a demanda da firma que incorreu em custos irrecuperáveis exógenos é maior). A conclusão é que o jogo no estágio 2 pode envolver uma escalada competitiva das firmas por custos de publicidade, o que gera maiores níveis de custos irrecuperáveis no equilíbrio. Ao mesmo tempo, os custos irrecuperáveis do estágio 2 aumentam o tamanho do mercado. Destaque-se que quanto maior for o tamanho do mercado — e os lucros obteníveis no estágio 3 — maiores serão os custos irrecuperáveis na situação de equilíbrio do estágio 2. Resta óbvio, portanto, que quanto mais alto o retorno, no estágio 3, mais baixo o nível de equilíbrio de concentração da indústria. O que não é óbvio, aponta Sutton, é que esse seja um resultado apenas possível. Para Sutton este é um resultado necessário para todas as indústrias que se servem de publicidade e tecnologia de modo intensivo.

As observações feitas convergem para uma questão de impacto, a qual relaciona a efetividade dos custos fixos (publicidade) em estimular a demanda do produto e a aptidão dos consumidores em pagarem por ela. Sutton não propõe que a demanda pelo produto e a vontade dos consumidores em adquiri-lo cresça indefinidamente, de acordo com os maiores dispêndios em publicidade. Uma tal assunção seria bastante implausível. O dado que se presume, na verdade, é que tais custos podem induzir uma fração dos consumidores a escolher os produtos de uma determinada firma a um preço que exceda o custo variável de produção unitária da firma. O que importa para os resultados de Sutton é que esse comportamento continua, ainda que os investimentos em publicidade da firma já sejam muito altos.[5]

6. Manutenção das franjas no paradigma de custos irrecuperáveis, de Sutton

A diferenciação promovida pelos gastos com custos irrecuperáveis endógenos concentra o mercado, mas não inviabiliza a participação de uma ativa franja, cuja demanda provém dos consumidores que não se dispõem a pagar pelos custos de publicidade e inovações tecnológicas.

Coexistem, pois, duas estruturas para um mesmo mercado: a das firmas que diferenciam seus produtos e compõem uma estrutura muito concentrada e a das firmas que não investem na diferenciação dos bens, que permanecem homogêneos, gerando uma estrutura de concorrência perfeita (em que o preço de venda coincide com a receita marginal e que responde aos estímulos de oferta e demanda de maneira clássica).

6.1 Explicação de Sutton para a concorrência com diferenciação e a explicação de Bain para o comportamento da franja

Pode-se concluir, portanto, ainda que Sutton assim não preveja de maneira expressa, que a franja responde aos estímulos do paradigma de Bain, de acordo com o modelo Estrutura-Conduta-Desempenho, de modo convencional. A ocorrência dos custos exógenos e endógenos, na maneira como Sutton os prevê, não só não é pertinente para todas as indústrias (só para aquelas que diferenciam seus produtos) como também não é pertinente para explicar a franja do mercado de bens homogêneos que apresentam possibilidade de diferenciação. Coexistiriam, é plausível acreditar e, conseqüentemente, de alguma maneira criticar Sutton, que existiriam estruturas distintas para um mesmo mercado.

7. Confronto gráfico dos paradigmas

As investigações até aqui elaboradas trazem contribuições quanto à natureza das relações entre concentração e tamanho do mercado. A visão do modelo de Estrutura-Conduta-Desempenho é a de que mercados grandes implicam concentração pequena. A visão do modelo de Custos Irrecuperáveis, por sua vez, introduz grandes concentrações, independentemente no tamanho dos mercados, para as indústrias que admitem algum tipo de diferenciação de produto. Algumas conclusões de toda essa discussão podem ser expressas nos comentários sobre o gráfico que segue abaixo.

O modelo de Estrutura-Conduta-Desempenho tende a zero se o mercado for muito grande. Pelo modelo dos Custos Irrecuperáveis a concentração não tende a zero à medida que o mercado aumenta. Na verdade, independentemente do tamanho que o mercado possa atingir, sempre existe um nível mínimo de concentração.

Altos níveis de diferenciação de produtos promovem, *per se*, facilidade de entrada no mercado, uma vez que promovem novos nichos para potenciais entrantes. Isso é refletido, no gráfico, pelo fato de que a curva que ilustra a concentração do modelo de Custos Irrecuperáveis ser ini-

5. A função ética da publicidade é um ponto de relevância indubitável para a sociedade, não se furtando Sutton de tal mencionar. Usar a publicidade como forma exclusiva de aumento de demanda, e não de promoção de informações sobre o produto, subverte uma série de valores sociais desejados. Torna-se debate pouco profícuo, todavia, tentar descobrir as circunstâncias em que a publicidade assume tal ou qual característica predominante. A despeito das deletérias conseqüências sociais do uso da propaganda, fato é que o modelo assume sua função de aumento de demanda.

cialmente inferior à curva representativa do modelo Estrutura-Conduta-Desempenho.

Uma vez que a diferenciação de produtos torna a propaganda mais efetiva, isso fará com que os índices de concentração aumentem. Isso é refletido, na banda direita do gráfico, com a curva linear de uso de custos de diferenciação estando acima da curva do modelo de Estrutura-Conduta-Desempenho.

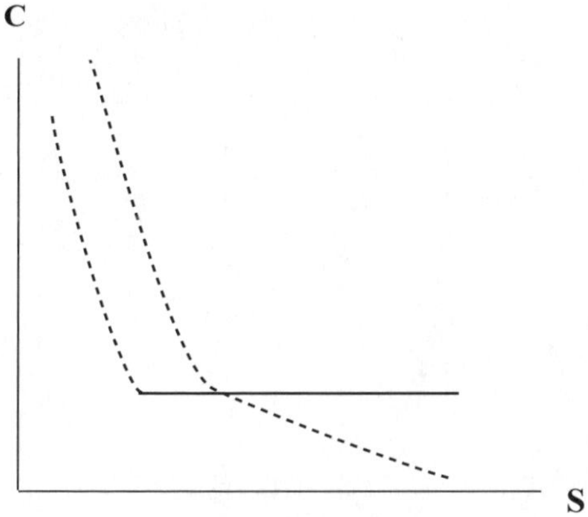

——— Custos irrecuperáveis endógenos

- - - Estrutura-Conduta-Desempenho

8. *Conclusão*

O objetivo deste estudo foi apresentar os principais resultados do paradigma de Sutton, que se propõe a dar uma nova explicação para a correlação entre níveis de concentração e tamanho de mercados. A partir de observações empíricas, que apontam para uma correlação negativa entre concentração e tamanho dos mercados, passou-se pela descrição de dois mecanismos básicos, cada qual com implicação em menores limites da taxa de equilíbrio da concentração em grandes mercados. O primeiro desses limites refere-se ao caso em que os custos irrecuperáveis são dados exogenamente. O segundo torna-se relevante apenas quando os custos irrecuperáveis são determinados de maneira endógena. Viu-se ainda que a ocorrência dos custos irrecuperáveis exógenos só existe para as firmas que diferenciam seus produtos, o que viabiliza a manutenção de uma franja de firmas que não diferenciam seus produtos e que atendem à demanda dos consumidores que não estão dispostos a pagar mais por um produto diferenciado.

Ao longo do texto, a estrutura do modelo de Custos Irrecuperáveis, do paradigma de Sutton, foi confrontada com as colocações do modelo de Estrutura-Conduta-Desempenho, do paradigma de Bain. A expressão paradigma não foi utilizada aqui por acaso. Seguindo a orientação de Kuhn, o termo *paradigma* segue aqui sua acepção forte, no estrito sentido de superação tecnológica. A relação entre Bain e Sutton é a mesma um dia vivida por Ptolomeu e Copérnico. Este trabalho aponta que, para mercados com produtos diferenciáveis, sujeitos a investimentos irrecuperáveis exógenos, o modelo de Bain chegou à exaustão; já não se pode mais (e para tal corroboram as evidências empíricas), afirmar que grandes mercados induzam a pequenas concentrações. O reflexo mais imediato dessa constatação reflete-se na necessidade de que os órgãos estatais responsáveis pela regulação da concorrência incorporem o novo paradigma de explicação da correlação entre concentração e tamanho de mercado e assumam que a maior concentração pode ser a conformação mais benéfica para a competição, nos mercados com as características neste texto descritas.

9. *Bibliografia*

BAIN, Joe S. *Barriers to New Competition*. Cambridge, Harvard University Press, 1956.

______. "Structure *versus* conduct as indicators of market performance", *Antitrust Law and Economic Re*view, fev./1986.

BRUMER, S. *Estrutura, Conduta e Desempenho de Mercado da Indústria Metal-Me-*

cânica Gaúcha. Ed. Fundação de Economia e Estatística, 1977.

CAVES, R. *Estrutura Industrial Americana*. Ed. Zahar, 1964.

KHUN, Thomas. *A Estrutura das Revoluções Científicas*. São Paulo, Perspectiva, 1994.

MANKIW, N. Gregory. *Introdução à Economia*. Rio de Janeiro, Elsevier, 2004 (original *Principles of Economics*, The Dryden Press, 2001).

SALOMÃO FILHO, Calixto. *Direito Concorrencial: as Estruturas*. São Paulo, Malheiros Editores, 1998.

______. *Direito Concorrencial: as Condutas*. São Paulo, Malheiros Editores, 2003.

SUTTON, John. *Sunk Costs and Market Structure – Price Competition, Advertising and the Evolution of Concentration*. Cambridge, The MIT Press, 1991.

______. *Technology and Market Structure – Theory and History*. Cambridge, The MIT Press, 2001.

A ARBITRAGEM E O MERCADO DE CAPITAIS

HAROLDO MALHEIROS DUCLERC VERÇOSA

1. O campo da arbitragem. A arbitrabilidade. 2. A arbitragem e as companhias. 3. Conceito e integrantes do mercado de capitais. 4. A arbitragem e o mercado de capitais: 4.1 O papel do CMN, do BCB e da CVM e a arbitrabilidade; 4.2 As Bolsas de Valores, as corretoras e a arbitrabilidade; 4.3 A arbitrabilidade e o Novo Mercado; 4.4 Intermediários e prestadores de serviço no mercado e a arbitrabilidade; 4.5 As companhias e a arbitrabilidade. Conclusão. Bibliografia.

1. O campo da arbitragem. A arbitrabilidade

O campo em que se pode desenvolver a arbitragem ou, como também se pode designar, a esfera da arbitrabilidade, foi dado pelo art. 1º da Lei 9.307, de 23.9.1996, nos termos abaixo:

> Art. 1º. As pessoas capazes de contratar poderão valer-se da arbitragem para *dirimir litígios relativos a direitos patrimoniais disponíveis.*

O tema está sujeito à aplicação do princípio "*kompetenz-kompetenz*" (competência-competência), segundo o qual é o próprio Tribunal Arbitral competente para decidir se a matéria a ele submetida preenche ou não o requisito da arbitrabilidade. Nestes termos, o instituto em questão consiste em prerrogativa a ser exercida com a máxima diligência, tendo em vista os efeitos negativos de uma decisão errônea. Mesmo que, no exercício de um verdadeiro poder jurisdicional de que são revestidos, os árbitros não possam ser responsabilizados pelos prejuízos causados por haverem tomado uma decisão inadequada em termos de arbitrabilidade (a qual depois venha a ser derrubada pelo Judiciário), a demora na reparação de tal erro certamente prejudicará ao menos uma das partes na pendência a ser resolvida.

Abram-se parênteses para esclarecer que a questão da responsabilidade civil e penal dos árbitros não será abordada neste trabalho, por fugir ao seu objeto, remetendo-se o leitor, entre outras fontes sobre tal questão a Carlos Alberto Carmona.[1]

Passando a discutir o campo da arbitrabilidade, verifica-se que *direitos patrimoniais* são aqueles relativos ao patrimônio das pessoas (naturais ou jurídicas), sabendo-se que o patrimônio é definido como o conjunto das relações jurídicas ativas e passivas suscetíveis de avaliação econômica. Neste sentido, como é notório, o ar atmosférico não corresponde a um bem econômico, enquanto a resposta é afirmativa quanto ao oxigênio líquido usado para fins industriais ou hospitalares.

De sua parte, *disponíveis* são os direitos em relação aos quais os seus titulares podem efetuar operações econômico/jurídicas, *transacionando* em relação aos mesmos. De maneira geral, como se sabe, os direitos de propriedade são disponíveis,

1. *Arbitragem e Processo – Um Comentário à Lei n. 9.307/1996*, 2ª ed., 2004.

caracterizando uma exceção legal em relação aos direitos relativos à herança de pessoa viva (NCC, art. 426).

Para Carlos Alberto Carmona são disponíveis os bens que podem ser livremente alienados ou negociados, por se encontrarem desembaraçados, uma vez atendido o pressuposto de que o alienante tenha plena capacidade jurídica para tal finalidade. Mais adiante o mesmo autor procura esclarecer ainda mais seu pensamento aduzindo que são arbitráveis as causas que tratem de matérias sobre as quais o Estado não haja criado reserva específica por conta da proteção dos interesses fundamentais da coletividade, desde que as partes possam livremente dispor do bem sobre o qual existe uma pendência. Neste sentido, são arbitráveis as controvérsias em relação às quais os litigantes possam transigir.[2]

No mesmo sentido, Selma Lemes afirma que os direitos patrimoniais disponíveis são aqueles em relação aos quais as partes têm livre disposição, com o fim de praticarem atos da vida civil. Acrescenta a autora que "o conceito de disponibilidade está relacionado com o de negocialidade e de bens suscetíveis de valor e livres no mercado".[3]

2. *A arbitragem e as companhias*

De outro lado, a Lei 6.404/1976, com a nova redação dada ao art. 109, § 3º pela Lei 10.303/2001, estendeu o campo original da arbitragem dispondo que:

> O estatuto da sociedade pode estabelecer que as divergências entre os acionistas e a companhia ou entre os acionistas controladores e os acionistas minoritários, poderão ser solucionados mediante arbitragem, nos termos em que especificar.

Antes de prosseguirmos no estudo da arbitragem no mercado de capitais é necessário, do ponto de vista metodológico, que verifiquemos as relações (se é que existem) entre os dois dispositivos legais que re-instituíram a arbitragem na história recente do direito brasileiro, ou seja, conforme as hipóteses possíveis: (*i*) se a Lei 9.307/1996 e a LSA integram-se reciprocamente no campo sob exame, formando um único microssistema; ou (*ii*) se cada uma destas leis opera isoladamente, dentro de microssistemas independentes.

Aproveite-se para lembrar que o tema da arbitragem no mercado de capitais já foi objeto de alguns trabalhos, mas neles não se focou ao menos de forma mais incisiva a questão da arbitrabilidade, tal como é a intenção direta deste estudo.[4]

No primeiro caso, embora a LSA não haja feito menção, a matéria passível de arbitragem no campo das companhias também estaria limitada aos direitos patrimoniais disponíveis. Na segunda vertente, o campo da arbitragem em relação às sociedades anônimas teria sido sensivelmente ampliado, não se encontrando mais restrito às fronteiras da Lei 9.307/1996. Esta última parece ser a interpretação dada pela Câmara de Arbitragem do Mercado (CAM), que funciona sob a órbita da Bolsa de Valores de São Paulo (Bovespa), para a qual seria significativamente amplo o conceito de arbitrabilidade, sendo consideradas controvérsias arbitráveis, nos termos do seu Regulamento:

> *Todas* as controvérsias relacionadas ao mercado de capitais e às questões de cunho societário, decorrentes da aplica-

2. In *Arbitragem e Processo – Um Comentário à Lei 9.307/1996*, 2ª ed., pp. 56 e 57.

3. *Arbitragem na Administração Pública – Fundamentos Jurídicos e Eficiência Econômica*, p. 124.

4. Vejam-se, a este respeito, "Arbitragem como instrumento de desenvolvimento do mercado de capitais", de Uinie Caminha; e "As novas formas de atuação do advogado no mundo globalizado empresarial – A arbitragem no mercado de capitais", de Luiz Fernando do Vale de Almeida Guilherme. Os dois textos citados encontram-se na obra *Aspectos da Arbitragem Institucional – 12 Anos da Lei 9.307/1996* (org. Haroldo Malheiros Duclerc Verçosa), pp. 93 e 115, respectivamente.

ção, por exemplo, das disposições contidas na Lei das Sociedades por Ações, nos Estatutos Sociais das companhias, nos Contratos Sociais de sociedades limitadas, nos regulamentos de Fundos de Investimento, *nas normas editadas pelo Conselho Monetário Nacional, pela Comissão de Valores Mobiliários e pelo Banco Central* (destaques nossos).

No entanto, segundo nosso entendimento, a posição acima não merece ser acatada, tendo em vista que, tratando-se de instituto de caráter excepcional em relação à competência natural do Judiciário, a arbitragem foi instituída pela Lei 9.307/1996 e nesta deve subsumir-se a regra da LSA, mantendo-se íntegro o instituto dentro de uma concepção sistêmica unitarista que permitirá a construção de uma Teoria Geral da Arbitragem no direito brasileiro. Desta maneira, também em relação às companhias, está presente o limite relacionado aos direitos patrimoniais disponíveis quanto às sociedades anônimas, a ser determinado pelo operador do direito.

Mas a nossa preocupação vai mais além, pois o objeto deste estudo está relacionado com o exercício da arbitragem no mercado de capitais, cujos contornos devem ser, então, aqui demonstrados.

3. Conceito e integrantes do mercado de capitais

Como se sabe, o mercado de captais é regido fundamentalmente pela Lei 6.385, de 7.12.1976, encontrando na LSA normas complementares. Pode-se definir aquele mercado como o *conjunto de instituições financeiras, companhias, entidades e operações relacionadas aos valores mobiliários*. Os *valores mobiliários*, por sua vez, estão definidos mediante a adoção pelo direito positivo brasileiro de uma relação fechada, mesmo que de natureza ampla, conforme o disposto no art. 2º da Lei 6.385/1976, tanto do ponto de vista positivo, quanto negativo. Segundo outra possível visão, mais aberta, o mercado de capitais poderia ser definido pelo fato da negociação de valores mobiliários, que seria o seu objeto. Quanto às Bolsas de Valores, instituições financeiras, etc., classificar-se-iam como agentes intervenientes. Daí que o conceito de arbitrabilidade no caso seria mais amplo.

Art. 2º. São valores mobiliários sujeitos ao regime desta Lei:

I – as ações, debêntures e bônus de subscrição;

II – os cupons, direitos, recibos de subscrição e certificados de desdobramento relativos aos valores mobiliários referidos no inciso II;

III – os certificados de depósito de valores mobiliários;

IV – as cédulas de debêntures;

V – as cotas de fundos de investimento em valores mobiliários ou de clubes de investimento em quaisquer ativos;

VI – as notas comerciais;

VII – os contratos futuros, de opções e outros derivativos, cujos ativos subjacentes sejam valores mobiliários;

VIII – outros contratos derivativos, independentemente dos ativos subjacentes; e

IX – quando ofertados publicamente, quaisquer outros títulos ou contratos de investimento coletivo, que gerem direito de participação, de parceria ou de remuneração, inclusive resultante de prestação de serviços, cujos rendimentos advêm do esforço do empreendedor ou de terceiros.

§ 1º. Excluem-se do regime desta Lei:

I – os títulos da dívida pública federal, estadual ou municipal;

II – os títulos cambiais de responsabilidade de instituição financeira, exceto as debêntures.

Embora a relação em causa encontre-se expressa na modalidade de *numerus clausus*, ela se torna extremamente ampla quando se tem em vista os incisos VIII e IX *enxertados* no texto originário do dispositivo em questão, entre outros, pela Lei 10.303/2001. A história do inciso IX está diretamente ligada ao famoso caso da quebra das "Fazendas Boi Gordo", e dos contratos de engorda de boi que foram colocados há alguns anos no mercado, cujo inadimplemento gerou enorme prejuízo para os seus adquirentes.

O aludido inciso IX do art. 2º da Lei 6.385/1976 tem inspiração direta no conceito doutrinário de *securities* do direito norte-americano, conforme se pode verificar a partir de estudo de Luiz Gastão Paes de Barros Leães, hoje considerado clássico, publicado na *RDM* n. 14/41, reportando-nos também a artigos de nossa autoria publicados nos números 105/74 e 108/91 da mesma *Revista*, onde procuramos desenvolver alguns pontos sobre este tema.

O art. 1º da Lei 6.385/1976 relaciona com precisão os campos de atividades inerentes ao mercado de capitais:

- emissão e distribuição de valores mobiliários no mercado;
- negociação e intermediação no mercado de valores mobiliários;
- negociação e intermediação no mercado de derivativos;
- organização, funcionamento e operações das Bolsas de Valores;
- organização, funcionamento e operações das Bolsas de Mercadorias e Futuros;
- administração de carteiras e custódia de valores mobiliários;
- auditoria das companhias abertas; e
- serviços de consultor e analista de valores mobiliários.

Observe-se que há um conflito ou superposição de competências quanto às operações com certos tipos de derivativos, como os de câmbio, de ouro e de juros, por exemplo. Como se sabe, a competência originária nestes campos foi atribuída ao Banco Central do Brasil pelos arts. 4º, IX, e 11, III, da Lei 4.595/1964 e não à CVM. Este assunto, no entanto, foge ao objetivo do presente estudo.

4. A arbitragem e o mercado de capitais

No tocante à arbitragem no mercado de capitais, é necessário identificar-se os sujeitos que nele atuam em relação aos valores mobiliários, para o fim de verificarmos sua natureza jurídica e qual seria o setor deste mercado aberto para a solução de pendências por via de arbitragem. Tais sujeitos são:

- Conselho Monetário Nacional – CMN;
- Banco Central do Brasil – BCB;
- Comissão de Valores Mobiliários – CVM;
- Bolsas de Valores;
- Instituições financeiras e assemelhadas na realização de operações com valores mobiliários;
- Fundos de Investimento;
- Companhias abertas;
- Auditorias independentes;
- Consultores e analistas de valores mobiliários;
- Acionistas; e
- Investidores.

4.1 O papel do CMN, do BCB e da CVM e a arbitrabilidade

O CMN, órgão de cúpula do Sistema Financeiro Nacional – SFN – tem função normativa em relação ao mercado de capitais. De seu lado, a CVM exerce papel em parte normativo de terceiro grau, em parte *executivo*, pois lhe compete conceder autorizações diversas e fiscalizar os agentes do mercado que estão a ela legalmente subordinados (Bolsas, corretoras e distribuidoras de valores mobiliários, bancos intermediários na colocação de valores mobiliários no mercado, acionistas, investidores, etc.).

Por sua vez, conforme foi visto acima, a competência do BCB no tocante aos valores mobiliários é de natureza residual, mas inafastável.

Os órgãos acima referidos, na qualidade de agentes diretos do Poder Executivo e dotados de competência legal específica, evidentemente não podem estar sujeitos à contestação das normas deles emanadas e dos atos por eles praticados pela via arbitral. As relações que estabelecem frente aos demais agentes do mercado são de natureza pública institucional e não privada (contratual ou de outra natureza).

Eventuais medidas a serem intentadas contra os órgãos supra mencionados somente podem encontrar o caminho do Judiciário (e, neste caso, perante a Justiça Federal), como seria o caso de se pretender argüir a inconstitucionalidade de uma resolução do CMN, de uma circular do BCB ou de uma instrução da CVM. A arbitragem absolutamente não se aplica aqui.

4.2 As Bolsas de Valores, as corretoras e a arbitrabilidade

No que respeita às Bolsas de Valores, percebe-se que elas também exercem uma função institucional de interesse público ao lado de relações privadas de natureza contratual. Vejamos, por exemplo, o que dispõe a respeito o regulamento da Bovespa:

Analisar, supervisionar e fiscalizar:

• as operações e as atividades dos Participantes que atuam nos mercados de bolsa e de balcão organizado;

• as atividades dos Agentes que desenvolvem atividades de compensação e liquidação de operações e/ou de custódia;

• o cumprimento das normas legais e regulamentares emitidas pelos órgãos reguladores e auto-reguladores a que estejam sujeitos Participantes e Agentes, apontar eventuais deficiências verificadas no cumprimento das mesmas e acompanhar os programas e medidas adotadas para saná-las;

• o cumprimento das normas legais e regulamentares emitidas pelos órgãos reguladores e pela BSM a que estejam sujeitas as operações realizadas pela BVSP e CBLC, apontar eventuais deficiências verificadas no seu cumprimento e acompanhar os programas e medidas adotadas para saná-las;

• o cumprimento, por parte da BVSP e da CBLC, das obrigações dos emissores de títulos e valores mobiliários listados na BVSP, apontar as deficiências verificadas e acompanhar os programas e medidas adotadas para saná-las;

Manifestar-se sobre a adequação e eficácia das normas regulamentares editadas pela BVSP e/ou CBLC, relativas às suas atividades;

Auditar os Participantes e Agentes que, respectivamente, atuam na BVSP e na CBLC, apontar as deficiências verificadas no cumprimento das normas legais e regulamentares e acompanhar os programas e medidas adotadas para saná-las;

Tomar conhecimento das reclamações efetuadas quanto ao funcionamento dos mercados organizados administrados pela BVSP e os serviços prestados pela CBLC, acompanhando seu andamento e as medidas adotadas para saná-las;

Prover suporte operacional e administrativo às atividades desempenhadas pelo *Ombudsman* do Mercado e pela Câmara de Arbitragem do Mercado (CAM);

Instituir, organizar, manter e prover suporte operacional e administrativo ao Conselho de Supervisão;

Colaborar com entidades nacionais ou estrangeiras congêneres, ou com outras que tenham por objeto discutir e deliberar sobre temas relativos às atividades desenvolvidas por seus Associados;

Estabelecer as normas e os regulamentos necessários ao desempenho de suas funções;

Atestar que a admissão à negociação na BVSP dos valores mobiliários emitidos pela Bovespa *Holding* está em conformidade com os requisitos previstos nas regras da BVSP aplicáveis aos demais emissores e monitorar continuamente esta conformidade;

Fiscalizar as operações com valores mobiliários de emissão da Bovespa *Holding* realizadas na BVSP com atenção às restrições e limites à sua negociação, estabelecidas em normas estatutárias, legais e contratuais, vedada a fiscalização por amostragem;

Comunicar imediatamente à CVM qualquer irregularidade na admissão dos valores mobiliários de emissão da Bovespa *Holding* na BVSP, no atendimento às condições para manutenção do registro desses valores mobiliários ou nas operações realizadas com eles; e

Exercer outras atividades expressamente autorizadas pela CVM.

Em todas as atividades acima, percebe-se a competência da Bovespa para editar normas e para exercer Poder de Polícia em relação aos sujeitos sob sua tutela. Portanto, pendências jurídicas contra a Bovespa em tal área não se caracterizam como ligadas a direitos patrimoniais disponíveis e, portanto, necessariamente encontram-se fora do campo da arbitragem.

Mas, ao mesmo tempo, as relações das Bolsas de Valores com as corretoras que atuam nos seus pregões apresentam um lado contratual inerente a direitos disponíveis, o que se coloca dentro do campo da arbitragem.

O trabalho do operador do direito residirá em distinguir no tocante às Bolsas de Valores quando exercem Poder de Polícia na qualidade de órgão auxiliar do Mercado de Capitais e quando atuam na celebração de contratos

4.3 A arbitrabilidade e o Novo Mercado

Tomando-se agora outro tópico a ser desenvolvido neste trabalho, sabe-se que, buscando incentivar a adesão de companhias ao mercado de capitais dentro de um projeto de aprimoramento da governança corporativa, a Bovespa criou o Novo Mercado, no qual as companhias aderentes (mercê da maior confiança que nelas depositariam em tese os investidores) encontrariam bases mais firmes para o crescimento e a consolidação de um efetivo mercado secundário de valores mobiliários (considerando-se que proporcionaria condições extremamente favoráveis à existência de liquidez e boa formação de preços). Isto decorre do fato de que no mercado de capitais se exige maior nível de transparência das decisões dos administradores, o que reduz a assimetria de informação entre a companhia e os investidores.

Neste sentido, a partir do momento em que a Bovespa, na regulação do Novo Mercado, obriga que as companhias nele listadas apresentem em seu estatuto social cláusula de arbitragem para que pendências eventuais sejam dirimidas necessariamente pela Câmara de Arbitragem do Mercado – CAM, duas observações devem ser feitas.

Em primeiro lugar, conforme visto acima, nem todas as pendências que surgem entre os sujeitos atuantes no mercado de capitais estarão sujeitas à arbitragem. Somente é cabível solução por esta via quando estiverem presentes direitos patrimoniais disponíveis. Em segundo lugar, a exigência estabelecida quanto a uma determinada e exclusiva câmara de arbitragem caracteriza-se como ilícita, por estabelecer um monopólio contrário à ordem econômica.

4.4 Intermediários e prestadores de serviço no mercado e a arbitrabilidade

Vejam-se, ainda, as relações no mercado de capitais, estabelecidas entre distribuidoras de valores mobiliários e outras instituições financeiras e a atuação dos analistas e consultores nesse mercado. Da mesma forma como acima demonstrado, existem intersecções de natureza institucional (não sujeitas à arbitragem) e outras de natureza contratual (portanto, factíveis de solução por meio deste instituto).

Um dos papéis mais importantes que as instituições financeiras exercem no mercado de capitais consiste na colocação primária de valores mobiliários, conhecida como "underwriting" ou subscrição pública. Há três tipos fundamentais de *underwrinting*, conforme abaixo:

(*i*) *Straight underwriting* (firme)

• Aquisição de toda a emissão para revenda.

(*ii*) *Standby underwriting*

• Aquisição das sobras de valores mobiliários não vendidos.

(*iii*) *Best efforts underwriting*

• Prestação do melhor dos esforços na colocação sem responsabilidade quanto aos valores mobiliários não adquiridos pelo mercado.

As relações presentes no *underwriting* são de natureza contratual (portanto disponível), o que faculta a solução das pendências surgidas no seu exercício por meio da arbitragem.

Quanto aos fundos de investimento, estes também estão sujeitos a uma tutela institucional por parte da CVM (campo não suscetível de solução de pendências por meio da arbitragem) e a uma tutela de natureza contratual com o seu administrador e seus participantes. Neste caso, os litígios podem ser resolvidos por meio de arbitragem. Mas atente-se que, quando os quotistas de fundos de investimento se encontrarem na condição de consumidores (destinatários finais), a inserção de cláusula compromissória nos contratos entre as partes dependerá do atendimento ao disposto no § 2º do art. 4º da Lei 9.307/1996, ou seja:

Nos contratos de adesão, a cláusula compromissória só terá eficácia se o aderente tomar a iniciativa de instituir a arbitragem ou concordar, expressamente, com a sua instituição, desde que por escrito em documento anexo ou em negrito, com a assinatura ou visto especialmente para essa cláusula.

Evidentemente a existência da relação de consumo aventada deve ser posta sob exame, não sendo este o momento para tal preocupação.

4.5 As companhias e a arbitrabilidade

Considerando-se a estrutura da LSA, devemos investigar se ela contém ou não institutos que correspondam a direitos pessoais ou a direitos patrimoniais indisponíveis, do que resultaria não serem as questões jurídicas surgidas em seu âmbito passíveis de solução pela via arbitral.

Fazendo-se uma apreciação da LSA de um ponto de vista bastante amplo, poder-se-ia dizer em uma primeira abordagem que a constituição de uma sociedade representaria o exercício de direitos patrimoniais disponíveis e, portanto, todo tipo de questões entre a sociedade e seus sócios e entre estes e o controlador estariam no campo da arbitragem. Para tanto seria tão-somente necessário que a previsão quanto ao uso do mecanismo supra citado estivesse presente no estatuto social, na forma do art. 109, § 3º, da LSA.

Não é o caso aqui de reabrir-se a discussão sobre a eficácia ampla ou parcial da AGE que altere o estatuto da companhia para a inclusão de uma cláusula compromissória. Mas basta reconhecer que tal alteração se estenderá aos acionistas atuais e futuros pelo fato de esta ser a conseqüência natural das deliberações assembleares, não se podendo aceitar que uma sociedade venha a ter tantos estatutos quantas forem as alterações que vierem a ocorrer no prazo de sua existência. Aos dissidentes das deliberações aprovadas cabe a retirada (quando a lei a prevê expressamente) ou a venda de suas ações no mercado. Os novos acionistas já entram na companhia sob o regime de um estatuto modificado, ao qual aderem e o conhecimento prévio dos seus termos é dado pelo acesso público via Junta Comercial livremente aberto a quem se interessar.

De outro lado, pode-se contrapor à interpretação acima o argumento no sentido de que existem institutos relativos às companhias (especialmente as abertas), eivados de interesse público, aos quais não corresponderiam direitos patrimoniais disponíveis. Além disto, no âmago das sociedades anônimas poderiam ser identificados direitos não patrimoniais puros, mas de natureza predominantemente pessoal. A partir da verificação da veracidade desta última hipótese, estaríamos em um campo de divergências que não seria suscetível de composição pela via arbitral. Vejamos algumas situações.

As ações ordinárias são dotadas necessariamente do direito de voto (art. 110, *caput*). Neste sentido ele seria de natureza essencial *absoluta*. A única restrição prevista na LSA a respeito corresponde à possibilidade do direito de voto ser limitado pelo próprio estatuto, desde que tal limitação não se caracterize como abusiva (art. 110, § 1º). Ora, caso o estatuto social tenha infringido estas regras originariamente ou por meio de uma decisão de assembléia geral, a matéria poderia ser dirimida por meio de arbitragem? Provavelmente não, porque a decisão dos fundadores na elaboração do estatuto social ou da maioria dos acionistas reunidos em assembléia geral teria disposto sobre direito alheio, de natureza indisponível. O direito de voto, por exemplo, pode ser exercido quanto a uma deliberação voltada para mudar a denominação da companhia em razão de proposta no sentido de que esta venha a homenagear o seu fundador recentemente falecido. Ora, no caso a restrição abusiva ao direito de voto não estaria posta em relação a alguma matéria de conteúdo patrimonial, a não ser que isto pudesse ser visto de forma muito longínqua. Afirma-se, ainda, que o direito de voto tem natureza política e não patrimonial, sendo, portanto, de natureza indisponível. O que ocorre é que a manifestação do direito de voto pode ter por objeto deliberações sobre direitos disponíveis e, aí sim, fixa-se o campo propício à arbitragem.

E se fosse o próprio acionista que houvesse negociado com a sociedade a eliminação definitiva do direito de voto correspondente às suas ações ordinárias em troca de algum tipo de compensação financeira? Seria lícita esta contratação? Caso ilícita, como acreditamos, um herdeiro do referido acionista poderia pleitear a anulação do negócio por meio de arbitragem?

Outro exemplo. Suponhamos que a maioria dos acionistas haja aprovado em AGE a supressão do Conselho Fiscal do estatuto social e passasse a negar, conseqüentemente, a sua instalação, mesmo diante do pedido de acionistas que atendesse os requisitos presentes no art. 161, § 2º, da LSA. Trata-se claramente de uma deliberação ilegal porque o instituto em tela é tratado pela lei como de existência obrigatória e funcionamento facultativo. Neste sentido, pergunta-se, seria um tribunal arbitral competente para declarar a nulidade da alteração estatutária acima mencionada? A resposta será afirmativa quando se vê no caso a afetação indireta de direitos patrimoniais, pois cabe ao conselho fiscal, entre outras competências, elaborar um laudo sobre as contas dos administradores.

Tenha-se em vista que os modelos societários no direito brasileiro são legalmente limitados. Não podem os interessados construir sociedades novas, estando obrigados à adoção daquelas que o legislador expressamente regulou. Neste sentido, o direito societário pátrio tornou-se cada vez mais institucionalizado, remanescendo pequena margem de liberdade aos sócios para regularem contratualmente os seus interesses. Veja-se, por exemplo, o que veio a ocorrer com a sociedade limitada diante do advento do Código Civil de 2001: um tipo essencialmente contratual passou à situação de uma sociedade presa pela camisa-de-força de regras imperativas incompatíveis com sua estrutura, de acordo com sua origem histórica e a finalidade para a qual foi criada.

Mesmo reconhecendo a possibilidade da criação de sociedades atípicas, Rachel Sztajn afirmou que nelas não poderão estar presentes normas que obriguem ou limitem direitos de terceiros que delas não participem, nem manifestem seu assentimento para serem por tais normas alcançados.[5]

A atipicidade das sociedades, possível dentro do campo limitado de manobra dos sócios, por outro lado, não pode consistir em regramentos individualizados que viessem a ser objeto de negociações particulares entre o ente social e seus sócios que, em tese, teriam transigido individualmente sobre direitos patrimoniais disponíveis, suscetíveis de gerarem litígios a serem solucionados pela via arbitral. Desta forma, não haveria um único contrato social ou um único estatuto regedor da vida social, mas tantos quantos correspondessem aos direitos e deveres casuisticamente negociados entre as partes. Este resultado é incompatível com a natureza das sociedades. Seu regramento é único e genérico para a totalidade das partes envolvidas que se encontrem regidas por um mesmo *status jurídico*, como seja, a soma dos titulares de uma determinada classe de ação ordinária ou preferencial, sem que alguns deles pudessem estabelecer um regime particular diferenciado.

No sentido acima Carlos Alberto Carmona ensina que "o estatuto social (...) é um e único para todos os sócios". Aproveitando lição de Waldemar Ferreira, completa seu pensamento no sentido de que o estatuto é a lei interna, reguladora principalmente dos direitos e obrigações dos sócios em suas relações recíprocas e com terceiros. Disto resulta, segundo aquele autor, que não pode ser concebido um estatuto híbrido, obrigando alguns sócios e não outros.[6]

Diversas outras situações poderiam ser lembradas como a supressão do direito ao dividendo obrigatório ou do direito de retirada mesmo nos casos das previsões do art. 137; a criação de ações preferenciais em montante superior ao limite legal; a determinação inelutável da dissolução, liquidação e extinção da companhia em decorrência da morte de sócio; etc., etc.

De outro lado, pensando-se no acordo de acionistas, não há como negar que os participantes no seu estabelecimento, encontram-se regulando direitos disponíveis e as pendências que surjam relativamente ao seu funcionamento sem dúvida alguma poderiam ser resolvidas por arbitragem, caso dele conste cláusula compromissória, ou venha a ser assinado supervenientemente um compromisso arbitral.

Nesta linha de argumentação, o recurso à arbitragem no campo das companhias dependeria de exame no caso concreto a respeito da presença de direito patrimonial disponível, não se podendo definir abstratamente quais seriam eles. Caberia ao tribunal arbitral quando chamado a agir decidir sobre a arbitrabilidade da pendência e se dar ou não como competente.

Evidentemente evidencia-se uma dificuldade muitas vezes bastante problemática no sentido de se identificar, em cada caso concreto, se uma determinada matéria em sede de direito societário pode ser objeto de solução pela via arbitral. Embora se reconheça tal fato, não é por este motivo que o impedimento possa ser afastado, a não ser que lei especial venha a dispor expressamente que a arbitragem possa ser amplamente estendida a todas as questões de direito societário interno, ou seja, entre a sociedade e seus sócios; nos litígios surgidos entre estes, incluído o controlador, já entendido que o instituto em tela é perfeitamente viável nas disputas dentro do bloco de controle.

Conclusão

Expostos os argumentos acima, verifica-se que falta plena certeza quanto à uti-

5. *Atipicidade de Sociedades no Direito Brasileiro*, Tese apresentada em Concurso de Livre-Docência na Faculdade de Direito da USP, p. 247.

6. Ob. cit., p. 111.

lização da arbitragem como mecanismo amplo da solução de conflitos no direito societário em geral e no do Mercado de Capitais em especial. Este autor não pretendeu dar todas as respostas aos problemas aqui levantados, mas, isto sim, primordialmente suscitar dúvidas passíveis de um amplo debate. De qualquer maneira, neste último caso, entendemos estar vedada de forma muito clara toda a vasta área do Mercado de Capitais sujeita à competência dos agentes reguladores, inclusive as Bolsas de Valores, que exercem uma função dúplice, uma delas relacionada com o fato de que são agentes auxiliares do sistema em causa, dotadas para tanto de Poder de Polícia.

Mas não é somente no direito societário que o problema da arbitrabilidade se coloca. O mesmo acontece no direito trabalhista. Neste sentido, Marcos Fava alega que "[A] desigualdade de condições entre os contratantes da avença de emprego impede o exercício da autonomia privada da vontade, convertendo todos os aspectos da contratação em 'contrato de adesão', espécie de tratativa em que apenas uma das partes desenha as obrigações de ambas, limitada, apenas, pelos regramentos legais. A eleição livre e desimpedida de árbitros privados, neste contexto, é frágil e pode, a qualquer tempo, ser revista pelo Judiciário Trabalhista, o que esvazia a segurança jurídica das partes, inibindo o uso do mecanismo extrajudicial em análise".[7]

São Paulo, novembro de 2008.

7. Marcos Fava, "A arbitragem como meio de solução dos conflitos trabalhistas", in Haroldo Malheiros Duclerc Verçosa (org.). *Aspectos da Arbitragem Institucional – 12 Anos da Lei 9.307/1996*, p. 335.

Bibliografia

CAMINHA, Uinie. "Arbitragem como instrumento de desenvolvimento do mercado de capitais", in VERÇOSA, Haroldo Malheiros Duclerc (org.). *Aspectos da Arbitragem Institucional – 12 Anos da Lei 9.307/1996*. São Paulo, Malheiros Editores, 2008 (pp. 93 a 113).

CARMONA, Carlos Alberto. *Arbitragem e Processo – Um Comentário à Lei n. 9.307/1996*. 2ª ed., rev., atual. e ampl. São Paulo, Atlas, 2004.

FAVA, Marcos. "A arbitragem como meio de solução dos conflitos trabalhistas", in VERÇOSA, Haroldo Malheiros Duclerc (org.). *Aspectos da Arbitragem Institucional – 12 Anos da Lei 9.307/1996*. São Paulo, Malheiros Editores, 2008 (pp. 309 a 336).

GUILHERME, Luiz Fernando do Vale de Almeida. "As novas formas de atuação do advogado no mundo globalizado empresarial – A arbitragem no mercado de capitais", in VERÇOSA, Haroldo Malheiros Duclerc (org.). *Aspectos da Arbitragem Institucional – 12 Anos da Lei 9.307/1996*. São Paulo, Malheiros Editores, 2008 (pp. 115 a 127).

LEMES, Selma. *Arbitragem na Administração Pública – Fundamentos Jurídicos e Eficiência Econômica*. São Paulo, Quartier Latin, 2007, p. 124.

SZTAJN, Rachel. *Atipicidade de Sociedades no Direito Brasileiro*. Tese apresentada em Concurso de Livre-Docência na Faculdade de Direito da Universidade de São Paulo, 1987.

Espaço Discente

A TEORIA DA FIRMA E A SOCIEDADE COMO ORGANIZAÇÃO: FUNDAMENTOS ECONÔMICO-JURÍDICOS PARA UM NOVO CONCEITO*

LUÍS FELIPE SPINELLI

1. Introdução. 2. O mercado e as razões para a existência das firmas: 2.1 O mercado e a existência dos custos de transação; 2.2 Os custos de transação e o fundamento econômico das firmas. 3. O contrato plurilateral e a sua insuficiência: a sociedade vista como organização: 3.1 O contrato plurilateral como mecanismo (ainda importante) de constituição, mas insuficiente para ditar o conceito de sociedade; 3.2 A sociedade como organização: mudança de perspectiva. 4. Considerações finais. 5. Referências bibliográficas.

1. Introdução

A sociedade (empresária ou não, na terminologia do Código Civil), vista como modo de exercício da atividade econômica, é fenômeno que sempre chamou a atenção, sendo fonte de incansáveis debates. Isso porque ela é, e cada vez mais, o verdadeiro motor do desenvolvimento, viabilizando o emprego de vastas quantidades de recursos por meio da diluição do risco, além de ser o centro de inúmeros interesses da comunidade em que inserida está.

Todavia, rotineiramente não se busca analisar nem as bases da existência de determinada organização econômica e tampouco seu fundamento jurídico. Quer-se dizer que não se pode tomar o fenômeno societário como uma estrutura econômica já dada, devendo-se analisar as razões para sua existência; da mesma forma, imperioso é refletir, no plano jurídico, sobre a adequação da sociedade ser encarada como um contrato plurilateral e como tal perspectiva responde às novas exigências da realidade. É isso o que objetivamos fazer neste breve ensaio.

Para concretizar nosso escopo, cumpre salientar que partimos do pressuposto de ser simplória a explicação, muito difundida, de que os indivíduos organizam-se em sociedades pela razão de buscarem fins que não conseguiriam sozinhos atingir. Com certeza existe um motivo que vai além disso, e este motivo é econômico. Destarte, primeiramente, analisaremos o funcionamento do mercado e a partir daí, seguindo a linha da Economia dos Custos de Transação, tentaremos, dentro da Teoria

* Monografia de Conclusão de Curso apresentada, em 2007, como requisito parcial para a obtenção do título de Especialista em Direito Empresarial pela Universidade Federal do Rio Grande do Sul, sob orientação do Professor Norberto da Costa Caruso MacDonald, a quem agradeço pela ajuda e sempre sincera opinião. Agradeço, também, pelos ótimos debates e proveitosas sugestões, ao Professor Cássio Machado Cavalli e aos colegas Bruno Haack-Vilar e Diego Jardim Carvalho.

da Firma,[1] alcançar as razões que levam ao aparecimento da firma[2] aqui entendida, na acepção econômica da palavra, como organização produtiva (abandonando a antiga concepção neoclássica do estudo econômico *com* as firmas, realizando, ainda que brevemente, uma análise econômica *da* firma, de acordo com as correntes mais recentes).[3]

Posteriormente, faremos a análise jurídica do conceito de sociedade. Neste sentido, estudaremos a noção do contrato plurilateral, com certeza a forma mais comum de se constituírem sociedades, não esquecendo de realizar a ligação com a primeira parte do trabalho, mostrando como sua estrutura converge com o exposto sobre a Teoria da Firma; entretanto, a teoria do contrato plurilateral, como é cediço, não consegue abranger toda a gama dos fenômenos societários hoje existentes. Logo, tendo em vista o próprio raciocínio econômico (ainda que implícito) que o Direito Comercial apresenta e a necessidade que se faz, para melhor compreender a Ciência Jurídica, em abarcar o estudo de outras disciplinas,[4] proporemos, por fim, como a Teoria da Firma pode auxiliar em uma mudança de perspectiva no fundamento da sociedade, a qual passa a ser entendida como organização, acolhendo, então, além daquelas originadas do contrato plurilateral, também a sociedade unipessoal e a constituída exclusivamente por lei.

2. *O mercado e as razões para a existência das firmas*

As organizações produtivas alternativas ao mercado (ou seja, firmas, as quais

1. "A palavra *firma* não tem, para o economista, o significado a ela atribuído pelo Direito, de assinatura" (cf. Rachel Sztajn, *Teoria Jurídica da Empresa: Atividade Empresária e Mercados*, p. 185 – grifo da autora). Mais adiante, no desenvolvimento do ensaio, trabalharemos melhor este conceito, salientando suas diferenças em relação ao mundo jurídico e como pode neste influir, mas desde já frisando que não pode ser tomado como sinônimo do termo "sociedade".

2. A Teoria da Firma trabalha o porquê as firmas (no sentido econômico) existem, os seus limites e também as diferentes formas de organização interna; assim, fica evidente que nos centraremos apenas em seu primeiro aspecto. E nestas palavras introdutórias cumpre salientar que, tendo em vista os objetivos aqui colocados, focamo-nos em alguns pressupostos nos quais a doutrina tende a convergir e que consideramos essenciais para o desenvolvimento do trabalho (ou seja: de forma alguma, quando remetemos à Teoria da Firma, deixamos de reconhecer as mais diversas correntes que tratam do assunto e suas diferentes perspectivas). Para noção geral sobre os diferentes enfoques, os quais não serão tratados nesta oportunidade, ver o texto esclarecedor e de fácil acesso de Nicolai J. Foss, Henrik Lando e Steen Thomsen, *The Theory of the Firm*, *Encyclopedia of Law and Economics*, disponível em *http://encyclo.findlaw.com/5610book.pdf*, acesso em 21.12.2006.

3. "It is only relatively recently (...) that economists have felt the need for an economic theory addressing the reasons for the *existence* of the institution known as the (multi-person) business firm, its *boundaries* relative to the market, and its *internal organization* (...)." "Although pioneering early work was done already by Frank Knight (1921) and Ronald Coase (1937), it was not until the mid 1970s that work really blossomed within the field, stimulated by advances in the economics of market failures, property rights, information and uncertainty which made possible a more rigorous understanding of the sources and nature of transaction costs and of the incentive properties of alternative types of economic organization. The work of Coase did not belong to this formal stream of work, and as late as in 1972, Coase lamented that his 1937 paper had been 'much cited and little used'" (cf. Foss/Lando/Thomsen, *The Theory of the Firm*, cit.). E complementam os autores: "It is fair to say that the emerging economics of organization is now one of the richest and most rapidly expanding fields in modern economics. It may be seen as part of broader attempt (sometimes called 'new institutional economics') to move beyond the confines of the market institutions for resource allocation, generalizing standard neoclassical economics in the process (Arrow, 1987)".

4. Neste sentido, remetemos às palavras de António Menezes Cordeiro, em introdução à magnífica obra de Claus-Wilhelm Canaris, quando afirma: "Todo o processo de realização de Direito, portanto todos os factores que interferem, justificam ou explicam as decisões jurídicas, devem ser incluídos no discurso juscientífico" (cf. Claus-Wilhelm Canaris, *Pensamento Sistemático e Conceito de Sistema na Ciência do Direito*, 3ª ed., p. XXIV); da mesma forma, à p. LVII, ensina: "(...) cabe referir a integração de ramos do saber, os quais não devem ser deformados no seu conteúdo pelas limitações humanas que obrigam a um cultivar separado das diversas disciplinas".

posteriormente serão mais bem conceituadas), sem sombra de dúvidas, apresentam fundamento econômico para a sua existência. Destarte, se quisermos realizar qualquer estudo jurídico sobre a essência das sociedades, invariavelmente, devemos passar por sua análise econômica, que é o que faremos, estudando, primeiramente, o funcionamento do mercado para, a partir daí, analisar as razões que levam à constituição de tais estruturas.

2.1 O mercado e a existência dos custos de transação

Se possuíssemos toda a informação relevante, se pudéssemos iniciar a partir de um sistema dado de preferências e se tivéssemos conhecimento completo dos meios disponíveis, o problema de construir uma ordem econômica seria puramente lógico. Todavia, os dados a partir dos quais o cálculo econômico se inicia nunca estão, para toda a comunidade, acessíveis de maneira perfeita e completa para uma mente única que possa analisar e imaginar todas as implicações; nestes termos, o caráter peculiar do problema de uma ordem econômica racional é determinado precisamente pelo fato de que o conhecimento das circunstâncias necessárias à nossa análise nunca existe de forma concentrada ou integrada, mas somente de modo disperso.[5]

Logo, o planejamento econômico não deve (e nem há como) ser feito de modo centralizado, visto que um único grupo de pessoas é incapaz de deter e processar todas as informações relevantes; destarte, o planejamento deve ser dividido entre todos os indivíduos da comunidade, porque só assim teremos a aplicação máxima do conhecimento colocado à disposição dos particulares (o qual é dependente das circunstâncias de lugar e tempo, sendo privado, empírico e tácito[6]).[7] Em outras pa-

5. Cf. Friedrich A. Hayek, "The use of knowledge in society", in Friedrich A. Hayek, *Individualism and Economic Order*, p. 77: "The economic problem of society is thus not merely a problem of how to allocate 'given' resources – if 'given' is taken to mean given to a single mind which deliberately solves the problem set by these 'data'. It is rather a problem of how to secure the best use of resources known to any of the members of society, for ends whose relative importance only these individuals know. Or, to put it briefly, it is a problem of the utilization of knowledge which is not given to anyone in its totality".

6. Neste sentido, Nicolai Foss afirma: "(...) most economically relevant knowledge is taken to be 1. *Private* – in the standard sense of the economics of information and principal-agent theory that agents have different information sets. 2. *Empirical* – in the Hayekian sense that agents primarily seek 'knowledge of the particular circumstances of time and place' (...). Closely related to this, knowledge is problemistic in the sense that it arises in the context of a problem situation. 3. *Tacit* – in Michael Polanyi's (1958) sense of not given to verbal expression. (In fact, there is clear connection between the three dimensions of knowledge, as, for example, in the concept of learning by doing)" (cf. Nicolai J. Foss, *Austrian Economics and the Theory of the Firm*, disponível em *http://ep.lib.cbs.dk/download/ISBN/8778690080.pdf*, acesso em 21.12.2006).

7. Friedrich A. Hayek, "The use of knowledge in society", cit., pp. 79-80. Salienta-se que, além do conhecimento comum, Friedrich Hayek reconhece a existência do conhecimento científico, o qual é melhor encontrado na posse de cientistas selecionados; todavia, opinião com a qual concordamos, tende-se a elevar a tal magnitude este tipo de conhecimento que normalmente esquecemos da importância daquele dito comum, ou seja, o que se encontra à disposição de indivíduos particulares. Assim, a seleção de alguns especialistas para comandar, de maneira centralizada, o conhecimento científico não resolve, de nada, todo o problema: "Today it is almost heresy to suggest that scientific knowledge is not the sum of all knowledge. But a little reflection will show that there is beyond question a body of very important but unorganized knowledge which cannot possibly be called scientific in the sense of knowledge of general rules: the knowledge of particular circumstances of time and place. It is with respect to this that practically every individual has some advantage over all others because he possesses unique information of which beneficial use might be made, but of which use can be made only if the decisions depending on it are left to him or are made with his active co-operation". À p. 81, complementa o autor: "It is a curious fact that this sort of knowledge should today be generally regarded with a kind of contempt and that anyone who by such knowledge gains an advantage over somebody better equipped with theoretical or technical knowledge is thought

lavras, tem-se que, como os problemas econômicos surgem em conseqüência de mudanças, fica patente a inviabilidade de um ente centralizar muitas decisões, visto que nunca terá todas as informações necessárias para a tomada de posição, conforme salienta Friedrich Hayek: "If we can agree that the economic problem of society is mainly one of rapid adaptation to changes in the particular circumstances of time and place, it would seem to follow that the ultimate decisions must be left to the people who are familiar with these circumstances, who know directly of the relevant changes and of the resources immediately available to meet them".[8]

Portanto, como já afirmado, é descentralizando que se resolve o problema informacional, fazendo com que o conhecimento em suas particulares circunstâncias seja prontamente utilizado. Entretanto, cada indivíduo também não consegue ter todas as informações de que precisa para tomar sua decisão, devendo-se, além disso, considerar que eventos estranhos a ele interferem em seu posicionamento.[9] Mas este problema se resolve, como já levemente mencionado, com a competição: a coordenação do conhecimento se dá através do mercado (que é o grupo de compradores e vendedores de um particular bem ou serviço),[10] ou seja, através do sistema de preços.[11] Aqui, cada indivíduo, em seu campo limitado, preenche os espaços e, valorando individualmente os produtos e agindo, faz com que as informações circulem (pois, por exemplo, o consumidor do outro lado do mundo não precisa ter conhecimento sobre a seca que prejudicou o produtor de arroz, já que tal informação é passada pelo sistema de preços através de uma alta na cotação do referido grão), possibilitando que as necessidades humanas sejam saciadas.[12]

to have acted almost disreputably. To gain an advantage from better knowledge of facilities of communication or transport is sometimes regarded as almost dishonest, although it is quite as important that society make use of the best opportunities in this respect as in using the latest scientific discoveries. This prejudice has in a considerable measure affected the attitude toward commerce in general compared with that toward production".

8. Friedrich A. Hayek, "The use of knowledge in society", cit., pp. 83-84.

9. Idem, p. 84. À p. 85, complementa: "Even the single controlling mind, in possession of all the data for some small, self-contained economic system, would not – every time some small adjustment in the allocation of resources had to be made – go explicitly through all the relations between ends and means which might possibly be affected".

10. Neste sentido, v. N. Gregory Mankiw, *Princípios de Microeconomia*, p. 64.

11. Nas palavras de Ludwig von Mises: "A economia de mercado é o sistema social baseado na divisão do trabalho e na propriedade privada dos meios de produção. Todos agem por conta própria; mas as ações de cada um procuram satisfazer tanto as suas próprias necessidades como também as necessidades de outras pessoas. Ao agir, todos servem seus concidadãos. Por outro lado, todos são por eles servidos. Cada um é ao mesmo tempo um meio e um fim; um fim último em si mesmo e um meio para que outras pessoas possam atingir seus próprios fins"; mais adiante, expõe: "O mercado não é um local, uma coisa, uma entidade coletiva. O mercado é um processo, impulsionado pela interação das ações dos vários indivíduos que cooperam sob o regime da divisão do trabalho. As forças que determinam a – sempre variável – situação do mercado são os julgamentos de valor dos indivíduos e suas ações baseadas nesses julgamentos de valor. A situação do mercado num determinado momento é a estrutura de preços; isto é, o conjunto de relações de troca estabelecido pela interação daqueles que estão desejosos de vender com aqueles que estão desejosos de comprar. Não há nada, em relação ao mercado, que não seja humano, que seja místico. O processo de mercado resulta exclusivamente das ações humanas. Todo fenômeno de mercado pode ser rastreado até as escolhas específicas feitas pelos membros da sociedade de mercado" (cf. Ludwig von Mises, *Ação Humana: um Tratado de Economia*, pp. 256-257).

12. "Os preços se constituem, em última instância, por julgamentos de valor dos consumidores. São o resultado da valoração, do ato de preferir *a* a *b*. São um fenômeno social, na medida em que são conseqüência da interação das valorações de todos os indivíduos que participam do funcionamento do mercado. Cada indivíduo, ao comprar ou não comprar e ao vender ou não vender, dá sua contribuição para a formação dos preços de mercado. Mas quanto mais amplo o mercado, menor o peso de cada contribuição individual. Por isso a estrutura dos preços de mercado parece, ao indivíduo, um dado ao qual ele deve ajustar sua própria conduta" (cf. Ludwig von Mises, *Ação Humana: um Tratado de Economia*, p.

Logo, precisamos enxergar o sistema de preços como um mecanismo destinado a comunicar informações: torna-se possível, assim, através da divisão do trabalho, uma utilização coordenada dos recursos baseada num conhecimento repartido.[13]

Destarte, o mercado é verdadeira instituição, mecanismo de organização social que cria incentivos e facilita operações entre as pessoas, tendendo a aumentar o bem-estar geral da coletividade. Todavia, e apesar de ser o melhor mecanismo até hoje conhecido para a estruturação da comunidade,[14] sabe-se que o sistema de preços é incompleto para explicar nossa realidade, visto ser impossível crer que todas as necessidades humanas possam ser satisfeitas diretamente pelo mercado (o que seria desconsiderar as organizações criadas racionalmente pelos indivíduos). E isto ocorre porque existem custos para que se possa nele contratar (ou seja, para que se possa colocar o sistema em operação) e fazer com que as informações circulem de maneira totalmente livre, uniforme e eficiente.[15] Estes custos, que passaram a ser estudados pela Economia Institucional, principalmente seguindo as pesquisas pioneiras de Ronald Coase (1937),[16] são denominados *custos de transação*, constituindo atritos, fricções,[17] que existem nas relações transacionais.[18]

328). À p. 334, complementa: "O processo de formação de preços é um processo social. Consuma-se pela interação de todos os membros da sociedade. Todos colaboram e cooperam, cada um no papel específico que escolheu para si mesmo no contexto da divisão do trabalho. Competindo na cooperação e cooperando na competição, estamos todos contribuindo para realizar o resultado final, qual seja, a estrutura de preços do mercado, a alocação dos fatores de produção de modo a satisfazer os diversos tipos de necessidades e a determinação da cota de cada indivíduo".

13. Friedrich A. Hayek, "The use of knowledge in society", cit., p. 86: "The most significant fact about this system is the economy of knowledge with which it operates, or how little the individual participants need to know in order to be able to take the right action. In abbreviated form, by a kind of symbol, only the most essential information is passed on and passed on only to those concerned". E Ludwig von Mises, no mesmo sentido, ensina: "O processo de mercado é o ajustamento das ações individuais dos vários membros da sociedade aos requisitos da cooperação mútua. Os preços de mercado informam aos produtores o que produzir, como produzir e em que quantidade. (...)" (cf. Ludwig von Mises, *Ação Humana: um Tratado de Economia*, p. 257).

14. O sistema de preços/mercado é, sem dúvida, o mecanismo de organização econômica, ainda que imperfeito e não logicamente (racionalmente) criado pelo homem (visto que é fenômeno espontâneo), mais eficiente que se conhece e que melhor tende a satisfazer as necessidades gerais: "All that we can say is that nobody has yet succeeded in designing an alternative system in which certain features of the existing one can be preserved which are dear even to those who most violently assail it – such as particularly the extent to which the individual can choose his pursuits and consequently freely use his own knowledge and skill" (cf. Friedrich A. Hayek, "The use of knowledge in society", cit., p. 89).

15. Quando nos referimos à eficiência fazemos menção ao que se denomina *eficiência alocativa*, a qual se relaciona com a distribuição otimizada dos recursos na sociedade, ou seja: tanto maior será a eficiência quanto mais forem empregados recursos naquelas atividades que os consumidores mais apreciam ou necessitam, cf. Calixto Salomão Filho, *Direito Concorrencial: as Estruturas*, 2ª ed., p. 177; no mesmo sentido, v. N. Gregory Mankiw, *Princípios de Microeconomia*, pp. 147 e ss. Tal conceito não pode ser confundido com o de eficiência produtiva, como bem ensina Calixto Salomão Filho: "*Ao contrário da eficiência alocativa, que vê a questão do ponto de vista de mercado, a eficiência produtiva expressa o efetivo uso dos recursos pelas empresas. É, portanto, um dado interno de cada empresa, representando o nível de dispêndio necessário para produzir um determinado bem*" (cf. Calixto Salomão Filho, *Direito Concorrencial: as Estruturas*, 2ª ed., p. 177).

16. Ronald Coase lançou os fundamentos da Teoria dos Custos de Transação, apesar de, como já afirmado em nota de rodapé na introdução de nosso ensaio, ela só ter vindo a se desenvolver anos mais tarde; recomendamos v. Ronald H. Coase, "The nature of the firm", in Ronald H. Coase, *The Firm, the Market and the Law*, pp. 33-55.

17. "Transaction costs are the economic equivalent of friction in physical systems" (cf. Oliver Williamson, *The Economic Institutions of Capitalism: Firms, Markets, Relational Contracting*, p. 19).

18. Neste sentido, reconhecendo a importância do mercado e os ensinamentos da Escola Austríaca, aqui exposta no pensamento de Friedrich Hayek e Ludwig von Mises, mas ciente das "lacunas" em explicar as organizações criadas racionalmente pelos homens (quais sejam, as firmas), P. K. Rao afirma:

Diante disso, hoje se sabe que transacionar no mercado envolve custos, os quais sempre devem ser levados em consideração.[19] Logo, muitas vezes recorrer ao mercado para a contratação pode não constituir a atitude mais eficiente, existindo diversas formas de governança da atividade produtiva, as quais podem desembocar inclusive no surgimento da firma (como organização alternativa ou substitutiva do mercado),[20] como será melhor analisado no item seguinte.

2.2 Os custos de transação e o fundamento econômico das firmas

Segundo Oliver Williamson, *a noção de custos de transação repousaria sobre cinco fatores (os quais estão inter-relacionados, visto que tal divisão apresenta, basicamente, caráter didático), sendo dois atinentes aos indivíduos (a racionalidade limitada*[21] *e o reconhecimento do risco da prática de condutas oportunistas, tendo em vista a propensão à persecução de fins egoísticos*[22]*) e três atributos relacionados às próprias transações (que seriam a freqüência com que elas se dão,*[23] *as incertezas das trocas*[24] *e a especificidade dos*

"In an important contribution, Hayek (1945) argued that the market economizes on the information and communication costs of economic entities and leads to economic efficiency; there is little explanation for the role of the firm in this perspective. Besides, this view does not hold good in all cases, despite the generally positive role of markets and efficiency-enhancing features relative to some of the non-market organizations. The limitations arise especially in the presence of externalities and/or whenever the TC [Transaction Costs] of some of the thin-market-based economic activities do not posses the competitive market efficiency properties" (cf. P. K. Rao, *The Economics of Transaction Costs: Theory, Methods, and Applications*, p. 29). Entretanto, e apesar das críticas, deve-se ter em mente que a Escola Austríaca pode ser encarada como complementar à Teoria dos Custos de Transação, como se exporá mais adiante, em nota de rodapé.

19. Quando se fala que os custos de transação sempre devem ser levados em consideração, não necessariamente se diz que eles devem ser quantificáveis, até porque os referidos custos são de difícil, ou mesmo impossível, mensuração, além de variarem de mercado para mercado.

20. "What Coase observed was indeed that, in the world of neoclassical price theory, firms have no reason to exist. According to the textbook, the decentralized price system is the ideal structure of carrying out economic coordination. Why then do we observe some transactions to be removed from the price system to the interior of organizations called firms? The answer, Coase reasoned, must be that there is a 'cost to using the price mechanism' (...). Thus was born the idea of transaction costs (...)" (cf. Foss/Lando/Thomsen, *The Theory of the Firm*, cit.).

21. "Bounded rationality is the cognitive assumption on which transaction cost economics relies. This is a semistrong form of rationality in which economic actors are assumed to be '*intendedly* rational, but only *limitedly* so' (Simon, 1961, p. XXIV)" (cf. Oliver Williamson, *The Economic Institutions of Capitalism:...*, cit., p. 45 – grifo do autor). "This feature limits comprehensive foreseing and handling of some of the complex problems, and suggests that all decision-makers are subject to imperfect information and limited cognition or calculation of optimality in every situation" (cf. P. K. Rao, *The Economics of Transaction Costs:...*, cit., p. XII).

22. "By opportunism I mean self-interest seeking with guile. This includes but is scarcely limited to more blatant forms, such as lying, stealing, and cheating. Opportunism more often involves subtle forms of deceit. Both active and passive forms and both *ex ante* and *ex post* types are included" (cf. Oliver Williamson, *The Economic Institutions of Capitalism:...*, cit., p. 47).

23. "Esta característica está associada ao número de vezes que dois agentes realizam determinada transação. Transações podem ocorrer uma única vez, ou podem repetir-se dentro de uma periodicidade conhecida. Em cada caso, espera-se que o desenho do contrato entre as partes seja diferente" (cf. Décio Zylbersztajn, *Economia das Organizações*, disponível em *http://www.projetoe.org.br/vteams/teles/tele_01/leitura_01.html#1*, acesso em 28.1.2007).

24. "Esta característica das transações é a menos desenvolvida por Williamson e outros autores da Economia dos Custos de Transação. Cabe aqui o conceito já abordado de Knight, que associa incerteza a efeitos não previsíveis, não passíveis de terem uma função de probabilidade conhecida a eles associada. Esta impossibilidade de previsão de choques que possam alterar as características dos resultados da transação, não permite que os agentes que dela participam desenhem cláusulas contratuais que associem a distribuição dos resultados aos impactos externos, uma vez que estes não são conhecidos *ex-ante*" (cf. Décio Zylbersztajn, *Economia das Organizações*, cit.).

ativos[25]*).*[26] E estes fatores sempre estariam presentes (ou seja, tais predicados são inerentes à condição humana e ao mercado), os quais perpassam toda a vida dos contratos firmados (e o que acarreta na natural incompletude dos pactos, mesmo quando se contrata com o maior cuidado possível: "There do not, in general, exist complete contracts – not even the completable ones"[27]).[28]

Assim, os custos de transação, que variam de acordo com cada ambiente negocial, abrangem os custos de informação, negociação e imposição do contrato, percorrendo toda a existência do pacto (ou mesmo incidindo após sua extinção). Nestes termos, Ronald Coase afirma: "In order to carry out a market transaction, it is necessary to discover who it is that one wishes to deal with, to inform people that one wishes to deal and on what terms, to conduct negotiations leading up to a bar-

25. A especificidade dos ativos (sendo que para o conceito econômico os ativos referem-se também ao capital humano) torna-se um custo de transação visto que, quanto menos específico, mais fácil de achar-se substitutos para o produto no mercado, podendo os ativos ser reempregados; assim, escolher entre um bem específico ou não envolve um *tradeoff*: "(...) parties to a transaction commonly have a choice between special purpose and general purpose investments. Assuming that contracts go to completion as intended, the former will often permit cost savings to be realized. But such investments are also risky, in that specialized assets cannot be redeployed without sacrifice of productive value if contracts should be interrupted or prematurely terminated. General purpose investments do not pose the same difficulties. 'Problems' that arise during contract execution can be solved in a general purpose asset regime by each party going his way. The following issue thus needs to be evaluated: Do the prospective cost savings afforded by the special purpose technology justify the strategic hazards that arise as a consequence of their nonsalvageable character?" (cf. Oliver Williamson, *The Economic Institutions of Capitalism:...*, cit., p. 54).

26. Cf. Oliver Williamson, *The Economic Institutions of Capitalism:...*, cit. Aqui, fazemos a junção da Escola Austríaca, refletido no pensamento de Friedrich Hayek e Ludwig von Mises, expresso predominantemente na primeira parte deste trabalho, com a Nova Economia Institucionalista, baseando-nos em Ronald Coase e Oliver Williamson. Apesar de tratarem de temas diversos, como ficou evidenciado na primeira etapa deste ensaio, tais correntes são, sem dúvida, complementares, como o próprio Oliver Williamson expõe à p. 47: "Although transaction cost economizing is surely an important contributor to the viability of the institutions with which Austrian economics is concerned, and a joiner of the two approaches would be useful, the research agenda of organic rationality and transaction cost are currently rather different. They are nevertheless complementary; each can expect to benefit from the insights of the other (Langlois, 1982, p. 50)". Assim, estudando ambas correntes de pensamento, observa-se que elas se encaixam em diversos aspectos, principalmente se tomarmos os pressupostos sobre a análise do mercado da Escola Austríaca para estudarmos a firma, já que aquela nunca se preocupou com o estudo desta instituição (tendo preocupação com processos mais gerais, como moeda, mercados e aspectos do direito de propriedade, dentre outros). Neste sentido, há quem aplique os pressupostos da Escola Austríaca para imaginar como esta desenvolveria uma Teoria da Firma, como o faz Nicolai J. Foss, *Austrian Economics and the Theory of the Firm*, cit.

27. P. K. Rao, *The Economics of Transaction Costs:...*, cit., p. 117.

28. O contrato perfeito somente existiria caso os custos de transação envolvidos em sua elaboração correspondessem a zero. Neste sentido: "According to the Coase Theorem, rational parties will craft a perfect contract when transaction costs are zero. When transaction costs are zero, the contract will be complete, because negotiating additional terms costs nothing. When transaction costs are zero, the contract will be efficient, because each right is allocated to the party who values it the most and each risk is allocated to the party who can bear it at least cost. Given a perfect contract, state regulation that discards or modifies its terms will create inefficiencies. In general, regulation of contract terms negotiated by rational people under zero transaction costs causes inefficiency" (cf. Robert Cooter e Thomas Ulen, *Law and Economics*, 4ª ed., p. 218). Portanto, todos contratos são imperfeitos, apresentam lacunas, até mesmo porque estas falhas nem sempre causam danos: na maioria dos casos, os contratos são cumpridos sem sobressaltos, deixando os contratantes as referidas omissões, tendo em vista os custos envolvidos para supri-las se comparados com a improbabilidade de que determinados eventos ocorram; assim, os contratantes, de forma racional, apenas prevêem situações as quais há certa possibilidade de acontecimento, deixando mesquinharias de lado, como Robert Cooter e Thomas Ulen, à p. 214, lecionam: "By omitting these terms from the contract, the parties can focus their negotiations on other terms. The fewer the terms requiring negotiation, the cheaper the contracting process".

gain, to draw up the contract, to undertake the inspection needed to make sure that the terms of the contract are being observed, and so on. These operations are often extremely costly, sufficiently costly at any rate to prevent many transactions that would be carried out in a world in which the pricing system worked without cost".[29]

Conseqüentemente, além de os contratos objetivarem suprir as necessidades humanas (provisão de produtos e serviços), distribuir e gerar a máxima eficiência possível através de incentivos para a outra parte, os agentes que os firmam buscam a diminuição dos referidos custos de transação[30] (o que também é feito pelas instituições sociais, como o Direito).

Todavia, e diante deste cenário, pode ser mais eficiente, ao invés de se recorrer ao mercado (e aqui se fala mesmo considerando aqueles contratos relacionais, por exemplo, onde a confiança nas partes tende a aumentar, dentre outros fatores que influem nos custos de transação e que já por si só rompem com a "clássica" noção de se utilizar rotineiramente do mercado, em contratações avulsas) para a satisfação das necessidades humanas, estabelecer um mecanismo de governança unificado, com base na internalização dos fatores de produção, criando-se a firma.[31] Assim, o que fica claro é que, dependendo dos elementos geradores dos custos de transação, pode ser mais eficiente ou contratar diretamente junto ao mercado (quando, por exemplo, os ativos não forem específicos) ou estabelecer alguma forma de governança que venha a reduzir as referidas despesas.

Portanto, a integração vertical é um problema de contratação. E sempre que, por exemplo, existir grande incerteza, a especificidade dos ativos for grande e a freqüência das transações também, e levando-se em conta as dificuldades que tais fatos trazem para a contratação no mercado, *talvez* seja mais eficiente internalizar o processo produtivo.[32] Destarte, sempre que os custos de integrar verticalmente o processo produtivo de bens ou serviços for mais eficiente do que recorrer ao mercado, a *tendência* é que se estruture a firma: sem realização de economias, ela não se justificaria de um todo.

Logo, os custos de transação representam *um* dos fundamentos para que os contratantes, dependendo das circunstâncias, coloquem os fatores de produção sob controle;[33] ou seja: para reduzir os custos

29. Ronald H. Coase, "The problem of social cost", in Ronald H. Coase, *The Firm, the Market and the Law*, p. 114. P. K. Rao, no mesmo sentido, expõe: "TC [Transaction Costs] include: *ex ante* costs negotiating and forming a contract or agreement, *ex post* costs of monitoring and enforcing a contract or agreement, and search and information costs. It is important to recognize that the two sets of cost elements are usually interdependent, and hence an attempt to minimize one set of TC should also consider the corresponding implications for the entire vector of cost elements" (cf. P. K. Rao, *The Economics of Transaction Costs:...*, cit., p. 8).

30. Fazemos a distinção, quando da contratação, entre maximizar eficiência e reduzir os custos de transação porque, segundo P. K. Rao, em obra específica sobre o tema, a minimização destes não é sinônimo daquela: "It is necessary to distinguish between efficiency maximization and TC minimization, although part of the literature seems to ignore this distinction. In the latter case, institutions evolving towards TC minimization are treated as though this automatically implies efficiency maximization. In some cases, the two criteria coincide, but this does not hold in a general scenario" (cf. P. K. Rao, *The Economics of Transaction Costs:...*, cit., p. 21).

31. Para aprofundar a análise dos modos de governança (que vão desde as mais diversas formas de contratação no mercado até a criação da firma), trabalhando quando cada tipo tende a ser mais eficiente, v. Oliver Williamson, *The Economic Institutions of Capitalism:...*, cit., pp. 68 e ss.

32. Não nos aprofundaremos sobre quando é mais eficiente internalizar verticalmente a produção e quando é mais eficiente recorrer ao mercado, visto que não se trata de nosso objetivo (até mesmo por ser questão de profundo debate por aqueles que estudam a Teoria da Firma). Neste sentido, ver remissão feita na nota de rodapé anterior.

33. "The general concept that firms exist to minimize TC [Transaction Costs] is a well-known standard in TCE [Transaction Cost Economics]. But firms exist for a number of other reasons as well. Analytically, the question is whether some or any of these constitute necessary and/or sufficient condi-

inerentes à utilização do mercado, além de se levar em conta os custos de produção (já que não se nega de maneira absoluta os pressupostos neoclássicos) e o poder de mercado, muitas vezes é mais eficiente para os agentes econômicos se organizarem em firmas, as quais constituem, além de uma forma de produção, uma estrutura de governança[34] onde existe uma estruturação hierárquica dos bens necessários à realização de uma determinada atividade econômica. Com a firma, o mercado é substituído: fora dela, o movimento dos preços dirige a produção, que é coordenada através da série de trocas; todavia, com a firma, essas transações ficam eliminadas e o sistema de preços é substituído pela coordenação do empreendedor, que é quem dirige a produção,[35] possibilitando, por exemplo, adaptabilidade mais rápida às alterações fáticas e a redução de condutas oportunistas (que são mais suscetíveis de existirem em contratações avulsas). Isso tudo porque, com a firma, pode-se ter uma circulação da informação de forma mais eficiente: é ela verdadeira "ilha de poder consciente"[36] inserida no mercado (onde o conhecimento circula tacitamente). A firma, logo, é um ente cognoscente.[37]

"Analisando a organização das *firmas*, Coase encontra dois elementos: cooperação e poder de comando pelo que diz que há '*islands of conscious power in this ocean of unconscious co-operation like lumps of butter coagulating in a pail of buttermilk*'. A cooperação resulta de ganhos que se obtêm na produção em relação aos apurados em unidades de produção separadas. Nas *firmas*, são formadas equipes em que especializações ou capacitações individuais são organizadas sob o comando único do empresário, gerando uma soma de esforços sempre, obedecida uma hierarquia. Organizá-las tem relação com a possibilidade de aumentar a produtividade dos fatores de produção na formação de equipes e na organização dos fatores de produção mediante contratações múltiplas."[38]

Destarte, a firma é vista como um núcleo, uma organização de feixe de contratos (contratos estes que podem ser explícitos ou implícitos e que se estabelecem com fornecedores, distribuidores, consumidores, trabalhadores, etc.), coordenando o empreendedor os fatores de produção que, se assim não fosse, seriam dispostos pelo mercado. "A firm, therefore, consists of the system of relationships which comes into existence when the direction of resources is dependent on an entrepreneur".[39]

"*Firmas* são organizações que transformam insumos (*inputs*) em bens (*out-*

tions for the existence of the firm as an economic entity. Concise answers have not been found. The stand of the TCE literature needs to be stated explicitly: TC minimization is a means but not always an end in itself for achieving broader economic objectives" (cf. P. K. Rao, *The Economics of Transaction Costs:...*, cit., p. 31). À p. 39, complementa o autor: "The view that non-market institutions and corresponding organizations arise primarily to alleviate problems of market failure is not entirely tenable. These entities exist for a variety of reasons, including the role of TC".

34. Cf. Oliver Williamson, *The Economic Institutions of Capitalism:...*, cit., p. 65. P. K. Rao afirma: "In the TCE [Transaction Cost Economics] framework, firms are viewed as governance structures rather than as mere production-distribution entities. A similar approach extends to all institutions. Coase's (1937) foundation provided an insight into the emergence of firms and markets, with a clear focus on the role of exchange costs in the related interface" (cf. P. K. Rao, *The Economics of Transaction Costs:...*, cit., p. 7).

35. Cf. Ronald H. Coase, "The nature of the firm", in Ronald H. Coase, *The Firm, the Market and the Law*, p. 35.

36. Idem, p. 35.

37. Neste sentido, as informações não circulam mais através do mecanismo de preços, mas sim através de uma estrutura hierárquico-administrativa, como demonstra Nicolai J. Foss, *Austrian Economics and the Theory of the Firm*, cit. E, aqui, fica evidente o que se havia dito, em nota de rodapé, sobre a complementariedade entre a Escola Austríaca e a Economia dos Custos de Transação.

38. Rachel Sztajn, *Teoria Jurídica da Empresa:...*, cit., p. 191 (grifo da autora).

39. Ronald H. Coase, "The nature of the firm", in Ronald H. Coase, *The Firm, the Market and the Law*, pp. 41-42.

puts). São feixes de contratos mediante os quais se organizam a produção e a distribuição de bens nos mercados. As firmas são necessárias para diminuir custos de contratação que recaem sobre o empreendedor por conta de imperfeições ou falhas de mercado. Quer dizer, se para produzir fosse necessário contratar pontual e reiteradamente nos mercados, seria preciso encontrar, a cada um desses momentos, fornecedor que oferecesse o menor preço e tivesse o insumo para pronta entrega; que o prestador de serviços, além de habilitado a executar a tarefa, estivesse disponível e, também ele, cobrasse o menor valor; que o comprador, pronto para receber o bem, estivesse disposto a pagar o maior preço; e que, em toda essa cadeia, as diversas etapas se seguissem, umas às outras, com segurança."[40]

Portanto, e analisados os pressupostos constituintes da firma, pode-se afirmar que esta, assim, seria um feixe de contratos, entendido como um mecanismo para criar e realinhar, com base nos direitos de propriedade (propriedade aqui tomada no sentido econômico), os incentivos dos agentes nela inseridos (o que inclui, por exemplo, os trabalhadores) – já que, como é cediço, o ser humano responde a incentivos (as pessoas tomam decisões por meio da comparação de custos e benefícios).[41]

"Present-day transaction-cost economics tends to see business institutions – and the firm in particular – as optimal responses to incentive problems. The importance of coordinating resources is recognized in such concepts as 'asset specificity', but the principal focus of transaction-cost theory is on aspects of behavior that inhibit markets from providing effective coordination.[42]

"(...) the *raison d'être* of the firm does not lie in coordination as such, but in its ability to provide coordination when divergent incentives between buyers and sellers and between agents and principals impede the smooth operation of markets."[43]

Ou seja, a firma, sendo uma estrutura de relação entre agentes fundada em contratos, possibilita uma estrutura de incentivos aos agentes, ajudando na cooperação das partes a alinhar seus conhecimentos e expectativas,[44] o que permite a redução de custos de transação e o aumento da eficiência alocativa (mas sempre na dependência da própria organização interna da firma, o que, por fim, acaba por determinar os seus limites),[45] os quais são, em última instância, as verdadeiras razões para seu surgimento.

3. O contrato plurilateral e a sua insuficiência: a sociedade vista como organização

Passaremos, agora, para a análise do conceito de sociedade. Todavia, preliminarmente, cumpre salientar que o conceito econômico de firma não pode ser pura e simplesmente considerado como sinô-

40. Rachel Sztajn, *Teoria Jurídica da Empresa:...*, cit., p. 189 (grifo da autora).

41. N. Gregory Mankiw, *Princípios de Microeconomia*, p. 7.

42. Richard N. Langlois e Paul L. Robertson, *Firms, Markets and Economic Change: a Dynamic Theory of Business Institutions*, p. 2.

43. Idem, p. 2.

44. Nicolai J. Foss, *Austrian Economics and the Theory of the Firm*, cit.

45. Aqui, retomamos as três questões com as quais se preocupa a Teoria da Firma, que são as razões da sua existência, sua organização interna e seus limites. Como já salientamos no início deste trabalho, em nota de rodapé, os dois últimos problemas não serão analisados por fugirem do escopo deste ensaio; todavia, cumpre apenas salientar, ao comentarmos que as verdadeiras razões da existência da firma estão na redução de custos de transação e na maximização da eficiência alocativa, que justamente os limites da firma estão quando seus custos internos (custos administrativos) superam os custos de se recorrer ao mercado: "The firm grows until the costs of organizing production internally exceed the costs of organizing through market transactions" (cf. Frank H. Easterbrook, *The Economic Structure of Corporate Law*, pp. 8-9); assim já afirmava Ronald H. Coase, "The nature of the firm", in Ronald H. Coase, *The Firm, the Market and the Law*, p. 43.

nimo do conceito jurídico de sociedade. Isso porque a firma, entendida como estruturação de bens de produção alternativa ao mercado, pode tanto tomar a forma de uma sociedade (empresária ou simples, de acordo com a terminologia de nosso Código Civil)[46] como ser constituída por indivíduos considerados em sua singularidade (como empresários individuais ou profissionais liberais), pois o que interessa para a Economia é, simplesmente, o exercício de atividade econômica coordenada (coordenação dos fatores de produção) por um empreendedor, pouco importando a roupagem jurídica adotada.

Assim, o Direito reconhece, das mais variadas formas, o fenômeno econômico da firma, sua estruturação e sua importância. Mas quando afirmamos que o exercício da atividade econômica é efetuado por indivíduos singulares, aqui não existe grande novidade, abarcando a Ciência Jurídica apenas o conjunto de atos jurídicos *lato sensu* (claro que nas suas categorias específicas, como distinguindo determinadas atividades como empresariais e outras não) realizados pelos agentes. Já quando tratamos de sociedades, aí sim o problema adquire outra proporção: o Direito, como ciência prescritiva, dá um sentido jurídico ao fenômeno da firma e confere o caráter de sociedade àquelas que cumprem os elementos de existência (logo, não nos deteremos nos requisitos de validade e nem nos fatores de eficácia) exigidos para que entrem no mundo jurídico (visto que a seqüência de atos que assim não o faz acaba caindo na "vala comum", que é o exercício delas por pessoas naturais, como já afirmado).

46. A coincidência entre os conceitos de empresário e sociedade é corriqueira, mas não essencial; atividade econômica pode ser exercida individualmente por empresário ou não empresário (art. 966, parágrafo único) e as sociedades podem ser empresárias e simples. Sobre a distinção entre sociedade e empresa, comenta Arnoldo Wald, *Comentários ao Novo Código Civil*, vol. XIV, livro II, *Do Direito de Empresa*, pp. 30-31.

Então, retirado do processo de análise qualquer fenômeno que não seja a *sociedade*, centrar-nos-emos nesta a partir de agora. Neste sentido, analisaremos primeiro o conceito de contrato plurilateral, estudando, de forma breve, suas características e correlacionando-o com o exposto sobre a Teoria da Firma. Todavia, como ficará evidente, o contrato plurilateral, apesar de conseguir explicar os tipos societários mais importantes (ou seja, mais corriqueiros e que movimentam a maior parte da riqueza de nosso país), não é capaz de abarcar todos os fenômenos societários possíveis, como a sociedade unipessoal e a constituída por lei; assim, transportaremos a noção econômica já analisada para o mundo do Direito, adaptando-a e observando como pode auxiliar na busca de um novo fundamento para a sociedade.

3.1 O contrato plurilateral como mecanismo (ainda importante) de constituição, mas insuficiente para ditar o conceito de sociedade

Partiremos agora para a análise do contrato plurilateral, tendo em vista que a sociedade seria a principal espécie deste gênero,[47] salientando-se que, inclusive, é ela normalmente confundida, de acordo com a doutrina dominante, com a noção contratual.[48] Estudaremos suas caracterís-

47. Tullio Ascarelli, *Problemas das Sociedades Anônimas e Direito Comparado*, p. 276.

48. Neste ponto, já partimos do pressuposto de que o conceito mais difundido de sociedade confunde-se com o de contrato plurilateral (até mesmo pela posição adotada pelo *Codice* italiano em 1942, quando identificava o contrato plurilateral com a noção de sociedade, o que foi modificado em reforma realizada em 1993; da mesma forma, identificando no contrato o único fundamento da sociedade, estariam, supostamente, nosso Código Civil de 1916 e o Código Civil de 2002), ou seja, de que a sociedade é um contrato (misturando a noção de ato constitutivo com seus efeitos: neste sentido, ver nota de rodapé seguinte); logo, não consideramos outras teorias pregressas, como as do ato coletivo, do ato complexo e do ato corporativo (de fundação ou de união), etc. Para uma breve análise destas e das críticas a

ticas, apesar de pretendermos demonstrar que o conceito de sociedade não se confunde com o conceito de contrato (que é apenas uma das formas que seu ato constitutivo pode assumir),[49] porque é este, sem sombra de dúvidas (e ao menos em nosso ordenamento, onde, por exemplo, a sociedade unipessoal é restrita a apenas uma hipótese e a limitação da responsabilidade do empresário individual é inexistente), o mecanismo mais difundido e importante de constituição de sociedade e exercício de atividade econômica; ademais, e apesar do já muito escrito sobre o assunto, acreditamos sempre ser importante revisitar alguns conceitos, principalmente diante da disciplina dada pelo nosso Código Civil no art. 981.

O contrato plurilateral, de acordo com a clássica lição de Tullio Ascarelli[50] e como expresso no art. 981 do Código Civil,[51] é aquele que permite a participação de duas ou mais partes (sendo que cada uma delas pode ser constituída por mais de uma pessoa),[52] as quais, assumindo direitos e obrigações (todas as partes do contrato plurilateral são titulares de direitos e obrigações) para com as demais, e através das suas contribuições (bens ou serviços, dependendo do tipo social), criam uma organização (firma)[53] para o exercício de

elas formuladas, v. Waldirio Bulgarelli, *Sociedades Comerciais: Sociedades Civis e Sociedades Cooperativas; Empresas e Estabelecimento, Subsídios para o Estudo do Direito Empresarial, Abordagem às Sociedades Civis e Cooperativas*, 10ª ed., pp. 22 e ss.; Waldemar Ferreira, *Tratado de Direito Comercial*, vol. 3, pp. 17 e ss.; Jorge Henrique Pinto Furtado, *Curso de Direito das Sociedades*, 5ª ed., pp. 73 e ss.; Rubens Requião, *Curso de Direito Comercial*, vol. 1, 26ª ed., pp. 377 e ss.; Haroldo Malheiros Duclerc Verçosa, *Curso de Direito Comercial*, vol. 2, pp. 55 e ss.; por fim, indicamos as lições de Tullio Ascarelli, *Problemas das Sociedades Anônimas e Direito Comparado*, pp. 275 e ss.

49. Fazendo a distinção entre ato constitutivo e efeito do contrato plurilateral, v. João Eunápio Borges, *Curso de Direito Comercial Terrestre*, 5ª ed., p. 260; o autor demonstra que "(...) a palavra *sociedade* é empregada para designar tanto o contrato, que é a causa da pessoa jurídica que êle fêz nascer, como a própria pessoa, que é efeito daquele contrato".

50. "A figura do *contrato plurilateral* (...) parte da Alemanha, perto do final do primeiro quartel do século passado, com Wieland, *Handelsrecht*, 1921, I, p. 424 e ganha em Itália notável desenvolvimento e aprofundamento desde Ascarelli, *Contratto Plurilaterale e Negozio Unilaterale* (*Foro Lombardo*, 1932, pp. 439 e ss.) e *Contratto Plurilaterale, Comunione di Interessi* (*Riv. Trim. Dir. e Proc. Civ.*, VII [1953], pp. 721 e ss.), para referir só os estudos mais representativos deste autor sobre o tema" (cf. Jorge Henrique Pinto Furtado, *Curso de Direito das Sociedades*, 5ª ed., cit., pp. 74-75 – grifo do autor). Em nosso ensaio, tomamos por base Tullio Ascarelli, *Problemas das Sociedades Anônimas e Direito Comparado*, cit.; também consultamos obra posterior: Tullio Ascarelli, *Saggi di Diritto Commerciale*.

51. Em nossa análise não nos valemos do conceito dado pelo art. 1.363 do Código Civil de 1916 (para um estudo deste dispositivo, v. Clovis Bevilaqua, *Direito das Obrigações*, 7ª ed.; v., tb., Francisco Cavalcanti Pontes de Miranda, *Tratado de Direito Privado*, t. 49, 3ª ed.), o qual é marcado pela vagueza, tendo em vista a amplidão do conceito legal, além de confundir, p. ex., os termos *sócio* e *associado*; da mesma forma, impreciso é o Código Comercial (apesar de não trazer expresso um conceito de sociedade); para uma crítica do exposto em tais regramentos, remetemos a Waldemar Ferreira, *Tratado de Direito Comercial*, vol. 3, pp. 44 e ss. Por outro lado, em muito utilizamos a doutrina italiana, tendo em vista que o art. 2.247 do *Codice Civile* é extremamente semelhante ao nosso dispositivo legal: "Con il contratto di società due o più persone conferiscono beni o servizi per l'esercizio in comune di un'attività economica allo scopo di dividerne gli utili".

52. Cumpre salientar que, desde a introdução, sempre que nos referimos à sociedade fundada em contrato plurilateral fazemos remissão apenas ao aspecto formal ou numérico, não considerando a participação de um "homem de palha" (*Strohmann*, de acordo com a denominação dada pela doutrina alemã), o que ocorre quando a participação de algum dos sócios é fraudulenta, somente com o intuito de, existindo a pluralidade, beneficiarem-se, muitas vezes, da limitação da responsabilidade pessoal existente nos principais e mais difundidos tipos societários (já que a sociedade unipessoal, como falaremos posteriormente, é admitida em casos extremamente limitados em nosso ordenamento jurídico). Portanto, não investigaremos quando as sociedades são, substancialmente, unipessoais.

53. Já Tullio Ascarelli afirmava ser o contrato de sociedade, diante de todas suas características, um contrato de organização, em sua função econômica (cf. Tullio Ascarelli, *Problemas das Sociedades Anônimas e Direito Comparado*, p. 312). O contrato plurilateral organiza um conjunto de pessoas

uma atividade econômica e com um objetivo em comum (ou seja, uma comunhão de interesses),[54] que é centrado na repartição dos resultados. Assim, são elementos do contrato de sociedade a contribuição dos sócios que se propõem a exercitar, em comum, uma atividade econômica objetivando a repartição dos resultados, como ensina a doutrina italiana:

"Il contratto costitutivo di società, quando ricorre, è, al pari dei contratti costitutivi di associazione e di consorzio, un contratto plurilaterale con comunione di scopo. Si tratta di contratti stipulati da due o più parti (non quindi necessariamente più di due), ciascuna della quali si obbliga all'esecuzione di prestazioni 'dirette al conseguimento di uno scopo comune' (art. 1.420)."[55]

"Tutti i partecipanti conferiscono beni o servizi, che confluiscono in un patrimonio comune, ossia un patrimonio costituito dai conferimenti di tutti; attraverso questi mezzi si esercita una attività, tale attività produce degli utili, e questi utili vengono ripartiti tra i soci."[56]

Cumpre, então, desde logo, e pela própria terminologia, dizer que o contrato plurilateral (espécie de negócio jurídico plurilateral) de sociedade é um contrato de execução continuada, sujeitando-se às normas destes naquilo em que compatível.[57] Mas como já visto em seu conceito, possui características específicas que o distinguem da noção de contrato uni ou bilateral (espécies de negócio jurídico bilateral); e são justamente tais particularidades que nos interessam.

Assim, elencando as características do contrato plurilateral, pode-se, primeiramente, dizer que ele, viabilizando a aderência de duas ou mais partes, é um contrato aberto, o que pode importar em uma permanente oferta de adesão e de desistência daquelas que já participam (sendo o exemplo mais clássico as companhias listadas em bolsa de valores),[58] o que não é possível

e bens de produção: "(...) o contrato de sociedade é um contrato de organização, aqui entendida a palavra no sentido de determinação de um centro de imputação, da estruturação do comando, de desenho de responsabilidades e deveres de administradores" (cf. Rachel Sztajn, "Associações e sociedades: semelhanças e distinções à luz da noção de contrato plurilateral", *Revista de Direito Privado*, vol. 6, n. 21, p. 229).

54. Cf. Tullio Ascarelli, *Saggi di Diritto Commerciale*, p. 330, em nota de rodapé.

55. Franco Di Sabato, *Diritto delle Società*, 2ª ed., p. 58.

56. Pier Giusto Jaeger e Francesco Denozza, *Appunti di Diritto Commerciale*, vol. 1, p. 112.

57. "La circostanza che le dichiarazioni dei contraenti siano dirette ad un effetto comune implica solo che si tratta di una specie particolare di contratto, che lo stesso legislatore definisce plurilaterale (art. 1.420); ed il richiamo specifico al contratto nella definizione dell'art. 2.247 assume il significato di rendere applicabile la disciplina generale dei contratti, in quanto compatibile con quella appositamente detata" (cf. Franco Di Sabato, *Diritto delle Società*, 2ª ed., p. 57). Nas palavras de Giuseppe Ferri: "Come contratto, il negozio costitutivo della società è naturalmente soggetto alla disciplina generale in tema di contratti (...)" (cf. Giuseppe Ferri, *Manuale di Diritto Commerciale*, pp. 129-130).

58. Devendo-se considerar que (por óbvio sempre se relevando os tipos societários existentes no Brasil, ou seja, quando um deles admite a entrada e saída indiscriminada de sócios e quando outro é caracterizado pela *affectio societatis*), como os possíveis novos participantes do contrato de sociedade não têm como negociar os termos do contrato, acabam eles "precificando" sua entrada: as partes não negociam os termos do contrato, mas sim o preço (o preço das quotas ou das ações, p. ex., reflete não apenas a situação econômico-financeira da sociedade, mas também a estrutura contratual) (cf. Frank H. Easterbrook, *The Economic Structure of Corporate Law*, pp. 15 e ss.). À p. 17, leciona: "Let us suppose that entrepreneurs simply pick terms out of a hat. They cannot force investors to pay more than the resulting investment instruments are worth; there are too many other places for the investors to put their money. Unless entrepreneurs can fool the investors, a choice of terms that reduces investors' expected returns will produce a corresponding reduction in price. So the people designing the terms under which the corporation will be run have the right incentives". Todavia, isso não significa que tal quantificação seja exata, pois a formação de preços é imperfeita, já que dependente de informações (como afirmado na primeira parte deste estudo), devendo-se considerar também que o que se chama de *preço perfeito* pode mesmo não ser lucrativo,

nos negócios jurídicos bilaterais.[59] Conseqüentemente, diante de tal abertura, tem-se que o vício na manifestação da vontade de qualquer parte não invalida todo o contrato, mas apenas a manifestação defeituosa[60] (salvo quando a prestação de determinado indivíduo é essencial para o cumprimento do próprio objeto social)[61] – devendo-se ter em mente que tal não se confunde com falta de requisitos de validade do contrato de sociedade, o que conduz, por óbvio, à sua invalidade.[62]

Tal estrutura, através das participações que as pessoas que nela entram conferem, fornece direitos e confere obrigações às partes, sendo que cada uma delas tem direitos (sendo o principal o direito aos dividendos) iguais em qualidade (mas não em quantidade, visto que proporcionais à participação societária – já que as prestações de cada uma não necessitam ser equivalentes às das outras)[63] e que se prendem à

porque os custos para sua obtenção podem mesmo tornar deficitária eventual aquisição de participação societária.

59. Cf. Tullio Ascarelli, *Problemas das Sociedades Anônimas e Direito Comparado*, cit., p. 303. Observa-se, portanto, que a participação de apenas duas partes não torna o contrato de sociedade um contrato bilateral, tendo em vista sua abertura: "(...) nel definire un contratto come 'plurilaterale' ci riferiamo alla 'possibilità' della partecipazione di un numero indeterminato di parti, date le caratteristiche della categoria contratuale e perciò rimane plurilaterale un contratto che comporti la partecipazione di un numero indeterminado di parti, tutte titolari di diritti e tenute a prestazioni (e mi sembra difficile scoprire un aggettivo diverso da 'plurilaterale' e per dire 'due o più di due'), quand'anche nel caso concreto venga concluso solo da due" (cf. Tullio Ascarelli, *Saggi di Diritto Commerciale*, p. 340); à p. 342, complementa: "L'apparente bisticcio tra 'plurilaterale' e 'presenza di due sole parti' è superato appena si rilevi che con 'plurilaterale' non si fa riferimento al numero delle parti nel caso concreto, ma al numero (e, meglio, all'indeterminatezza del numero) delle parti che il contratto data la sua natura, comporta". Da mesma forma lecionam Pier Giusto Jaeger e Francesco Denozza: "(...) se le parti del contratto di società sono solo due, questo schema è sempre valido o si deve far riferimento a quello 'binario', proprio dei contratti di scambio? La conclusione è che esso deve sempre considerarsi utilizzabile perché *la comunione di scopo sussiste anche se le parti sono due.* (...) l'espressione contratto plurilaterale non implica che le parti devono essere più di due, ma significa che le parti possono essere più di due. Non rileva il fatto che siano due, perché anche se sono due lo schema rimane aperto, mentre nei contratti di scambio lo schema resta chiuso e quindi sostanzialmente le parti sono sempre due" (cf. Jaeger/Denozza, *Appunti di Diritto Commerciale*, vol. 1, p. 113 – grifo dos autores). No mesmo sentido, v., ainda, Francisco Cavalcanti Pontes de Miranda, *Tratado de Direito Privado*, t. 38, p. 10.

60. Cf. Tullio Ascarelli, *Problemas das Sociedades Anônimas e Direito Comparado*, cit., pp. 304-305.

61. Cf. Tullio Ascarelli, *Saggi di Diritto Commerciale*, pp. 342 e ss. À p. 346, afirma: "(...) la società (o l'associazione) si scioglie dove sia impossibile il conseguimento dell'oggetto e perciò quando la nullità o l'annullamento della singola adesione (che altrimenti (art. 1.420, 1.446) non effettuerebbero la persistenza del contratto) si traduscano in una impossibilità di perseguire il conseguimento dello scopo comune; quando l'essenzialità dell'adesione si sostanzi appunto nella sua essenzialità ai fini di conseguire lo scopo comune". De forma clara, Pontes de Miranda expõe: "Nos contratos plurilaterais, as invalidades concernentes à manifestação de vontade de um só dos figurantes não atingem todo o contrato, salvo se, atendidas a finalidade do contrato e as circunstâncias, se tem de considerar essencial a figura daquele que manifestou invàlidamente a vontade. A essencialidade é que importa e sôbre ela sòmente pode responder o exame do negócio jurídico plurilateral que se concluiu" (cf. Francisco Cavalcanti Pontes de Miranda, *Tratado de Direito Privado*, t. 38, p. 9).

62. Cf. Tullio Ascarelli, *Saggi di Diritto Commerciale*, p. 348.

63. "Na sociedade, justamente à vista do fato de visar ela a consecução de um lucro a distribuir entre os socios, o direito destes tem um conteudo tipico e constante, qualquer que seja o objeto da sociedade. Diversas entretanto, podem ser, mesmo qualitativamente as entradas dos socios; esta diversidade respeita não apenas às diversas sociedades, mas até aos diversos socios de uma sociedade" (cf. Tullio Ascarelli, *Problemas das Sociedades Anônimas e Direito Comparado*, cit., pp. 300-301). Para Pontes de Miranda, "Os direitos aos proventos, êsses, são da mesma natureza, devido à comunidade de fim, pôsto que possa haver diferenças quantitativas. Na própria troca, a diferenciação ressalta, razão por que o negócio jurídico é bilateral, e não plurilateral. Dá-se *a*, contra *b*. Na venda há o que se vende e o preço. No mandato, mandatário e mandante não têm fim comum. Nos negócios jurídicos plurilaterais, não importa com que se contribuiu: tem-se de considerar o valor de cada quota. Pode A ter entrado com

realização da finalidade comum.[64] No que tange às obrigações, cada obrigação dá-se em relação a todas as outras,[65] sendo que cada uma pode ter um objeto diverso, não possuindo um conteúdo típico constante (pois cada parte contribui com um tipo de bem ou serviço que os outros consideram importante para o exercício do objeto social, respondendo individualmente pelos vícios que sua contribuição apresente).[66] Ademais, ainda sobre as obrigações, a impossibilidade de execução ou inadimplemento da prestação por qualquer das partes afeta somente esta:[67] o contrato de sociedade permanece se seu objetivo continuar possível mesmo com a falta daquela parcela (diferentemente dos negócios jurídicos bilaterais, em que a impossibilidade ou inadimplemento de uma das partes tende a levar à sua resolução).

Dito isso, tem-se que as pessoas conjugam-se para o exercício em comum[68] de uma atividade econômica. Todavia, cumpre ter em mente que as partes se congregam não para o simples exercício de uma atividade em conjunto, mas sim porque têm um escopo em comum (diferentemente dos negócios jurídicos bilaterais).[69] Tal objetivo

bem imóvel; B, com maquinário; e C, com dinheiro ou trabalho" (cf. Francisco Cavalcanti Pontes de Miranda, *Tratado de Direito Privado*, t. 38, p. 18).

64. Cf. Tullio Ascarelli, *Problemas das Sociedades Anônimas e Direito Comparado*, cit., p. 294.

65. Tullio Ascarelli, *Problemas das Sociedades Anônimas e Direito Comparado*, cit., pp. 285-287. À p. 296 explica o autor sobre a relação entre direitos e obrigações entre os sócios, afirmando que, nos contratos bilaterais, as prestações estão em uma relação jurídica de equivalência (uma substitui a outra, no patrimônio de cada parte); já nos plurilaterais, a prestação de cada parte não estaria em relação de equivalência, tendo em vista que tal relação existiria "(...) porém, entre as obrigações e os direitos de cada parte e as de todas as demais, ou seja, levando em conta obrigações e direitos de cada parte, perante todas das demais". Da mesma forma, Francisco Cavalcanti Pontes de Miranda, *Tratado de Direito Privado*, t. 38, pp. 16-17.

66. Cf. Tullio Ascarelli, *Problemas das Sociedades Anônimas e Direito Comparado*, cit., p. 295. Às pp. 295-296, complementa: "(...) si examinarmos a disciplina concreta das obrigações das partes nos contratos plurilaterais, veremos que elas estão sujeitas a uma dupla ordem de normas: a) às gerais, digamo-lo assim, proprias do contrato plurilateral concluído; b) às (quando não sejam incompatíveis com as primeiras) que decorrem do objeto particular da obrigação de cada parte e que, por isso, podem ser diversas quanto a cada parte". "Assim, o socio que transfere a propriedade de uma coisa é responsavel por evicção e por vícios ocultos, e essa consequencia é correntemente afirmada mesmo nos direitos (por exemplo, o italiano e o francês) que disciplinam essa responsabilidade somente em relação a alguns contratos e não de modo geral (como, ao contrario, o direito brasileiro)."

67. Neste sentido dispõem os arts. 1.459 e 1.466 do Código Civil italiano.

68. "(...) ciò che fa di una attività economica una attività 'esecitata in comune' è, in ogni tipo di società, il fatto che piú persone assumono il rischio di una medesima attività economica; è, inoltre, il fatto che piú persone concorrono nella direzione della medesima attività economica" (cf. Francesco Galgano, *Diritto Civile e Commerciale*, vol. 3, t. 1, 4ª ed., p. 281).

69. Cf. Tullio Ascarelli, *Problemas das Sociedades Anônimas e Direito Comparado*, cit., p. 290. Às pp. 290-291, em contraposição ao negócio jurídico bilateral, leciona: "Nos demais contratos, o 'fim ou escopo' do contrato, quando entendido em sentido generico, identifica-se com a função tipica do proprio contrato (por exemplo, troca de coisa por preço); permanece, em princípio, no campo dos motivos, quando entendido em relação a uma atividade ulterior das partes, para cuja realização seja concluido o contrato". "Nos contratos plurilaterais, ao contrario, o escopo, em sua precisa configuração em cada caso concreto (por exemplo, constituição de uma sociedade para a compra e venda de livros), é juridicamente relevante. Constitue o elemento 'comum', 'unificador' das varias adesões, e concorre para determinar o alcance dos direitos e deveres das partes." Da mesma forma, Francesco Galgano: "Nei contratti di scambio la prestazione di ciascuna delle parti realizza direttamente, e definitivamente, l'interesse dell'altra parte. Altrettanto non può dirsi per il contratto di società e per gli altri contratti plurilaterali associativi: qui le prestazioni esequite dalle parti sono preordinate allo svolgimento, in comune tra esse, di una attività; e l'interesse di ciascuna parte non è senz'altro realizzato dalla prestazione delle altre, ma si realizza per effetto dell'attività comune cui le prestazioni di ciascuna parte sono preordinate. Le parti esercitano in comune una attività economica – precisa l'art. 2.247 – 'allo scopo di dividerne gli utili'. Questo è il risultato finale in vista del quale ciascuna delle parti aderisce al contratto di società e, con esso, conferisce beni o servizi: il risultato è, dunque, la realizzazione di un profitto; ma la rea-

é, em última instância, e como escrito no art. 981 do Código Civil, a atribuição dos resultados aos sócios; este é o que se denominaria interesse final, sendo que a doutrina tende também a afirmar a existência de outros dois interesses como pressupostos lógicos do primeiro aqui mencionado: um interesse preliminar, o qual seria o exercício de uma atividade econômica (nos moldes já descritos) e um interesse intermédio, no qual se busca, através da maximização da eficiência alocativa, aumentar a riqueza da sociedade para posterior e final repartição dos eventuais ganhos.[70]

Destarte, e dados os principais pontos caracterizantes do contrato plurilateral, pode-se afirmar que cada umas das partes, dispostas como se fosse em um círculo (e não em contraposição, como na concepção comum dos contratos uni ou bilaterais),[71] confere um bem (ou bens) para, através do exercício de uma atividade econômica, atingirem uma finalidade comum, que é, acreditamos, a partilha, entre si, dos resultados. Então, a sociedade com base no contrato plurilateral estabelece a idéia de uso cooperativo dos bens, assumindo cunho instrumental e que regulará a atividade (empresarial ou não) a ser exercida;[72] ou seja (e aqui conectando-se com o estudado sobre a Teoria da Firma), é o primeiro contrato de todo o feixe a ser estabelecido pela firma e onde se fixam os incentivos iniciais para os sócios atuarem de maneira conjunta (tendo em vista comunhão de interesses que se verifica),[73] objetivando

lizzazione di questo risultato è effetto solo mediato delle prestazioni eseguite dalle parti: il risultato si realizzerà come conseguenza, sperata, dell'attività economica da esse esercitata in comune" (cf. Francesco Galgano, *Diritto Civile e Commerciale*, vol. 3, t. 1, 4ª ed., pp. 279-280). "A finalidade comum está à base dos contratos de sociedade. Não há a *prestação* e a *contraprestação*. Se houvesse contraprestação, teriam estado em contraposição os interêsses dos figurantes. Falta o elemento de intercâmbio. As prestações convergem, concentram-se, fundem-se, para que se atinja o fim comum. O que cada figurante vai receber, para si, provém da sociedade, e não de cada sócio" (cf. Francisco Cavalcanti Pontes de Miranda, *Tratado de Direito Privado*, t. 38, p. 12 – grifo do autor).

70. "Da questa ulteriore analisi emerge come alla causa societaria inerisca un triplice ordine di interessi, tutti destinati ad essere realizzati mediante il contratto di società. Lo scopo della società è, sotto un primo aspetto, quello di trasformare la ricchezza conferita dai soci in una efficiente organizzazione imprenditoriale: esso è tanto piú itensamente realizzato quanto maggiore è la efficienza produttiva o distributiva dell'impresa sociale. È interesse sociale, sotto questo aspetto, l'interesse ad aumentare il volume della produzione o degli scambi, l'interesse alla conquista di nuovi mercati, l'interesse ad accrescere la potenza economica della società. Sotto il secondo aspetto, l'interesse sociale viene in considerazione come interesse alla massimizzazione del profitto: è l'interesse a che l'impresa sociale produca la piú abbondante messe possibile di utili. Sotto il terzo aspetto, infine, l'interesse sociale si presenta come interesse alla massimizzazione del dividendo: come interesse a che i profitti realizzati vengano il piú frequentemente e nella misura piú alta possibile destribuiti ai soci." "C'è, dunque, un interesse sociale preliminare: l'interesse a che il patrimonio sociale, formato con i conferimenti dei soci, sia utilizzato per l'esercizio di una attività economica, della specifica attività economica che forma oggetto della società; c'è poi un interesse sociale intermedio: l'interesse a che l'attività economica sia volta alla realizzazione degli utili; c'è, quindi, un interesse sociale finale: l'interesse a che gli utili realizzati siano divisi fra i soci" (cf. Francesco Galgano, *Diritto Civile e Commerciale*, vol. 3, t. 1, 4ª ed., p. 304).

71. Cf. Tullio Ascarelli, *Problemas das Sociedades Anônimas e Direito Comparado*, cit., p. 287.

72. "(...) a função do contrato plurilateral não termina, quando executadas as obrigações das partes (como acontece, ao contrario, nos demais contratos); a execução das obrigações das partes constitue a premissa para uma atividade ulterior; a realização desta constitue a finalidade do contrato; este consiste, em substancia, na organização de varias partes em relação ao desenvolvimento de uma atividade ulterior" (cf. Tullio Ascarelli, *Problemas das Sociedades Anônimas e Direito Comparado*, cit., p. 291).

73. Deve ficar bem claro que de forma alguma se diz que não existem entre os sócios conflitos de interesses, principalmente quando da entrada na sociedade e da repartição dos resultados; todavia, prevalece o comportamento cooperativo (já que existe um núcleo de interesse comum): "Si può davvero dire che non vi è posto per un conflitto di interessi in questo schema? Almeno in due momenti, quello del conferimento e quelo della divisione degli utili, un conflito in realtà esiste. Quando le parti contrattano, ognuna vuole ottenere il massimo di utile con il minimo di conferimento e quindi sussiste una situazine di conflito. Solo che, oltre alla condizione

aumentar a riqueza produzida (quer dizer, exercer a atividade econômica da forma mais eficiente possível para que aumente o valor dos recursos empregados e distribua maiores resultados) e reduzir os custos que existiriam caso se recorresse ao mercado (permitindo, inclusive, adaptação mais rápida às alterações mercadológicas, visto que podemos citar decisões a serem tomadas por maioria mas que vinculam a todos os sócios).

Nestes termos, o contrato de sociedade demonstra de maneira exemplar o mecanismo de governança unificada, internalizando os interesses e fazendo com que as partes trabalhem coordenadamente para maximizar os ganhos, tanto aumentando a eficiência como reduzindo custos de transação (justamente o que, a princípio, não ocorreria na pura contratação em mercado, onde os interesses das partes se contrapõem – como afirma Tullio Ascarelli ao comentar a contrariedade de posição existente nos negócios jurídicos bilaterais), principalmente se considerarmos que, apesar de o sistema legal dar uma estrutura mínima para a criação de uma sociedade, muitos mecanismos são deixados à livre escolha dos empreendedores[74] (adquirindo o ato constitutivo importante papel na organização da firma).[75]

E assim expusemos as principais características do contrato plurilateral, o qual explica a grande maioria dos tipos societários existentes em nosso país, além de demonstrar a existência, em sua estrutura, de uma lógica econômica. Todavia, deve-se salientar que o contrato não é capaz de abarcar fenômenos societários como a sociedade unipessoal e a constituída por lei,[76] pois o próprio conceito de contrato, como é cediço, pressupõe a existência de duas ou mais partes[77] e de autonomia privada.[78] Destarte, buscaremos um nova noção para o conceito de sociedade, não em contraposição ao até aqui estudado, mas sim complementar.

di conflitto, si rinviene anche uno scopo comune, perché è chiaro che tutti hanno interesse ad evitare perdite ed a massimizzare gli utili" (cf. Jaeger/Denozza, *Appunti di Diritto Commerciale*, vol. 1, p. 112).

74. Sobre a autonomia existente para a alteração das estruturas sociais e quais seus limites, tendo em vista os tipos societários cerrados admitidos em nosso ordenamento jurídico, analisaremos mais adiante.

75. Frisamos que, apesar de salientarmos com maior vigor a importância do contrato de sociedade na disposição de incentivos aos agentes, tem-se que este não é o único meio e nem exclui as demais formas, inclusive aquelas que se encontram fora do mundo jurídico.

76. Assim diversos doutrinadores encontram dificuldade em fundamentar, na maioria dos casos, a sociedade unipessoal e a constituída por lei com base em um contrato. Neste sentido, p. ex., Pier Giusto Jaeger e Francesco Denozza, ao comentarem a viabilidade de constituição de sociedades unipessoais com responsabilidade limitada, na Itália: "Attualmente il reconoscimento della possibilità di creare società sin dall'origine unipersonali non consente più di affermare, in via generale, la natura contrattuale dell'atto costitutivo di società. Molto di quanto diremo nei prossimi paragrafi riguarda perciò soltanto le società create da due o più soggetti, le sole per le quali può essere ancora sostenuta la natura contrattuale dell'atto da cui nascono" (cf. Jaeger/Denozza, *Appunti di Diritto Commerciale*, vol. 1, p. 110). Da mesma forma, remetemos às palavras de Rubens Requião, o qual, apesar de adotar a teoria contratualista, afirma: "A incompreensão que comumente se manifesta a respeito das sociedades *unipessoais* provém da idéia arraigada pela tradição de que a sociedade se forma pelo contrato, sendo somente possível sua criação entre duas ou mais pessoas. Desde que se passe a sustentar que a sociedade comercial, como pessoa jurídica, se constitui por um ato que não seja necessariamente um contrato, o absurdo aparente se ameniza" (cf. Rubens Requião, *Curso de Direito Comercial*, vol. 1, 26ª ed., p. 378 – grifo do autor).

77. Levando-se em conta tudo o já exposto, fazemos remissão à autoridade de Pontes de Miranda, o qual, em poucas palavras, resume o que afirmamos: "Nos negócios jurídicos plurilaterais, a permanência de pelo menos dois figurantes é essencial, como aliás ocorre com os negócios jurídicos bilaterais" (cf. Francisco Cavalcanti Pontes de Miranda, *Tratado de Direito Privado*, t. 38, p. 11).

78. A autonomia privada é elemento essencial para a própria conceituação de negócio jurídico; sobre o assunto existe vasta bibliografia, mas recomendamos o esclarecedor artigo de Orlando Gomes, "Autonomia privada e negócio jurídico", in Orlando Gomes, *Transformações Gerais do Direito das Obrigações*, 2ª ed., pp. 42-48.

3.2 A sociedade como organização: mudança de perspectiva

O art. 981 do Código Civil representaria apenas uma das formas constitutivas da sociedade; apresenta, portanto, tal dispositivo, somente o conceito de contrato de sociedade, não se confundindo com a própria noção de sociedade.[79] Isso porque, além de reconhecer aquelas fundadas em contrato plurilateral, o direito pátrio admite também a sociedade unipessoal[80] originária, no caso da subsidiária integral (de acordo com os arts. 251 e ss. da Lei n. 6.404/1976),[81] e a existência de sociedades constituídas por lei.[82] A fundamentação tradicional do conceito de sociedade não é capaz de abranger as duas últimas, como dito anteriormente, fazendo-se imperiosa uma reestruturação da noção de sociedade, a qual acreditamos basear-se em torno da firma (organização econômica, feixe de contratos).[83]

Para a conceituação da sociedade, o Direito reconhece, impondo determinadas exigências, a organização econômica estruturada na firma; esta constitui a base para as regras jurídicas que regulam o exercício da atividade econômica, sendo que aqui se encontra o fundamento para o conceito jurídico de sociedade. O Direito, compreendendo a realidade fática, acaba por sofrer influências na criação de diferentes normas, admitindo diversas formas de tais estruturas organizativas serem constituídas, inclusive com a separação de um patrimônio destinado ao exercício de alguma atividade econômica. E, assim, passamos para uma concepção de *sociedade-organização*,[84] visto ser justamente a

79. Não se pode querer retirar do art. 981 do Código Civil uma noção geral de sociedade; tal dispositivo apenas apresenta o conceito de contrato de sociedade, ou seja, o conceito de contrato plurilateral que fundamenta uma das formas constitutivas de sociedade. Da mesma forma ocorreu na Itália, visto que o art. 2.247, que anteriormente mencionava ser, em sua rubrica, *Nozione di società*, teve sua redação alterada para *Contratto di società*: "Tuttavia, come già evidenziato, oggi il contratto non è più il solo modo di costituzione di una società. La rubrica dell'art. 2.247 è dunque attualmente coerentemente intitolata 'contratto di società', intendendo così il legislatore segnalare che quella ivi contenuta è la disciplina del contratto di società, ma che ciò non esclude che la società abbia origine anche non da un contratto" (cf. Franco Di Sabato, *Diritto delle Società*, 2ª ed., pp. 57-58).

80. Sobre a sociedade unipessoal e sua crescente importância, v. a excelente obra de Calixto Salomão Filho, *A Sociedade Unipessoal*. Sobre o tema, não nos aprofundaremos e nem discutiremos qual o melhor modo de um único agente exercer alguma atividade econômica, se sob a forma de sociedade unipessoal ou sob a firma individual; detemo-nos, neste ensaio, apenas nos dispositivos legais em vigor no ordenamento jurídico pátrio.

81. Aqui assumimos que apenas a subsidiária integral é verdadeira sociedade unipessoal, visto que a possibilidade de unipessoalidade superveniente, de acordo com o art. 206, I, *d*, da Lei das S/A, e o previsto no Código Civil (art. 1.033, IV), são, na verdade, sociedades fundadas em contrato plurilateral, pois nascem com duas ou mais partes e, ademais, devem ter a plurilateralidade restituída em determinado período de tempo estabelecido em lei (mas assim se diz, é claro, não retirando a importância do estudo a ser realizado de como a sociedade e seus órgãos funcionam durante o período em que unipessoal permanece).

82. "O *diploma legal* (...) resulta do normal exercício da actividade administrativa do Estado" (cf. Jorge Henrique Pinto Furtado, *Curso de Direito das Sociedades*, 5ª ed., cit., p. 63 – grifo do autor).

83. Nossa posição, como já afirmamos anteriormente, em muito se baseia na doutrina italiana, sendo que, na Itália, as recentes mudanças (que passaram a admitir de forma mais ampla a sociedade unipessoal) fizeram com que o debate sobre a essência da sociedade fosse reavivado. No Brasil, e ratificando a tendência por nós seguida, alguns autores salientam a importância da organização para o conceito de sociedade, como o fazem Rachel Sztajn e Calixto Salomão Filho, nas suas diversas obras aqui consultadas (v. referências bibliográficas), sendo que ambos trabalham (não importando, neste momento, a posição adotada por cada um) com a teoria da firma e como tal pode auxiliar o Direito.

84. Extraímos tal terminologia de Franco Di Sabato, *Diritto delle Società*, 2ª ed. Não adotamos, assim, o termo *contrato-organização*, estabelecido por Calixto Salomão Filho (o qual reconhece que o contrato de sociedade cria uma organização), pois, além de defendermos que a sociedade não é mais apenas formada por contrato, tem-se que este jurista, tomando a firma como feixe de contratos, acaba identificando a própria sociedade com todas estas relações, internalizando, inclusive, parte dos

organização o elemento comum a todos os tipos societários.

A firma entendida como organização, com um impulso inicial dado por um empreendedor (ainda que este seja o próprio Estado), separando um patrimônio para o exercício de uma atividade, acaba, se preenchidos os pressupostos de um tipo societário,[85] exercendo a atividade econômica através de uma sociedade (pouco importando se com personalidade jurídica ou não). É em torno da organização que orbita o fundamento da sociedade, a qual, de acordo com Franco Di Sabato, poderia ter origem tanto em um contrato plurilateral (o que já foi estudado, mesmo Tullio Ascarelli afirmando que o contrato de sociedade cria uma estrutura organizativa) como em um ato unilateral (negócio jurídico unilateral)[86] ou mesmo em uma lei;[87] quaisquer dos atos constitutivos aqui mencionados criam uma organização econômica reconhecida como sociedade:

"Va rilevato altresì che la valorizzazione della prospettiva società-organizzazione, rispetto al momento costitutivo, consente di avvicinare fattispecie altrimenti poco omogenee: la società-organizzazione, infatti, è tale in quanto è l'effetto di un contratto, di un negozio unilaterale, della legge."[88]

"È opportuno anche sottolineare che il contratto, l'atto unilaterale, la legge o l'atto amministrativo da quest'ultimo previsto costituiscono eventi produttivi di un effetto identico consistente nella separazione di determinati beni destinati allo scopo societario dal patrimonio di provenienza."[89]

Diante disso, a sociedade-organização funda-se na estrutura econômica criada com a separação de um patrimônio (o que não significa necessariamente criação de um ente com personalidade jurídica) destinado para obter tal finalidade. O conceito de sociedade passa a abranger, naturalmente, tanto a fundada em contrato plurilateral como a sociedade unipessoal (salientando que esta forma societária, apesar de restrita em nosso ordenamento jurídico, assim encontra sólido fundamento)[90] e aquela que

interesses externos à estrutura societária; neste sentido, com base na Teoria da Firma, modifica a concepção de interesse social normalmente aceita em nosso país (ver nota de rodapé n. 95). Sobre suas posições, v. Calixto Salomão Filho, "Interesse social: a nova concepção", in Calixto Salomão Filho, *O Novo Direito Societário*, 2ª ed., pp. 42 e ss.; v., tb., Calixto Salomão Filho, *A Sociedade Unipessoal*, pp. 44 e ss.

85. Na sociedade em comum, cria-se um patrimônio especial (e não autônomo) do qual os sócios são titulares, como diz o art. 988 de nosso Código Civil.

86. "(...) o direito objetivo foi usado para qualificar expressamente como sociedade a espécie originada por negócio unilateral e fazer do regime geral o seu regime" (cf. Ricardo Costa, "Unipessoalidade societária", in Instituto de Direito das Empresas e do Trabalho, *Miscelâneas*, n. 1, p. 62).

87. Cf. Franco Di Sabato, *Diritto delle Società*, 2ª ed., p. 12. Assim, não importa o ato constitutivo: "(...) o *contrato* é apenas o acto constitutivo *normal* da *sociedade*. Em certos casos, ela não se constitui por *contrato*, mas através de figuras jurídicas diferentes, como o *negócio jurídico unilateral* ou o *diploma legal*" (cf. Jorge Henrique Pinto Furtado, *Curso de Direito das Sociedades*, 5ª ed., cit., p. 63 – grifo do autor).

88. Franco Di Sabato, *Diritto delle Società*, 2ª ed., pp. 11-12.

89. Idem, p. 12.

90. "A questo punto non bisogna aver timore di affermare che se nella società unipersonale manca concettualmente la pluralità di soggetti, il che rende artificioso parlare di una comunione di scopo, che costituisce comunque una potenzialità, e di corrispettività, non manca certo la dualità di sfere patrimoniali che costituisce l'effetto proprio dell'atto unilaterale" (cf. Franco Di Sabato, *Diritto delle Società*, 2ª ed., p. 12). De forma análoga e pioneira no Brasil, leciona Rachel Sztajn: "A noção de sociedade como estrutura organizacional, que pode ser adotada para o exercício da atividade produtiva, explica porque a denominação de sociedade unipessoal, que se dá às organizações que exercem atividades econômicas e cujo titular é um só (pessoa natural ou jurídica), não é de se afastar completamente" (cf. Rachel Sztajn, *Contrato de Sociedade e Formas Societárias*, p. 34); em sentido semelhante, afirma Calixto Salomão Filho: "Uma vez vista a sociedade como organização e não como uma pluralidade de sócios é bastante evidente como tanto a sociedade unipessoal como a sociedade sem sócio são admissíveis. Aliás, são nessas estruturas que o contrato que dá vida à sociedade adquire seu valor organizativo puro, ou seja, passa a ter como objeto

pode ser criada por lei, pouco importando, então, o número de sócios ou a autonomia privada; a sociedade adquire uma existência objetivamente independente: o Direito, após um ato constitutivo (mesmo implícito, como no caso da sociedade em comum), reconhece uma organização e atribui a esta capacidade de atuação.

"Se ci si muove dalla prospettiva, che viene proposta, della società organizzazione, la pluralità dei suoi membri è concettualmente indifferente: l'organizzazione, l'impresa, è capace di esistere oggetivamete indipendentemente dal numero dei soggetti che vi aderiscono (...)."[91]

Passa-se, então, a conceituar a sociedade não de acordo com seu ato constitutivo, mas, sim com os efeitos que este, qualquer que seja, produz.[92] Então, realizado qualquer ato de constituição reconhecido pelo Direito, estabelecendo-se uma subjetividade diferente de seu(s) sócio(s) (isso no sentido da constituição de uma nova organização, pois tal linha de raciocínio aplica-se, por exemplo, também às sociedade em comum – sociedade de fato e irregular –, a qual não é personificada e apresenta patrimônio especial mas não autônomo), origina-se uma sociedade.

Logo, são elementos da sociedade, desbastando o conceito de contrato de sociedade fixado pelo art. 981 do Código Civil, a (*i*) destinação de um patrimônio (bens ou serviços) a ser dado pelo(s) sócio(s) (exigência de todos os tipos societários em nosso país – cada tipo tendo suas regras próprias –, sendo algo natural à essência das sociedades),[93] criando-se um patrimônio distinto ou especial; (*ii*) o exercício de uma atividade econômica;[94] e (*iii*) o esco-

exclusivamente estruturar um feixe de contratos" (cf. Calixto Salomão Filho, "Interesse social: a nova concepção", in Calixto Salomão Filho, *O Novo Direito Societário*, 2ª ed., pp. 48-49).

91. Franco Di Sabato, *Diritto delle Società*, 2ª ed., p. 10.

92. "(...) a caracterização do fenómeno societário como actividade organizativa na *fase sucessiva* à sua fundação, orientado por uma certa disciplina de poderes e de competências e virado para a consecução de certo resultado, *à qual permanece indiferente a existência de um só sujeito*" (cf. Ricardo Costa, "Unipessoalidade societária", cit., p. 64 – grifo do autor). Tal assertiva é plenamente aplicável às sociedades constituídas por lei, como aqui defendemos.

93. "Affinchè esista, la società-organizzazione ha necessità di dotarsi di strumenti che consentano di esercitare l'attività economica. Essa può acquisire questi mezzi in due possibili modi, ciascuno dei quali può avere caratteristiche differenti aventi un diverso grado di complessità, anche in funzione dei diversi tipi di organizzazione che essa può assumere. Vengono definiti 'mezzi propri' ('capitale proprio') quelli che la società acquisisce dai soci e che hanno loro causa nel rapporto sociale, con speciale regole che disciplinano il possibile rendimento *sub specie* di utile e il possibile rimborso in sede di scioglimento del rapporto. Sono 'mezzi di terzi' ('capitale di credito') quelli che la società acquisice con varie modalità, le quali – tutte – presuppongono un rendimento *sub specie* (normalmente) di interessi e con un preciso obbligo di rimborso" (cf. Franco Di Sabato, *Diritto delle Società*, 2ª ed., p. 7). Às pp. 17-18, complementa: "(...) se scopo della società è il conseguimento dell'utile (verificheremo poi in quali limiti questa proposizione è tuttora valida), e se utile è l'eccedenza del valore del patrimonio al termine dell'attività sociale (o di cicli periodici di essa) rispetto al valore degli strumenti impiegati per produrlo, risulta evidente che l'apprestamento da parte dei soci dei mezzi necessari all'esercizio dell'attività economica è connaturato all'essenza stessa della società".

94. Aqui tem-se que o exercício da atividade econômica não precisa ser comum (como dispõe o art. 981 do Código Civil, baseado do art. 2.247 do *Codice Civile*, já que estes conceituam o contrato plurilateral), tendo em vista que na sociedade unipessoal a atividade é exercida de maneira individual: "La conclusione è che, così come può esistere una società-organizzazione, con una sola parte, così può esservi l'esercizio de un'attività economica imputabile ad una sola parte. Resta peraltro ben fermo che alla società-organizzazione è indifferente l'esistenza di una sola o di più parti. Ciò significa che il requisito rilevante affinchè vi sia società-organizzazione è che l'attività economica sia imputabile e la comunanza dei risultati non sono più un 'in sé' della società-organizzazione ma sussistono solo se e in quanto vi sia una dualità o pluralità di parti" (cf. Franco Di Sabato, *Diritto delle Società*, 2ª ed., p. 19). O que importa, então, é que a atividade (exercida com um determinado escopo) seja atribuída a um ente social, fazendo a transposição da realidade econômica ao mundo jurídico, como afirma o referido autor à p. 20: "In effetti l'imputazione all'organizzazione che caratterizza l'esercizio in comune

po de atribuição dos resultados ao sócio ou, proporcionalmente, aos sócios.[95] Portanto, todas as características centram-se no caráter organizativo.[96]

E, neste sentido, não se pode mais querer estabelecer uma noção geral de sociedade.[97] Atualmente, existem tantos fenômenos organizativos da atividade econômica que compartilham algumas regras gerais mas que não correspondem a uma figura unitária de sociedade; esta apresenta apenas algumas características centrais, as quais se fixam no reconhecimento da organização (feixe de contratos) destinada ao exercício de uma atividade econômica e com objetivo de distribuir resultados aos empreendedores; posteriormente, cada tipo societário apresenta características específicas, sendo que, por fim, cada sociedade, *in concreto*, apresenta seus elementos particulares (considerando-se sempre que a escolha da estrutura em cada um destes níveis influi na fixação dos incentivos aos agentes).[98]

dell'attività costituisce la trasposizione sul piano giuridico del concetto economico della sopportazione, cui fa riscontro il potere dei soci di disposizione e di direzione dell'attività stessa".

95. Encontramos dificuldade em vislumbrar interesse social outro a não ser a maximização da eficiência alocativa e a distribuição dos resultados ao(s) sócio(s), como já referido anteriormente ao expressarmos o pensamento de Francesco Galgano. Por outro lado, quem adota a linha de Calixto Salomão Filho (v. nota de rodapé n. 84) acaba por identificar no interesse social o interesse de todos aqueles que se relacionam com a firma: "Não há a redução do interesse social a uma organização direcionada simplesmente a obter a eficiência econômica. O objetivo da compreensão da sociedade como organização é exatamente o melhor ordenamento dos interesses nela envolvidos e a solução dos conflitos entre eles existentes. O interesse social passa, então, a ser identificado como a estruturação e organização mais apta a solucionar os conflitos entre esse feixe de contratos e relações jurídicas". "Identificando-se o interesse social ao interesse à melhor organização possível do feixe de relações envolvidas pela sociedade, esse jamais poderá ser identificado com o interesse à maximização dos lucros ou com o interesse à preservação da empresa" (cf. Calixto Salomão Filho, "Interesse social: a nova concepção", in Calixto Salomão Filho, *O Novo Direito Societário*, 2ª ed., pp. 42 e ss.; da mesma forma, Calixto Salomão Filho, *A Sociedade Unipessoal*, pp. 57 e ss.).

96. Cf. Franco Di Sabato, *Diritto delle Società*, 2ª ed., pp. 6 e ss. Em sentido semelhante, além dos juristas nacionais já mencionados, afirma Giuseppe Ferri que a regulamentação dos diferentes tipos societários estaria centrada na organização (indo ao encontro de nossa posição) e no negócio jurídico (contrato plurilateral, de acordo com a posição dominante, à sua época, na Itália, com a que não concordamos, como ficou evidente no transcorrer do trabalho) (cf. Giuseppe Ferri, *Manuale di Diritto Commerciale*, p. 129).

97. "Come si vede, l'unica conclusione possibile è che non esiste più o, quanto meno, sia ormai inutile una nozione generali di società" (cf. Franco Di Sabato, *Diritto delle Società*, 2ª ed., p. 6). No mesmo sentido, v. Giuseppe Ferri, *Manuale di Diritto Commerciale*, p. 129.

98. Apesar de não inteiramente coincidível com o conceito de sociedade (a qual também, a princípio, pode ser criada por lei), remetemos, tendo em vista a possibilidade de traçar um paralelo, à teoria do negócio jurídico visto como uma estrutura, cf. Antônio Junqueira de Azevedo, *Negócio Jurídico: Existência, Validade e Eficácia*, 4ª ed. De acordo com o autor, o negócio jurídico primeiramente entraria no mundo dos fatos jurídicos; posteriormente, passando pelo dos atos jurídicos, aí sim chegaria ao plano dos negócios jurídicos, entendidos como conceito acolhedor de elementos característicos de todos estes; todavia, e descendo na escala da abstração, aí observamos cada categoria dos negócios (ex.: testamento, compra e venda, etc.), os quais possuem características mais específicas (*elementos categoriais*, que resultam do ordenamento jurídico e não da manifestação de vontade das partes); e, por fim, alcança-se o negócio jurídico *in concreto* (com os *elementos particulares*, que são aqueles apostos pelas partes). Da mesma forma, acreditamos que tal esquema pode ser reproduzido quando se fala de sociedade, visto que apresenta ela um conceito que abarca os elementos característicos comuns dos vários tipos (os quais se encontram no segundo plano, repletos de exigências legais, sendo que estão previstos em *numerus clausus*, cf. art. 983 do Código Civil – ao contrário dos negócios jurídicos, onde predomina a autonomia privada na criação daqueles chamados atípicos), sendo que, por fim, chega-se às sociedades analisadas nos casos concretos, com características particulares inseridas pelo(s) sócio(s) de acordo com as necessidades (pois, apesar de tipos fechados, pode-se neles inserir cláusulas não previstas no ordenamento: "È invece, ammissibile l'inserimento di singole clausole atipiche, che non siano in contrasto con norme imperative e che non modifichino – giacché violerebbero, allora, il principio della tipicità della società – gli elementi essenziali del tipo prescelto" (cf. Francesco Galgano, *Diritto*

O direito societário torna-se, então, o direito da atividade econômica organizada. Move-se, assim, o fundamento do conceito de sociedade, que tinha base na confluência de interesses dos sócios representada no contrato plurilateral (ou seja, no ato constitutivo), para a idéia de organização (o efeito dos atos constitutivos).

4. Considerações finais

O mercado, como observado, é a melhor forma até hoje reconhecida para a organização da humanidade; nele, através do sistema de preços, viabiliza-se a circulação de informações que, de outro modo, não seria tão eficiente. Neste sentido, valorando individualmente bens e serviços, de acordo com as circunstâncias de lugar e tempo, cada indivíduo repassa o conhecimento de determinados fatos aos demais membros da comunidade, viabilizando a satisfação das necessidades humanas.

Todavia, para atuar no sistema de preços, existem os chamados *custos de transação*, tendo em vista fatores atinentes ao ser humano (racionalidade limitada e oportunismo) e características relacionadas às próprias transações *(freqüência, incerteza e especificidade dos ativos). Logo, verificando-se que os custos de transação dificultam a circulação de informações, tem-se a necessidade de abrandar tais obstáculos, o que se dá pelos mais diversos modos de governança, como, dependendo das circunstâncias existentes no caso concreto, o estabelecimento de contratos relacionais ou mesmo a criação de uma estrutura unificada (integração vertical dos meios de produção) denominada firma.*

Neste sentido, muitas vezes pode ser mais eficiente criar, artificialmente, estruturas (as chamadas "ilhas de poder consciente") que centralizem informações e coordenem atividade. Constitui-se um sistema alternativo ao mercado, sendo a firma um verdadeiro feixe de contratos mediante os quais se organizam a produção e a distribuição de bens, realinhando, com base nos direitos de propriedade, os incentivos dos agentes nela inseridos.

E tomada por base a firma, partimos posteriormente para a análise jurídica do fenômeno societário. Primeiramente, salientamos que para aquela não importa a veste jurídica do exercício da atividade econômica; ou seja: a organização dos fatores de produção pode ser realizada tanto por indivíduos considerados em sua singularidade (empresário individual ou profissional liberal, por exemplo) como por sociedades (simples ou empresárias). E, delimitando nosso objeto de estudo, fixamonos no estudo destas últimas.

E assim o fazendo, analisamos, logo após, o contrato plurilateral, que é aquele no qual se permite a participação de duas ou mais partes, as quais, assumindo direitos e obrigações para com as demais, e através das suas contribuições (bens ou serviços), criam uma organização (firma) para o exercício de uma atividade econômica e com um objetivo em comum (comunhão de interesses), centrado na repartição dos resultados. Nestes termos, observa-se que se constitui o contrato plurilateral no primeiro dentre todo o feixe contratual estabelecido pela firma, fixando os incentivos iniciais para os sócios atuarem de maneira coordenada;[99] fica evidente sua estrutura

Civile e Commerciale, vol. 3, t. 1, 4ª ed., p. 277). De forma parecida com nosso raciocínio, remetemos à obra anteriormente mencionada de Giuseppe Ferri, *Manuale di Diritto Commerciale*, p. 129.

99. Aqui fica evidente, pode-se concluir, a importância de como a confecção do contrato (estatuto) social pode influenciar a vida da sociedade por um longo período; nestes termos, os advogados, ao elaborarem tais instrumentos, devem ser vistos como verdadeiros *engenheiros dos custos de transação*: "Ronald Gilson advances the novel and controversial view that business lawyers should be thought of as 'transaction cost engineers' (1984). Such an approach ascribes value enhancement to the job of transaction design (...). It emphasizes and gives content to the affirmative side of layering. Transaction cost economics will figure more prominently if those views are adopted (Gilson, 1984, pp. 127-29)"

de governança unificada onde é objetivado o exercício cooperativo dos agentes, inicialmente dos sócios e, posteriormente, de seus outros colaboradores.

Não nos valemos, entretanto, da Teoria da Firma apenas para explicar como sua lógica coincide com a estrutura do contrato plurilateral. Isso porque nosso objetivo foi o de construir um conceito de sociedade que abarcasse outros fenômenos societários não fundamentados pela idéia de contrato, como a unipessoal e aquela constituída por lei.

Destarte, observamos que o elemento organização, no sentido econômico, é o único presente em qualquer forma societária, não importando o número de partes ou se constituída voluntariamente. Portanto, a sociedade pode ser formada por um contrato plurilateral (negócio jurídico plurilateral), por um ato unilateral (negócio jurídico unilateral) ou mesmo por lei; realizado qualquer ato de constituição reconhecido pelo Direito, estabelecendo-se um patrimônio especial ou separado para o exercício de uma atividade econômica com o escopo de atribuição de resultados, origina-se uma sociedade. Retira-se, então, do ato constitutivo, representado pelo contrato plurilateral, o fundamento do conceito de sociedade (apesar de, de modo algum objetivarmos extirpar do mapa jurídico o contrato plurilateral: este ainda constitui, tendo em vista o próprio ordenamento jurídico pátrio, a mais comum e importante forma constitutiva de sociedades); o direito societário torna-se, logo, o direito da atividade econômica organizada.

Assim, procuramos estabelecer, através de um estudo comparativo entre Direito e Economia, um fundamento para o conceito de sociedade, o qual apresenta conseqüências práticas. Isso porque, além de tudo o já mencionado, levando-se em conta a existência de sociedades que não mais em um contrato estão baseadas, tem-se que nestas, salvo analogia, não se aplicariam subsidiariamente as normas da parte geral dos contratos de nosso Código Civil. Observa-se, então, ainda mais claramente, a importância da busca do verdadeiro fundamento dos institutos jurídicos.

Por fim, resta frisar que de forma alguma tivemos a pretensão de esgotar o tema. Esta é matéria polêmica, sendo o aqui realizado somente uma pequena contribuição na tentativa de jogar um pouco de luz sobre o assunto.

(cf. Oliver Williamson, *The Economic Institutions of Capitalism:...*, cit., pp. 397-398).

5. Referências bibliográficas

ASCARELLI, Tullio. *Problemas das Sociedades Anônimas e Direito Comparado.* São Paulo, Saraiva, 1945.

______. *Saggi di Diritto Commerciale.* Milão, Dott. A. Giuffrè, 1955.

AZEVEDO, Antônio Junqueira de. *Negócio Jurídico: Existência, Validade e Eficácia.* 4ª ed., atual., São Paulo, Saraiva, 2002.

BEVILAQUA, Clovis. *Direito das Obrigações.* 7ª ed., São Paulo, Livraria Francisco Alves, 1950.

BORGES, João Eunápio. *Curso de Direito Comercial Terrestre.* 5ª ed., Rio de Janeiro, Forense, 1971.

BULGARELLI, Waldirio. *Sociedades Comerciais: Sociedades Civis e Sociedades Cooperativas; Empresas e Estabelecimento, Subsídios para o Estudo do Direito Empresarial, Abordagem às Sociedades Civis e Cooperativas.* 10ª ed., São Paulo, Atlas, 2001.

CANARIS, Claus-Wilhelm. *Pensamento Sistemático e Conceito de Sistema na Ciência do Direito.* Introdução e tradução de A. Menezes Cordeiro. 3ª ed., Lisboa, Fundação Calouste Gulbenkian, 2002.

COASE, Ronald H. "The nature of the firm", in COASE, Ronald H. *The Firm, the Market and the Law.* Chicago, The University of Chicago Press, 1988, pp. 33-55.

______. "The problem of social cost", in COASE, Ronald H. *The Firm, the Market and the Law.* Chicago, The University of Chicago Press, 1988, pp. 95-156.

COOTER, Robert, e ULEN, Thomas. *Law and Economics.* 4ª ed., Boston, Addison Wesley, 2004.

COSTA, Ricardo. "Unipessoalidade societária", in *Instituto de Direito das Empresas e do Trabalho. Miscelâneas*, n. 1. Coimbra, Almedina, 2003, pp. 39-142.

DI SABATO, Franco. *Diritto delle Società*. 2ª ed., Milão, Giuffrè, 2005.

EASTERBROOK, Frank H. *The Economic Structure of Corporate Law*. Cambridge, Mass., Harvard University Press, 1996.

FERREIRA, Waldemar. *Tratado de Direito Comercial*. vol. 3, São Paulo, Saraiva, 1961.

FERRI, Giuseppe. *Manuale di Diritto Commerciale*. Turim, Editrice Torinense, 1955.

FOSS, Nicolai J. *Austrian Economics and the Theory of the Firm*. Copenhagen Business School, disponível em *http://ep.lib.cbs.dk/download/ISBN/8778690080.pdf*, acesso em 21.12.2006.

______, LANDO, Henrik, e THOMSEN, Steen. *The Theory of the Firm. Encyclopedia of Law and Economics*, disponível em *http://encyclo.findlaw.com/5610book.pdf*, acesso em 21.12.2006.

FURTADO, Jorge Henrique Pinto. *Curso de Direito das Sociedades*. 5ª ed., rev. e atual. com a colaboração de Nelson Rocha. Coimbra, Almedina, 2004.

GALGANO, Francesco. *Diritto Civile e Commerciale*. vol. 3, t. 1, 4ª ed., Pádua, Cedam, 2004.

GOMES, Orlando. "Autonomia privada e negócio jurídico", in GOMES, Orlando. *Transformações Gerais do Direito das Obrigações*. 2ª ed., São Paulo, Ed. RT, 1980, pp. 42-48.

HAYEK, Friedrich A. "The use of knowledge in society", in HAYEK, Friedrich A. *Individualism and Economic Order*. Routledge & Kegan Paul, pp. 77-89.

JAEGER, Pier Giusto, e DENOZZA, Francesco. *Appunti di Diritto Commerciale*. vol. 1. Milão, Dott. A. Giuffrè, 1994.

LANGLOIS, Richard N., e ROBERTSON, Paul L. *Firms, Markets and Economic Change: a Dynamic Theory of Business Institutions*. Londres, Routledge, 1995.

MANKIW, N. Gregory. *Princípios de Microeconomia*. Trad. Allan Vidigal Hastings. São Paulo, Pioneira Thomson Learning, 2005.

MISES, Ludwig von. *Ação Humana: um Tratado de Economia*. Trad. Donald Stewart Jr. Rio de Janeiro, Instituto Liberal, 1990.

PONTES DE MIRANDA, Francisco Cavalcanti. *Tratado de Direito Privado*. t. 38, Rio de Janeiro, Editor Borsói, 1958.

______. *Tratado de Direito Privado*. t. 49, 3ª ed., Rio de Janeiro, Ed. RT, 1984.

RAO, P. K. *The Economics of Transaction Costs: Theory, Methods, and Applications*. Great Britain, Antony Rowe, 2003.

REQUIÃO, Rubens. *Curso de Direito Comercial*. vol. 1, 26ª ed., São Paulo, Saraiva, 2006.

SALOMÃO FILHO, Calixto. *A Sociedade Unipessoal*. São Paulo, Malheiros Editores, 1995.

______. "Interesse social: a nova concepção", in SALOMÃO FILHO, Calixto. *O Novo Direito Societário*. 2ª ed., São Paulo, Malheiros Editores, 2002, pp. 25-51.

______. *Direito Concorrencial: as Estruturas*. 2ª ed., São Paulo, Malheiros Editores, 2002.

SZTAJN, Rachel. *Contrato de Sociedade e Formas Societárias*. São Paulo, Saraiva, 1989.

______. *Teoria Jurídica da Empresa: Atividade Empresária e Mercados*. São Paulo, Atlas, 2004.

______. "Associações e sociedades: semelhanças e distinções à luz da noção de contrato plurilateral", *Revista de Direito Privado*, vol. 6, n. 21, pp. 223-234, jan.-mar./2005.

VERÇOSA, Haroldo Malheiros Duclerc. *Curso de Direito Comercial*. vol. 2, São Paulo, Malheiros Editores, 2006.

WALD, Arnoldo. *Comentários ao Novo Código Civil*. vol. XIV, livro II, *Do Direito de Empresa*. Sálvio de Figueiredo Teixeira (coord.). Rio de Janeiro, Forense, 2005.

WILLIAMSON, Oliver. *The Economic Institutions of Capitalism: Firms, Markets, Relational Contracting*. Nova Iorque, Free Press, 1985.

ZYLBERSZTAJN, Décio. *Economia das Organizações*. Disponível em *http://www.projetoe.org.br/vteams/teles/tele_01/leitura_01.html#1*, acesso em 28.1.2007.

Jurisprudência Comentada

PRETENSÃO À ABSTENÇÃO DE USO DE MARCA E SUA NATUREZA *REAL*

Ação Rescisória n. 512-Distrito Federal

ESTEVAN LO RÉ POUSADA

AÇÃO RESCISÓRIA N. 512-DF (96/0036725-6). COMENTÁRIOS: Introdução. a) Relatório; b) Voto do Ministro-Relator; c) Voto do Ministro-Revisor; d) Em síntese: de uma controvérsia sobre "prazo" a uma polêmica quanto à "natureza da pretensão à abstenção" atribuída ao titular do direito de marca; e) Da teoria do fato jurídico às classificações dos direitos subjetivos: pressupostos necessários à solução da questão; f) Por uma proposta de distinção entre as "posições jurídicas subjetivas ativas" afetas ao caso em questão; g) Sobre os prazos de exercício das "ações em sentido material" afetas ao caso concreto; h) Conclusões finais; i) Bibliografia.

*Ação Rescisória n. 512-DF (96/0036725-6)**

Relator: Ministro Waldemar Zveiter

Revisor: Ministro Barros Monteiro

Ementa: Ação Rescisória – Violação a literal disposição de lei – Inocorrência – Ação visando a abstenção de uso de marca comercial com pedido de revisão da Súmula 142/STJ, acolhido por maioria para revogá-la.

I – Rescisória improcedente, por inocorrência do pressuposto autorizador do art. 485, V do CPC.

II – Acolhido o pedido de revisão da Súmula 142/STJ, que resta revogada por decisão majoritária.

III – Perda do depósito em favor do réu. Custas e honorários de 10% sobre o valor da causa.

ACÓRDÃO

Vistos, relatados e discutidos estes autos, acordam os senhores Ministros da Segunda Seção do Superior Tribunal de Justiça, na conformidade dos votos e das notas taquigráficas a seguir, por unanimidade, julgar improcedente a ação, e, por maioria, cancelar a Súmula 142 desta Corte.

O depósito reverter-se-á ao réu. Custas em 10% (dez por cento) do valor da causa, bem como, os honorários do patrono do réu, ambos pelo autor.

Votaram com o Relator os Srs. Ministros Barros Monteiro, César Asfor Rocha, Ruy Rosado de Aguiar, Ari Pargendler, Carlos Alberto Menezes Direito, Nilson Naves e Eduardo Ribeiro.

* Nota prévia: em se tratando de análise de jurisprudência, buscou-se manter a maior fidelidade possível entre o acórdão analisado pelo autor e o material que se transcreve na primeira parte deste estudo; quanto às citações realizadas, foram integralmente mantidas na forma original, sem quaisquer alterações. De toda sorte, desde logo nos escusamos por eventuais lapsos e imprecisões, inteiramente imputáveis, se os houver, à falta de zelo no trabalho preliminar de transcrição do julgado.

Ressalvado o ponto de vista do Sr. Ministro César Asfor Rocha que entendia inadmissível a ação.

Restou vencido quanto ao cancelamento da Súmula 142, bem como, na reversão do depósito, o Sr. Ministro-Relator.

Ausente, justificadamente, o Sr. Ministro Sálvio de Figueiredo Teixeira.

Sustentou oralmente o Dr. José Carlos Tinoco Soares, pelo autor.

Brasília, 12 de maio de 1999 (data do julgamento).

Ministro Ruy Rosado de Aguiar, Presidente.

Ministro Waldemar Zveiter, Relator.

RELATÓRIO

O Exmo. Sr. Ministro Waldemar Zveiter: All Látex Indústria de Artigos Esportivos Ltda. ajuíza a presente ação rescisória, com fulcro no *artigo 485, V*, do *CPC*, objetivando a desconstituição do decidido no REsp n. 23.732-8, Relator Sr. Ministro *Ruy Rosado de Aguiar*, cujo acórdão guarda a seguinte ementa (*fls. 68*):

MARCA. Prescrição.

Ação para reparação dos danos causados por uso indevido de marca prescreve em cinco anos (art. 178, § 10, IX, C. Civil); a ação fundada na obrigação de não fazer, visando a cessação do uso da marca de propriedade da autora, prescreve em vinte anos (art. 177 do C. Civil).

Apelo conhecido e provido para reconhecer e[1] prescrição qüinqüenal.

Alega violação a literal disposição de lei, ao ter o acórdão rescindendo aplicado ao caso o disposto no *artigo 177*, do Código Civil, em lugar do que dispõe o *artigo 178, § 10, IX*, do mesmo diploma legal, sustentando serem qüinqüenais os prazos, tanto para propor ação de indenização pelo uso indevido de marca, quanto para requerer a abstenção de seu uso, ou seja, para pleitear uma obrigação de não fazer.

Além de propor revisão da *Súmula n. 142*, desta Corte, a autora discorre sobre o direito de propriedade, distinção entre direitos reais e pessoais e a prescrição sobre eles incidente e colaciona julgados do STF e deste STJ em abono a sua tese.

Contestação às *fls. 190/197*; réplica às *fls. 199/205*; razões finais às *fls. 240/241* e *243/250* e parecer da douta Subprocuradoria-Geral da República às *fls. 252/260*, pela improcedência da Rescisória.

É o relatório.

VOTO

A matéria em destaque consiste em saber qual o prazo prescricional para exigir a abstenção do uso de nome ou marca comercial, tendo o acórdão rescindendo adotado a vintenária, enquanto a Autora pugna pela aplicação do prazo qüinqüenal.

Rejeito o pedido de revisão da *Súmula 142/STJ* no âmbito desta ação rescisória, que desacolho por não ver presente o pressuposto do *art. 485, V*, do *CPC*, em que se arrimou.

Nesse mesmo sentido está o parecer da douta Subprocuradoria-Geral da República que adoto como razões de decidir, *verbis* (*fls. 256/260*):

O direito de propriedade, é certo, corresponde a um direito real, na esteira do elenco encartado no art. 674, do Código Civil.

O direito à marca industrial ou comercial é um direito de propriedade, como se depreende do inc. XXIX, do art. 5º, da Constituição Federal.

O direito de propriedade, como óbvio, recai sobre a *res* e não sobre uma outra pessoa, como ocorre com os direitos obrigacionais. Nestes, ainda que a relação jurídica tenha por *objeto* uma *coisa*, como, *verbi gratia*, na compra e venda (cf. Serpa Lopes, *Curso de Direito Civil*, vol. III, 3ª ed., Livraria Freitas Bastos S/A, 1960, n. 177, p. 256), não há a ocorrência de um *ius in re*, senão, apenas, uma obrigação a vincular as partes contratantes.

Da mesma forma, ainda que a obrigação derive do direito de propriedade, como a

1. Cremos aí "a" em lugar de "e".

do direito real que possui o seu proprietário – credor – de que determinada pessoa – devedor – abstenha-se da utilização do bem, essa relação jurídica é sempre pessoal. É o escólio de Pontes de Miranda (*Tratado de Direito Privado*, Parte Especial, t. XXII, 3ª ed., Rio de Janeiro, Editor Borsoi, 1971, p. 15):

"***A relação jurídica a que correspondem os direitos reais recai sobre a coisa***, *a res*, razão por que pode ser entre o titular do direito e todos: ***não tem de incidir em ato positivo ou negativo de determinada pessoa, o que a personalizaria***. O poder, o senhorio exclusivo, sobre a coisa está ligado a isso. Na relação jurídica do direito pessoal há objeto que está no patrimônio do devedor e é devido, ou é devido como ato do devedor; na relação jurídica do direito real, o objeto está no patrimônio do sujeito ativo, de jeito que os sujeitos passivos só devem a abstenção, o atendimento, o respeito. No patrimônio desses o objeto não está, está no patrimônio do credor a pretensão a que o objeto venha a ele. O objeto pode ainda não existir, ter de ser feito pelo devedor (contrato de obra ou de serviço, contrato de trabalho, encomenda de livro, ou de obra de arte)" (negritos não originais).

Assim, consistindo a pretensão de abstenção do uso de marca em uma obrigação de não fazer, não se poderá falar em direito real, pois obrigação implica, com a exceção das obrigações *propter rem*, direito pessoal, *prestação*.

Orlando Gomes (*Obrigações*, 7ª ed., Rio de Janeiro, Forense, 1984, pp. 11-12), pontifica:

"A *obrigação* pertence à categoria das relações jurídicas de natureza pessoal.

"(...).

"Elemento decisivo do conceito é a prestação. Para constituir uma *relação obrigacional*, uma das partes tem de se comprometer a *dare*, *facere* ou *praestare*, como esclareceu o jurisconsulto *Paulo*, isto é a transferir a propriedade de um bem ou outro direito real, a praticar ou a abster-se de qualquer ato ou a entregar alguma coisa sem constituir direito real" (grifos originais).

De todo o exposto, é de se concluir que, posto decorrente do direito de marca industrial, a faculdade do proprietário quanto a exigir de outrem a abstenção de seu uso se insere no campo dos direitos obrigacionais e não no dos direitos reais.

Daí, o primeiro dos fundamentos da improcedência da presente ação rescisória. Com efeito, quer a autora que, ante a só circunstância de o direito sobre a marca constituir-se em direito real, também as obrigações daí derivadas, inclusive, as de abstenção ao seu uso indevido, sejam também reais, o que é de todo em todo inadmissível.

Da mesma forma, não prospera, também, a tese levantada na presente ação de desconstituição, quanto a serem unos os prazos para a ação de abstenção ao uso indevido de marca industrial e para a ação de indenização decorrente de tal ilicitude.

No pertinente ao tema do lapso prescricional, esse nobre Superior Tribunal de Justiça, por reiteradas vezes, tem-se manifestado em sentido idêntico ao da decisão rescindenda, conforme se depreende das seguintes ementas:

"*Nome comercial. Ação de preceito cominatório e ação para ressarcimento dos prejuízos causados pelo uso indevido. Prescrição.*

"A ação cominatória objetivando fazer cessar o uso comercial prescreve em vinte anos, não incidindo o art. 178, § 10, inc. IX, do Código Civil, invocável tão-só na demanda para ressarcimento dos danos causados pelo uso indevido.

"Recurso conhecido em parte, mas improvido" (REsp 2.476-RJ, Rel. Ministro Antônio Torreão Braz, *DJ* 12.6.1993, p. 17.626).

"*Marca. Uso indevido. Ação de abstenção de uso. Prescrição.*

"A ação para impedir o uso indevido de marca prescreve em 20 anos (art. 177, do CC); a de reparação de danos daí derivados é que tem a prescrição qüinqüenal (art. 178, § 10, inc. IX, do CC).

"Recurso conhecido e provido" (REsp 30.727-SP, Rel. Ministro Ruy Rosado de Aguiar, *DJ* 13.3.1995, p. 5.299).

Inocorrendo, portanto, o pressuposto autorizador do *artigo 485, V*, do *CPC*, rejeito o pedido de revisão da Súmula 142 e julgo improcedente a presente Rescisória.

É o meu voto.

VOTO

O Sr. Ministro Barros Monteiro: A autora pretende desconstituir o V. Acórdão proferido no REsp n. 23.732-8-SP, que porta a seguinte ementa:

MARCA. Prescrição.

Ação para reparação dos danos causados por uso indevido de marca prescreve em cinco anos (art. 178, § 10, IX, C. Civil); a ação fundada na obrigação de não fazer, visando a cessação do uso da marca de propriedade da autora, prescreve em vinte anos (art. 177 do C. Civil).

Apelo conhecido e provido para reconhecer e[2] prescrição qüinqüenal.

A par de propor, preliminarmente, a revisão da Súmula n. 142 desta Corte, a demandante sustenta que, tanto para a hipótese de pleito alusivo à reparação de danos como para o caso de ação fundada em obrigação de não fazer, visando à cessão[3] de uso de determinada marca, o lapso prescricional é o de cinco anos.

Tocante à pretendida revisão do verbete sumular n. 142 – STJ, penso ser esta a oportunidade para fazê-lo, pois realmente o referido enunciado não corresponde aos julgados que lhe deram origem. Tratando-se de ação proposta para exigir a abstenção do uso de marca comercial, o prazo da prescrição, a rigor, não é o vintenário, como consta da súmula em foco, mas sim, nos termos do disposto no art. 177 do Código Civil, o de dez anos entre presentes e quinze entre ausentes, visto que, na forma do que assentou a C. Segunda Seção, o prazo prescricional será aí o das ações reais (REsp n. 19.355-0-MG, voto proferido pelo Sr. Ministro Eduardo Ribeiro, in *RSTJ*, vol. 80, p. 287).

Quando do julgamento do REsp n. 43.4780-7-SP, de que fui relator, em que se pretendia também a abstenção do uso de marca comercial, considerei que o lapso prescricional pertinente é o das ações reais e, sendo a controvérsia instaurada entre presentes, o prazo é de dez anos. Eis por que, naquele precedente da Quarta Turma lançara uma reserva ao que enuncia a indigitada Súmula n. 142.

Proponho, destarte, que, na conformidade com o que reza o art. 125, § 1º, do RI desta Casa, se proceda à revisão da referida súmula, independentemente, porém, do sobrestamento do presente feito.

Quanto ao mérito, penso desassistir razão à autora em sua pretensão.

Cuidando-se de ação que objetive a cessação do uso de marca comercial, o prazo de prescrição é diverso em relação à demanda que vise a obter a reparação de danos.

Tal distinção foi feita pelo Sr. Ministro Eduardo Ribeiro de início quando do julgamento do REsp n. 10.564-0-SP, posteriormente reafirmada pela Segunda Seção ao apreciar o REsp n. 19.355-0-MG, acima mencionado. Do voto de S. Exa. colhe-se o seguinte:

Está a questão em saber se aplicável à hipótese o prazo prescricional de que cogita o artigo 178, parágrafo 10, IX, do Código Civil, fixando-o em cinco anos, quando se trate de ofensa ou dano causado ao direito de propriedade.

Longamente se debateu sobre a natureza do direito do titular da marca, discutindo-se quanto a ser possível classificá-lo como de propriedade.

Tenho para mim que como tal haverá de ser considerado, não subsistindo, com relação ao tema, as dúvidas que existem quando se trata de nome comercial. Abstenho-me, entretanto, de sobre a matéria deter-me mais longamente, uma vez que, por outra razão, entendo não incidir a norma no caso ora em apreciação.

No julgamento do REsp 3.185, de que fui relator, e que o recorrente fez juntar aos autos, decidiu esta Turma que o citado dispo-

2. Novamente, cremos aí "a" em lugar de "e".

3. Acreditamos que, em lugar do termo assinalado (cessão), estivesse o Ministro Revisor se referindo à hipótese de cessação.

sitivo poderia aplicar-se quando se cogitasse de ação de reparação de dano. Não, se objetivasse impedir que continuasse a violação do direito. Transcrevo o trecho do voto que então proferi:

"A aplicabilidade do item IX à espécie em exame sujeita-se a controvérsia. De todo desnecessário, entretanto, dela cogitar neste julgamento. Refere-se o dispositivo à pretensão relativa a dano na propriedade, já verificado. Assim, a demanda que pleiteie indenização sujeita-se à prescrição qüinqüenal, tendo como termo inicial a data em que se verificou o dano. Ora, no caso em julgamento foi negado pedido de reparação, fundado em perdas e danos. Cingiu-se a condenação a que se abstivesse a ré de futuras violações ao direito da autora. Relativamente a isso não incide a norma invocada.

"Não é outra a autorizada opinião de Carpenter, a afirmar que a prescrição de que ali se cogita é da ação civil, 'cujo fim é a indenização do prejuízo causado a quem sofreu o dano na sua propriedade' (*Da Prescrição*, 3ª ed., Editora Nacional de Direito, p. 716).

"Reputo indispensável a distinção, pena de chegar-se a conclusões inaceitáveis. Tome-se o exemplo da ofensa à propriedade de um imóvel, que importasse esbulho. Se o prazo prescricional é de cinco anos, significará isso que, decorrido o qüinqüênio, não mais poderá o proprietário reaver a posse? O absurdo da resposta afirmativa foi salientado por Câmara Leal, conforme transcrito em acórdão a fls. 253. Impossível concluir não pudesse o proprietário reivindicar o bem. Isso envolveria a perda de um dos principais atributos da propriedade, embora mais dilargado o prazo prescricional quando de trate de ação real.

"Útil, se me afigura, discernir, no caso, como usualmente se admite em teoria geral, entre direitos absolutos e relativos. Nos primeiros, oponíveis a todos, incluem-se os reais. Os relativos vinculam determinadas pessoas. Podem nascer, entre outras causas, da violação de um direito absoluto. Assim o proprietário tem o direito de exigir, de todos, o respeito a sua propriedade. A prescrição rege-se pelas normas pertinentes aos direitos reais. Violado, entretanto, aquele direito, surge um outro, de pedir reparação do dano. Este, de natureza pessoal, tem prazo de prescrição distinto.

"Decorrido o prazo de cinco anos, prescreve o direito do proprietário da marca de pleitear reparação dos danos que, do desrespeito a lei, lhe tenha advindo. Dela, entretanto, não deixou de ser titular. Nem perdeu a propriedade seus atributos. Poderá demandar sejam impedidas outras ofensas ou que cesse a existente. O prazo prescricional será o das ações reais, como assinalado pelo Desembargador Oliveira Leite, do Egrégio Tribunal de Justiça de Minas, em acórdão cuja cópia se encontra nos autos" (in *RSTJ*, vol. 80, pp. 286-287).

Conclui-se, destarte, que no caso em exame, se o prazo da prescrição não é vintenário, também não o é de cinco anos, mas de dez, consoante deflui do estatuído no art. 177, segunda parte, do Código Civil Brasileiro.

Por tais motivos, não vislumbrando ofensa aos arts. 177 e 178, § 10, inc. IX, do CC, julgo improcedente a ação, carreando à autora as despesas processuais e os honorários advocatícios arbitrados em 10% sobre o valor atualizado da causa. Se unânime a decisão, perderá ela o depósito feito em favor da ré.

É como voto.

VOTO

O Exmo. Sr. Ministro César Asfor Rocha: Sr. Presidente, *data venia*, discordo parcialmente do Ministro *Waldemar Zveiter*, para julgar parcialmente inadmissível a rescisória. É que a ação foi proposta com base no art. 485, V, do Código de Processo Civil, e, no caso, não posso admitir que o julgamento tomado com base num verbete sumular do Superior Tribunal de Justiça tenha violado literalmente dispositivo de lei.

O Exmo. Sr. Ministro Waldemar Zveiter (aparte): Vossa Excelência me permite um aparte, sem querer interromper o raciocínio de Vossa Excelência. Veja ao ponto que estamos chegando. A parte ingressa com ação rescisória, com base no erro da súmula; Vossa Excelência está votando agora e dizendo: realmente, o que a parte quer dizer é que a súmula está errada, o acórdão foi editado com base na súmula; não rescindo o acórdão, e reformo a súmula. Então, vamos rescindir o acórdão.

O Exmo. Sr. Ministro César Asfor Rocha: Não, estou primeiro votando pela inadmissibilidade da ação rescisória.

O Exmo. Sr. Ministro Waldemar Zveiter: Só estou me louvando naquilo que Vossa Excelência disse: o pedido dele é esse, a súmula está errada; a decisão foi errada porque foi tomada com base na súmula. Então devemos admiti-la, *data venia*.

O Exmo. Sr. Ministro César Asfor Rocha: Tenho para mim que não. Prosseguindo no voto, com relação ao pedido de revisão da súmula, tenho, também, por incabível que a parte possa fazê-lo, sobretudo no seio de uma ação rescisória. Mas, considerando o disposto no parágrafo primeiro do art. 125 de nosso Regimento Interno, se o eminente Ministro-Relator, ou, então, se o eminente Ministro-Revisor não quiserem propor a revisão da jurisprudência compendiada na súmula, eu o faço agora.

O Exmo. Sr. Ministro Carlos Alberto Menezes Direito (aparte): Mas, o Ministro Barros Monteiro já propôs.

O Exmo. Sr. Ministro César Asfor Rocha: Então, dou por inadmissível a rescisória, tenho por incabível o pedido de revisão de súmula, sede de ação rescisória, formulado pela autora, mas acolho a proposição do Senhor Ministro *Barros Monteiro* de fazer a revisão da súmula.

O Exmo. Sr. Ministro Ruy Rosado de Aguiar (aparte): E no mérito da revisão que ele entrou?

O Exmo. Sr. Ministro César Asfor Rocha: Estamos decidindo, primeiro, se vamos ou não fazer a revisão; depois, vamos ao mérito.

O Exmo. Sr. Ministro Ruy Rosado de Aguiar: V. Exa. considera incabível a revisão e está propondo que seja feita de ofício.

O Exmo. Sr. Ministro César Asfor Rocha: Dou por inadmissível a ação rescisória, tenho por incabível o pedido de revisão de súmula formulado em sede de ação rescisória, mas acolho a proposição do Senhor Ministro *Barros Monteiro* de fazer a revisão da súmula, tudo com base no art. 125, § 1º, do Regimento Interno desta Corte.

O Exmo. Sr. Ministro Waldemar Zveiter: Parece-me que essa não foi a proposta do eminente Ministro-Revisor. S. Exa. Não está propondo depois do julgamento; quanto a isso não sou contra. Não sei se não estou compreendendo bem ou se não estou me fazendo compreender, porque, se o propósito da parte é suscitar um erro de julgamento do acórdão rescindendo que valeu-se da súmula, julgo a ação improcedente, mas digo que a súmula está errada. Penso que se for assim devemos acolher parcialmente o pedido para rever a súmula.

O Exmo. Sr. Ministro César Asfor Rocha:[4]

O Exmo. Sr. Ministro Waldemar Zveiter: Por isso julgaria parcialmente procedente.

O Exmo. Sr. Ministro César Asfor Rocha: Penso que, aqui, o autor apresentou, numa mesma petição, duas pretensões: uma para rescindir o julgado; outra, pedindo a revisão da súmula.

O Exmo. Sr. Ministro Carlos Alberto Menezes Direito: Quem sabe peço vista *per salto* para podermos examinar com cautela.

O Exmo. Sr. Ministro Waldemar Zveiter: Não precisa pedir, pois não tenho nada a opor. Fico com meu voto. Isso faz parte do Colegiado. O eminente Ministro *César Asfor Rocha* fez essa proposta. Penso que a sessão deve julgar. Se decidir assim, fico vencido.

O Exmo. Sr. Ministro Ruy Rosado de Aguiar: Vou fazer a seguinte ponderação a V. Exa., Ministro-Relator. Um

4. Não consta do referido trecho qualquer período atribuído ao Ministro César Asfor Rocha, seguindo ao seu nome somente sua respectiva rubrica.

dos fundamentos do autor da ação é de que o prazo para propor a ação principal é de cinco anos e, nessa fundamentação, bate de frente com a súmula onde se diz que o prazo é de vinte anos. O Tribunal tem que examinar essa questão e chegará à conclusão de que o prazo não é de vinte anos; com isso tem que afastar a súmula e, para isso, terá que revisá-la. Dizendo que não são vinte anos, chega depois à conclusão de que também não são os cinco anos que a parte pretende. Então, revisa a súmula, por que teve que passar por essa fase de argumentação, e julga improcedente o pedido, porque o prazo de cinco anos, que é o que quer, não é correto.

VOTO

O Exmo. Sr. Ministro Carlos Alberto Menezes Direito: Sr. Presidente, tenho a sensação de que são duas as questões.

A primeira é a questão relativa à procedência ou à inadmissibilidade da ação. Sobre essa questão, não tenho dúvida alguma. A jurisprudência não só do Superior Tribunal de Justiça, como também a do Supremo Tribunal Federal e a doutrina indicam que, nesses casos precisos, o que se deve fazer é julgar improcedente a ação. Por quê? Porque o que a parte pede é que seja julgada procedente a rescisória, uma vez presente violação literal do dispositivo de lei, no caso o art. 178, § 10, inciso IX. Se, examinando a ação, verifica-se que não há essa violação, a meu juízo, com todo o respeito a quem possa entender em sentido contrário, aplica-se o dispositivo de improcedência e não de inadmissibilidade.

Com relação à segunda questão, que é de revisão de súmula, tenho a sensação muito nítida de que a intervenção do eminente Presidente da Seção é benfazeja. Há uma ação rescisória proposta com o objetivo de apontar uma violação do art. 178, § 10, inciso IX, que impõe o prazo prescricional de cinco anos.

O Ministro-Relator, examinando a matéria, tal qual o Ministro-Revisor, entende que esse artigo não se aplica, porque se aplica o prazo prescricional de dez anos. E por quê? Porque o exame da jurisprudência do Tribunal indica que esse prazo contido na Súmula n. 142 não reflete coerentemente os julgados, mantido o prazo de cinco anos para reparação de danos e o de dez anos, o prazo do art. 177. Ora, se esse fato é verdadeiro. A meu juízo, não é necessário que no julgamento se possa fazer a revisão da súmula. Mas, também, nada impede que se o faça, à medida que a conclusão do voto é no sentido de que o prazo de cinco anos não se aplica, mas que o prazo aplicável seria o de dez anos, ou seja, na verdade, quando o Tribunal assim decide, não está decidindo a rescisória exclusivamente porque o prazo de vinte anos está equivocado; ele está decidindo a rescisória porque o prazo do art. 178, § 10, IX, não se aplica, ou seja, não há violação porque o prazo de cinco anos não se aplica. Todavia, ao se examinar a aplicação desse prazo de cinco anos chega-se à conclusão de que não se aplicaria o prazo de vinte anos, mas, sim, o prazo de dez anos, com o que não se está violando, com a decisão, a súmula porque não se aplica o prazo de cinco anos, mas se entende que também não teria de aplicar-se o prazo de vinte anos, impondo-se também, na oportunidade, a revisão da súmula.

Com essas razões, Senhor Presidente, acompanho, na conclusão, o voto do eminente Ministro *Waldemar Zveiter* no sentido de ser julgada improcedente a ação, mas entendo também extremamente oportuna a ocasião para que façamos a revisão da Súmula n. 142.

VOTO

O Exmo. Sr. Ministro Nilson Naves: Sr. Presidente, duas questões: uma delas diz respeito ao cabimento da rescisória, tratando-se de ação fundada no inciso V ("violar literal disposição de lei"). A meu ver, não é lícito se abram duas oportunidades aos litigantes, por ocasião do especial e quando da rescisória. Por isso é que entendo inadmissível a ação. Contudo, aqui sou vencido. A outra questão refere-se ao prazo de prescrição. De fato, conforme lembranças da tribuna, entendia eu que o prazo era o do art. 178, § 10, IX, em qualquer caso. Também fiquei vencido. Em assim sendo, quanto à ação, voto pela sua improcedência, e relativamente à Súmula 142, voto pela sua revisão, ou pelo seu cancelamento.

VOTO

O Sr. Ministro Eduardo Ribeiro: Sr. Presidente, a meu ver, então, pode-se dizer que o acórdão decidiu com base em uma súmula errada e, por isso, devemos revê-la. Mas, não obstante, a conclusão do julgado deve ser mantida por outras razões, julgando-se improcedente o pedido de rescisão.

Vou pedir vênia ao eminente Ministro-Relator para acompanhá-lo, numa parte, e ao eminente Ministro-Revisor, que também votou pela improcedência, na outra parte.

VOTO

O Sr. Ministro Eduardo Ribeiro: De há muito se tem observado o equívoco do enunciado da súmula em exame. Dela consta prazo de prescrição que corresponde aos direitos pessoais quando, em verdade, se trata de direito real. É antigo o propósito de revê-lo, mas a oportunidade regimental ainda não se havia apresentado. Não tenho dúvida de que devemos fazê-lo neste julgamento.

Há, entretanto, uma particularidade. É que, não obstante errada a súmula, a conclusão do julgado é de manter-se por outras razões, o que conduz à improcedência do pedido de rescisão.

Voto, pois, por que se reveja a súmula, ainda que julgando improcedente a rescisória.

Resta saber se simplesmente cancelamos o enunciado ou lhe damos outra redação. Parece-me mais correto apenas cancelar.

ESCLARECIMENTOS

O Sr. Ministro Ruy Rosado de Aguiar (Presidente): Tenho, então, com o resultado da votação, que, por maioria, julgou-se improcedente a ação, a qual o Sr. Ministro César Asfor Rocha julgou inadmissível.

Com relação à revisão da Súmula 142, ponho em votação a seguinte questão: ou é revisão para definir outros quantitativos, ou simplesmente cancelar.

O Sr. Ministro Ari Pargendler: Sr. Presidente, parece-me que, em tese, esses precedentes autorizariam a súmula na sua redação antiga; precisamos agora de um novo precedente para justificar a nova súmula.

O Sr. Ministro Ruy Rosado de Aguiar (Presidente): Então, parece-me mais prudente que a Súmula 142 seja simplesmente cancelada.

O Sr. Ministro Eduardo Ribeiro: Ou então, se quiserem, adia-se essa parte. Faço uma pesquisa para ver quais são os precedentes e edita-se uma nova súmula.

O Sr. Ministro Ari Pargendler: Decide-se pela revisão, mas a aprovação do enunciado se fará numa próxima sessão.

Pela revisão, já fica decidido que ela está sem efeito, faltando apenas o enunciado.

O Sr. Ministro Nilson Naves: A questão é se se cancela ou se faz de logo a revisão da Súmula.

O Sr. Ministro Ruy Rosado de Aguiar (Presidente): Os precedentes antigos autorizavam, presume-se, a súmula.

É uma solução intermediária, e não se revisa a súmula.

RELATÓRIO E VOTO-VENCIDO (EM PARTE)

O Sr. Ministro Waldemar Zveiter (Relator): Rejeito o pedido da revisão da súmula e julgo improcedente esta ação rescisória, aguardando a conclusão do julgamento para saber o que fazer com o depósito.

COMPLEMENTAÇÃO DE JULGAMENTO
VOTO-VENCIDO

O Sr. Ministro Waldemar Zveiter (Relator): Sr. Presidente, entendo que o autor foi vitorioso em parte e, por isso, não ocorre a perda do depósito.

ESCLARECIMENTOS

O Sr. Ministro Waldemar Zveiter (Relator): V. Exa. está fixando honorários de 10% corrigidos sobre o valor da causa?

O Sr. Ministro Barros Monteiro: Valor da causa atualizado. Se V. Exa. tiver outro critério, eu aceito.

O Sr. Ministro Waldemar Zveiter: Fiquei aguardando. Penso que a parte tem que ser condenada em parte mínima de honorários.

O Sr. Ministro Barros Monteiro: O mínimo é de 10% sobre o valor da causa.

O Sr. Ministro Ari Pargendler: A parte sucumbiu e deve pagar os honorários. Penso que 10% está razoável.

O Sr. Ministro Waldemar Zveiter: Ele não sucumbiu, tanto que, pelo que sustentou, saiu vitorioso. Ele até desistiu da ação.

Comentários

Introdução

Ressalvas metodológicas preliminares. Cumpre-nos iniciar o presente estudo por meio de algumas observações preliminares: a primeira delas concerne aos limites metodológicos propositadamente estabelecidos quanto à matéria objeto dos comentários subseqüentes; de fato, ressalte-se desde logo ao leitor que não trataremos aqui – senão incidentalmente – de questões de natureza processual. Ou seja, é preciso que fique claro o fato de que não pretendemos abordar o processo em si, mas tão-somente algumas transposições que nos parecem indevidas; decorrentes estas, pois, da plurivocidade de alguns termos que ostentam alcances distintos quando adstritos aos diferentes âmbitos da ciência jurídica.[5]

Elementos deliberadamente excluídos do objeto de nossa investigação. Assim, não nos deteremos, por exemplo, na análise do *cabimento* da ação rescisória objeto de julgamento pelo acórdão ora analisado; da mesma forma, não nos interessarão – dados os estreitos limites da abordagem ora proposta – a "efetiva" *destinação* conferida pelo órgão jurisdicional ao depósito recursal efetuado pelo autor da demanda, bem como o procedimento adequado à *revisão* e ao *cancelamento* de súmulas editadas por nossos tribunais superiores. A discussão ora proposta deverá se cingir, exclusivamente: à natureza dos direitos materiais deduzidos em juízo; ao conjunto de pretensões deles defluentes; à dissociação entre fatos jurídicos distintos – dotados de eficácias jurídicas próprias – aparentemente tomados de maneira promíscua pelo autor da ação rescisória; aos diferentes modos de exercício dos direitos subjetivos anteriormente referidos; e à própria natureza dos prazos a que estão

5. Como pretendemos demonstrar ao longo desta exposição, não se podem ser tomadas como sinônimas as acepções emprestadas ao termo obrigação pelo direito civil e pela ciência processual a ele correlata. Ao contrário, como teremos oportunidade de ver, não apenas as obrigações em sentido estrito (e técnico), mas também as obrigações em sentido amplo comportam a utilização das medidas abrangidas pelo Capítulo "Da Execução das Obrigações de Fazer e de Não Fazer", constante do Livro II (Título II) do Código de Processo Civil. "Obrigação" – observaremos nas próximas notas – é termo plurívoco, que enseja diferentes conseqüências de acordo com o sentido no qual é utilizado. Fenômeno semelhante se verifica, p. ex., quanto aos termos "remição" (com significados diferentes no direito processual civil e na execução penal), "repetição" (restituição do indébito vs. refazimento do ato) e diversos outros a respeito dos quais se observam as mesmas circunstâncias.

Este tipo de *tumulto* terminológico é designado pela doutrina como *contradição de técnica legislativa*; neste sentido, elucidativas as palavras de K. Engisch: "estas consistem, na verdade, numa falta de uniformidade da terminologia adoptada pela lei (...) fala-se aqui de uma 'relatividade dos conceitos jurídicos'. A ordem jurídica 'exige uma variação individualizante dos conceitos com vista à sua adaptação ao sentido particular da determinação do Direito em concreto' (...) os conceitos recebem o seu conteúdo e alcance do contexto em que, em cada caso, se inserem, especialmente do contexto normativo e teleológico. Desta forma, a univocidade da linguagem jurídica tem de subordinar-se à relatividade material" (*Einführung in das juristiche Denken*, trad. port. de João Baptista Machado, *Introdução ao Pensamento Jurídico*, 7ª ed., pp. 311-312).

sujeitos os titulares das posições jurídicas subjetivas ativas ali mencionadas.[6]

Sobre a necessidade de uma abordagem apartada das manifestações do Ministro-Relator e do Ministro-Revisor. Lançados tais esclarecimentos de cunho metodológico, ainda assim devemos observar que o aresto não será explorado de maneira ininterrupta. Com efeito, como se pode depreender da simples leitura do julgado *supra* transcrito, posições claras e consideravelmente distintas são sustentadas, respectivamente, pelo Ministro-Relator e pelo Ministro-Revisor do acórdão: de um lado, em acolhida ao parecer da Subprocuradoria-Geral da República, o primeiro concebe a *pretensão à abstenção* como emanação de um verdadeiro *direito obrigacional* (com a sua correlata *obrigação de não fazer*); de outra parte, o último compreende "tal" *pretensão* como derivação do próprio *direito real* sobre a marca objeto do litígio. Teremos a oportunidade, assim, de analisar cada uma das posições, para que ao final possamos concluir pelo eventual acerto de qualquer delas.[7]

6. A terminologia técnica utilizada no presente estudo está fundada, preponderantemente, no paradigma metodológico de F. C. Pontes de Miranda, pautado na subdivisão do "mundo jurídico" nos conhecidos três planos da existência, da validade e da eficácia. Por uma apreciação global da questão, cf. F. C. Pontes de Miranda, *Tratado das Ações I – Ação, Classificação e Eficácia*, 2ª ed., pp. 3-105.

Por algumas adaptações específicas – assinaladas pontualmente ao longo do trabalho – cf., entre outros, M. A. D. de Andrade, *Teoria Geral da Relação Jurídica I – Sujeitos e Objecto*, pp. 1-28; G. Lumia, *Lineamenti di Teoria e Ideologia del Diritto*, trad. port. de Denise Agostinetti, *Elementos de Teoria e Ideologia do Direito*, pp. 99-118 (há tradução distinta de autoria de Alcides Tomasetti Júnior, da qual nos servimos largamente em subsídio à referida); F. Carnelutti, *Teoria Generale del Diritto*, trad. port. de A. Rodrigues Queiró e Artur Anselmo de Castro, pp. 249-256; A. Teixeira de Freitas, *Consolidação das Leis Civis*, 3ª ed., pp. XXIX-CCXXI.

Pela demonstração da aparente promiscuidade quanto ao tratamento de *ações em sentido material* distintas (ação de indenização e ação de abstenção), eis a manifestação de J. C. Tinoco Soares: "*como uma ação de 'cessação da prática do ato incriminado' subentende e/ou envolve a 'indenização, perdas e danos pelos prejuízos causados'*, posto que alicerçada conforme o caso pelos arts. 183 a 195 da Lei da Propriedade Industrial, n. 9.279/1996, os arts. 186 e 402, do novo Código Civil, combinados estes com os arts. 208, 209 e 210, da citada Lei n. 9.279/1996, temos, por derradeiro, que o prazo de 'prescrição' para essa ação está contido expressamente no art. 225 da Lei 9.279/1996, isto é, 'Prescreve em cinco anos a ação para reparação de dano causado ao direito de propriedade industrial'" ("Prescrição: por sem dúvida é a qüinqüenal", in *Revista da ABPI* 61/43, com itálicos nossos). Como observaremos melhor mais à frente, a conclusão do autor parece ser excessiva, muito embora não possamos estar em desacordo, por óbvio, quanto à orientação conferida ao pleito indenizatório.

7. Com efeito, destacamos no corpo do texto o termo "tal" pois, em verdade, não nos parece haver qualquer espécie de identidade entre as pretensões a que se referem os votos do Ministro-Relator e do Ministro-Revisor. Ainda que (sob uma perspectiva "puramente" processual) ambas as situações redundem em um *dever comportamental* de não fazer, a ser adotado pelo sujeito passivo da relação jurídica, *obrigação de não fazer*, em sentido material, somente existe se considerarmos o demandante titular de um direito pessoal. Sem querer adiantar nosso posicionamento (que deverá resultar, forçosamente, do *iter* delineado na hipótese de trabalho acima apresentada), devemos advertir que, considerando-se – hipoteticamente, por ora – o demandante titular de um *direito real*, a este não corresponderia obrigação em sentido estrito, senão simples dever comportamental por parte do sujeito passivo (que poderia, por sua vez, ser tomado como obrigação, mas apenas em um sentido amplo).

Embora tal matéria venha a ser objeto de nossa atenção mais adiante, não podemos deixar de observar, desde já, que embora a presença de pretensão, decerto, assinale a existência de obrigação em sentido amplo, não autoriza, pois, a conclusão de que daí desponte, por sua vez, obrigação na acepção *estreita* do termo, ensejadora de uma relação restrita – típica, inclusive, do âmbito dos direitos pessoais.

Por oportuno, é o próprio F. C. Pontes de Miranda quem defende as precisões acima assinaladas: "pretensão é a posição subjetiva de poder exigir de outrem alguma prestação positiva ou negativa. Não tenho direito nem pretensão no tocante ao devedor de A; mas A a tem, salvo se a sua posição subjetiva de credor está mutilada, de modo a se tratar de direito sem pretensão. O correlato da pretensão é um dever 'premível' do destinatário dela, talvez obrigação (no senso estrito), sempre obrigação (no sentido largo). Ao 'posso' do titular da pretensão corresponde o 'ser obrigado' do destinatário. Não há preten-

Apresentação do itinerário a ser seguido durante a exposição. Eis aí, pois, o *iter* a ser seguido ao longo da presente abordagem: em primeiro lugar, empreenderemos uma paráfrase do relatório e das posições adotadas pelos Ministros Relator e Revisor em seus respectivos votos (itens *a*, *b* e *c*); em seguida, sintetizada a controvérsia (item *d*), com base em alguns sucintos apontamentos (item *e*) teceremos considerações sobre a natureza dos principais direitos subjetivos em causa – tomando como premissa a dissociação entre diversos fatos jurídicos que, conquanto afetando a realidade deduzida no acórdão como um todo, devem ser estremados a todo custo pelo intérprete (item *f*); feito isso, retomando algumas considerações previamente lançadas no item *e*, vincularemos os conceitos ali assinalados à definição do prazo de exercício correspondente a cada espécie de direito subjetivo vislumbrada *em concreto* (item *g*). Concluído tal programa de trabalho, encerraremos nosso estudo com uma sintética conclusão.

Dos objetivos da exposição realizada. De todo modo, devemos destacar que o estudo aqui desenvolvido não pretende promover mais do que uma simples aproximação entre algumas idéias já consagradas no meio acadêmico nacional, e que de certa forma nos parecem contribuir de maneira significativa para o desenlace da questão ora delineada. Feita essa ressalva, iniciemos, pois, a jornada acima definida.

são sem destinatário; nem obrigação, sem que haja a pretensão. A pretensão pessoalmente obrigacional é subclasse de pretensão; porém, se conceituássemos obrigação como a posição passiva de quem 'deve', haveria obrigação a que não corresponderia pretensão. Obrigação tem, pois, dois sentidos, o de dever, que é larguíssimo (posição subjetiva passiva correlata à de direito), e o de posição subjetiva passiva correlata à de pretensão (...) rigorosamente, há três posições em vertical: o direito subjetivo, a pretensão e a ação, *separáveis*. Serve-se à boa terminologia, dizendo-se: direito, dever; pretensão, obrigação; autor, réu; excipiente, excetuado" (*Tratado das Ações I – Ação, Classificação e Eficácia*, 2ª ed., p. 52).

a) Relatório

Dois aspectos relevantes. A análise do sucinto relatório deste acórdão é bastante importante porque denuncia dois aspectos que consideramos decisivos tanto para o desenrolar quanto para o desfecho da questão: em primeiro lugar, conforme se depreende da transcrição efetuada pelo próprio Ministro-Relator, trata-se de uma ação rescisória que tem por finalidade a desconstituição de acórdão proferido pelo Superior Tribunal de Justiça, em cuja ementa se qualifica, expressamente, como *obrigação de não fazer* o dever de abstenção correlato ao direito subjetivo sobre *marca*.[8]

Dois aspectos relevantes (cont.). Em segundo lugar, o relatório sintetiza com clareza a pretensão processual *mediata* do autor do pleito rescisório: o reconhecimento da unicidade de prazos prescricionais para o manejo das ações de *indenização* e de *abstenção de uso* de marca (tomada esta última como autêntica *obrigação de não fazer*, em sentido idêntico, nesse particular, ao do acórdão recorrido).[9]

8. Eis a ementa do acórdão impugnado: "*MARCA. Prescrição.* Ação para reparação dos danos causados pelo uso indevido de marca prescreve em cinco anos (art. 178, § 10, IX, C. Civil); a ação fundada na obrigação de não fazer, visando a cessação do uso da marca de propriedade da autora, prescreve em vinte anos (art. 177 do C. Civil). Apelo conhecido e provido para reconhecer e prescrição qüinqüenal" (REsp n. 23.732-8, Rel. Ministro Ruy Rosado de Aguiar).

9. Referimo-nos à pretensão processual mediata, por óbvio, uma vez que a pretensão processual imediata confunde-se com a própria desconstituição do julgado. Todavia, parece-nos importante destacar que a *pretensão* processual não se confunde, diga-se de passagem, com a *pretensão* material que acoberta o direito subjetivo: a mesma exigibilidade de um direito subjetivo pode ser meramente declarada pelo órgão jurisdicional, ou converter-se em autêntica condenação, tudo a depender, pois, da pretensão processual do demandante. A respeito de tal distinção trataremos adiante, quando propusermos a dissociação entre as ações em sentido material e processual.

A fim de que não reste qualquer espécie de dúvida, é este o trecho do relatório a que nos referimos

Uma controvérsia tão-somente afeta ao prazo. De todo modo, o que se percebe é que a parte autora pleiteia, incidentalmente, o reconhecimento da *abstenção do uso de marca* como decorrência de uma autêntica *obrigação de não fazer*; da mesma forma, no acórdão recorrido, o órgão jurisdicional fez expressa alusão à "ação fundada na obrigação de não fazer, visando a cessação do uso da marca de propriedade da autora". Ou seja, estavam de acordo a parte autora e o órgão jurisdicional – que proferira o acórdão impugnado – quanto ao fato de que da "propriedade" de uma marca defluiria ao demandado original uma *obrigação de não fazer*. O dissídio reproduzido no pleito rescisório se restringe, pois, ao prazo de exercício da *pretensão à abstenção* – *genérico* para o acórdão recorrido (art. 177 do Código Civil); *específico* para o autor da ação rescisória (art. 178, § 10, IX, do Código Civil).[10]

O pedido incidental de revisão da Súmula n. 142 do Superior Tribunal de Justiça. E diante de tal controvérsia específica, fez-se necessário ao autor sugerir a revisão da Súmula n. 142 do Superior Tribunal de Justiça ("prescreve em 20 (vinte) anos a ação para exigir a abstenção do uso de marca comercial"), a fim de que pudesse ser definitivamente demovido o principal obstáculo à aplicação direta da regra sobre prazo estabelecida no art. 178, § 10, IX, do Código Civil.

O princípio processual da demanda. Como se sabe, a vinculação do órgão jurisdicional ao pedido deduzido pela parte é uma das mais elementares manifestações do princípio da *demanda*: não pode o juiz, consoante se depreende dos arts. 459 e 460 do CPC, proferir sentença destoante do pedido deduzido pelo autor. Portanto, se este pede *declaração*, não pode o Judiciário proferir *condenação*; ou seja, deduzida pretensão "processual" a uma dada eficácia, não pode o órgão jurisdicional, via de regra, pervertê-la, a pretexto de satisfazer de maneira mais adequada o interesse da parte. Entretanto, uma outra questão – talvez menos evidente – pode ser sugerida: se a análise (do direito material) realizada pelo autor não parece adequada ao magistrado, pode este alterá-la, a fim de outorgar a tutela jurisdicional constitucionalmente garantida ao demandante?

no corpo do texto: "alega violação a literal disposição de lei, ao ter o acórdão rescindendo aplicado ao caso o disposto no *artigo 177*, do Código Civil, em lugar do que dispõe o *artigo 178*, *§ 10*, *IX*, do mesmo diploma legal, sustentando serem qüinqüenais os prazos, tanto para propor ação de indenização pelo uso indevido de marca, quanto para requerer a abstenção de seu uso, ou seja, para pleitear uma obrigação de não fazer".

10. Ou seja: para o órgão jurisdicional que proferiu o acórdão impugnado – consoante se depreende do relatório ora analisado – à *propriedade* do direito de marca corresponde uma *obrigação de não fazer* do sujeito passivo então demandado; posição essa que, quanto a esse aspecto, é absolutamente *idêntica* àquela defendida pelo autor do pleito rescisório.

Em suma, a irresignação do autor quanto ao acórdão impugnado se limita, exclusivamente, ao prazo prescricional a que se mostra adstrito o exercício da pretensão à abstenção por parte do titular do direito de marca: para o STJ (no acórdão impugnado), tratava-se de direito pessoal, suscetível de prescrição no prazo de 20 (vinte) anos, estabelecido pelo art. 177, primeira parte, do Código Civil então em vigor; já para o autor, em se tratando de direito de propriedade, a matéria se encontrava inteiramente disciplinada pelo art. 178, § 10, IX, do Código Civil de 1916, que prescrevia o prazo de 5 (cinco) anos para o exercício da ação (em sentido material) na hipótese de ofensa *ou* dano ao direito de propriedade. Neste sentido, cf. J. C. Tinoco Soares: "o Código Civil de 1916, pelo art. 178, diz que prescreve: § 10, em cinco anos, n. IX, a ação por ofensa ou dano causados ao direito de propriedade. Saliente-se, direito de propriedade e não outro (...) e por assim o ser e dúvida alguma persistir, não se pode admitir, insistimos, qualquer entendimento em contrário ao direito de propriedade, porque as ações reais e as ações pessoais são extremamente alheias à propriedade industrial, e/ou propriedade imaterial, que abrange os bens incorpóreos, como sendo as patentes, as marcas e os nomes comerciais" ("Marca comercial – Prescrição vintenária para abstenção do uso – Súmula n. 142 do STJ – Cancelamento definitivo", in *Revista da ABPI* 43/47-50, especialmente p. 50). Especificamente sobre a equiparação promovida entre o direito sobre a marca e aquele que recai sobre o nome empresarial faremos uma breve menção mais adiante.

Estivéssemos em Roma, durante o período das *legis actiones*, e certamente não se poderia socorrer o autor que pede "videiras" em lugar de "árvores"; entretanto, considerando-se a contínua evolução por que tem passado o sistema processual (civil e penal) ao longo dos tempos, não se pode entrever, contemporaneamente, uma atividade jurisdicional apegada aos excessivos formalismos de outrora.[11]

A necessidade de dissociação entre pretensão à tutela jurídica, ação em sentido material e ação em sentido processual. Perceba-se, pois, que assim como não nos parece razoável confundirem-se a *pretensão à tutela jurisdicional* (constitucionalmente garantida) e a *pretensão processual* especificamente afeta ao caso concreto (modulada, por sua vez, pela legislação ordinária); da mesma forma, esta última não pode ser livremente tomada pela *pretensão material* (por sua vez decorrente, por exemplo, da prática de um ato ilícito). E se assim o é, na hipótese de um ilícito qualquer, não pode o órgão jurisdicional confundir a "ação indenizatória" de *direito material* com a "ação condenatória", que corresponde tão-somente à pretendida eficácia *processual* preponderante do provimento jurisdicional invocado; tal dissociação, muito embora evidente, nem sempre tem sido realizada pelos nossos tribunais, em virtude, sobretudo, de uma prática que pode ser remontada à própria introdução das Decretais na Europa medieval. De todo modo, ainda que o provimento condenatório proferido pelo órgão jurisdicional venha a ser efetivamente executado como uma *obrigação de fazer* ou de *não fazer* (segundo a perspectiva adotada pela legislação *processual* civil), há que se examinar cuidadosamente o caso concreto para que se depreenda da realidade oferecida ao intérprete a natureza do *direito material* posto em causa – bem como a eficácia jurídica a ele afeta.[12]

11. A respeito da vinculação do órgão jurisdicional ao pedido deduzido pela parte (nos moldes do estabelecido pelos arts. 459 e 460 do Código de Processo Civil), cf. J. C. Barbosa Moreira, *O Novo Processo Civil Brasileiro (Exposição Sistemática do Procedimento)*, 25ª ed., pp. 11-13; H. Theodoro Júnior, *Curso de Direito Processual Civil I – Teoria Geral do Direito Processual Civil e Processo de Conhecimento*, 47ª ed., p. 574; N. Nery Junior e R. M. de A. Nery, *Código de Processo Civil Comentado e Legislação Extravagante*, 9ª ed., pp. 583-585; A. C. de Araújo Cintra, A. P. Grinover e C. R. Dinamarco, *Teoria Geral do Processo*, 16ª ed., pp. 59-60.

A respeito da rigidez excessiva do procedimento civil romano, cf. M. Kaser, *Römisches Privatrecht*, trad. port. de Samuel Rodrigues e Ferdinand Hämmerle, pp. 434-439; R. Monier, *Manuel Élémentaire de Droit Romain I – Introduction Historique, les Sources, la Procédure, les Personnes, les Droits Réels, les Successions*, 6ª ed., pp. 136-157 (especialmente pp. 150-157); L. C. de Azevedo e J. R. Cruz e Tucci, *Lições de História do Processo Civil Romano*, pp. 75-76; A. Correia, G. Sciascia, *Manual de Direito Romano e Textos em Correspondência com os Artigos do Código Civil Brasileiro I*, 2ª ed., pp. 94-96.

Observe-se, pois, que o princípio da demanda surte efeitos exclusivamente sobre a ação em sentido processual, não se podendo limitar o poder de conhecimento do magistrado a respeito da realidade de fato que lhe é trazida. A respeito dessa questão retornaremos em notas seguintes.

12. Observe-se que postulamos neste estudo conferir especial atenção às diversas *ações em sentido material* envolvidas na questão discutida nesta ação rescisória. Não há que se confundi-las, como destacado no texto, com a respectiva *ação em sentido processual*; e nem com a *pretensão à tutela jurídica*. Nas palavras de F. C. Pontes de Miranda: "o remédio jurídico processual é que toca ao processo. Fácil é verificá-lo quando se está no campo do direito internacional privado: se o indivíduo tem pretensão e ação, no sentido de direito material, responde a lei dominadora do negócio jurídico; qual o remédio jurídico processual que cabe, responde a lei do foro. Nos Estados de duplo direito, a matéria das ações toca ao poder que faz o direito material, ao passo que os remédios dependem dos legisladores do direito processual. Infelizmente, encabulham-se sob o nome genérico de 'ações' o que significa estar em situação de exercer em juízo a pretensão e o que constitui remédio processual. Quando se diz 'As ações são especiais ou ordinárias', distinguiram-se os remédios, e não pretensões. As categorias 'ações reais, ações pessoais' pertencem ao direito material. Compreende-se perfeitamente que o Código Civil de 1916, no art. 177, quis exprimir quando disse que as ações pessoais prescrevem ordinàriamente em vinte anos, as reais, em dez entre presentes e, entre ausentes, em quinze, contados da data em que poderiam ter sido propostas. Os conceitos e as qualificações, aí contidos, pertencem ao direito material. *Ação*

Conclusão parcial. Ou seja, embora inexista controvérsia entre o autor da ação rescisória e o acórdão impugnado quanto à efetiva existência de uma obrigação de fazer (imputável ao demandado originário), não nos parece tão tranqüila, assim, a solução vislumbrada; melhor dizendo, não pareceu adequada ao próprio Ministro-Revisor, como veremos mais à frente. Todavia, em obediência ao programa de trabalho acima assinalado, analisemos primeiramente o teor do voto proferido pelo Ministro-Relator.

b) Voto do Ministro-Relator

Subdivisão do voto proferido pelo Ministro-Relator. O voto proferido pelo Ministro-Relator Waldemar Zveiter pode ser dividido em três partes principais: a primeira, voltada a uma síntese da matéria submetida a exame; a segunda, consistente na rejeição do pedido de revisão da Súmula n. 142 do Superior Tribunal de Justiça; e a derradeira, limitada à manifestação pela improcedência da ação rescisória (diante da ausência dos indispensáveis pressupostos processuais específicos). Dos três trechos assinalados, importam-nos – para os estritos fins deste estudo – sobretudo os dois primeiros. Expliquemos o porquê de tal eleição.[13]

está, em tal texto, em lugar de 'pretensão' ou ação (...) o remédio jurídico processual é o oriundo da lei processual, o caminho que tem de ser perlustrado por aquêle que vai a juízo, dizendo-se com direito subjetivo, pretensão e ação, ou sòmente com ação. Tão diferentes são ação e remédio jurídico processual, que todos os dias, ao julgarem os feitos, os tribunais declaram que o indivíduo não tem a 'ação'. No entanto, usaram do remédio jurídico processual. Poderiam dizer mais: que não tinham, sequer, pretensão; nem, ainda mais, direito subjetivo (...) a *ação* exerce-se principalmente por meio de 'ação' (remédio jurídico processual), isto é, exercendo-se a pretensão à tutela jurídica, que o Estado criou. A ação exerce-se, porém, de outros modos. Nem sempre é preciso ir-se contra o Estado para que êle, que prometeu a tutela jurídica, a preste; nem, portanto, estabelecer-se a relação jurídica processual, na qual o juiz haja de entregar, afinal, a prestação jurisdicional. A ação nada tem com a pretensão à tutela jurídica" (*Tratado das Ações I – Ação, Classificação e Eficácia*, 2ª ed., pp. 92-94; 110-111). No mesmo sentido, cf. H. Theodoro Júnior, "Distinção científica entre prescrição e decadência. Um tributo à obra de Agnelo Amorim Filho", in *RT* 836/66-67.

Como dito no corpo do texto, a praxe acabou por misturar os três conceitos, tornando-os como que uma única realidade. E na verdade, um grande esforço tem sido realizado pela ciência processual para resgatar sua merecida autonomia, sem que de tal intuito redunde, todavia, em um distanciamento exagerado entre os direitos substantivo e adjetivo. De toda forma, aquele costume (que consideramos nocivo) de tergiversar sobre a ação em sentido material, tomando-se em conta unicamente o fenômeno processual, pode ser reconduzido à própria introdução das Decretais na Europa medieval, com resultados bastante importantes: "o uso de intentar as *acções*, sem declarar no Libello seus nomes, é devido à introducção das Decretáes; e antigo, tanto no nosso Fôro, como nos da Europa tôda. D'êste uso nasceu o abuso de Advogados negligentes fazerem muitas vêzes Libellos, sem sabêrem, se o que n'êlles pedem tem, ou não, fundamento. Se acertão uma vêz, errão trêz: De onde o provérbio – *articule quem soubér, arrazôe quem quizér* (...) que nenhum Alumno, apenas acaba seus estudos na Universidade, deve-se logo ter por habil para julgar, e advogar, sem primeiro lêr e praticar muito; e nenhuma cousa deve temêr tanto qualquér principiante, como intentar qualquér *Acção*, sem primêiro reflectir maduramente sôbre o direito do autôr; e sôbre o mêio, de que mais convém usar" (J. H. Corrêa Telles, *Doutrina das Acções – Accomodada ao Fôro do Brazil até o Anno de 1877 por Augusto Teixeira de Freitas*, pp. VII-IX). Especificamente sobre as Decretais de Gregório IX, sua contextualização histórica e o seu papel no desenvolvimento do direito processual que lhe foi posterior, cf. L. C. de Azevedo e J. R. Cruz e Tucci, *Lições de Processo Civil Canônico (História e Direito Vigente)*, pp. 55-65 (bem como a bibliografia aí indicada).

13. Observe-se que estamos aqui a analisar *exclusivamente* aquilo que desponta do registrado no acórdão acima transcrito. E quando o afirmamos não receamos correr o risco de dizer o óbvio: em verdade, especificamente sobre o episódio que redundou na publicação do aresto ora analisado, existe manifestação minudente de J. C. Tinoco Soares, em que se apresenta versão da sessão de julgamento completamente distinta daquilo que ficou retratado, ao final, na decisão abordada ("Marca comercial – Prescrição vintenária para abstenção do uso – Súmula n. 142 do STJ – Cancelamento definitivo", in *Revista da ABPI* 43/49; com maior riqueza de detalhes: "Marcas e nomes comerciais: a prescrição das ações agora é a qüinqüenal", in *Revista da ABPI* 53/32).

Quanto às respectivas naturezas jurídicas dos direitos sobre a marca e sobre o nome empresarial. Em primeiro lugar, a síntese elaborada pelo Ministro-Relator parece evidenciar de maneira singular a ausência de uma maior acuidade na referência aos institutos jurídicos potencialmente envolvidos na controvérsia submetida à discussão. Com efeito, o voto do Ministro-Relator revela um tratamento promíscuo conferido a direitos subjetivos substancialmente distintos, quais sejam os *direitos de personalidade* e os *direitos de propriedade industrial.* Conquanto sejam ambos potencialmente afetos ao direito empresarial – e ainda que imersos cotidianamente na mesma realidade da prática de atos de concorrência desleal – não nos parece adequada a seguinte aproximação promovida pelo relator: "a matéria em destaque consiste em saber qual o prazo prescricional para exigir a abstenção do uso de nome ou marca comercial (...)".[14]

Com efeito, é irrepreensível a irresignação do autor acima referido, eis que, conforme relata de maneira contundente "perplexos e ao mesmo tempo estarrecidos ficamos ao tomar conhecimento, praticamente 2 anos depois e à vista da publicação do acórdão (*DJU* 19.2.2001), visto que pela leitura do mesmo constatamos com total e absoluta tristeza que nem sequer houve o tão esperado cômputo dos votos alicerçados por base legal e doutrinária justificativa desse cancelamento. Há, de forma lamentável, uma simples transcrição escrita de toda a fala que norteou o julgamento, de maneira incoerente e que, *data maxima venia*, depõe contra o alto saber jurídico dos eminentes julgadores que não se preocuparam em se reunir, ao depois, para fixar o tão necessário e indispensável entendimento para justificar os seus votos" (p. 32).

De todo modo, como não tivemos acesso a todo o subsídio de fato que foi proporcionado ao referido autor – feita a sua justa ressalva – nos socorreremos, infelizmente, tão-somente da fonte documental reproduzida ao início deste estudo.

14. Ressalte-se que não consideramos que a falta de acuidade do Ministro-Relator deflua de sua adesão à corrente daqueles que consideram o direito sobre o nome empresarial a manifestação de um autêntico domínio; de fato, não são poucos os doutrinadores que o consideram como tal, na esteira de uma tradição histórica de indiscutível valor. Nesse sentido, cf. J. C. Tinoco Soares, "Marcas e nomes comerciais: a prescrição das ações agora é qüinqüenal", in *Revista da ABPI* 53/32-34. Repise-se, pois, que o que consideramos reprovável é a adoção da posição referida sem que tenha sido precedida, ao menos, de uma "menção" ao caráter controverso da aproximação promovida. Neste sentido, por uma criteriosa abordagem sobre a evolução histórica do tratamento do tema – bem como a respeito do caráter "problemático" da natureza jurídica do *nome empresarial* (adotando-se uma perspectiva "eclética", cf. G. Leonardos, "A proteção jurídica ao nome comercial, ao título de estabelecimento e à insígnia no Brasil", in *Revista da ABPI* 14/3-32, especialmente pp. 20-22).

Com efeito, a natureza *sui generis* do direito sobre o nome empresarial foi destacada por T. Ascarelli: "mas, aqui se depara mais um problema que decorre afinal daquela confusão entre elementos objetivos e subjetivos, teoria do direito e teoria da pessoa jurídica, que tão freqüentemente surge neste capítulo do direito, como que a nos demonstrar quão difícil, às vêzes, é a distinção até entre os conceitos jurídicos que parecem os mais afastados. Com efeito, o próprio comerciante, o próprio sujeito de direito, utiliza um nome na sua atividade e, o que é mais, às vêzes, modifica o seu nome civil adotando o que se chama um nome comercial ou utiliza uma firma com uma denominação às vêzes idêntica à que adota para indicar o nome do estabelecimento. Entretanto, trata-se de fenômenos diversos e a diversidade se evidência por exemplo na assinatura das cambiais, de um lado, e na reclame, de outro lado; no primeiro caso, trata-se de uma denominação subjetiva (os autores italianos falam em *ditta in senso oggettivo*) no segundo caso de uma denominação objetiva (os autores italianos falam em *ditta in senso oggettivo*); no primeiro caso, se designa um sujeito e, no segundo, um objeto de direito; no primeiro caso, por isso, há a exigência óbvia de um liame entre o nome civil e o nome comercial" (*Panorama do Direito Comercial*, pp. 194-195). Por óbvio que houve equívoco do autor que, naturalmente, não empregaria em uma distinção a mesma expressão resultante (*ditta in senso oggettivo*); de toda sorte, pelo contexto em que se insere a observação, é presumível que se referisse ao vínculo personalístico entre o empresário e o nome por meio do qual é operada e sua identificação (e não a identificação do estabelecimento empresarial), a uma *ditta in senso* "soggettivo", pois.

Em sentido antagônico – não admitindo uma equiparação mesmo entre os *direitos intelectuais* em geral e o direito de *propriedade* – exsurge a posição de O. Barreto Filho: "de início, faz-se preciso distinguir – no tocante ao nome comercial, às obras literárias e artísticas e às invenções em geral – entre o direito de personalidade inerente ao titular e o direito patrimonial à sua exploração (...) debate-se, em doutrina, a respeito da admissibilidade da chamada *lidade: imprescritibilidade.* Ora, o *direito ao nome* é um dos mais tradicionais *direitos de personalidade*, indissoluvelmente vinculado à função de identificação de seu titular; ocorre que os direitos que integram esta categoria são, por definição, imprescritíveis. A justaposição promovida pelo Ministro-Relator entre um *direito de personalidade* e o direito do titular de uma *marca* se nos afigura, ao menos, inadequada, pelas razões que serão expostas logo adiante.[15]

O acolhimento ao parecer do Subprocuradoria-Geral da República e seu respectivo teor. De toda forma, a rejeição do pedido de revisão da Súmula n. 142 se dá à custa de uma fundamentação bastante usual em nossos tribunais: o acolhimento de parecer exarado pela Subprocuradoria-Geral da República – transcrito no corpo do próprio acórdão – no qual o Ministério Público, reproduzindo as lições de M. M. de Serpa Lopes, F. C. Pontes de Miranda e Orlando Gomes, chega às seguintes conclusões: a) a pretensão do proprietário à abstenção de terceiros consubstancia um direito de crédito; b) por conseguinte, tal faculdade se insere na órbita dos direitos obrigacionais (e não na dos direitos reais); c) o direito do titular sobre a marca é um direito real, posto que as "obrigações" de terceiros não tenham, necessariamente, a mesma natureza; d) não são unos, enfim,

'propriedade imaterial' (...) e até sôbre a existência dos bens imateriais (...) [e conclui] não se pode estabelecer analogia entre os direitos intelectuais e o direito de propriedade" (*Teoria do Estabelecimento Comercial – Fundo de Comércio ou Fazenda Mercantil*, pp. 157-162).

Embora não seja este o local apropriado à abordagem da questão, consideramos imprescindível, de toda forma, lembrar que o nome empresarial (e mesmo o nome das pessoas jurídicas em geral) – desde muito antes do advento do Código Civil de 2002 – era compreendido por parte da doutrina como um direito de personalidade, nos mesmos moldes daqueles reconhecidos às pessoas naturais: "o nome das sociedades e das fundações é nome, no sentido em que empregamos a expressão 'nome', distinguindo-se do nome individual (= das pessoas físicas) e do nome comercial dessas. Mas, enquanto a mesma pessoa física tem o nome (individual) e a firma (nome comercial), as pessoas jurídicas só têm um nome, que é civil, ou comercial, conforme são elas de direito civil, ou comercial. Segundo o Código Civil, *nome* é o nome das pessoas físicas, ou o nome das pessoas jurídicas. A tutela jurídica do nome das pessoas jurídicas de direito comercial e de direito civil é a mesma (Código da Propriedade Industrial, Decreto-lei n. 7.903, de 27 de agôsto de 1945, art. 104, parágrafo único: 'Equipara-se ao nome comercial, para todos os efeitos da proteção que lhe dispensa êste Código, a denominação das sociedades civis ou fundações'). Tal tutela não exclui a que resulta de se tratar de direito de personalidade, quer para as sociedades comerciais, quer para as sociedades civis e as fundações" (*Tratado de Direito Privado – Parte Especial VII: Direito de Personalidade. Direito de Família: Direito Matrimonial (Existência e Validade do Casamento)*, pp. 70-71; pp. 121-122).

De qualquer forma, evidenciando, ao menos, a polêmica quanto à natureza do nome de empresa, cf. Caio Mário da Silva Pereira, *Instituições de Direito Civil – Introdução ao Direito Civil. Teoria Geral do Direito Civil*, 20ª ed., p. 248; por tratamentos especificamente voltados à disciplina conferida ao nome empresarial pelo Código Civil em vigor, cf. G. Leonardos, "Crítica à regulamentação do nome de empresa no novo Código Civil brasileiro", in *Revista da ABPI* 61/20-28; e J. M. Silveira, "O nome empresarial no novo Código Civil", in *Revista da ABPI* 61/29-40.

15. Sobre a polêmica a respeito da definição da natureza jurídica da tutela ao nome de empresa, cf. as considerações desenvolvidas na nota imediatamente anterior. De qualquer forma, compreendido como direito de personalidade, ao direito ao nome de empresa seriam atribuídas as características inerentes aos demais direitos de personalidade: irrenunciabilidade, inalienabilidade, intransmissibilidade, impenhorabilidade e *imprescritibilidade*: "os direitos de personalidade são inextinguíveis, salvo morte da pessoa. Não podem ser adquiridos por outrem, nem estão sujeitos à execução forçada. As pretensões e ações, que se irradiam dêles, não prescrevem. Nem precluem as exceções" (F. C. Pontes de Miranda, *Tratado de Direito Privado – Parte Especial VII: Direito de Personalidade. Direito de Família: Direito Matrimonial (Existência e Validade do Casamento)*, p. 8). Destacando o caráter irrenunciável e intransmissível de tais direitos, que "durano finchè la persona esiste", cf. F. Ferrara, *Trattato di Diritto Civile Italiano I – Dottrine Generali: Il Diritto – I Soggetti – Le Cose*, p. 398 e pp. 570-581; admitindo a imprescritibilidade de maneira inequívoca, N. Nery Junior e R. M. de A. Nery: "são *perpétuos*, não podendo ser extintos (prescrição e decadência) pelo não uso" (*Código Civil Comentado e Legislação Extravagante*, 3ª ed., p. 173).

os prazos a cujo exercício estariam adstritas as ações de indenização e de abstenção ao uso indevido de marca. Em abono de sua tese, a Subprocuradoria-Geral da República reproduziu o teor de duas decisões proferidas pelo próprio Superior Tribunal de Justiça, nas quais se diferenciaram os prazos de prescrição das ações de *abstenção de uso* e de *indenização* – aplicados ao *nome comercial* e à *marca*, respectivamente.[16]

A conclusão do voto (via parecer da Subprocuradoria-Geral da República) quanto à natureza da pretensão à abstenção. Como acima referido, do parecer da Subprocuradoria-Geral da República consta a qualificação do direito de propriedade como uma espécie característica de uma relação jurídica em que são partes "credor" e "devedor". De fato, conferindo um sentido evidentemente "amplo" a tais expressões – e evocando a autoridade de F. C. Pontes de Miranda a respaldar seu posicionamento – o Ministério Público observa textualmente que "ainda que a obrigação derive do direito de propriedade, como a do direito que possui seu proprietário – credor – de que determinada pessoa – devedor – abstenha-se da utilização do bem, essa relação jurídica é sempre pessoal". E mais adiante, excluindo expressamente do âmbito dos direitos reais a pretensão à abstenção do uso de marca, mostra-se peremptória a postura adotada: "é de se concluir que, posto decorrente do direito de propriedade de marca industrial, a faculdade do proprietário quanto a exigir de outrem a abstenção de seu uso se insere no campo dos direitos obrigacionais e não no dos direitos reais".[17]

16. Transcrevemos, pois, os trechos a que se referem cada uma das conclusões parafraseadas no corpo do texto, a fim de que constate o próprio leitor a fidelidade guardada em relação ao originalmente asseverado: "ainda que a obrigação derive do direito de propriedade, como a do direito real que possui o seu proprietário – credor – de que determinada pessoa – devedor – abstenha-se da utilização do bem, essa relação jurídica é sempre pessoal" (a); "de todo o exposto, é de se concluir que, posto decorrente do direito de marca industrial, a faculdade do proprietário quanto a exigir de outrem a abstenção de seu uso se insere no campo dos direitos obrigacionais e não no dos direitos reais" (b); "daí, o primeiro dos fundamentos da improcedência da presente ação rescisória. Com efeito, quer a autora que, ante a só circunstância de o direito sobre a marca constituir-se em direito real, também as obrigações daí derivadas, inclusive, as de abstenção ao seu uso indevido, sejam também reais, o que é de todo em todo inadmissível" (c); "Da mesma forma, não prospera, também, a tese levantada na presente ação de desconstituição, quanto a serem unos os prazos para a ação de abstenção ao uso indevido de marca industrial e para a ação de indenização decorrente de tal ilicitude" (d). Quanto às ementas referidas, remetemos o leitor ao próprio acórdão *supra* transcrito.

Como mencionamos há pouco, não tivemos contato com a discussão propriamente desenvolvida na sessão de julgamento de que o presente julgado é resultado. Contudo, não podemos deixar de tecer juízo a respeito daquilo que consta do acórdão ora comentado, inclusive quando serviu de "razão de decidir" ao voto-vencido do Ministro-Relator. As considerações críticas levadas a efeito por J. C. Tinoco Soares ("Marca comercial – Prescrição vintenária para abstenção do uso – Súmula n. 142 do STJ – Cancelamento definitivo", in *Revista da ABPI* 43/48), de todo modo, bem representam quão insatisfatórios são os resultados a que chegou o Ministério Público em sua manifestação.

Especificamente quanto à natureza da *pretensão à abstenção* (ponto central de nossa análise), teceremos maiores comentários sobre as conclusões da Subprocuradoria-Geral da República na nota seguinte.

17. A conclusão da Subprocuradoria-Geral da República não nos parece aceitável, de forma alguma. Em *primeiro lugar* porque estende, de maneira precipitada e completamente desprovida de técnica, conceitos jurídicos estritamente aplicáveis a um dos setores do direito civil a uma realidade jurídica que lhes é estranha. Com efeito, transportar os conceitos de *credor* e *devedor* para o âmbito do direito das coisas configura-se em uma significativa impropriedade; e disso nos dá notícia C. A. da Mota Pinto: "o *lado passivo da relação jurídica* traduz-se num *dever jurídico* ou numa *sujeição.* Numa acepção muitíssimo lata podemos englobar as duas situações na noção de *obrigação* (...) num *sentido técnico* rigoroso, obrigação é o dever jurídico contraposto aos direitos de crédito, isto é, a uma espécie de direitos subjectivos propriamente ditos. Num sentido muito mais amplo do que este sentido técnico – mas menos do que o sentido latíssimo utilizado no texto –, podemos abranger na noção de obrigação os próprios deveres gerais contrapostos aos direitos absolutos

Conclusão parcial. Todavia, como poderemos observar logo a seguir, a questão é analisada de modo consideravelmente distinto pelo Ministro-Revisor que, suscitando precedente do próprio Superior Tribunal de Justiça, adota linha de raciocínio diversa daquela perfilhada pelo Ministro-Relator. Voltemo-nos agora, assim, à paráfrase da manifestação do Ministro-Revisor.

c) Voto do Ministro-Revisor

Subdivisão do voto proferido pelo Ministro-Revisor. Da mesma forma como se deu quanto ao voto proferido pelo Ministro-Relator, o voto do Ministro-Revisor Barros Monteiro pode ser cindido em três partes distintas: a primeira, em que se faz um relatório sucinto da questão controversa; a segunda, em que é suscitado, pelo Ministro-Revisor, o incidente de revisão da indigitada Súmula n. 142; e, por fim, a manifestação quanto ao mérito da ação rescisória, julgando-se improcedente a ação, diante da ausência de ofensa aos arts. 177 e 178, § 10, IX, do Código Civil revogado.[18]

(obrigação passiva universal)" (*Teoria Geral do Direito Civil*, 4ª ed., pp. 184-185). Em idêntico sentido, cf.: M. A. D. de Andrade, *Teoria Geral da Relação Jurídica I – Sujeitos e Objecto*, p. 16; I. Galvão Telles, *Direito das Obrigações*, 6ª ed., pp. 9-10.

Note-se que o próprio M. A. D. de Andrade, em obra anterior, precisava com acuidade os limites próprios às relações entre *credor* e *devedor*: "a relação obrigacional tem como sujeitos pessoas determinadas, pelo menos ao tempo em que a prestação deve ser satisfeita (cumprimento da obrigação). O sujeito activo tem o nome de credor (ou credores) e o sujeito passivo o de devedor (ou devedores). Não se trata, pois, de um vínculo geral, mas de um vínculo *especial*, que liga certas pessoas em particular. Por aqui se qualificam as obrigações como direitos relativos, distinguindo-se dos chamados direitos absolutos, cujo protótipo são os direitos reais. Nestes direitos (propriedade, etc.) depara-se-nos, pelo lado passivo, um dever jurídico, que todavia não incumbe a pessoas determinadas, mas a todos os outros consociados: um dever geral de abstenção ou não-ingerência na coisa em que incide o direito real; dever que, por isso mesmo, pode qualificar-se e costuma ser qualificado de negativo e universal. Aqui, por consequência, a relação jurídica não se estabelece entre sujeitos determinados, mas entre o titular do direito e todas as outras pessoas. E anàlogamente se passam as coisas com todos os outros direitos absolutos, como sejam os direitos sobre bens imateriais e os direitos de personalidade. Tais direitos, portanto, não entram no conceito técnico ou restrito de obrigação. Apenas sucede que no caso de serem violados, isto é, de ser infringido por qualquer pessoa o dever negativo e universal que lhes corresponde, surge então uma verdadeira e própria relação obrigacional, entre o infractor e o ofendido" (*Teoria Geral das Obrigações*, 3ª ed., p. 6).

Na doutrina jurídica nacional, repudiando o emprego indiscriminado do termo obrigação – e precisando as diversas acepções em que a expressão pode ser empregada (acompanhadas das respectivas ressalvas) – cf., por todos, F. C. Pontes de Miranda, *Tratado das Ações I – Ação, Classificação e Eficácia*, 2ª ed., p. 52 (trecho integralmente reproduzido em nota de rodapé anterior – nota 7).

Em *segundo lugar*, não podemos aceitar a conclusão adotada pela Subprocuradoria-Geral da República por uma razão evidente: confunde completamente o juízo de reprovação decorrente da própria condenação (algo que poderíamos designar por efeito dissuasório secundário) com a existência de uma obrigação em sentido técnico: sem a intervenção de um fato jurídico novo, segundo cremos, é absolutamente impossível surgir uma relação jurídica obrigacional de um vínculo de natureza real, excetuados os casos expressamente previstos em lei – como é o caso, diga-se de passagem, das obrigações *propter rem*. Explicitamente sobre a natureza da pretensão à abstenção afeta ao direito do titular sobre a marca, eis o posicionamento de F. C. Pontes de Miranda: "quanto à ação de abstenção e à de preceito cominatório, não há exigir-se qualquer prova de dano, porque o que se exige é a prova da pretensão (sem razão o Tribunal de Apelação de São Paulo, a 25 de março de 1941, *R. dos T.*, 135, 113). Legitimado à ação é quem tenha o domínio, ou o direito real" (*Tratado de Direito Privado – Parte Especial XVII: Direito das Coisas: Propriedade Mobiliária (Bens Incorpóreos). Propriedade Industrial (Sinais Distintivos)*, 4ª ed., p. 218). De toda forma, voltaremos ao assunto ao tratarmos das diferentes espécies de direitos subjetivos e dos fatos jurídicos a que se mostram teoricamente vinculados (item *e*).

18. Note-se que, conforme observado no segundo parágrafo de nossa introdução (*Elementos deliberadamente excluídos do objeto de nossa investigação*) não dedicaremos nossa atenção ao estudo do incidente de revisão de súmula adotado, *in casu*, pelo STJ. Entretanto, mesmo não sendo o direito processual a nossa área de investigação costumeira, não podemos deixar de manifestar nossa perplexidade com relação à utilização indistinta, na

Da ratio decidendi *do voto do Ministro-Revisor.* Dos trechos acima referidos, importa-nos principalmente o derradeiro, pois é nele que se encontra articulada a tese perfilhada pelo Ministro-Revisor como razão de decidir; nesse particular, percebe-se que a sua fundamentação lastreou-se na transcrição de voto proferido pelo Ministro Eduardo Ribeiro – por ocasião do julgamento do Recurso Especial n. 19.355-0-MG – precedente esse que foi utilizado, inclusive, como amparo para a proposta de revisão do verbete sumular.[19]

Um precedente divergente, oriundo do próprio Superior Tribunal de Justiça. Da exposição realizada pelo Ministro Eduardo Ribeiro podem ser extraídas, em síntese, as seguintes conclusões: a) o direito do titular de marca é um direito de propriedade; b) o prazo prescricional estabelecido pelo art. 178, § 10, IX, do Código Civil de 1916 somente se aplica às hipóteses de violações já perpetradas ao domínio; c) quanto a violações futuras a direito de marca não se poderia cogitar da incidência da regra do art. 178, § 10, IX, do Código Civil revogado; d) o decurso do prazo estabelecido no art. 178, § 10, IX, do Código Civil anterior não implica a privação do direito de propriedade de que o sujeito ativo ainda permanece titular; e, finalmente, e) diante de tal decurso poderá ainda o proprietário "demandar sejam impedidas outras ofensas ou que cesse a existente".[20]

ementa do julgado, dos termos "revisão" e "revogação" (aplicados à Súmula n. 142). E para nossa surpresa, algumas linhas abaixo, deparamo-nos com a certidão de que a Súmula n. 142 do STJ, por maioria, tivera sido "cancelada" em razão do julgamento referido.

19. A despeito de J. C. Tinoco Soares trazer à lume um grande número de decisões que teriam servido de lastro para o cancelamento da Súmula n. 142/STJ (a respeito, cf. "Marcas e nomes comerciais: a prescrição das ações agora é qüinqüenal", in *Revista da ABPI* 53/32; "Marca comercial – Prescrição vintenária para abstenção do uso – Súmula n. 142 do STJ – Cancelamento definitivo", in *Revista da ABPI* 43/48), constatamos, da análise do acórdão impugnado, a referência tão-somente aos Recursos Especiais de n. 3.185, 10.564-0-SP, 19.355-0-MG e 43.480-7-SP. Por considerações metodológicas (definidas ao início do presente estudo), concentraremos nossa atenção – advirta-se – na decisão ora analisada.

20. Como realizado em nota de rodapé anterior, transcrevemos, pois, os trechos a que se referem cada uma das conclusões parafraseadas no corpo do texto – a fim de que constate o próprio leitor a fidelidade guardada em relação ao originalmente asseverado: "longamente se debateu sobre a natureza do direito do titular da marca, discutindo-se quanto a ser possível classificá-lo como de propriedade. Tenho para mim que como tal haverá de ser considerado, não subsistindo, com relação ao tema, as dúvidas que existem quando se trata de nome comercial" (a); "aplicabilidade do item IX à espécie em exame sujeita-se a controvérsia. De todo desnecessário, entretanto, dela cogitar neste julgamento. Refere-se o dispositivo à pretensão relativa a dano na propriedade, já verificado" (b); "cingiu-se a condenação a que se abstivesse a ré de futuras violações ao direito da autora. Relativamente a isso não incide a norma invocada" (c); "se o prazo prescricional é de cinco anos, significará isso que, decorrido o qüinqüênio, não mais poderá o proprietário reaver a posse? O absurdo da resposta afirmativa foi salientado por Câmara Leal, conforme transcrito em acórdão a fls. 253. Impossível concluir não pudesse o proprietário reivindicar o bem. Isso envolveria a perda de um dos principais atributos da propriedade, embora mais dilargado o prazo prescricional quando de trate de ação real" (d); "decorrido o prazo de cinco anos, prescreve o direito do proprietário da marca de pleitear reparação dos danos que, do desrespeito a lê, lhe tenha advindo. Dela, entretanto, não deixou de ser titular. Nem perdeu a propriedade seus atributos. Poderá demandar sejam impedidas outras ofensas ou que cesse a existente" (e).

Destaque-se que o juízo de reprovação por nós lançado em nota de rodapé anterior (nota 14) não pode ser dirigido ao Ministro Eduardo Ribeiro que, ao abordar a questão, em evidente raciocínio analógico pautado na consideração da disciplina jurídica vinculada ao nome comercial, destacou, de maneira expressa, a existência de dúvidas quanto à natureza jurídica do instituto. Ainda que prevalecente a função jurisdicional de nossos tribunais, não se pode deixar de parte seu caráter pedagógico, afeto não apenas à comunidade jurídica, como aos próprios jurisdicionados envolvidos na controvérsia.

Quanto à consideração do direito sobre a marca como um autêntico direito de propriedade, não nos mostramos céticos como O. Barreto Filho que, com base na doutrina e na jurisprudência francesa, recusa aos direitos intelectuais a eficácia jurídica própria do domínio (cf. *Teoria do Estabelecimento Comercial – Fundo de Comércio ou Fazenda Mercantil*, p. 162). Inclinamo-nos, pois, à tese adotada

A distinção que serviu de suporte à decisão do precedente invocado. Como mecanismo útil para a definição da eficácia típica do direito de marca, o Ministro Eduardo Ribeiro se socorreu da dicotomia estabelecida entre os *direitos absolutos* e os *direitos relativos*: "útil, se me afigura, discernir, no caso, como usualmente se admite em teoria geral, entre direitos absolutos e relativos. Nos primeiros, oponíveis a todos, incluem-se os reais. Os relativos vinculam determinadas pessoas. Podem nascer, entre outras causas, da violação de um direito absoluto. Assim o proprietário tem o direito de exigir, de todos, o respeito a sua propriedade. A prescrição rege-se pelas normas pertinentes aos direitos reais. Violado, entretanto, aquele direito, surge um outro, de pedir reparação do dano. Este, de natureza pessoal, tem prazo de prescrição distinto".[21]

A dissidência no julgamento e a subsunção da espécie a hipótese de incidência distinta. Assim, conclui o Ministro-Revi-

pelo próprio J. C. Tinoco Soares de que o direito sobre a marca apresenta similitudes inegáveis com o direito de propriedade (nesse sentido, cf. "Marcas e nomes comerciais: a prescrição das ações agora é qüinqüenal", in *Revista da ABPI* 53/34-37, por todas as suas manifestações já citadas) – muito embora não estejamos de acordo com relação a alguns pontos específicos a serem abordados mais à frente (item *e*). De fato, a natureza dominial que se lhe pretende atribuir em nada ofende à suas natureza e eficácia jurídicas respectivas. Neste sentido, vislumbra-se muito mais – seja-nos permitido dizer – superstição dos estudiosos do que motivos concretos para rejeitar a analogia pretendida, cujo proveito acaba sendo muito maior do que eventuais prejuízos: "é natural por isso que a doutrina e a jurisprudência se sentissem bastante embaraçadas. De um lado, havia algo extrínseco que se prendia aos conceitos do direito real, de outro lado, a corporalidade do direito real parecia vedar sua aplicação a uma coisa intangível. Para conceber quanto, em nossa tradição, se prende, o direito real, a uma coisa material basta pensar nos obstáculos que encontrou a aplicação dos princípios do direito real no campo da eletricidade, não obstante tenha esta uma evidente realidade física objetiva (...) também no direito a idéia de coisa assenta, tradicionalmente, no tato e justifica-se, por isso, a dificuldade em encontrar coisa, objeto de direitos (nota-se 'coisas'; não apenas direitos por sua vez objeto de direitos) que *tangi non possunt*, exatamente como aconteceu com a eletricidade. A dificuldade é ainda maior quando se trata de coisas que nem sequer têm uma realidade física. Êste é o caso quanto aos bens imateriais. Aliás seria o caso de limitar o nome de bens imateriais para aquêles que não têm existência física; ao contrário, os bens que, embora não tendo a de um corpo tangível, têm uma existência física (como a eletricidade) mal se podem dizer imateriais; os problemas jurídicos a respeito dêles são mais simples e estão mais próximos dos problemas tradicionais do que os referentes aos bens imateriais. Marca, patente, insígnia, nome comercial, constituem bens imateriais, e as observações anteriores talvez justifiquem as dificuldades encontradas com relação à respectiva disciplina jurídica" (T. Ascarelli, *Panorama do Direito Comercial*, pp. 197-199).

Aliás, o salto tecnológico – no âmbito da tecnologia jurídica, frise-se – determinado pelo surgimento da propriedade intelectual é destacado por F. C. Pontes de Miranda: "com a concepção da propriedade intelectual e da propriedade industrial, venceu-se o obstáculo de ordem conceptual-histórica à construção dos direitos que têm por objeto a criação literária, artística e científica e assinalações industriais ou inventos, como direitos reais. Os chamados bens imateriais passaram a ser suscetíveis de direitos dominicais e de outros direitos reais. Elaborações de conceitos, de sentimentos e de vontade, de prevalecente valor intelectual ou prático, foram postas ao lado de objetos triviais, como as pedras, os metais e os sêres vivos apropriáveis. Note-se que se saíu do espaço das três dimensões geográficas e, depois de se admitirem como coisas as energias utilizáveis, se reconheceu a objetividade jurídica a fatos das dimensões sociais – da arte, da ciência e da economia. Não só o que tem valor resultante da composição da matéria, como as partes integrantes e os produtos do solo e os animais, ou as obras manuais e fabricadas, há de ser possível objeto de direito real. Também o que significa altura da psique humana, ou expediente para o tráfico das mercadorias" (*Tratado de Direito Privado – Parte Especial XVI: Direito das Coisas: Propriedade Mobiliária (Bens Incorpóreos). Propriedade Intelectual. Propriedade Industrial*, 4ª ed., p. 7).

21. Como teremos oportunidade de assinalar logo adiante, neste passo nos distanciamos do raciocínio desenvolvido pelo Ministro Eduardo Ribeiro. Posta de parte a questão concernente aos efeitos práticos (para a específica hipótese dos autos), consideramos que se lançou mão de dicotomia próxima, porém distinta, daquela que se mostraria pertinente ao caso concreto. De toda sorte, acerca do conteúdo das dicotomias a que nos referimos – *direitos absolutos* vs. *direitos relativos* e *direitos reais* vs. *direitos pessoais* – trataremos em item específico do presente estudo (item *e*).

sor no sentido de que o prazo prescricional a se observar é o de 10 (dez) anos, eis que aplicável à espécie o disposto no art. 177, segunda parte, do Código Civil revogado.

Nota conclusiva do item. Ora, estando a conclusão estribada na dicotomia estabelecida entre os *direitos absolutos* e os *direitos relativos* (evocada pelo Ministro Eduardo Ribeiro em manifestação reproduzida ao longo do voto do Ministro-Revisor), oportuna se nos parece a análise de tais concepções, correlacionando-as aos elementos informadores de outra relevante dicotomia – com a qual aquela, em nossa opinião, não se confunde – soerguida, pois, a partir dos conceitos de *direitos reais* e de *direitos pessoais*.[22]

d) Em síntese: de uma controvérsia sobre "prazo" a uma polêmica quanto à "natureza da pretensão à abstenção" atribuída ao titular do direito de marca

A recondução da discussão a outros âmbitos. Da análise do exposto até o presente momento se pode concluir que a controvérsia estabelecida nos autos não se vincula – destaque-se – à natureza do próprio direito sobre a marca; a despeito de haver manifestação veemente do autor da ação rescisória no sentido de que a si caberia um autêntico direito de propriedade (absoluto, exclusivo e perpétuo como qualquer outro), a polêmica divisada tem limites substancialmente distintos: discute-se, pois, sobre a natureza da ação atribuível ao titular da marca para a obtenção de um comportamento negativo (abstenção) por parte de terceiros.[23]

As diversas posições depreendidas da exposição até aqui realizada. Estipulado o ponto central da controvérsia, temos aí três posições distintas: em primeiro lugar, a do autor da ação rescisória, o qual alega que a questão se resume à tutela de um direito de propriedade, invocando para tanto "ação de obrigação de não fazer", com prazo prescricional de 5 anos (tudo nos moldes do disposto junto ao art. 178, § 10, IX, do Código Civil); em uma posição intermediária (e de certa forma prestigiando, a um só tempo, tanto o acórdão recorrido quanto a própria Súmula 142), temos o Ministro-Relator, que concebe – na forma do parecer da Subprocuradoria-Geral da República (acolhido como *ratio decidendi*) – um direito de propriedade do

22. Os conceitos expostos no item seguinte são resultado de pesquisa efetivamente realizada para a elaboração do presente estudo. Contudo, não podemos negar que, com relação à contraposição entre as duas dicotomias mencionadas – *direitos absolutos* vs. *direitos relativos* e *direitos reais* vs. *direitos pessoais* – servimo-nos, em considerável medida, de idéias desenvolvidas em oportunidade anterior. A respeito, cf. E. L. R. Pousada, "Direitos reais, direitos pessoais, direitos absolutos e direitos relativos: nominalismos, realismos e conceitualismos em duas dicotomias do sistema jurídico de Augusto Teixeira de Freitas", in *Revista do IASP* 19/92-141.

23. Com relação à nossa posição quanto à natureza do direito do titular sobre a marca, cf. manifestação contida em nota anterior (nota 20), em que se mencionam, inclusive, algumas orientações em apoio (e também em sentido divergente). De todo modo, o que não nos parece razoável é reduzir a questão tal qual definida no corpo do texto (uma discussão sobre a natureza da *pretensão à abstenção*) a uma simples controvérsia sobre a natureza do *direito sobre a marca*. Não se polemiza – ressalte-se – sobre a natureza do direito subjetivo do titular sobre a marca; a questão se concentra na abordagem daquilo que "dele" desponta (a *pretensão* e a *ação em sentido material de abstenção*): se ação real ou ação pessoal.

Desta forma, resultam incompreensíveis as reiteradas manifestações de J. C. Tinoco Soares em defesa do direito de propriedade sobre o sinal distintivo (cf. "Marca comercial – Prescrição vintenária para abstenção do uso – Súmula n. 142 do STJ – Cancelamento definitivo", in *Revista da ABPI* 43/49-50; "Marcas e nomes comerciais: a prescrição das ações agora é qüinqüenal", in *Revista da ABPI* 53/36-37; "Prescrição: por sem dúvida é a qüinqüenal", in *Revista da ABPI* 61 (2002), pp. 41-42). Com efeito, nos parece que, talvez *acidentalmente*, a questão tenha tomado uma trilha diversa daquela *ab initio* pretendida pelo autor do pleito rescisório. Todavia, se isso se verificou, diante dos limites do princípio da demanda acima mencionados, não defluiu qualquer limitação ao conhecimento da matéria de fato – e das diversas ações (em sentido material) envolvidas no caso.

qual derivaria uma "ação de obrigação de não fazer", de caráter pessoal e com prazo prescricional de 20 anos (art. 177, primeira parte, do Código Civil então vigente); finalmente, tem-se a posição do Ministro-Revisor, que sustenta a existência de um direito de propriedade do qual derivaria uma pretensão à abstenção de cunho *geral*, consubstanciada, por sua vez, em uma ação de *natureza real*, a que se poderia ligar o prazo prescricional de 10 anos, entre presentes, e 15 anos, entre ausentes (de conformidade com o disposto no art. 177, segunda parte, do Código Civil de 1916).[24]

Um problema afeto às projeções do direito subjetivo do titular sobre a marca. Desta forma, merece destaque o fato de que não se põe em dúvida nos autos a similitude eficacial entre o direito do titular da marca e aquele atribuído ao proprietário de um bem imóvel, por exemplo. O cerne da discussão se cinge à qualificação da pretensão do titular da marca à abstenção – e não à indenização, repita-se – por parte de terceiros. E como visto, para o autor, trata-se de "ação de obrigação de não fazer", com prazo prescricional estabelecido no art. 178, § 10, IX, do Código Civil.[25]

24. Aqui percebemos de maneira clara a imprecisão quando se atrela, de modo precipitado, o direito material ao direito processual: por mais que, em termos processuais, as execuções de um *dever de abstenção* e de uma *obrigação de não fazer* venham a se processar de maneira idêntica (ambas culminando em um comportamento omissivo por parte do sujeito passivo, então executado), não pode transportar essa simplificação procedimental à esfera do direito material, eis que, mais do que uma simples *contradição de técnica legislativa*, tal imprecisão romperia, por completo, com as próprias feições características dos direitos subjetivos *reais* e *pessoais* – o primeiro dotado de uma pretensão que o acompanha de *maneira constante* (desde o seu surgimento) e o segundo provido de uma pretensão tão-somente *eventual*.

Ou seja, enquanto no âmbito dos direitos reais a pretensão surge com o próprio direito e é satisfeita na medida em que o comportamento omissivo é adotado pelo sujeito passivo, no âmbito dos direitos pessoais ocorre de modo distinto pois, nas obrigações a prazo, p. ex., não há coincidência temporal entre o surgimento do direito subjetivo do credor e o da pretensão ao respectivo adimplemento da obrigação do devedor: "as pretensões *reais* distinguem-se como os direitos de que emanam, contra todos. Há-as no direito das coisas, no direito de família e no direito das sucessões. Tem-se dito que as pretensões reais não exsurgem com o direito mesmo: é preciso que se dê conduta de alguém, contrária ao conteúdo do direito real ou do direito de família; portanto, sem violação não haveria pretensão real. Mas essa proposição confunde *ação* e *pretensão*: a pretensão preexiste, aí, à ação; aí, não é a pretensão que nasce mais tarde que o direito, é a ação. Os que seguiram o caminho errado de conceber os direitos ditos absolutos como direitos sem pretensões *ab initio* são levados, por isso mesmo, a outras afirmações igualmente erradas; *e.g.*, à de que a pretensão real não só não é idêntica ao direito absoluto (proposição verdadeira) como também não é, em direção, subjetivamente coextensiva a êle (proposição falsa). Tanto o direito absoluto quanto as suas pretensões se dirigem *erga omnes*; o que não se dirige *erga omnes*, na ordinariedade dos casos, é a ação, ou alguma pretensão nascida ulteriormente, em virtude de regra jurídica especial. A pretensão é sempre contida no direito, ou se refere a elemento do conteúdo do direito. De modo que não se pode dizer, a propósito de direitos absolutos, que o conteúdo da pretensão é diferente do conteúdo do direito; o conteúdo da ação, sim, porque direito e pretensão sem ação têm, aí, de comum, a exclusividade daquele e a proibição contra todos, que é peculiar à pretensão real, e exatamente no que falta a ambos é que consiste o conteúdo da ação. Porque direito e pretensão são diferentes, têm de ser diferentemente tratados: o direito não prescreve; prescreve a pretensão ou a ação; a prescrição das pretensões reais sòmente começa do momento em que deixa de ser satisfeita; é contínua e negativa, de modo que não infringi-la é i-la satisfazendo contìnuamente; contra as pretensões de propriedade pode, às vêzes, ser oposta exceção (direito de retenção), ainda que o direito do proprietário nada possa sofrer; a pretensão *depende* do direito, que lhe é base, com êle nasce, ou dêle nasce, e com êle se extingue (ainda se foi cedida)" (F. C. Pontes de Miranda, *Tratado das Ações I – Ação, Classificação e Eficácia*, 2ª ed., pp. 56-57).

Com efeito, nos dedicaremos na nota imediatamente posterior ao esforço de evidenciar aquilo que nos parece ser a inexatidão conceitual mais importante de toda a questão, e que pode ser vislumbrada não apenas na manifestação do autor da ação rescisória, como também no voto do próprio Ministro-Relator (na medida em que acolheu, sem restrições, o parecer da Subprocuradoria-Geral da República).

25. Aqui percebemos que não apenas se confundem *direito material* e *direito processual*, como também os próprios fatos jurídicos ensejadores das

Uma outra abordagem do art. 178, § 10, IX, do Código Civil. De fato, uma primeira leitura do dispositivo legal referido (em que se alude a "ofensa ou dano causados ao direito de propriedade") sugerir-lhe-ia razão, na medida em que a utilização da conjunção alternativa "ou" estaria a indicar a possibilidade de incidência da regra mesmo em hipótese na qual inexistisse "dano" – mas que consubstanciasse tão-somente "ofensa" ao direito do proprietário. Entretanto, investigada a questão mais a fundo, chega-se à conclusão de que o termo *ofensa* utilizado pelo legislador não alude, genericamente, a qualquer espécie de violação ao direito de propriedade, mas tão-somente a uma "agressão injusta" (mesmo que esta não consubstancie crime), ensejadora, pois, de uma ação de reparação (de natureza pessoal, como veremos adiante). Assim, segundo parte da doutrina dedicada ao tema, a expressão "ou dano" significaria, única e exclusivamente, a possibilidade de extensão do mesmo remédio jurídico de direito material à hipótese de lesão sem culpa.[26]

ações de indenização e de abstenção (ambas em sentido material). Tal "promiscuidade" conceitual – seja-nos permitida a censura, pois é sincera e eivada da mais absoluta e científica boa-fé – revela a utilização afoita de mecanismos técnicos que merecem tratamento adequado, não sendo admissível que o intérprete possa deles se servir sem as cautelas de praxe, às quais se referida J. H. Correia Telles (cf. nota 12). Neste sentido, esclarecendo de maneira lapidar a questão, eis a manifestação de F. C. Pontes de Miranda (mesmo autor a que se refere, por sinal, a Subprocuradoria-Geral da República em seu respectivo parecer): "a pretensão real preexiste à ação. É inadmissível que se identifique aquela com essa, como o é identificar-se com os créditos (direitos) nascidos da violação). A pretensão real consistente em proibição de perturbar-se o direito não pode ser identificada com o crédito que nasça da perturbação. Uma coisa é a pretensão e outra a não-satisfação dela: a pretensão continua idêntica a si mesma, embora se dêem ao correr do tempo, as infrações à obrigação de não-perturbar. Ao longo do tempo, estarão os créditos, com as suas pretensões e ações. Assim, a luta, entre os que vêem no momento da infração a) o nascimento da pretensão própria do direito absoluto (*e.g.*, L. Enneccerus, *Lehrbuch*, I, 573) e b) os que aí vêem direito de crédito, nunca poderia chegar à solução satisfatória (*e.g.* Konrad Hellwig, *Anspruch und Klagrecht*, 5 s.): a pretensão à prestação contínua (proibição) vem desde o início; a ação, por violação dela, não é crédito, no que sòmente é infração da proibição, e pois elidível pela recontinuação da omissão; há crédito, se da violação resultou *plus* que há de ser tratado como *outro* direito que aquêle de que vem a pretensão. Ou se vê a diferença entre a infração da obrigação do devedor (nos direitos com sujeitos passivos totais e nos outros) e o ato ilícito, ou não se pode chegar a conclusão que se imponha. Os juristas romanos aproximavam-se da distinção quando discriminavam o campo das *actiones rei persecutoriae* e o das *actiones poenales*: por aquelas só se pede o que estava com o titular; com essas, há desvantagem para o réu. A pretensão real é dependente; as outras, não, ou, pelo menos, podem não no ser" (*Tratado das Ações I – Ação, Classificação e Eficácia*, 2ª ed., p. 58).

Ou seja, confundidas foram as *causas* das pretensões *à abstenção* (constituição do direito real) e *à indenização* (ato ilícito). A respeito de tais fatos jurídicos – constitutivos das relações jurídicas decorrentes – tornaremos em item específico de nossa análise (item *e*).

26. E de fato é sobre a oposição entre os conceitos de "ofensa" e "dano" – e sobretudo a partir da utilização da conjunção alternativa "ou" – que J. C. Tinoco Soares erige sua posição a respeito do tema (cf. "Marca comercial – Prescrição vintenária para abstenção do uso – Súmula n. 142 do STJ – Cancelamento definitivo", in *Revista da ABPI* 43/50; "Prescrição: por sem dúvida é a qüinqüenal", in *Revista da ABPI* 61/42). Contudo, a acepção emprestada ao termo "ofensa" pelo autor nos parece excessivamente ampla. Pergunta-se: se em um "memorando" interno um diretor informasse a seu gerente que, em sua opinião, não existira tutela jurídica sobre sinal distintivo utilizado por concorrente, haveria qualquer espécie de ofensa? Sinceramente acreditamos que não – e sequer cogitamos de dano, por óbvio, na espécie considerada. Mas caberia ação real? É exatamente essa a questão que pretendemos responder ao cabo deste estudo.

Antes, entretanto, a fim de que não reste incontroversa a posição do doutrinador acima referido, eis a posição expressa de parte da doutrina nacional: "diz o art. 178, § 10, IX, que prescreve em cinco anos 'a ação por ofensa ou dano causado ao direito de propriedade; contado o prazo da data em que se deu a mesma ofensa ou dano'. Não se trata de ofensa turbativa à posse, nem de esbulho (...) nem de simples ofensa por negação do direito do proprietário, ou outro titular de direito real. Trata-se de ofensa (...) à *coisa*, objeto de propriedade, ainda que não se trate de crime (...) quanto à expressão 'dano', está, aí, para admitir que também prescreve em cinco anos a ação se houve dano sem culpa" (F. C. Pontes de Miranda, *Tratado de Direito Privado – Parte Ge-*

Inadequação dos termos ofensa *e* dano *a comportamentos negativos (abstenções) futuros.* Ora, por mais que se possa polemizar a respeito de seu respectivo caráter real ou pessoal, uma questão parece fora de dúvida: a *ação de direito material* a que se refere o art. 178, § 10, IX, do Código Civil se volta para o *passado*, e não para o *futuro*. Desta forma, não nos parece razoável sustentar que a pretensão à abstenção tenha exsurgido, única e exclusivamente, em virtude da violação; e se assim, efetivamente, não o é – coisa que se pode inferir dos próprios textos dos arts. 129 (*caput*) e 130 da Lei Federal n. 9.279/1996 (Lei da Propriedade Industrial) – resulta evidente que a *pretensão à abstenção* não decorre da violação em si, mas sim de um fato que lhe é, por evidente, anterior (vinculado ao momento da própria constituição do direito). E é exatamente esse fato jurídico que, a um só tempo, dá origem ao direito subjetivo do titular da marca *e* determina os matizes que envolvem o espectro eficacial do remédio de direito material a esse vinculado.[27]

Conclusão parcial e ampliação quanto ao âmbito de análise. E desta forma, por mais que a discussão estabelecida pareça se limitar única e exclusivamente ao prazo a que está submetida a *pretensão à abstenção*, questões outras restam subjacentes (talvez inconscientemente deixadas de lado pelos debatedores), a merecer o cuidado específico do estudioso: em primeiro lugar, discute-se sobre a natureza *real* ou *pessoal* da *pretensão à abstenção*; em segundo lugar, polemiza-se sobre o *fato jurídico* que a desencadeia. Em síntese: decorreria essa do momento de "constituição" ou de "violação" ao direito de marca? A resposta a tal questão não apenas indicará de maneira cabal a natureza da pretensão ao comportamento negativo do sujeito passivo, como também auxiliará na determinação do termo *a quo* do curso do prazo prescricional aplicável – auxiliando na definição das conseqüências jurídicas de tal ocorrência. Deste modo, se faz necessária uma ligeira incursão sobre a classificação dos direitos subjetivos e a respeito da vinculação destes à sua respectiva origem – tudo a fim de que preparemos terreno às necessárias adaptações ao caso concreto sob exame.

e) Da teoria do fato jurídico às classificações dos direitos subjetivos: pressupostos necessários à solução da questão

Uma indagação inicial: complexos de faculdades e diferenciação quanto aos respectivos potenciais eficaciais (extensão subjetiva de eficácia). Uma vez constituído o *usufruto*, pergunta-se: poderia o *usufrutuário usar* o bem afetado? Da mesma forma, poderia *fruí-lo*? Poderia reclamar a sua *posse* perante terceiros? A ele caberia sua *administração*? Bem se vê que a todas as questões formuladas poderiam ser oferecidas respostas afirmativas, com base na regra estabelecida pelo art. 1.394 do Código Civil. Entretanto, o problema que pretendemos evidenciar é outro; se em lugar de *usufruto* tratássemos de *locação* pendente sobre o mesmo bem, pergunta-se: poderia o *locatário usar* o bem referido? Não havendo proibição de sublocação, poderia *fruí-lo*? A ele caberia a proteção *possessória* diante da injusta investida

ral VI: Exceções. Direitos Mutilados. Exercício dos Direitos, Pretensões, Ações e Exceções. Prescrição, 4ª ed., pp. 401-402).

E mais: o mesmo autor, aliás, nega a aplicação do art. 178, § 10, IX, à hipótese de direito sobre a propriedade intelectual, eis que desprovida da "corporalidade" entrevista, pois, como imprescindível: "não se inclui no conceito de propriedade, para a conseqüência do art. 178, § 10, IX, a propriedade literária, artística, científica e industrial (cf. art. 178, § 10, VII; 2ª Turma do Supremo Tribunal Federal, 17 de maio de 1949: 'propriedade material', *R. F.*, 128, 123)" (p. 402).

27. Nesse particular, consideramos irretocável a manifestação do Ministro Eduardo Ribeiro, reconhecendo que a hipótese do art. 178, § 10, IX, do Código Civil não se vincula, de modo algum, a ofensas futuras ao direito de titularidade do proprietário. A respeito, cf. transcrições promovidas em nota anterior (nota 20, conclusão *b*).

de terceiros? Ora, exsurgindo as mesmas respostas a todas essas últimas questões, indaga-se, finalmente: haveria uma verdadeira distinção entre os direitos subjetivos de titularidade do *usufrutuário* e o do *locatário*?[28]

Complexos de faculdades e diferenciações quanto aos potenciais eficaciais: o problema. Conquanto não nos reste dúvida quanto à existência de uma distinção entre o direito do *usufrutuário* e aquele de titularidade do *locatário*, também não podemos negar que tal diferenciação não se dá à custa do complexo de faculdades que lhes sejam respectivamente atribuídos: se ambos podem, por exemplo, *usar*, *fruir* e reclamar *proteção possessória*, quanto a tais aspectos, pois, não haveria maior distinção entre um direito e outro. Razão pela qual a dissociação entre as categorias jurídicas aventadas haveria de ser empreendida com base em um critério voltado a outro elemento caracterizador dos direitos subjetivos ora referidos; e é exatamente a *actio in rem* – com que estão protegidos tão-somente os direitos *reais* (como o *usufruto* no exemplo dado) – que servirá de elemento de discriminação entre as duas hipóteses aludidas.[29]

28. A indagação levada a efeito no corpo do texto, muito embora não corresponda a uma literal transcrição, inspira-se em passagem da *Introdução à Consolidação das Leis Civis*, em que A. Teixeira de Freitas assim expõe suas idéias: "O dominio é a somma de todos os direitos possiveis, que pertencem ao proprietario sobre sua cousa, quaes os da *posse*, *uso*, *gôzo* e *livre disposição*. Os outros direitos reaes são parcellas daquella somma, são os proprios direitos constitutivos do dominio; são podêres, que sobre a cousa attribuem-se á outras pessôas (...) as *servidões*, o *usufructo*, a *emphyteuse*, o *direito de superficie*, e outros direitos analogos, são faculdades de uso, e gozo, conferidas pelo proprietario da cousa; da mesma maneira que o são a *locação* e o *commodato*. Entretanto, se das primeiras derivão *direitos reaes*, não só pela Legislação Romana, como por todas as legislações, o mesmo não acontece com as segundas (...) pelo lado da posse sómente, ou detenção, da cousa, nós a vêmos no *penhôr* produzir um direito real, o que já não acontece no *deposito*. Nem o credôr pignoraticio, nem o depositario, podem usar, e gozar, da cousa. O Direito Romano admittio o furto do uso da cousa em relação ao depositario, e credôr pignoraticio; e essa disposição passou para o nosso Direito (...) a *hypotheca* não confere ao credôr, nem uso, e gozo, nem ao menos a posse; e entretanto produz um direito real, que está para a cousa, do mesmo modo que o direito pessoal está para a obrigação – *obligatio rei* –. Ella não desmembra a propriedade como o usufructo, não a transfere para o credôr, e a deixa subsistir intacta; sómente adstringe a cousa á fornecêr ao credôr seu pagamento por meio da venda. O direito creditorio póde existir sem hypotheca, porque, independentemente della, os bens do devedôr ficão na verdade geralmente affectados ao pagamento de suas dividas. Por sua propria natureza a hypotheca é um direito real simplesmente accesorio, que não tem, como os principaes, a estabilidade, que caracterisa o direito real de dominio" (*Consolidação das Leis Civis*, 3ª ed., pp. LXXX-LXXXVI).

Com efeito, como teremos a oportunidade de destacar na nota de rodapé seguinte, outro foi o elemento utilizado pelo referido jurista para a distinção entre os direitos reais e os direitos pessoais, lançando mão, para tanto, da própria autoridade do Direito Romano – em uma amostra de *usus modernus pandectarum* relativamente moderna.

29. Ora, não sendo viável distinguir tais *posições jurídicas subjetivas ativas* a partir das faculdades em que poderiam ser decompostas – cf. as considerações reproduzidas em nota de rodapé imediatamente anterior – restaria ao jurista buscar outro elemento distintivo entre os direitos subjetivos em questão: e para tanto se serviu da *actio* com a qual estariam esses protegidos. É exatamente esta "ação" (com a qual se reveste o direito subjetivo) que se designa por *ação em sentido material*. Tendo sido expressamente prevista pelo Código Civil brasileiro de 1916, sua consagração pode ser entrevista no art. 75 do referido diploma ("a todo direito corresponde uma ação, que o assegura"). Embora não nos caiba aqui tecer maiores comentários a respeito do significado histórico do referido dispositivo legal, resulta oportuno mencionar, ao menos, o fato que no direito romano, p. ex., não se conceber um sistema de direitos subjetivos tal qual se vislumbra modernamente, parecendo-nos inteiramente lícito exprimir a situação de então por meio de uma fórmula inversa: "a toda ação corresponde um direito que por ela é assegurado"; de sorte que somente se concebia, então, um "interesse juridicamente protegido" na medida em que efetivamente houvesse uma ação disponível, a tutelar, enfim, o sujeito de direito interessado (a respeito, cf. L. C. de Azevedo e J. R. Cruz e Tucci, *Lições de História do Processo Civil Romano*, pp. 45-47).

Merece destaque o fato de que tal ação em sentido material – *real* ou *pessoal* – serviu, inclusive, como *summa divisio* para a construção do sistema jurídico desenvolvido por A. Teixeira de Freitas (a

A inversão da hipótese: de comportamentos positivos a condutas negativas (abstenções). Da mesma forma como comportamentos positivos podem ser viabilizados por direitos subjetivos de distintas naturezas (*usufrutuário* e *locatário*), diferentes podem ser as origens, pois, de vedações de conduta aparentemente semelhantes. De fato, nem o *terceiro*, nem o próprio *locatário*, podem *usar* indiscriminadamente a coisa (objeto de contrato de locação); o primeiro porque não existe causa que lhe atribua qualquer direito sobre o bem; o segundo porque – de conformidade com o disposto no art. 570 do Código Civil – não poderá empregá-lo em uso distinto daquele contratualmente ajustado. E embora a ambos caiba um mesmo comportamento negativo (*abstenção*), tal conduta é exigível sob fundamentos jurídicos absolutamente distintos: enquanto a primeira omissão fática tem fundamento *real* (o direito do *proprietário*), a segunda se estriba em uma base *pessoal* (o direito do *locador*).[30]

Apresentação do itinerário do item. Ressalvadas as devidas peculiaridades, consideramos que o objeto da ação rescisória ora analisada suscita considerações semelhantes àquelas levadas a efeito quanto à hipótese acadêmica sugerida logo acima. Com efeito, a proposta de solução decorrente do presente estudo pressupõe uma dissociação que somente poderá ser realizada se forem preliminarmente abordadas algumas propostas de classificação dos direitos subjetivos. E deste modo, dentre diversos outros critérios classificatórios, três se nos parecem intimamente vinculados ao caso concreto sob exame: a *paridade* (entre os *sujeitos* que integram a relação jurídica), a *extensão subjetiva de eficácia* (especificamente quanto ao *sujeito passivo* da relação) e o *objeto* (sobre o qual recaem imediatamente os direitos subjetivos). Passemos a justificar, pois, a escolha promovida.

Justificação dos critérios classificatórios escolhidos. A eleição dos referidos parâmetros não se faz, obviamente, de modo aleatório; ao contrário, os mesmos são recomendados – sobretudo – pelos próprios elementos resultantes de sua aplicação. Ora, vinculando-se o litígio à temática prescricional, resulta imprescindível a abordagem da distinção entre os *direitos subjetivos em sentido estrito* e os *direitos potestativos*, à luz, pois, do critério da "paridade" entre os sujeitos integrantes da relação jurídica; em segundo lugar, havendo uma controvérsia sobre a natureza *real* ou *pessoal* da *pretensão à abstenção* que cabe ao titular da marca, mostra-se relevante a dissociação entre os *direitos*

respeito, cf. *Consolidação das Leis Civis*, 3ª ed., pp. LXIII, CXII-CXVIII; bem como E. L. R. Pousada, *Preservação da Tradição Jurídica Luso-Brasileira: Teixeira de Freitas e a Introdução à Consolidação das Leis Civis*, pp. 168 e ss.). E no mesmo sentido da argumentação de A. Teixeira de Freitas, F. Ferrara defendia – no início do século XX – que a distinção entre uma categoria e outra se fundava, unicamente, na "forma de proteção" outorgada aos titulares dos direitos subjetivos *reais* e *pessoais* (*Trattato di Diritto Civile Italiano I – Dottrine Generali: Il Diritto – I Soggetti – Le Cose*, p. 379).

Devemos destacar, ainda, que alguns doutrinadores estabelecem um grande número de diferenciações entre os direitos reais e os direitos pessoais (tendo em conta, principalmente, as obrigações). Por todos, cf. M. A. D. de Andrade, *Teoria Geral das Obrigações*, 3ª ed., pp. 47-66.

30. No sentido adotado no texto, cf. A. Teixeira de Freitas, *Consolidação das Leis Civis*, 3ª ed., p. LXV; bem como M. A. D. de Andrade, *Teoria Geral das Obrigações*, 3ª ed., pp. 48-50. Eis, aliás, a posição de C. A. da Mota Pinto: "por vezes os deveres jurídicos (de acção ou de omissão) impendem sobre uma ou mais pessoas determinadas. É o caso dos direitos de crédito e fala-se então de *direitos relativos*. Outras vezes (direitos reais; direitos de personalidade) os deveres jurídicos de abstenção impõem-se a todas as pessoas (obrigação passiva universal) e fala-se então de *direitos absolutos ou relações jurídicas absolutas*" (*Teoria Geral do Direito Civil*, 4ª ed., p. 185).

Destaque-se, pois, que não concordamos integralmente com as observações deste último autor, sobretudo no que concerne às acepções emprestadas aos conceitos de direitos absolutos e direitos relativos. Contudo, teremos a oportunidade de expor nossa posição (bem como seus fundamentos respectivos) logo adiante.

reais e os *direitos pessoais*, com fulcro na compreensão da "extensão subjetiva de eficácia" que caracteriza as aludidas categorias; finalmente, tendo-se em vista a menção do Ministro Eduardo Ribeiro à dicotomia estabelecida entre *direitos absolutos* e *direitos relativos*, resulta necessário diferençá-los dos *direitos reais* e dos *direitos pessoais supra* mencionados, tomando-se por base a análise do "objeto" sobre o qual recai cada uma das espécies de direitos subjetivos então referidas.

A vinculação das classificações ao plano da eficácia e a evocação da própria teoria do fato jurídico – uma investigação imersa no "plano da eficácia". Ora, em se tratando de critérios de classificação de direitos subjetivos, resulta evidente que estamos a tratar, em todas as hipóteses, de modelos afetos àquilo que – de acordo com o paradigma metodológico de F. C. Pontes de Miranda – pode-se designar por "plano da eficácia"; ou seja, em todos os casos há uma alusão implícita a *posições jurídicas subjetivas ativas elementares*, caracterizadoras de relações jurídicas dotadas de contornos próprios, diretamente influenciados pelos fatos jurídicos que as desencadeiam.[31]

A importância do paradigma da relação jurídica no "plano da eficácia". De toda forma, dentre os diversos objetos relacionados ao "plano da eficácia", nenhum deles apresenta importância comparável ao modelo da *relação jurídica*: tomada essa, pois, como centro de nossas preocupações metodológicas concretas, passamos a compreender que é da articulação entre os seus diversos elementos constitutivos que defluirá a operacionalidade dos critérios classificatórios acima apresentados. Assim, tais parâmetros somente poderão revelar todo o seu potencial compreensivo se forem relacionados a um contexto mais amplo – qual seja, o paradigma da relação jurídica; uma vez efetuadas tais observações, iniciemos nossas considerações pela aplicação do critério da "paridade" entre os sujeitos da relação jurídica (e pela con-

31. Em defesa da utilidade da tripartição dos planos do "mundo jurídico" – segundo o modelo metodológico construído por F. C. Pontes de Miranda – eis as observações de M. Bernardes de Mello: "na análise das vicisitudes por que podem passar os fatos jurídicos (...) é possível encontrar situações em que o ato jurídico (negócio jurídico e ato jurídico *stricto sensu*) (a) existe, é válido e é eficaz (casamento de um homem uma mulher capazes, sem impedimentos dirimentes, realizado perante a autoridade competente), (b) existe, é válido e é ineficaz (testamento de pessoa capaz, feito com observância das formalidades legais, antes da ocorrência da morte do testador), (c) existe, é inválido e é eficaz (casamento putativo, negócio jurídico anulável, antes da decretação da anulabilidade, (d) existe, é inválido e é ineficaz (doação feita, pessoalmente, por pessoas absolutamente incapazes, ou, quando se trata de fato jurídico *stricto sensu*, ato-fato jurídico, ou fato ilícito *lato sensu*, (e) existe e é eficaz (nascimento com vida, a pintura de um quadro, o dano causado a bem alheio) ou, excepcionalmente, (f) existe e é ineficaz porque a validade é questão que diz respeito, apenas, aos atos jurídicos lícitos. Nas combinações que podem ser efetuadas – e as acima mencionadas esgotam as espécies possíveis – variam os dados relativos à validade e à eficácia, mas o elemento existência permanece sempre invariável. De tudo isso se podem tirar duas conclusões: a) que existência, validade e eficácia são três situações jurídicas distintas por que podem passar os fatos jurídicos e, portanto, não é possível tratá-las como se fossem iguais; b) que o elemento existência é a base de que dependem os outros elementos. Essas conclusões demonstram a extrema utilidade e propriedade da proposta de Pontes de Miranda de considerar-se o mundo jurídico dividido em três planos, o da existência, o da validade e o da eficácia, nos quais se desenvolveria a *vida* dos fatos jurídicos em todos os seus aspectos e mutações" (M. Bernardes de Mello, *Teoria do Fato Jurídico – Plano da Existência*, 7ª ed., pp. 77-78).

E especificamente sobre a relação jurídica em sua vinculação ao plano da eficácia, assim observa o autor: "o plano da eficácia é a parte do mundo jurídico onde os fatos jurídicos produzem os seus efeitos, criando as situações jurídicas, as relações jurídicas, com todo o seu conteúdo eficacial representado pelos direitos e deveres, pretensões e obrigações, ações ou exceções, ou os extinguindo" (p. 80).

Pela posição do próprio F. C. Pontes de Miranda a respeito de tais questões, cf. *Tratado de Direito Privado – Parte Geral I: Introdução. Pessoas Físicas e Jurídicas*, 4ª ed., pp. XX-XXIV (quanto à subdivisão do "mundo jurídico" nos planos da existência, validade e eficácia); e pp. 119-120, 124 e 128-130 (quanto à relação jurídica pertinente ao plano da eficácia).

seqüente distinção entre os *direitos subjetivos em sentido estrito* e os *direitos potestativos*).[32]

As distinções fundamentais quanto às posições jurídicas subjetivas ativas: o primeiro dos critérios classificatórios ("paridade" entre os sujeitos em relação). Quanto a este primeiro aspecto, cabe observar que as *posições jurídicas subjetivas ativas* – que sinteticamente poderíamos designar pela expressão "direitos subjetivos" (em uma acepção amplíssima) – congregam conformações eficaciais distintas: de fato, enquanto algumas ensejam tão-somente "sistemas de coordenação", outras suscitam autênticos "sistemas de subordinação" entre sujeitos que atuam na órbita do direito privado. Em um cenário como esse, é forçoso reconduzir à dicotomia estabelecida entre os *direitos subjetivos em sentido estrito* e os *direitos potestativos*: enquanto os primeiros se caracterizam por uma relação de equilíbrio entre os "pólos" da relação jurídica, os últimos evidenciam uma desproporção entre as partes (com a preponderância de uma delas sobre a outra).[33]

Relações de "subordinação" e direitos potestativos. Assim, temos que os *direitos potestativos* ensejam uma posição de primazia de seu titular sobre o pólo contrário da relação jurídica. Com isso, o sujeito passivo não se pode considerar titular de um autêntico *dever jurídico*, mas apenas de uma simples posição de *sujeição*, cabendo-lhe unicamente suportar – de maneira inexorável – o exercício do direito pelo sujeito ativo; nesse contexto, merece destaque o fato de que inexiste, assim, qualquer participação efetiva daquele no momento satisfativo do interesse deste último.[34]

Relações de "coordenação" e direitos subjetivos em sentido estrito. Con-

32. A respeito dos elementos integrantes da relação jurídica (*sujeitos, objeto, fato jurídico* e *garantia*), cf. C. A. da Mota Pinto, *Teoria Geral do Direito Civil*, 4ª ed., pp. 189-191; M. A. D. de Andrade, *Teoria Geral da Relação Jurídica I – Sujeitos e Objecto*, pp. 19-27. Note-se, todavia, que tal configuração não é unânime na doutrina, havendo, ao contrário, respeitabilíssimas posições que admitem elementos outros, diversos dos apresentados; por todos, cf. M. Reale, *Lições Preliminares de Direito*, 26ª ed., pp. 217-222.

33. Pela distinção entre os *direitos subjetivos em sentido estrito* e os *direitos potestativos*, cf., em geral, F. Ferrara, *Trattato di Diritto Civile Italiano I – Dottrine Generali: Il Diritto – I Soggetti – Le Cose*, pp. 341-350; C. A. da Mota Pinto, *Teoria Geral do Direito Civil*, 4ª ed., pp. 178-184; M. A. D. de Andrade, *Teoria Geral da Relação Jurídica I – Sujeitos e Objecto*, pp. 9-16; G. Lumia, *Lineamenti di Teoria e Ideologia del Diritto*, trad. port. de Denise Agostinetti, *Elementos de Teoria e Ideologia do Direito*, pp. 104-116 (especialmente p. 114); M. Reale, *Lições Preliminares de Direito*, 26ª ed., pp. 259-265; e em termos consideravelmente distintos, cf. D. Barbero, "Il diritto soggettivo", in *Il Foro Italiano* 64/1-42 (sobretudo pp. 39-41, nota 90).

34. Em primeiro lugar, deve-se destacar que não existe sinonímia perfeita entre a expressão *direitos potestativos* e o conceito de *direitos formativos* (constitutivos, modificativos e extintivos) que se tornou corriqueiro atribuir à metodologia jurídica desenvolvida por F. C. Pontes de Miranda. De fato, o próprio autor destaca que enquanto a primeira desempenha uma função genérica (aludindo a "podêres que existem por si, que são *direitos*, independentemente de outros"), os direitos formativos apresentam a especificidade de permitir, ao seu titular, atuar na esfera jurídica de outrem "adquirindo, modificando ou extinguindo direitos, pretensões, ações e exceções" (*Tratado das Ações I – Ação, Classificação e Eficácia*, 2ª ed., pp. 39-40).

Pela definição do modo de operação dos *direitos potestativos* (em contraposição aos *direitos subjetivos em sentido estrito*), eis a síntese de M. A. D. de Andrade: "nestes o poder conferido ao respectivo titular tende à produção de um efeito jurídico mediante uma declaração de vontade do titular, só de per si, com ou sem formalidades, ou integrada por uma ulterior decisão judicial" (*Teoria Geral da Relação Jurídica I – Sujeitos e Objecto*, p. 12). De fato, tal definição sublinha as variantes negocial e extrajudicial do exercício de tal modalidade de direito. Todavia, C. A. da Mota Pinto destaca que outra característica de tais direitos é a produção inelutável de efeitos "que (...) se impõem à contraparte" (*Teoria Geral do Direito Civil*, 4ª ed., p. 183).

Ora, como poderemos observar pouco adiante, é desta conformação peculiar do *direito potestativo* que decorrerão: a) em primeiro lugar, a eficácia preponderante do provimento jurisdicional afeto a tal espécie de direito; b) em segundo lugar, a natureza do prazo de exercício da *ação em sentido material* a ele vinculado. De todo modo, retornaremos a esse ponto logo a seguir.

quanto ao titular de *direito subjetivo em sentido estrito* também seja reconhecido um "interesse juridicamente protegido", não se lhe é outorgada a prerrogativa de satisfazê-lo por si próprio (*mediata* ou *imediatamente*); ou seja: deve contar com a colaboração da parte adversa – mesmo que esta não se traduza em uma autêntica espontaneidade – para que haja efetiva implementação do objeto tutelado pela ordem jurídica.[35]

Conclusão da aplicação do primeiro critério: duas espécies de relações jurídicas (quanto à "paridade" entre os sujeitos em relação). Neste sentido – e tomando-se em consideração o critério da eventual "paridade" entre os sujeitos em relação – podemos entrever duas espécies de relações jurídicas básicas: um primeiro modelo, em que se vislumbra uma posição de *preponderância* de uma das partes sobre a outra e no qual se pode entrever a primazia do interesse do *sujeito ativo* sobre a esfera jurídica do *sujeito passivo* (a quem cabe unicamente suportar os efeitos do exercício daquela situação sobrelevada). Trata-se do paradigma caracterizado pela relação entre *direito potestativo* e *sujeição*, situação excepcional em que a efetiva satisfação do interesse de uma das partes prescinde inteiramente da colaboração da outra; merece destaque, aliás, o fato de que essa implementação pode se dar com ou sem o concurso da atuação do Poder Judiciário. De todo o exposto resultam, enfim, duas conclusões: a primeira de que as hipóteses de *direitos potestativos* são, por definição, excepcionais; e a segunda de que em um Estado (Democrático) de Direito – caracterizado pelo princípio da vedação à *autotutela* – ainda mais raros serão os exemplos de *direitos potestativos* exercitáveis *sem* a prévia aquiescência jurisdicional.[36]

35. Pela definição do conceito de direito subjetivo em sentido estrito, cf. a explanação de M. A. D. de Andrade: "aqui a posição do respectivo titular traduz-se no poder de exigir ou pretender de outra pessoa um determinado comportamento positivo ou negativo – uma dada acção (*facere*) ou uma dada abstenção (*non facere*). A isto corresponde, para o outro sujeito da relação jurídica, a necessidade de adoptar aquele mesmo comportamento, ou seja, o comportamento prescrito pela norma que confere o direito subjectivo. A esta situação damos o nome de *dever jurídico*" (*Teoria Geral da Relação Jurídica I – Sujeitos e Objecto*, p. 10). A definição (contida no corpo do texto) de direito subjetivo como "interesse juridicamente protegido", atribuída a R. von Jhering – em contraposição à *teoria da vontade* de B. Windscheid – foi obtida em *O Espírito do Direito Romano – Nas Diversas Fases de seu Desenvolvimento III*, p. 220.

Em sentidos consideravelmente próximos ao estabelecidos no texto *supra* transcrito, cf. F. Ferrara, *Trattato di Diritto Civile Italiano I – Dottrine Generali: Il Diritto – I Soggetti – Le Cose*, pp. 329-337; C. A. da Mota Pinto, *Teoria Geral do Direito Civil*, 4ª ed., pp. 181-183; G. Lumia, *Lineamenti di Teoria e Ideologia del Diritto*, trad. port. de Denise Agostinetti, *Elementos de Teoria e Ideologia do Direito*, pp. 107-108; M. Reale, *Lições Preliminares de Direito*, 26ª ed., pp. 259-262 (especialmente p. 261).

Como teremos a oportunidade de ver logo adiante, a tal conformação peculiar do *direito subjetivo em sentido estrito* corresponderão (assim como observado quanto aos direitos potestativos): a) em primeiro lugar, uma típica eficácia preponderante do provimento jurisdicional respectivo; b) em segundo lugar, uma singular natureza do prazo de exercício da *ação em sentido material* a ele vinculado. De todo modo, retornaremos a esse ponto mais à frente.

36. Como observado em nota anterior, os *direitos potestativos* operam uma modificação na esfera jurídica alheia, independentemente do concurso da vontade (e mesmo da atuação concreta) do *sujeito passivo* da relação jurídica; tal alteração resulta exclusivamente da *declaração negocial* proferida pelo titular da *posição jurídica subjetiva ativa*. Com isso, percebe-se que ao *sujeito ativo* é absolutamente prescindível a "colaboração" da contraparte, sem a qual lhe é plenamente possível viabilizar, em termos operacionais, a satisfação completa do interesse protegido pela ordem jurídica.

Tendo-se em vista os efeitos do exercício de direitos potestativos, três modalidades exsurgem: a) os direitos potestativos constitutivos; b) os direitos potestativos modificativos; e c) os direitos potestativos extintivos.

De outra parte, tomando-se em conta o *modo* segundo o qual se exercem tais *posições jurídicas subjetivas ativas*, chega-se a outra classificação tripla, segundo a qual existem direitos potestativos que: a) podem ser exercidos, sempre, sem necessidade de recurso ao Poder Judiciário (*v.g.*, revogação de mandato); b) podem ser exercidos extrajudicialmente, mas em caso de resistência do sujeito passi-

Conclusão da aplicação do primeiro critério: duas espécies de relações jurídicas (quanto à "paridade" entre os sujeitos em relação) (cont.). Todavia, o segundo modelo – bastante mais comum – é caracterizado pela equiparação entre as *partes* (centros de interesse), de maneira que para a *satisfação* do *sujeito ativo* se faz necessária a efetiva "colaboração" do *sujeito passivo*; caso essa não se dê, ao primeiro não restará alternativa senão a de se socorrer do auxílio representado pela atuação estatal (mediante o concurso de atividades de *declaração* e de *execução* por parte do Poder Judiciário). É este o paradigma da relação entre *direito subjetivo em sentido estrito* e *dever jurídico.*[37]

Um segundo critério: o potencial eficacial dos direitos subjetivos envolvidos (sobre os sujeitos passivos atingidos). De outra parte, tomando-se por critério classificatório a "extensão subjetiva de eficácia" dos direitos subjetivos, haverão de ser apartados os "direitos oponíveis contra todos" dos "direitos exercitáveis contra um único sujeito passivo". Com efeito, sob a primeira rubrica ("direitos oponíveis contra todos") teríamos tanto os *direitos absolutos* como os *direitos reais*; por sua vez, sob a epígrafe "direitos exercitáveis contra um único sujeito passivo" seriam abrangidos, a um só tempo, os *direitos relativos* e os *direitos pessoais*. A primeira categoria, com eficácia *adversus omnes*, a atingir um *sujeito passivo universal*; a segunda, com eficácia restrita a uma parte individualizada.[38]

vo demandam recurso à via judicial (*v.g.*, direito de preferência do condômino); c) que somente pode ser exercidos em juízo (é o caso das *ações necessárias*, como *v.g.* o divórcio).

Como se pode depreender da conceituação promovida, a demanda judicial nos casos de direito potestativo não objetiva qualquer *prestação* por parte do réu, mas apenas uma sua *sujeição*; a qual, em determinadas hipóteses – em virtude da elevada relevância social dos interesses envolvidos – somente pode ser implementada se houver o concurso do Poder Judiciário, reconhecendo a licitude do procedimento *antes* da efetiva atuação da vontade do autor (titular da *posição jurídica subjetiva ativa*): "ao propor uma daquelas ações por meio das quais são exercidos os direitos potestativos da segunda e da terceira categorias [itens *b* e *c* da classificação operada no parágrafo imediatamente anterior desta mesma nota], o respectivo autor não pleiteia do réu qualquer *prestação*, seja prestação de dar, de fazer, de não-fazer, de abster-se, ou de outra espécie. O que ele visa com a propositura da ação é, apenas, criar, extinguir, ou modificar determinada situação jurídica, e isso é feito independentemente da vontade, ou mesmo contra a vontade da pessoa ou pessoas que ficam sujeitas aos efeitos do ato. Assim, o réu da ação, embora não fique obrigado a uma *prestação*, sofre uma *sujeição*. É o que ocorre, por exemplo, com a ação proposta pelo cônjuge coacto para anular o casamento. Julgada procedente a ação, o efeito da sentença não é a condenação do outro cônjuge a uma *prestação*, e sim a anulação do casamento. A tal efeito o outro cônjuge fica sujeito, mesmo contra sua vontade" (A. Amorim Filho, "Critério científico para distinguir a prescrição da decadência e para identificar as ações imprescritíveis", in *RT* 300/15).

Sobre a *carga eficacial preponderante* do provimento jurisdicional vinculado aos *direitos potestativos* (bem como acerca da natureza do prazo de exercício da *ação de direito material* respectiva), confrontar as observações levadas a efeito no item *g* – as quais se pautarão, diga-se de passagem, na conceituação operada nesta oportunidade.

37. Ou seja, o *direito subjetivo em sentido estrito* é um "direito a uma prestação"; de maneira que, ao contrário dos *direitos potestativos*, estão afetos a "um bem da vida a conseguir-se mediante uma *prestação*, positiva ou negativa, de outrem, isto é, do sujeito passivo" (A. Amorim Filho, "Critério científico para distinguir a prescrição da decadência e para identificar as ações imprescritíveis", in *RT* 300/10-11). Desta forma, enquanto os *direitos potestativos* não admitem violação por parte do sujeito passivo (que se mostra em situação de mera *sujeição*), os *direitos subjetivos em sentido estrito* podem ser frustrados pelo sujeito passivo que não cumpre o seu respectivo dever jurídico. Mister observar, por ora, que tanto os direitos reais quanto os direitos pessoais podem ser caracterizados como *direitos subjetivos em sentido estrito*.

Como mencionado em nota de rodapé anterior, a respeito da *carga eficacial preponderante* do provimento jurisdicional vinculado aos *direitos subjetivos em sentido estrito* (bem como sobre a natureza do prazo de exercício da *ação de direito material* correlata), confrontar as observações constantes do item *g* – as quais se reportam, em larga medida, a considerações desenvolvidas nestas últimas passagens.

38. Eis aí a fonte – segundo a concepção por nós defendida, repise-se – da imprópria confusão entre os conceitos de *direitos absolutos* e de *direitos reais*: com efeito, ambas as categoriais consubstan-

Um terceiro critério de classificação: o objeto sobre o qual recaem os direitos subjetivos – direitos absolutos e direitos reais. Por fim, elegendo-se como parâmetro classificatório o *objeto* sobre o qual os direitos subjetivos recaem, chegamos à distinção entre os direitos alusivos a objetos "reais" (*reais* e *pessoais*) e aqueles relacionados a objetos "nominais" (*absolutos* e *relativos*). Ora – tomando-se em conta, para o momento, somente os direitos subjetivos caracterizados pela existência de um *sujeito passivo universal* – enquanto nos direitos *reais* a relação entre o *titular* e o *sujeito passivo* (*universal*) é mediatizada por uma "coisa", no âmbito dos direitos *absolutos* tal intermediação é realizada por uma simples "idéia"; de tal modo que não se poderiam confundir o *direito de personalidade* (por exemplo, o *direito ao nome*) – que a despeito de sua oponibilidade *erga omnes* não se funda em qualquer espécie de "coisa" – e o *direito de propriedade*, indissoluvelmente ligado à sorte da própria *res* sobre a qual recai. Estaríamos no primeiro caso diante de um autêntico direito *absoluto*, sendo que na segunda hipótese se trataria de um simples direito *real*.[39]

Um terceiro critério de classificação: o objeto sobre o qual recaem os direitos subjetivos – direitos relativos e direitos pessoais. Da mesma forma ocorre quando nos reportamos aos direitos oponíveis a sujeitos passivos individualizados: no âm-

ciam direitos subjetivos oponíveis *erga omnes*; e somente isso. Qualquer tentativa de enquadramento de uma das espécies na outra nos parece completamente indevida; como teremos a oportunidade de observar logo na próxima nota, as duas categorias, conquanto produzam ambas efeitos "contra todos", não podem ser tomadas de maneira indistinta uma vez que, se coincidentes quanto ao critério da "extensão subjetiva de eficácia", resultam destoantes quanto ao parâmetro do objeto ao qual se referem.

O mesmo se deve dizer quanto à aproximação entre os *direitos relativos* e os *direitos pessoais*. Muito embora existam louváveis esforços doutrinários para estremar uma hipótese da outra, devemos tomar toda a cautela possível com relação às acepções emprestadas a cada uma dessas noções. Em função disso, recomenda-se ao estudioso que elabore uma singela (e prévia) definição estipulativa da expressão empregada, sob pena de gerar prejuízos significativos ao processo de transmissão de informações por meio de suas obras.

39. De tal maneira que não podemos concordar com a proposta de G. Lumia, que pretende reconduzir os *direitos reais* à categoria de subespécie dos *direitos absolutos*; na forma constante da tradução produzida por Alcides Tomasetti Júnior, *in verbis*: "uma classificação de utilidade é aquela que distingue os direitos subjetivos em *absolutos* e *relativos*. *Direitos absolutos* são aqueles que se exercitam eficazmente em face de todos os outros sujeitos, ou, como se costuma dizer, *erga omnes*. Aos direitos absolutos pertence a categoria dos direitos da pessoa considerada em si mesma (*direitos da personalidade*) e a categoria dos direitos sobre as coisas (*direitos reais*). Os primeiros, também denominados *direitos personalíssimos*, dizem respeito à pessoa naquilo que ela *é*; os segundos são atinentes à pessoa naquilo que ela *tem*" (*Lineamenti di Teoria e Ideologia del Diritto*, trad. port. de Alcides Tomasetti Júnior, versão abr./1999, p. 10).

Com efeito, não concordamos com tais considerações uma vez que levam em conta tão-somente a oponibilidade *adversus omnes*, descurando dos objetos a que respectivamente se voltam tais conceitos. Neste exato sentido, a censura de A. Teixeira de Freitas: "sempre que se-distinguirem os direitos reaes só pelo seu predicado de existirem – *generaliter* – *erga omnes* –, independentemente de qualquer obrigação privativa, commeter-se-ha erro de confundi-los com os direitos absolutos (...) certamente o caracter commum dos direitos reaes, e dos direitos absolutos, é sua existencia independente de qualquer vinculo pessoal; porém, se os direitos reaes neste aspecto, são absolutos, não se-segue que os direitos absolutos sejão reaes" (*Consolidação das Leis Civis*, 3ª ed., p. XCV). É esta a razão de não aceitarmos a menção do Ministro Eduardo Ribeiro à categoria dos direitos absolutos: com efeito, por mais que o direito do titular sobre a marca ostente uma oponibilidade *erga omnes*, não se reporta a uma idéia em si, mas à concreção de sua respectiva consubstanciação em "sinais distintivos visualmente perceptíveis".

Em razão disso, o direito à marca "X" não corresponde a um direito *absoluto*, senão imperfeitamente e na medida da amplitude da acepção que se confira a tal expressão. Sob a perspectiva técnica, e adotada a terminologia por nós empregada, tratar-se-ia de direito *real*, com aquele inconfundível. A respeito de tais considerações, com maior profundidade, cf. E. L. R. Pousada, "Direitos reais, direitos pessoais, direitos absolutos e direitos relativos: nominalismos, realismos e conceitualismos em duas dicotomias do sistema jurídico de Augusto Teixeira de Freitas", in *Revista do IASP* 19/110-130.

bito dos *direitos pessoais* há uma específica referência à pessoa – mesmo que mediatizada pela alusão a um seu dado "dever comportamental" (consistente em um *dar*, um *fazer* ou um *não fazer*) – de quem se pode exigir uma determinada conduta; já em se tratando de *direitos relativos* se pode observar que o seu exercício se dá independentemente de qualquer ação ou omissão do *sujeito passivo*, que tem sua esfera jurídica surpreendida pela eficácia de um *fato* que não repercute sobre quaisquer terceiros distintos das partes expressamente vinculadas. De tal forma, não se poderiam confundir o *direito de crédito* – que a despeito de sua oponibilidade *inter partes* se volta a um específico "dever comportamental" do *sujeito passivo* contra o qual se dirige (*dar*) – e o *direito à invalidação* de um negócio jurídico celebrado com vício de consentimento – hipótese em que se verificam os mesmos efeitos *inter partes*, sem que se exija, contudo, qualquer espécie de conduta por parte do *sujeito passivo* da relação.[40]

A repercussão do fato jurídico sobre a eficácia dele decorrente: de que modo os elementos integrantes das dicotomias supra *assinaladas são o "reflexo" dos fatos jurídicos que lhes dão origem.* De todo modo, percebemos que as diversas modalidades classificatórias somente demonstram alcance prático em um cenário específico, qual seja, o da *relação jurídica* em que os direitos subjetivos se manifestam ao intérprete; contudo, esta mesma relação é, por sua vez, decorrência de um outro fator que lhe antecede: vale dizer, o *fato jurídico*. De sorte que havendo uma regra jurídica "A", cujo antecedente (suporte fático) estabeleça $a+b+c$, em se verificando $a'+b'+c'$, aquela incide de maneira inarredável por sobre o suporte fático concreto (*eficácia legal*), colorindo-o (juridicizando-o) e transformando-o em *fato jurídico* (relevante ao Direito e causa suficiente da produção de conseqüências jurídicas). Por sua vez, desse *fato jurídico* decorrerão efeitos, sendo que os mais importantes podem ser entrevistos no modelo da *relação jurídica* (*eficácia jurídica*). Ocorre que no momento em que se verifica a incidência da regra jurídica por sobre o respectivo suporte fático concreto, não apenas se assinala a incidência da regra (eficácia legal), como também – senão principalmente, tendo-se em vista nossas preocupações específicas neste estudo –

40. Da mesma forma como mencionado em nota anterior, a despeito de haver diferenciação entre os conceitos de direitos relativos e de direitos pessoais na obra de G. Lumia, não correspondem àquelas adotadas neste estudo, eis que assumem contornos de "direito a uma prestação" que não estendemos aos *direitos relativos*, mas tão-somente aos *direitos pessoais*; a respeito, cf. G. Lumia, *Lineamenti di Teoria e Ideologia del Diritto*, trad. port. de Alcides Tomasetti Júnior, versão abr./1999, pp. 10-11.

Sobre o sistema metodológico desenvolvido por A. Teixeira de Freitas, de onde extraímos as considerações desenvolvidas nesta oportunidade, já tivemos ocasião de nos manifestar: "Observando-se que o *conceitualismo* e o *nominalismo das sucessões* (e dos *concursos creditórios*) dão ensejo a direitos *absolutos* e *relativos*, o sistema de direitos proposto por Augusto Teixeira de Freitas assim se coordena: alguns direitos *absolutos* (direitos de personalidade) ultrapassam os limites da legislação civil e devem ser objeto de tutela constitucional e criminal; os demais direitos (*absolutos*, *relativos*, *reais* e *pessoais*) pertencem à órbita civil, diferençados, no entanto, com relação a seus respectivos objetos (*nominais* ou *reais*). Os *direitos absolutos* (decorrentes dos diversos *nominalismos*) e os *direitos reais* exercem-se *adversus omnes*, embora os primeiros prescindam das coisas e os segundos nelas se fundem. Paralelamente, tanto os *direitos relativos* quanto os *direitos pessoais* se exercem contra pessoas determinadas, conquanto estes últimos adstrinjam-se aos obrigados (*ejus ossibus adheret ut lepra cuti*) e aqueles independam do sujeito passivo" (E. L. R. Pousada, "Direitos reais, direitos pessoais, direitos absolutos e direitos relativos: nominalismos, realismos e conceitualismos em duas dicotomias do sistema jurídico de Augusto Teixeira de Freitas", in *Revista do IASP* 19/129-130). Assim, em virtude das acepções emprestadas, respectivamente, às expressões "direitos relativos" e "direitos pessoais", consideramos inapropriada a menção do Ministro Eduardo Ribeiro à primeira categoria, eis que da violação ao direito de marca, conquanto decorra uma relação jurídica com eficácia subjetiva restrita, alude a um dever comportamental do sujeito passivo (dever de indenizar) incompatível com os limites semânticos afetos aos *direitos relativos*.

se delineia a relação jurídica *em todos os seus contornos*; definem-se não apenas os seus elementos subjetivos (sujeitos) e objetivos (objeto), como também as *posições jurídicas ativas* e *passivas* pelos primeiros ocupadas e em relação aos últimos exercitadas.[41]

Conclusão do item. E deste modo, cabe reiterar a indagação: a *pretensão à abstenção* ostentada pelo titular da marca objeto da ação rescisória ora sob comentário está atrelada a que fato? À constituição do direito? Ou à sua violação? Que conseqüências jurídicas poderiam defluir de tal distinção? É o que pretendemos responder no item imediatamente subseqüente, onde buscaremos adaptar as considerações levadas a efeito neste item às particularidades decorrentes do caso concreto ora sob estudo.

f) Por uma proposta de distinção entre as "posições jurídicas subjetivas ativas" afetas ao caso em questão

Uma equivocada promiscuidade entre a "ação de indenização" e a "ação de abstenção". Da análise do acórdão em questão se depreende uma "confusão" entre o *fato jurídico* de que desponta a "ação indenizatória" e aquele de que deflui a "ação de abstenção". Com efeito, o autor da ação rescisória busca (a propósito da aplicação do art. 178, § 10, IX, do Código Civil revogado) equiparar a *pretensão indenizatória* à *pretensão à abstenção* que competiriam, ambas, ao titular do direito sobre a marca. E o fundamento trazido como suporte à sua argumentação é contundente, na medida em que o dispositivo legal invocado alude a "ofensa ou dano", suscitando a conjunção alternativa "ou" a possibilidade de extensão do conseqüente normativo específico a hipóteses de *ação em sentido material* distintas da meramente *indenizatória*; com isso, segundo se depreende do texto do acórdão, busca o autor vincular também a *ação de abstenção* à hipótese do art. 178, § 10, IX, do Código Civil – à custa da força atrativa ostentada pela literalidade do texto.[42]

A finalidade do legislador consubstanciada na regra do art. 178, § 10, IX, do Código Civil de 1916. Contudo, tal concepção se nos parece equivocada, eis que descura da finalidade do legislador que, ao conferir ao referido período do inciso IX a redação "a ação por ofensa ou dano causados ao direito de propriedade", buscou tão-somente albergar também as hipóteses de prejuízo experimentado *independentemente de culpa* por parte do agente. Com efeito, ao termo "ofensa" há de ser ligada a atuação deliberadamente contrária ao direito exclusivo do proprietário – sendo que ao termo "dano" restaria tão-somente o alcance residual das hipóteses de prejuízo *sem culpa*.[43]

41. A respeito de tais considerações, cf. F. C. Pontes de Miranda, *Tratado de Direito Privado – Parte Geral I: Introdução. Pessoas Físicas e Jurídicas*, 4ª ed., pp. 128-130 (especialmente p. 129).

42. A respeito, confrontar as reiteradas manifestações de J. C. Tinoco Soares a respeito da questão ("Marca comercial – Prescrição vintenária para abstenção do uso – Súmula n. 142 do STJ – Cancelamento definitivo", in *Revista da ABPI* 43/50; "Prescrição: por sem dúvida é a qüinqüenal", in *Revista da ABPI* 61/42), bem como as considerações por nós lançadas em nota anterior do presente estudo (nota 26).

43. Como já observado em nota anterior do presente estudo, F. C. Pontes de Miranda interpreta o alcance da regra constante do art. 178, § 10, IX, do Código Civil de maneira divergente da adotada por J. C. Tinoco Soares: "diz o art. 178, § 10, IX, que prescreve em cinco anos 'a ação por ofensa ou dano causado ao direito de propriedade; contado o prazo da data em que se deu a mesma ofensa ou dano'. Não se trata (...) de simples ofensa por negação do direito do proprietário, ou outro titular de direito real. Trata-se de ofensa (...) à *coisa*, objeto de propriedade, ainda que não se trate de crime (...) quanto à expressão 'dano', está, aí, para admitir que também prescreve em cinco anos a ação se houve dano sem culpa (...) não se inclui no conceito de propriedade, para a conseqüência do art. 178, § 10, IX, a propriedade literária, artística, científica e industrial (cf. art. 178, § 10, VII; 2ª Turma do Supremo Tribunal Federal, 17 de maio de 1949: 'propriedade material', *R. F.*, 128, 123)" (F. C. Pontes de Miranda, *Tratado de Direito*

O advento da Lei Federal n. 9.279/1996 e a solução conferida à polêmica. De todo modo, consideramos a questão delicada, uma vez que em sua própria epígrafe, a Lei Federal n. 9.279/1996 alude a direitos e obrigações relativos à "propriedade industrial". Entretanto, na mesma medida em que a referida lei reconhece às *criações intelectuais industriais* e aos *sinais distintivos dos empresários* a qualidade de autêntica propriedade – e isso nos conduziria, em tese, a uma conclusão favorável ao autor da ação rescisória – de outra parte, por seu art. 225, estabelece prazo prescricional específico para o exercício da ação de *reparação por danos* causados à propriedade industrial. Ora, em se verificando a identidade quanto aos prazos constantes dos referidos dispositivos legais (cinco anos), somente se pode admitir uma de duas interpretações ora sugeridas: a) ou o legislador não considerou aplicável o art. 178, § 10, IX, à espécie, reputando necessária a previsão de prazo prescricional específico que evitasse a aplicação do art. 177 do Código Civil de 1916 – que, *a contrario sensu*, pode ter sido então reconhecido como aplicável até a entrada em vigor da nova *Lei da Propriedade Industrial*; b) ou o novel legislador fez questão de deixar claro que o prazo de cinco anos se voltava unicamente ao pleito *indenizatório*, não se podendo estendê-lo à *ação* (de *direito material*) que tivesse por objeto a *abstenção* – por parte de terceiros.[44]

A vinculação entre a ação em sentido material e o fato jurídico que lhe deu causa. Assim, por maior que tenha sido o esforço do autor em alargar o espectro de incidência da norma contida no art. 178, § 10, IX, do Código Civil, não poderia desvincular a *ação de direito material* do fato jurídico do qual decorreria; com isso, existindo expressa referência legal a duas possíveis causas de surgimento da *pretensão material*, obviamente que esta se voltaria única e exclusivamente ao *passado* – vale dizer, ao momento da "ofensa" ou do "dano" praticados pelo agente. Ou seja: ainda que se admita, *em tese*, a possibilidade de submissão da *pretensão à abstenção* ao prazo estabelecido pelo art. 178, § 10, IX, certamente o esforço do exegeta seria completamente inócuo se pretendesse também extrair do ilícito (seja *ofensa*, seja *dano*) a *interdição* a uma "nova" ameaça ao direito de marca em questão – em síntese, a *pretensão à abstenção.*

A "violação" como fato jurídico desencadeador da ação de indenização. O *fato jurídico* desencadeador da *ação de direito material* a que se refere o art. 178, § 10, IX, do Código Civil se verifica quando se perfaz – por inteiro – o *suporte fático normativo* respectivo: com a *ofensa* ou com o *dano*. Ora, da "incidência" da *regra* sobre o *suporte fático concreto* exsurge um *fato jurídico* do qual deflui uma *relação obrigacional*, tipicamente afeta à responsabilidade civil aquiliana. Em contrapartida, a *pretensão à abstenção* desponta com o surgimento do direito de propriedade industrial em questão, vale dizer, com o *registro* da marca; e é deste último *fato jurídico* que decorre a *pretensão à abstenção*, vale dizer, é da *consti-*

Privado – Parte Geral VI: Exceções. Direitos Mutilados. Exercício dos Direitos, Pretensões, Ações e Exceções. Prescrição, 4ª ed., pp. 401-402).

Obviamente devemos observar que, com relação à aplicação do art. 178, § 10, IX, do Código Civil à ação de indenização, a posição de F. C. Pontes de Miranda é absolutamente minoritária, sendo contrariada, inclusive, pela própria Súmula n. 143 do STJ. Entretanto, ainda assim, as conclusões que se podem tirar da segunda parte do texto transcrito de maneira alguma desautorizam aquelas contidas na parte primeira que, por sinal, nos interessa na presente oportunidade.

44. De todo modo, qualquer que seja a interpretação adotada, se nos é lícito concluir que – estivesse ou não a *ação indenizatória* abarcada pelo art. 178, § 10, IX, do Código Civil (passando a ser disciplinada pelo art. 225 da LPI) – a *ação de abstenção* foi claramente apartada do pleito reparatório, razão pela qual é fora de questão que não subsiste, *atualmente*, a questão ventilada nos autos da ação rescisória ora discutida. Ainda assim, o interesse doutrinário que envolve a questão remanesce, em nada sendo afetado por tal ordem de considerações.

tuição do direito que decorre o seu caráter *exclusivo* – por meio do qual se autoriza o titular a se voltar contra qualquer terceiro que, indevidamente, explore o sinal que a ordem jurídica atribui àquele.[45]

Uma distinção indispensável ao diagnóstico da eficácia da pretensão à abstenção. O episódio discutido nos autos processuais nos revela, assim, direitos subjetivos de *naturezas diferentes*, decorrentes, por sua vez, de *fatos jurídicos distintos*. Da "violação" ao direito de marca, por exemplo, podem exsurgir, a um só tempo, tanto um *direito pessoal* quanto um *direito relativo*: de fato, desponta uma relação jurídica *obrigacional*, em virtude da qual pode o lesado postular a *reparação* respectiva, consubstanciando-se a efetiva *indenização* em autêntica satisfação a um direito *pessoal* – caracterizado pela *prestação* de um "dar" pelo *sujeito passivo* responsável pela lesão (e não por qualquer outro sujeito). Por outro lado, estivessem as demandantes vinculadas por um *contrato* quando do evento, deste último fato poderia surgir um *direito relativo* ao titular da marca: o de pleitear a *resolução* da relação jurídica contratual então em vigor. Note-se que a violação produziria efeitos exclusivamente entre as partes, conquanto – não ensejando, nesta segunda hipótese, qualquer prestação de *dar*, *fazer* ou *não fazer* por parte do *sujeito passivo* – não pudesse ser vislumbrado um autêntico *direito pessoal*.

Uma distinção indispensável ao diagnóstico da eficácia da pretensão à abstenção (cont.). No entanto, como dito acima, o episódio não nos revela unicamente a "violação" ao direito de marca. De fato, só pôde ser violado o direito subjetivo que *preexistia* à agressão; dotado, portanto, de uma eficácia *erga omnes* que permite ao seu titular – a qualquer tempo durante o prazo de duração do privilégio de exclusivo – exigir a *abstenção de terceiros* quanto à "potencial" lesão aos interesses resguardados por meio da tutela ao *sinal distintivo*.

Conclusões: sobre a ação de abstenção e sua respectiva eficácia subjetiva. Disto decorre que ao contrário da *ação* (em sentido material) *de indenização* – que defluiria do *fato jurídico* da "violação" ao direito de marca – a *ação* (em sentido material) *de abstenção* remonta a um *fato jurídico* anterior, qual seja, a *concessão* do privilégio de exclusivo, por meio de ato administrativo produzido pela autoridade competente; produzindo este efeitos *erga omnes*, não se pode negar a natureza *real* da *pretensão à abstenção* que reveste o direito subjetivo do titular da marca. Por tal razão, parece-nos adequada, assim, a decisão do Superior Tribunal de Justiça de submeter a *pretensão à abstenção* à regra constante do art. 177 do Código Civil revogado.[46]

Conclusão do tópico. Não poderia ser diferente, pois, a forma de se concluir o presente tópico: com efeito, não observaram o autor da ação rescisória, a Subprocuradoria-Geral da República e o próprio Ministro-Relator que as *pretensões reais* acompanham o *direito subjetivo* ao longo de toda a sua *duração*; não é necessária a "violação" – por parte de qualquer elemento integrante da categoria aqui designada por *sujeito passivo universal* – para que desponte a "exigibilidade" do comportamento conforme o Direito. A *pretensão* é contemporânea da *constituição* do *direito real*; a "violação" somente se faz necessária para o afloramento da *ação em sentido material* correlata. Contudo, a *re-*

45. Ressalve-se, de todo modo, o fato de ser assegurada não somente ao titular – mas também ao *depositante do pedido de registro* – a faculdade de zelar pela sua integridade material ou reputação da marca, *ex vi* do disposto no art. 130 da Lei Federal n. 9.279/1996 (Lei da Propriedade Industrial).

46. No entanto, merece destaque o fato de que eventuais efeitos outros – vinculados não mais à *concessão*, mas sim à *violação* propriamente dita – estariam sujeitos ao prazo prescricional estabelecido pelo art. 178, § 10, IX, do Código Civil de 1916 (exatamente como se verificou quanto à *ação de indenização*).

lação jurídica em que esta última se funda é exatamente a mesma em que se estribava a *pretensão* originária; de maneira que não poderia ser outra a natureza a *ação de abstenção*, senão *real*. Encerremos a presente análise, pois, abordando a natureza dos prazos a que estão submetidas as *ações em sentido material* afetas ao objeto de nosso exame.[47]

g) *Sobre os prazos de exercício das "ações em sentido material" afetas ao caso concreto*

Uma necessária retomada dos critérios de classificação dos direitos subjetivos. Em item anterior do presente estudo analisamos, mais detidamente, alguns dos diferentes parâmetros que podem ser utilizados para a classificação dos direitos subjetivos. E se considerações sobre a "extensão de eficácia subjetiva" se revelaram úteis na tarefa de desvelar a natureza da *pretensão à abstenção* a que se refere o caso concreto, retomaremos nesta oportunidade o critério da "paridade" (entre os sujeitos integrantes da relação jurídica), uma vez que é este que nos vai fornecer o pressuposto de dissociação entre os prazos de *decadência* e de *prescrição* estabelecidos pelo Código Civil de 1916.

A contribuição de Agnelo Amorim Filho para a identificação dos prazos de prescrição e de decadência. Desde sua primeira publicação pela *Revista dos Tribunais* n. 300, ainda no ano de 1960, o estudo de A. Amorim Filho intitulado "Critério científico para distinguir a prescrição da decadência e para identificar as ações imprescritíveis" demonstrou sua singular importância como mecanismo de adaptação eficiente entre conceitos operacionais do direito civil e da ciência processual a ele correspondente. Como é evidente – e isso deve ficar claro – não nos cabe aqui trilhar novamente a clareira já aberta pelo referido pesquisador; todavia, não podemos deixar de atrelar os resultados daquela investigação à matéria posta em questão na ação rescisória ora analisada, eis que só se suscitou a distinção entre as ações *reais* e *pessoais* (e inclusive a *ação de indenização* a que alude o art. 178, § 10, IX) a propósito de sua respectiva repercussão quanto aos prazos prescricionais a que estas estão sujeitas.[48]

47. A respeito, cf. F. C. Pontes de Miranda, *Tratado de Direito Privado – Parte Geral I: Introdução. Pessoas Físicas e Jurídicas*, 4ª ed., p. 56. Note-se que coisa diferente se verifica, pois, no que concerne à *pretensão à indenização*; defluindo de relação jurídica que exsurge *ex novo* de fato jurídico superveniente (ato ilícito), aquela se contamina da natureza *pessoal* que é própria ao direito das obrigações. Razão pela qual apresenta, consoante o disposto nos arts. 177 e 178, § 10, IX, do Código Civil, regime jurídico próprio, absolutamente inconfundível com aquele que afeta a relação jurídica básica da qual, remotamente, derivou.

48. Como já muito afirmado pela doutrina, enquanto a *prescrição* atinge tão-somente a *ação*, a *decadência* opera seus efeitos sobre o próprio *direito subjetivo* correspondente. Entretanto, pergunta-se: que "ação" é atingida pela prescrição? A *prescrição* fulmina a *ação em sentido material*, a *ação em sentido processual* ou a *pretensão à tutela jurídica* ("ação" em sentido constitucional)? Atinge todas? Ou tão-somente algumas (ou alguma)?

Eis aí a razão de nossa preocupação inicial em repisar, a todo instante, o fato de que a cada *fato jurídico* corresponde uma *eficácia* que lhe é própria – constituída esta por relações jurídicas em que se exibem diversos elementos eficaciais, dentre os quais estados, direitos potestativos, sujeições, direitos subjetivos, deveres jurídicos, pretensões, obrigações, exceções e ações – travestida, por sua vez, em *direitos subjetivos* que (munidos ou não de pretensão) "podem" ser exercidos por meio de "ações" caso desponte o interesse de seu titular. A questão é que tais ações, que asseguram os direitos subjetivos, são aquelas a que se referia o art. 75 do Código Civil de 1916, quando determinava que "a todo direito corresponde uma ação, que o assegura"; é essa *ação em sentido material* que é fulminada pela *prescrição*, permanecendo absolutamente alheia a tal fenômeno a *ação em sentido processual* (bem como a pretensão à tutela jurídica). Neste sentido, cf. F. C. Pontes de Miranda, *Tratado das Ações I – Ação, Classificação e Eficácia*, 2ª ed., pp. 92-94 e 110-111; H. Theodoro Júnior, "Distinção científica entre prescrição e decadência. Um tributo à obra de Agnelo Amorim Filho", in *RT* 836/66-67 (bem como as considerações levadas a efeito em nota anterior do presente estudo – nota 12).

Direitos subjetivos em sentido estrito, provimentos condenatórios e prazos prescricionais. De fato, como se pode depreender da obra de A. Amorim Filho, tanto as *ações reais* como as *pessoais* correspondem a manifestações de *direitos subjetivos em sentido estrito*; como estes consubstanciam direitos "a uma prestação", resulta indispensável à sua satisfação um "comportamento colaborativo" por parte do *sujeito passivo* envolvido. Não se verificando tal cooperação do titular do *dever jurídico*, se faz necessário ao *sujeito ativo* lançar mão da "pretensão à tutela jurídica" e provocar o Poder Judiciário, a fim de que, por meio de um provimento dotado de eficácia *condenatória* (submetido a fase ou processo executivos ulteriores) invista diretamente contra o condenado – tornando efetivo, assim, o "dar", o "fazer" ou o "não fazer" inicialmente devidos.[49]

E podemos ir ainda mais longe: de um mesmo *fato jurídico* podem derivar *ações em sentido processual* distintas. Verificada a violação a direito, pode-se pedir ao Poder Judiciário a "condenação" do responsável pela lesão; assim como se pode simplesmente postular a "declaração" do ilícito ou a "desconstituição" (constituição negativa) de relação jurídica que envolva as partes. É o autor da demanda que, ao formular seu pedido ao órgão jurisdicional, elege aquilo que quer (declaração, constituição, condenação, execução ou mandamento); exerce aí a sua ação em sentido processual. Entretanto, somente será atendido se tiver um *direito subjetivo material* (e não a simples *pretensão à tutela jurídica* prevista pelo art. 5º, XXXV, da Constituição Federal), qualificado por uma *ação em sentido material* que o assegure. E isso parece ser de uma obviedade flagrante.

Pergunta-se: se um sujeito A celebra contrato de comodato, por prazo determinado, com um seu amigo B e, diante de desentendimentos ulteriores, postula a restituição do objeto emprestado antes do advento do prazo avençado, poderá o juiz determinar a devolução do bem? Obviamente que não. Entretanto, não tinha o demandante *direito subjetivo* à restituição? Certamente que sim, somente não havendo a "exigibilidade" do devido antes do decurso completo do prazo contratualmente ajustado [eis que tão-somente constatável *direito subjetivo* desprovido de exigibilidade (*pretensão*)]; e se não havia *pretensão* a ser "resistida" pelo *sujeito passivo*, não poderia, por óbvio, haver *ação em sentido material* – daí resultando a improcedência necessária do pedido formulado. Por tal razão é que dissemos acima que o autor somente será atendido se o órgão jurisdicional declarar existente um *direito subjetivo* qualificado por uma *ação em sentido material* que o assegure. E até aí, da mesma forma, nada de novo dissemos. Pela versão original do estudo de A. Amorim Filho, cf. "Critério científico para distinguir a prescrição da decadência e para identificar as ações imprescritíveis", in *RT* 300/15.

49. Nas palavras do autor: "os direitos subjetivos se dividem em duas grandes categorias: A primeira compreende aquêles direitos que têm por finalidade um bem da vida a conseguir-se mediante uma *prestação*, positiva ou negativa, de outrem, isto é, do sujeito passivo. Recebem eles, de Chiovenda, a denominação de 'direitos a uma prestação', e como exemplos poderíamos citar todos aquêles que compõem as duas numerosas classes dos direitos reais e pessoais (...) o Código Civil alemão, depois de definir a pretensão, no seu § 194, como 'o direito de exigir de outrem uma ação ou uma omissão *prestação*', acrescente (§ 198) que 'a prescrição começa com o nascimento da pretensão'. Dêste modo, também no Direito positivo alemão não são tôdas as ações que dão origem à prescrição, mas apenas aquelas nascidas da lesão de um direito. Compreende-se fàcilmente o motivo da escolha da lesão como têrmo inicial do prazo de prescrição: é que a lesão dá origem a uma ação, e a possibilidade de proporsitura desta, com o fim de reclamar uma prestação destinada a restaurar o direito, é que concorre para criar aquêle estado de intranqüilidade social que o instituto da prescrição procura evitar (...) Dêste modo, fixada a noção de que a violação do direito e o início do prazo prescricional são fatos correlatos, que se correspondem como causa e efeito, e articulando-se tal noção com aquela classificação dos direitos formulada por Chiovenda, concluir-se-á, fácil e irretorquivelmente, que só os direitos da primeira categoria (isto é, os *direitos a uma prestação*), conduzem à prescrição, pois sòmente êles são suscetíveis de lesão ou de violação (...) por outro lado (..) os direitos potestativos (que são, por definição, *direitos sem pretensão*, ou *direitos sem prestação*, e que se caracterizam, exatamente, pelo fato de serem insuscetíveis de lesão ou violação), não podem jamais, por isso mesmo, dar origem a um prazo prescricional. Por via de conseqüência chegar-se-á, então, a uma segunda conclusão importante: só as ações condenatórias podem prescrever, pois são elas as únicas ações por meio das quais se protegem os direitos suscetíveis de lesão, isto é, os da primeira categoria da classificação de Chiovenda" (A. Amorim Filho, "Critério científico para distinguir a prescrição da decadência e para identificar as ações imprescritíveis", in *RT* 744/728, 735-736).

Observe-se que concordamos com praticamente todas as observações do autor, exceto a última: ao contrário do que este afirma, cremos que os *direitos subjetivos em sentido estrito* ("direitos a uma prestação") podem ser protegidos por outras

Direitos potestativos, provimentos constitutivos e prazos decadenciais. Ao provimento jurisdicional *condenatório* que caracteriza a implementação do *direito subjetivo em sentido estrito* resistido (ou insatisfeito), contrapõe-se o provimento *constitutivo* que se verifica nas hipóteses de *direitos potestativos* (exercitáveis em juízo). Como tivemos a oportunidade de verificar, das três modalidades de *direitos potestativos*, uma delas se exerce sempre fora dos limites jurisdicionais; as outras duas têm na "via judiciária" um itinerário *necessário* ("ações constitutivas necessárias") ou meramente *eventual* (em caso de resistência por parte do *sujeito passivo*). É importante observar que aos *direitos potestativos* correspondem não apenas os provimentos jurisdicionais de caráter *constitutivo* (geradores, modificativos ou extintivos), como também os próprios prazos *decadenciais* de exercício.[50]

Sobre as ações declaratórias. Enquanto as ações *declaratórias* têm por objeto tão-somente o reconhecimento de uma dada realidade *jurídica* – não estando sujeitas a qualquer prazo de exercício, segundo A. Amorim Filho – as ações *condenatórias* e *constitutivas* pressupõem a investida do órgão jurisdicional contra o patrimônio do *sujeito passivo* da relação de direito material. E em tal cenário se faz necessário ressaltar a vinculação dos provimentos *condenatórios* aos prazos *prescricionais*; assim como se verifica entre os provimentos *constitutivos* e os prazos *decadenciais*.[51]

Conclusão do item. É óbvio que as presentes considerações não pretendem substituir a própria síntese a que chegou A. Amorim Filho ao cabo de suas investigações. Todavia, tendo-se em vista as finalidades concretas do exame ora realizado, podemos concluir que ambas as *ações em sentido material* (*ação de indenização* e *ação de abstenção*) estão sujeitas a prazos *prescricionais*. E neste particular, também atuou com acerto o Superior Tribunal de Justiça, reconduzindo a *pretensão à abstenção* ao prazo *prescricional* estabelecido na parte final do art. 177 do Código Ci-

espécies de *ações em sentido processual* (como as *declaratórias* e as *constitutivas negativas*, p. ex.), desde que exista um fundamento "material" que justifique sua procedência (*ação em sentido material*). Ou seja: somente prescrevem – isso é verdade – as ações com conteúdo processual condenatório; todavia, os *direitos subjetivos em sentido estrito*, uma vez violados, podem dar ensejo à utilização de outras formas de exercício, não necessariamente voltadas ao seu resultado específico natural, qual seja, a "prestação" visada pela *pretensão processual* de cunho *condenatório*.

50. Quanto aos *direitos potestativos*, a conclusão de A. Amorim Filho é absolutamente congruente com a sua manifestação anterior acima transcrita: "se impõe, necessariamente, a conclusão de que só na classe dos potestativos é possível cogitar-se da extinção de um direito em virtude do seu não-exercício. Daí se infere que os potestativos são os únicos direitos que podem estar subordinados a prazos de decadência, uma vez que o direito objetivo e efeito desta é, precisamente, a extinção dos direitos não exercitados dentro dos prazos fixados. A conclusão imediata é, igualmente, inevitável: as únicas ações cuja não propositura implica na decadência do direito que lhes corresponde são as ações constitutivas, que têm prazo especial de exercício fixado em lei, e apenas essas, pois – insista-se – a lei não fixa prazos gerais para o exercício de tais ações, a exemplo do que ocorre com as condenatórias (art. 177)" ("Critério científico para distinguir a prescrição da decadência e para identificar as ações imprescritíveis", in *RT* 744/738). De fato, concordamos com todas as conclusões obtidas por A. Amorim Filho neste trecho, reprovando-lhe – se isso nos for permitido fazer – unicamente em virtude do "salto" promovido das *ações de direito material* com cunho (processual) condenatório potencial às próprias ações condenatórias, categoria eminentemente processual que não nos parece coadunar-se – de modo irrestrito – com os prazos de exercício estabelecidos pela legislação civil material.

51. Assim, não estariam submetidas a prazos de exercício as *ações declaratórias* e *constitutivas* "subsidiárias" (com relação às quais não houvesse previsão expressa por parte do legislador); de tal modo que o exercício de *direitos subjetivos em sentido estrito* estaria submetido a prazos *prescricionais* e o exercício de *direitos potestativos* – quando expressamente limitado pelo legislador – estaria sujeito a prazos *decadenciais*. De todo modo, pelas conclusões principais de A. Amorim Filho, cf. "Critério científico para distinguir a prescrição da decadência e para identificar as ações imprescritíveis", in *RT* 744/750.

vil revogado. Passemos, enfim, às nossas conclusões.

h) Conclusões finais

Diante das considerações levadas a efeito ao longo deste estudo, podemos concluir, pois, no sentido de que a decisão proferida pela Segunda Seção do Superior Tribunal de Justiça, ao cancelar a Súmula n. 142, foi acertada, uma vez que, não se tratando de *pretensão à abstenção* derivada de *direito pessoal*, inapropriado o prazo prescricional estabelecido pela primeira parte do art. 177 do Código Civil então vigente. Ora, se restou evidente que o *prazo prescricional* que constava da súmula não poderia ser mantido – exatamente em função de não se estar a tratar de *direito pessoal* – por óbvio que completamente infundada a tese do autor da ação rescisória que, por meio de uma simplificação excessiva, atrelou as ações (em sentido material) de *indenização* e de *abstenção*, incorrendo no mesmo equívoco afastado, naquela oportunidade, pela Corte.

De maneira que, segundo se nos afigura, o voto do Ministro-Revisor acabou por surtir efeitos bastante benéficos, muito embora em larga medida seu mérito deva ser creditado ao alicerce sobre o qual se fundou (vale dizer, a exposição realizada pelo Ministro Eduardo Ribeiro ali reproduzida). Contudo, como vimos, este último Ministro evocou a distinção entre os *direitos absolutos* e *relativos* para concluir pela natureza *real* da *pretensão à abstenção* e pela natureza *pessoal* da *pretensão ao ressarcimento*; e com isso, conquanto tenha resolvido a questão de uma maneira que consideramos acertada, acabou por despertar, *in itinere*, questão de igual relevo, qual seja, a das proximidades e das distinções entre duas dicotomias tão caras à teoria geral do direito, de que são elementos integrantes as categorias conceituais aqui referidas sob as expressões *direitos absolutos*, *direitos relativos*, *direitos reais* e *direitos pessoais*.

i) Bibliografia

AMORIM FILHO, Agnelo. "Critério científico para distinguir a prescrição da decadência e para identificar as ações imprescritíveis", in *RT* 300/15.

ANDRADE, Manuel Antonio Domingues de. *Teoria Geral da Relação Jurídica I – Sujeitos e Objecto.* Coimbra, Livraria Almedina, 1997.

______. *Teoria Geral das Obrigações.* 3ª ed., Coimbra, Livraria Almedina, 1966.

ARAÚJO CINTRA, Antônio Carlos de, GRINOVER, Ada Pellegrini, e DINAMARCO, Cândido Rangel. *Teoria Geral do Processo.* 16ª ed., São Paulo, Malheiros Editores, 2000.

ASCARELLI, Tullio. *Panorama do Direito Comercial.* São Paulo, Saraiva, 1947.

AZEVEDO, Luiz Carlos de, e CRUZ E TUCCI, José Rogério. *Lições de Processo Civil Canônico (História e Direito Vigente).* São Paulo, Ed. RT, 2001.

______. *Lições de História do Processo Civil Romano.* São Paulo, Ed. RT, 2001.

BARBERO, Domenico. "Il diritto soggettivo", in *Il Foro Italiano* 64 (1939).

BARBOSA MOREIRA, José Carlos. *O Novo Processo Civil Brasileiro (Exposição Sistemática do Procedimento).* 25ª ed., Rio de Janeiro, Forense, 2007.

BARRETO FILHO, Oscar. *Teoria do Estabelecimento Comercial – Fundo de Comércio ou Fazenda Mercantil.* São Paulo, Max Limonad, 1969.

BERNARDES DE MELLO, Marcos. *Teoria do Fato Jurídico – Plano da Existência.* 7ª ed., São Paulo, Saraiva, 1995.

CARNELUTTI, Francesco. *Teoria Generale del Diritto.* Trad. port. de A. Rodrigues Queiró e Artur Anselmo de Castro. Coimbra, Armênio Amado, 1942.

CORREIA, Alexandre, e SCIASCIA, Gaetano. *Manual de Direito Romano e Textos em Correspondência com os Artigos do Código Civil Brasileiro I.* 2ª ed., São Paulo, Saraiva, 1953.

CORRÊA TELLES, José Hommem. *Doutrina das Acções – Accomodada ao Fôro do*

Brazil até o Anno de 1877 por Augusto Teixeira de Freitas. Rio de Janeiro, B. L. Garnier, 1880.

ENGISCH, Karl. *Einführung in das juristiche Denken*. Trad. port. de João Baptista Machado, *Introdução ao Pensamento Jurídico*. 7ª ed., Lisboa, Fundação Calouste Gulbenkian, 1996.

FERRARA, Francesco. *Trattato di Diritto Civile Italiano I – Dottrine Generali: Il Diritto – I Soggetti – Le Cose*. Roma, Athenaeum, 1921, p. 398 e pp. 570-581.

GALVÃO TELLES, Inocêncio. *Direito das Obrigações*. 6ª ed., Coimbra, Coimbra Editora, 1989.

JHERING, Rudolph von. *O Espírito do Direito Romano – Nas Diversas Fases de seu Desenvolvimento III*. Rio de Janeiro, Editora Alba, 1943.

KASER, Max. *Römisches Privatrecht*. Trad. port. de Samuel Rodrigues e Ferdinand Hämmerle. Lisboa, Fundação Calouste Gulbenkian, 1999.

LEONARDOS, Gabriel. "A proteção jurídica ao nome comercial, ao título de estabelecimento e à insígnia no Brasil", in *Revista da ABPI – Associação Brasileira da Propriedade Intelectual* 14 (1994).

______. "Crítica à regulamentação do nome de empresa no novo Código Civil brasileiro", in *Revista da ABPI – Associação Brasileira da Propriedade Intelectual* 61 (2002).

LUMIA, Giuseppe. *Lineamenti di Teoria e Ideologia del Diritto*. Trad. port. de Denise Agostinetti, *Elementos de Teoria e Ideologia do Direito*. São Paulo, Martins Fontes, 2003.

MONIER, Raymond. *Manuel Élémentaire de Droit Romain I – Introduction Historique, les Sources, la Procédure, les Personnes, les Droits Réels, les Successions*. 6ª ed., Paris, Éditions Domat, 1947.

MOTA PINTO, Carlos Alberto da. *Teoria Geral do Direito Civil*. 4ª ed., Coimbra, Coimbra Editora, 2005.

NERY JUNIOR, Nelson, e NERY, Rosa Maria de Andrade. *Código Civil Comentado e Legislação Extravagante*. 3ª ed., São Paulo, Ed. RT, 2005.

______. *Código de Processo Civil Comentado e Legislação Extravagante*. 9ª ed., São Paulo, Ed. RT, 2006.

PEREIRA, Caio Mário da Silva. *Instituições de Direito Civil – Introdução ao Direito Civil. Teoria Geral do Direito Civil*. 20ª ed., Rio de Janeiro, Forense, 2004.

PONTES DE MIRANDA, Francisco Cavalcanti. *Tratado das Ações I – Ação, Classificação e Eficácia*. 2ª ed., São Paulo, Ed. RT, 1972.

______. *Tratado de Direito Privado – Parte Geral I: Introdução. Pessoas Físicas e Jurídicas*. 4ª ed., São Paulo, Ed. RT, 1983.

______. *Tratado de Direito Privado – Parte Geral VI: Exceções. Direitos Mutilados. Exercício dos Direitos, Pretensões, Ações e Exceções. Prescrição*. 4ª ed., São Paulo, Ed. RT, 1983.

______. *Tratado de Direito Privado – Parte Especial VII: Direito de Personalidade. Direito de Família: Direito Matrimonial (Existência e Validade do Casamento)*. São Paulo, Ed. RT, 1983.

______. *Tratado de Direito Privado – Parte Especial XVI: Direito das Coisas: Propriedade Mobiliária (Bens Incorpóreos). Propriedade Intelectual. Propriedade Industrial*. 4ª ed., São Paulo, Ed. RT, 1977.

______. *Tratado de Direito Privado – Parte Especial XVII: Direito das Coisas: Propriedade Mobiliária (Bens Incorpóreos). Propriedade Industrial (Sinais Distintivos)*. 4ª ed., São Paulo, Ed. RT, 1983.

POUSADA, Estevan Lo Ré. "Direitos reais, direitos pessoais, direitos absolutos e direitos relativos: nominalismos, realismos e conceitualismos em duas dicotomias do sistema jurídico de Augusto Teixeira de Freitas", in *Revista do IASP – Instituto dos Advogados de São Paulo* 19 (2007).

______. *Preservação da Tradição Jurídica Luso-Brasileira: Teixeira de Freitas e a Introdução à Consolidação das Leis Civis*. São Paulo, Dissertação de Mestrado (Faculdade de Direito da Universidade de São Paulo), 2006.

REALE, Miguel. *Lições Preliminares de Direito*. 26ª ed., São Paulo, Saraiva, 2002.

SILVEIRA, João Marcos. "O nome empresarial no novo Código Civil", in *Revista da*

ABPI – Associação Brasileira da Propriedade Intelectual 61 (2002).

TEIXEIRA DE FREITAS, Augusto. *Consolidação das Leis Civis.* 3ª ed., Rio de Janeiro, B. L. Garnier, 1876.

THEODORO JÚNIOR, Humberto. *Curso de Direito Processual Civil I – Teoria Geral do Direito Processual Civil e Processo de Conhecimento.* 47ª ed., Rio de Janeiro, Forense, 2007.

______. "Distinção científica entre prescrição e decadência. Um tributo à obra de Agnelo Amorim Filho", in *RT* 836/66.

TINOCO SOARES, José Carlos. "Marca comercial – Prescrição vintenária para abstenção do uso – Súmula n. 142 do STJ – Cancelamento definitivo", in *Revista da ABPI – Associação Brasileira da Propriedade Intelectual* 43 (1999).

______ "Marcas e nomes comerciais: a prescrição das ações agora é a qüinqüenal", in *Revista da ABPI – Associação Brasileira da Propriedade Intelectual* 53 (2001).

______. "Prescrição: por sem dúvida é a qüinqüenal", in *Revista da ABPI – Associação Brasileira da Propriedade Intelectual* 61 (2002).

Jurisprudência Comentada

SEGURO DE VIDA. EMBRIAGUEZ

VERA HELENA DE MELLO FRANCO

1. O julgado. 2. O comentário: a) A mudança de orientação; b) A análise devida à espécie em causa.

1. O julgado

Superior Tribunal de Justiça – 3ª Turma

Recurso Especial n. 973.725-SP (2007/0178023-3)

Relator: Ministro Ari Pargendler

Ementa: Civil. Seguro de vida. Embriaguez. A cláusula do contrato de seguro de vida que exclui da cobertura do sinistro o condutor de veículo automotor em estado de embriaguez não é abusiva; que o risco, nesse caso, é agravado resulta do senso comum, retratado no dito "*se beber não dirija, se dirigir não beba*". Recurso especial não conhecido.

ACÓRDÃO

Vistos, relatados e discutidos os autos em que são partes as acima indicadas, acordam os Ministros da 3ª Turma do Superior Tribunal de Justiça, por unanimidade, não conhecer do recurso especial nos termos do voto do Sr. Ministro Relator. Os Srs. Ministros Nancy Andrighi, Massami Uyeda e Sidnei Beneti votaram com o Sr. Ministro Relator.

Brasília, 26 de agosto de 2008 (data do julgamento).

Ministro Ari Pargendler, Relator.

RELATÓRIO

Maria Dilza Pereira Porto e outro ajuizaram "*ação ordinária de cobrança*" (fl. 02/04) contra Santander Seguros, requerendo o pagamento do prêmio do seguro de vida contratado entre a ré e Luís Coelho Argolo, companheiro e pai dos autores, na importância de R$ 25.000,00 (vinte e cinco mil reais). O MM. Juiz de Direito, Dr. Maurício Campos da Silva Filho, julgou improcedente o pedido (fl. 254/256).

Lê-se na sentença:

"Demonstrou-se nos autos, através da juntada de laudo de exame toxicológico produzido na Polícia, que a concentração de álcool no sangue do falecido Luís Coelho Argolo, na ocasião do acidente, era de 2,4 g/l (cf. fls. 65v.), a qual situa-se, na verdade, bem acima do limite máximo suportável para a condução regular de veículos automotores, de 1,5 g/l (...).

"(...).

"Assim, inegável que quando dos fatos o falecido se tinha colocado em situação tal – embriaguez alcoólica – que aumentou em muito o risco da causação de acidente de trânsito. Ora, nos termos do art. 1.454 do Código Civil apenas isso já é suficiente para afastar o direito à indenização securitária, sendo irrelevante que tenha sido efetivamente ele o causador do desastre. Mesmo que assim não se entendesse, é de se ver que o laudo pericial também produzido pela Polícia deu conta que o acidente foi causado por manobra imprudente do falecido, que forçou ultrapassagem em local impróprio, vale dizer em curva que se segue após uma reta em declive, ocasionando a colisão de seu caminhão com o veículo ultrapassado e o desgoverno do primeiro, bem como o arremesso de seu corpo para fora da cabine e seu atropelamento pelo próprio conduzido (cf. fls. 17/18)" (fl. 255).

A egrégia 33ª Câmara da Seção de Direito Privado do Tribunal de Justiça do Estado de São Paulo, relator o Desembargador Armando Toledo, negou provimento à apelação dos autores, em acórdão, no que aqui interessa, assim ementado:

"Seguro de vida. Cobrança. Morte do segurado. Embriaguez. Ocorrência. Indenização indevida. Recurso improvido.

"Houve realização de dosagem alcoólica a fls. 06, a concluir pela existência da quantidade de álcool etílico no sangue em 2,4 g/l. Ante tal nítida colocação, de observar-se prosperar a alegação da Seguradora, no sentido do agravamento do risco pelo segurado.

"Seguro de vida. Cobrança. Indenização por morte, qualquer que seja a causa. Impossibilidade. Recurso improvido.

"A alegação de que a indenização por morte é devida qualquer que seja a causa, conforme Manual do Segurado (fl. 16), não se sustenta. A regra a ser aplicada é, antes de qualquer outra, aquela advinda da lei, no caso, a prevista no art. 1.454 do Código Civil de 1916, vigente à época do fato" (fl. 304).

Seguiu-se recurso especial interposto por Maria Dilza Pereira Porto e outro, com fundamento no art. 105, III, *c*, da Constituição Federal, alegando que o acórdão recorrido diverge de outros julgados no ponto referente ao agravamento do risco pela embriaguez (fl. 313/323), ao qual dei provimento (fl. 401).

Interposto agravo regimental (fl. 410/413), à vista das respectivas razões, reconsiderei essa decisão para submetê-lo ao julgamento da Turma (fl. 415).

VOTO

Exmo. Sr. Ministro Ari Pargendler (Relator): Aquele que embriagado dirige um veículo automotor agrava o risco do seguro, inadimplindo o contrato que exclui os acidentes resultantes dessa circunstância. Que o risco é agravado e que a cláusula excludente do seguro sempre que comprovada a embriaguez não é abusiva são conclusões resultantes do senso comum.

"*Se beber não dirija. Se dirigir não beba*", é a recomendação de autoridades responsáveis pelo trânsito, diariamente ouvida nos meios de comunicação.

Voto, por isso, no sentido de não conhecer do recurso especial.

VOTO

Exmo. Sr. Ministro Massami Uyeda: Sr. Presidente, estou inteiramente de acordo porque, no acórdão recorrido, o Desembargador Armando Toledo assim escreveu:

"A alegação de que a indenização por morte indevida, qualquer que seja a causa, conforme o manual do segurado, não se sustenta. A regra a ser aplicada é, antes de qualquer outra, aquela advinda da lei, no caso, a prevista no art. 1.454 do Código Civil de 1916, vigente à época dos fatos."

É aquela questão sobre a qual eu estava comentando. A interpretação dessa legenda é "qualquer que seja a causa" em termos, se essa causa não tenha sido decorrente da própria imprevidência, negligência, enfim, que tenha concorrido; se o próprio seguro não admite um prêmio por suicídio, voluntariamente...

Não conheço do recurso especial.

Vale mencionar, ainda, do corpo do acórdão, os argumentos exarados no voto do Exmo. Ministro Massami Uyeda, por suas razões:

"Sr. Presidente, estou inteiramente de acordo porque, no acórdão recorrido, o Desembargador Armando Toledo assim escreveu: 'A alegação de que a indenização por morte indevida, qualquer que seja a causa, conforme o manual do segurado, não se sustenta. A regra a ser aplicada é, antes de qualquer outra, aquela advinda da lei, no caso, a prevista no art. 1.454 do Código Civil de 1916, vigente à época dos fatos'. É aquela questão sobre a qual eu estava comentando. A interpretação dessa legenda é 'qualquer que seja a causa' em termos, se essa causa não tenha sido decorrente da própria imprevidência, negligência, enfim, que tenha concorrido; *se o próprio seguro não admite um prêmio por suicídio, voluntariamente...*"

2. *O comentário*

a) A mudança de orientação

Observa-se que não era esta a posição do Tribunal na mesma questão em 31 de agosto de 2007, a qual coadunando-se à orientação até então esposada, já há vários anos, por esta e pela 4ª Câmara deste mesmo tribunal. Confira-se o seu teor:

Recurso Especial n. 973.725-SP (2007/0178023-3) (...) *Decisão*:

Aquele que, embriagado dirige um veículo automotor agrava o risco do seguro, inadimplindo o contrato que exclui os acidentes resultantes dessa circunstância.

Que o risco é agravado, e que a cláusula excludente do seguro sempre que comprovada a embriaguez não é abusiva, são conclusões resultantes do senso comum.

"Se beber não dirija. Se dirigir não beba", é recomendação de autoridades responsáveis pelo trânsito diariamente ouvida nos meios de comunicação.

Não obstante isso, fiquei vencido – juntamente com Ministro Menezes de Direito – no julgamento do REsp n. 685.413-BA, relator Ministro Gomes de Barros, que decidiu espécie assemelhada.

Por isso, ressalvando posição pessoal, conheço do recurso especial e dou-lhe provimento para julgar ***procedente*** *o pedido condenando Santander Seguros S/A ao pagamento* da quantia de R$ 25.000,00 (vinte e cinco mil reais), mais correção monetária desde o ajuizamento, juros de mora a contar da citação, honorários de advogado à base 10% (dez por cento) do total da condenação.

Intimem-se.

Brasília, 31 de agosto de 2007

Ministro Ari Pargendler – Relator.

Esta decisão seguia em consonância com as anteriores, proferidas por esta mesma Turma e igualmente pela 4ª Turma deste mesmo Tribunal, que até então, em sua maioria, e de forma quase harmônica, decidiam a favor do segurado como demonstram o teor das decisões, a seguir transcritas:

a.1) Relatora Ministra Nancy Andrighi (1118), no AgRg no Ag 895.146-SC da 3ª Turma, em 14.11.2007 (fonte: *DJ* 26.11.2007, p. 175)

Ementa: Agravo no agravo de instrumento. Ação de indenização. Acidente de trânsito. Seguro. Responsabilidade. Embriaguez do segurado. Agravamento do risco por parte do segurado. Afastamento.

A embriaguez do segurado, por si só, não exime o segurador do pagamento de indenização prevista em contrato de seguro de vida. Inaplicabilidade do art. 1.454 do CC/1916. Precedentes. Agravo não provido.

ACÓRDÃO

Vistos, relatados e discutidos estes autos, acordam os Ministros da *Terceira Turma do Superior Tribunal de Justiça*, na conformidade dos votos e das notas taquigráficas constantes dos autos, A Turma, por unanimidade, negou provimento ao agravo regimental, nos termos do voto da Sra. Ministra Relatora. Os Srs. Ministros Humberto Gomes de Barros e João Otávio de Noronha votaram com a Sra. Ministra Relatora. Ausente, justificadamente, o Sr. Ministro Ari Pargendler (...).

a.2) Relator Ministro Aldir Passarinho Junior (1110), no REsp 654.995-MG, Recurso Especial 2004/0052026-6 da 4ª Turma, em 14.8.2007 (fonte: *DJ* 8.10.2007, p. 287)

Ementa: Civil. Ação de cobrança. Indenização. Acidente de trânsito. Estado de embriaguez do segurado. Aumento do risco. *Excludente de cobertura **não configurada***. CC/1916, art. 1.454.

I. Para a configuração da hipótese de exclusão da cobertura securitária *prevista no art. 1.454 do Código Civil de 1916*, exige-se que o segurado tenha diretamente agido de forma a aumentar o risco, *o que não ocorre meramente pelo fato de ter supostamente ingerido dose etílica superior à admitida pela legislação do trânsito*, sem que tenha a ré, cuja atividade se direciona exatamente para a cobertura de eventos incertos, demonstrado, concretamente, que sem o estado mórbido o sinistro inocorreria.

II. Precedentes do STJ.

III. Recurso conhecido e provido.

ACÓRDÃO

Vistos e relatados estes autos, em que são partes as acima indicadas, *decide a Quarta Turma do Superior Tribunal de Justiça*, à unanimidade, conhecer do recurso e dar-lhe provimento, na forma do relatório e notas taquigráficas constantes dos autos, que ficam fazendo parte integrante do presente julgado. Participaram do julgamento os Srs. Ministros Hélio Quaglia Barbosa, *Massami Uyeda*, Antônio de Pádua Ribeiro e Fernando Gonçalves.

a.3) Relator Ministro Sálvio de Figueiredo Teixeira (1088), no REsp 192.347-RS, Recurso Especial 1998/0077377-0 da 4ª Turma, em 18.3.1999 (fonte: *DJ* 24.5.1999, p. 176). *RDJTJDF* vol. 61, p. 171, *RT* vol. 769, p. 188

Ementa: Direito Civil. Seguro. Acidente de trânsito. Culpa do preposto da segurada. Embriaguez. Agravamento do risco. Inocorrência. Ausência de conduta direta e culposa da empresa segurada. Art. 1.454, Código Civil. Precedentes. Denunciação da lide. Restabelecimento da sentença. Recurso provido.

– Na linha da orientação firmada por este Tribunal, a culpa exclusiva de preposto na ocorrência de acidente de trânsito, por dirigir embriagado, *não é causa de perda do direito ao seguro, por não configurar agravamento do risco*, previsto no art. 1.454 do Código Civil, que deve ser imputado à conduta direta do próprio segurado.

ACÓRDÃO

Vistos, relatados e discutidos estes autos, acordam os Ministros da *Quarta Turma do Superior Tribunal de Justiça*, na conformidade dos votos e das notas taquigráficas a seguir, por unanimidade, conhecer do recurso e dar-lhe provimento. Votaram com o Relator os Ministros Barros Monteiro, Cesar Asfor Rocha, Ruy Rosado de Aguiar e Bueno de Souza.

b) A análise devida à espécie em causa

b.1) A anterior redação do disposto na norma do art. 1.454 do CC de 1916 ao dispor que "*Enquanto vigorar o contrato, o segurado abster-se-á de tudo quanto possa aumentar os ricos, ou seja contrário aos termos do estipulado, sob pena de perder o direito ao seguro*", era sensivelmente mais ampla que a atual redação da norma do art. 768 que lhe corresponde no atual CC/2002, ao estabelecer que: "*O segurado perderá o direito à garantia se agravar intencionalmente o risco objeto do contrato* (...)".

A afirmação esteia-se no fato de que, a norma do art. 1.454 CC, ora revogado, não circunscrevia o *animus*, como o faz agora a norma do art. 768 ao exigir que o agravamento seja *intencional*. A nova redação exige a consciência de que a prática do ato significa agravamento do risco. Vale dizer, vontade dirigida a agravar o risco objeto do contrato, i. é, dolo.

Na redação anterior o agravamento poderia resultar, inclusive, de culpa leve. Mormente quando existisse cláusula contratual prevendo o comportamento apto a agravar o risco coberto.

Por outro lado, a nova redação, padece do mesmo defeito da anterior. Vale dizer, não estabelece parâmetros para o que se deva entender por "agravamento do risco", relegando isto à apreciação do julgador.

É necessário lembrar que dentre os atos intencionais não indenizáveis e os fatos involuntários, como já mencionamos há muito tempo e alhures,[1] situam-se atos que, embora exijam um certo grau de vontade, não teriam lugar se a essa vontade não se conjugasse um elemento externo. E estes atos são seguráveis ainda quando decorrentes de uma conduta que sem ser intencional, transmuda o risco de possível em provável.

Se assim é, sob tal aspecto, melhor é a redação do atual *Projeto de Lei do Contrato de Seguro n. 3.555/2004* (substitutivo do PL 3.555/2004 apresentado pelo Deputado Leandro Sampaio), o qual no § 1º do seu art. 13, define o que considera "*relevante agravamento de risco*" a ser levado em consideração, nos seguintes termos: "§ 1º. *Será relevante o agravamento que conduza ao aumento substancial da probabilidade de realização do risco ou da severidade de seus efeitos* (...)".

Note-se, todavia, que *as regras de agravação não se aplicam aos seguros sobre a vida ou integridade física*, como expressamente, dispõe a norma do § 6º deste mesmo art. 13. O porquê, será apreciado posteriormente.

b.2) A redação da norma do atual art. 768 do CC não traz quaisquer parâmetros. Permanece, destarte, a orientação antiga. Vale dizer, sua Excelência decide. Mas esta decisão deve orientar-se conforme as regras da eqüidade e do bom senso e, se se invoca a eqüidade, o agravamento do risco deve ser visto em concreto e não porque uma lei proíba dirigir embriagado, ou porque a autoridade ordene "se beber não dirija".

Embora a agravação do risco seja conceito subjetivo e a percepção variável conforme as limitações e preferências de quem julga (o abstêmio considerará sempre presente o terrível agravamento; o *gourmet* ligado aos bons vinhos e destilados, tenderá a ser mais objetivo na apreciação da contribuição alcoólica para o desenlace), é razoável supor que nem todos atuam da mesma forma sob a influência etílica ou bebem as mesmas quantidades. Vale dizer, são afetados uniformemente pela quantidade de álcool ingerida. Razão pela qual é impositivo se examine a quantidade de álcool no sangue, a tolerância de cada um e as circunstâncias particulares que deram causa ao sinistro.

E nem se discuta aqui a ilicitude do ato por violar disposição legal. Lembramos que, *v.g.*, nos seguros de responsabilidade civil (danos indiretos) a responsabilidade coberta é a derivada de qualquer ato danoso, lícito ou ilícito e nem se exige a demonstração da culpa ou não do segurado. Basta a relação de nexo causal entre o ato do segurado e o evento danoso.

Por outro lado, considerando que o novo Código admitiu a possibilidade de suicídio voluntário após o prazo de carência (art. 798, CC/2002), a acatar-se as palavras exaradas no venerável voto do Exmo. *Ministro Massami Uyeda*, cujo argumento para indeferir o direito à indenização, perante o direito anterior, foi o fato de que "(...) *o próprio seguro não admite um prêmio por suicídio, voluntariamente...*", a partir do momento que assim mais não é, caberia a indenização.

b.3) Mas não só. A par de não se aplicar aos seguros de vida o princípio indeni-

1. Cf. nosso *Lições de Direito Securitário*, Maltese, 1993, p. 46.

tário e seus corolários (proibição de seguros múltiplos e do sobre seguro), vale lembrar a existência das reservas matemáticas, destinadas a manter a constância do prêmio durante o período em que durar o contrato.

Como, *in casu* cuidar-se-ia de seguro de vida para o caso de morte, é razoável supor que, se a morte ocorreu antes que toda a reserva fosse absorvida pelo preço do risco, o não pagamento da indenização ou a sua não devolução pela seguradora, significará enriquecimento indevido para alguém.

Veja-se que no mencionado projeto, a norma do seu art. 117, declaradamente estabelece que: "É nulo, no seguro sobre a vida e a integridade física, qualquer negócio jurídico que direta ou indiretamente implique em renúncia total ou parcial do capital segurado ou da reserva matemática (...)" e, inclusive, quanto à hipótese de suicídio, a norma do art. 120 deste mesmo projeto, declara com todas as letras no seu § 5º: "É assegurado o direito à devolução da reserva matemática quando o seguro pressupor a sua constituição (...)".

b.4) Teria a atual Lei 11.705/2008 alterado este modo de ver? A resposta deve ser pela negativa, pois já durante o direito anterior era vedado dirigir com um teor alcoólico no sangue acima de 6%. O que a nova lei fez, foi, tão-somente, reduzir este nível a zero, o que não muda a realidade.

Permanece destarte a orientação que ordenava se verificasse, caso por caso, a situação concreta em que ocorreu o sinistro, determinando se o agravamento do risco foi ou não condição determinante para a configuração do sinistro. Tinha este teor a norma do antigo art. 1.456 que ordenava ao Juízo atuar com eqüidade "atentando nas circunstâncias reais e não em probabilidades infundadas, quanto ao risco (...)".

O fato do CC/2002 não ter repetido a regra, não afasta a necessidade de o magistrado adequar seu comportamento ao caso concreto. Tampouco justifica se esqueça da eqüidade.

São Paulo, 27 de outubro de 2008.

REORGANIZAÇÃO OPERACIONAL E SOCIETÁRIA. AÇÃO DECLARATÓRIA DE NULIDADE DE DELIBERAÇÕES DE CONSELHO DE ADMINISTRAÇÃO DE S/A. SUPOSTO CONFLITO DE INTERESSES*

Mauro Rodrigues Penteado

Consulta. Parecer: I – A reorganização operacional e societária da Companhia "B". Características e peculiaridades das empresas envolvidas. II – Conflito de interesses nos grupos de sociedades: o "nó" ou o aparente dilema. Interesse da companhia ou interesse social, na Lei das S/A. Deveres e obrigações legais dos administradores. Interesses extra-societários legítimos "versus" interesses ilegais. III – Interesse da companhia e objeto social. Conflito de interesses: conflito formal e conflito de interesses substancial. IV – Conceito legal de objeto social. Interesse social da Empresa "A" "versus" interesses extra-societários. V – Legítimo interesse da Empresa "A" e de todos os seus acionistas na implementação da reorganização operacional e societária da Companhia "B". VI – Incorporação de sociedades "versus" incorporação de ações para a constituição de subsidiária integral. Negócio jurídico típico com alterações de participações societárias e diluição de participação societária típica e legal. Negócio jurídico indireto e fraude à lei. Incorporação e alienação de controle. VII – Qualificação jurídica do estatuto social das companhias. Formação e competências do Conselho de Administração da Empresa "A". Voto múltiplo. VIII – Órgão social competente da Empresa "A" para deliberar sobre a operação de incorporação de ações de emissão da Companhia "G" ao patrimônio da Empresa "B". Resposta aos Quesitos.

> *"Os administradores da empresa 'A' têm, a nosso ver, inclusive a obrigação legal de aprovar a reorganização operacional e societária da empresa 'B', pois se não o fizessem estariam violando o disposto no art. 158, inc. I, da Lei das S/A, e assim sujeitando-se à ação de responsabilidade civil a que se refere o art. 159 da lei acionária."*[1]

Consulta

1. Consultam-nos os eminentes advogados da companhia doravante designada simplesmente empresa "A", da empresa "B" e dos Conselheiros eleitos na primeira pela empresa "C", acerca de questões

* *Nota da Redação*: este Parecer cuida dos mesmos temas e operação tratados no Parecer publicado no volume 145 desta *Revista*, pp. 255-269 – sustentando tese diametralmente oposta, a demonstrar a relevância do enfoque dialógico, em temas complexos de Direito Comercial.

1. Do Parecer que elaboramos anteriormente, sobre a reorganização operacional e societária da

jurídicas específicas suscitadas em Ação Declaratória de Nulidade de Deliberação de Conselho de Administração, recém-proposta pela empresa "D" e pela empresa "E" (ou "Autoras" ou "D-E", pois atuam concertadamente) – o mais novo procedimento judicial iniciado pelo Grupo norte-americano "X", que juntamente com o Grupo norueguês "Y" vêm questionando a reorganização operacional e societária da sociedade "B", e de suas controladas, as sociedades "F" e "G".

2. Desta feita as Autoras renovam, com outro fundamento jurídico, pedido de declaração de nulidade das deliberações adotadas pelo Conselho de Administração da sociedade "A", que aprovou a operação, pedindo que sejam declarados nulos os votos dos oito membros eleitos pela empresa "C", e, como decorrência, que "seja reconhecida a *reprovação* da matéria pela empresa 'A', *de acordo com o voto contrário de um único conselheiro de confiança dos Grupos 'X' e 'Y'*" (*sic!*). Na seqüência deste inusitado pleito, formulam as Autoras, "sucessivamente, em caráter eventual, (que) seja julgada inválida a deliberação do Conselho (...) devendo a matéria ser novamente submetida a deliberação quer da Assembléia de Acionistas, quer do Conselho de Administração da empresa 'A', antes da realização de eventual Assembléia Geral Extraordinária da sociedade 'B' para o fim de aprovar a referida reorganização". Por derradeiro, pedem a condenação dos Réus ("A", "B" e os Conselheiros da primeira) "ao pagamento das custas processuais e dos honorários da sucumbência".

3. Registre-se que outra acionista da sociedade "A", integrante do Grupo "Y", a empresa "H", já propusera anteriormente Ação Cautelar inominada contra a as sociedades "A" e "B", visando impedir a realização da mencionada Reunião do Conselho de Administração, que cuidou da definição das declarações de voto dos representantes da primeira na Assembléia Geral Extraordinária da segunda, e, sucessiva e alternativamente, a suspensão de quaisquer conclaves das Requeridas que tenham por objeto a discussão e a deliberação sobre a operação, inclusive a vedação da convocação de Assembléia Geral. Na aludida ação a sociedade "H" alegou, em resumo, que falece competência ao Conselho de Administração da empresa "A" para aprovar o voto a ser dado pelos representantes da Companhia na Assembléia Geral da companhia "B", sustentando que essa definição somente poderia ser deliberada pela Assembléia Geral Extraordinária da própria empresa "A".

A referida Ação Cautelar foi extinta sem julgamento de mérito, em função da perda de seu objeto, uma vez que já haviam sido realizadas as reuniões dos Conselhos de Administração das empresas "A" e "B" que ela visava impedir e suspender, havendo o MM. Juízo registrado, em sua decisão, que *o processo cautelar não é meio idôneo para discutir a "legalidade" de operações societárias, em face dos dispositivos do Estatuto.*

4. Também as empresas "D-E" pleitearam medida liminar, pedindo antecipação de tutela em Ação Ordinária intentada contra as sociedades "A" e "C" (que tem outro objeto, a saber, a suspensão dos efeitos da Assembléia Geral Extraordinária da Companhia, há muito tempo realizada), invocando, para tanto, a ocorrência de "fato novo", consistente na divulgação da proposta de reorganização operacional e societária da sociedade "B". Ao contrário dos mais de sete (7) pedidos liminares adredemente apresentados, o último deles foi parcialmente concedido, o que levou a sociedade "B" a providenciar publicação de novo Fato Relevante, comunicando ao mercado ter tomado ciência de decisão do Tribunal, concedendo parcialmente tutela antecipada requerida pelas empresas "D-

empresa "B", que será aqui novamente analisada à vista de petição inicial ora apresentada e dos Quesitos formulados.

E", para o efeito de "suspender até o julgamento do mérito recursal" a deliberação relativa à incorporação.

5. Na seqüência as Autoras propuseram uma ***primeira*** Ação Declaratória de Nulidade da referida Deliberação do Conselho de Administração, sob o fundamento de que a matéria decidida pelos administradores da companhia é de competência privativa da Assembléia Geral de Acionistas da empresa "A".

6. *A peça vestibular da* ***segunda*** *Ação, ora examinada, repousa em outro fundamento e vem amparada em Pareceres jurídicos – repetidamente, citados e transcritos,* ***inclusive lhe servindo de epígrafe introdutória****; apesar do novo foco estabelecido pelas Autoras,* ***esta segunda demanda coloca em causa, uma vez mais, todo o processo de reorganização operacional e societária da empresa "B"****, agora sob a perspectiva de suposto* ***conflito de interesses*** *que estariam a macular os votos dos Conselheiros eleitos pela sociedade "C", que aprovaram a operação em Reunião do Conselho de Administração.*

7. Para que seja possível oferecer subsídios e adminículos ao Julgador,[2] mister se faz, portanto, analisar com serenidade e espírito científico os novos argumentos articulados pelas Autoras, o que torna imprescindível – ainda que se torne necessário repetir o que já escrevemos em outro Parecer a respeito, ao estudarmos esta mesma operação – (*i*) o exame completo da reorganização societária em pauta (Seção I) e dos interesses sociais e extra-societários que gravitam em torno dela, no caso concreto (Seções II e III, abaixo), para aquilatar se houve ou não violação das normas que vedam deliberações em situação de conflito de interesses (Seções IV e V); (*ii*) a sintética exposição sobre o regime jurídico aplicável à incorporação de sociedades, em geral, e ao procedimento específico de incorporação de ações para a constituição de subsidiária integral, por constituir este último um dos elementos do procedimento, que não constitui negócio indireto em fraude à lei, nem alienação de controle (Capítulos VI e VII); e (*iii*) a qualificação jurídica do estatuto social das companhias e a identificação das competências do Conselho de Administração e da Assembléia Geral da empresa "A" (Capítulo VIII), visando a definição do órgão social competente da sociedade "A" para deliberar sobre a operação de incorporação de ações de emissão da sociedade "G" ao patrimônio da empresa "B" (Seção IX), seguindo-se, por derradeiro, as Respostas aos Quesitos, *que se traduzem na conclusão, que já adiantamos, no sentido de que mesmo em face dos novos argumentos articulados pelas Autoras, são inteiramente válidas e legítimas as deliberações adotadas pelo Conselho de Administração da empresa "A"*. É o plano lógico em que será desenvolvido o seguinte

Parecer

8. O exame sereno e desapaixonado dos fundamentos jurídicos em que se apóia a nova Ação Declaratória de Nulidade de Deliberação de Conselho de Administração *perderia qualquer sentido se os mesmos não forem escrutinados à luz das bases* ***substanciais*** *da reorganização societária e operacional da companhia "B", eis que o argumento central de que agora se valem as Autoras reside em suposto conflito de interesses dos administradores, mas de conflito de interesses* ***substancial*** *e não meramente formal,* ***como elas mesmas reconhecem na inicial****,* ***e é admitido nos Pareceres que apresentou***. Vejamos, pois, inicialmente, quais são essas bases.

2. Pois o Parecer, como qualquer trabalho doutrinário, nada mais é, em nosso Direito positivo, do que mero elemento informativo ou de intelecção de que se pode valer, ou não, o magistrado, segundo seu livre convencimento (não é uma "2ª Inicial", nem uma segunda Contestação), na medida em que não constitui *fonte* do Direito, no sentido jurídico que deve ser emprestado ao termo "fonte" (cf. Caio Mário da Silva Pereira, *Instituições de Direito Civil*, vol. I, 20ª ed., Forense, 2004, pp. 75 e ss.).

I – A reorganização operacional e societária da Companhia "B". Características e peculiaridades das empresas envolvidas

9. A companhia "B" é uma companhia aberta, que tem como maior acionista a *holding*, sociedade "A", detentora de 81,53% de suas ações ordinárias com direito a voto e 43,25% de ações preferenciais sem direito de voto, que representam 55,98% do capital total. O objeto social da companhia "B" consiste, basicamente, no aproveitamento de jazidas minerais, para a fabricação e comercialização de determinados produtos daí derivados (Estatuto, art. 3).

10. A sociedade "A", por sua vez, é companhia fechada, cujo capital se acha dividido apenas em ações ordinárias, das quais a (*i*) a empresa "C" detém, direta ou indiretamente, *52,34%*; (*ii*) as sociedades D e E possuem *33,43%*; e a (*iii*) a empresa "H" é titular de 12,77%.[3]

É relevante notar que as empresas D e E integram o Grupo norte-americano X, e a empresa H compõe o Grupo norueguês Y, com forte atuação na área de produção e distribuição de produtos derivados de minerais, ambos concorrendo com o GRUPO integrado pela empresa C, nos mercados brasileiro e internacional.

O quadro acionário da empresa A é completado pela companhia I (1,37%), pela sociedade J (0,08%) e por outros acionistas com menor participação.

11. Como é fácil constatar, o Grupo de que faz parte a empresa "C" já é controlador indireto da companhia B, parecendo por demais frágeis os argumentos "sistematicamente" organizados a partir de ***artificial reelaboração*** *do Estatuto da sociedade "A", com o fito de fazer crer que há um suposto "controle conjunto" sobre ela, de que as empresas D e E fariam parte, juntamente com a companhia H.*

Pois na realidade, o Estatuto Social da Companhia A, juridicamente interpretado tal como foi escrito e aprovado pela Assembléia Geral, não autoriza a concluir que tenha sido estabelecida essa modalidade de exercício conjunto do poder de controle, na medida em que o Grupo integrado pela empresa C permanece com todas as prerrogativas e requisitos que legalmente o qualificam como acionista controlador da companhia "A" (Lei n. 6.404, de 15.12.1976, "Lei das S/A", arts. 116, "caput",[4] e 243, § 2º[5]).

12. A outra empresa envolvida na operação, devido ao fato de que suas ações serão incorporadas pela sociedade B, para a constituição de subsidiária integral, é a empresa G, companhia fechada que tem 99,99% de seu capital social detido pelo Grupo de que faz parte, juntamente com a empresa C. O objeto social da empresa G, consistente na comercialização de derivados minerais, é semelhante ao da sociedade F, também controlada pela empresa B, e que igualmente participará do processo reorganizativo.

13. A operação tem em mira a ***reorganização operacional*** da empresa "B", suas controladas, as sociedade F e G, com vistas a modelar uma estrutura empre-

3. No item 2 da inicial da Ação aqui tratada, as Autoras confirmam os dados, mas *sintomaticamente* invertem a ordem, colocando-as em 1º lugar (embora disponham de apenas 33,43%), situando a companhia "C" em 2º lugar – apesar de esta dispor de *52,34%*, ou seja, *de participação acionária que lhe garante a maioria absoluta nas deliberações sociais* – o que é explicável, partindo de quem tenta sustentar um inexistente "controle conjunto" de que fariam parte, juntamente com a empresa H, na companhia A.

4. "Art. 116. Entende-se por acionista controlador a pessoa, natural ou jurídica (...) que: a) é titular de direitos de sócio que lhe assegurem, de modo permanente, *a maioria dos votos nas deliberações da assembléia geral e o poder de eleger a maioria dos administradores da companhia* (...)."

5. "Art. 243. (...). § 2º. Considera-se controlada a sociedade na qual a controladora, diretamente ou através de outras controladas, é titular de direitos de sócios que lhe assegurem, de modo permanente, *preponderância nas deliberações sociais e o poder de eleger a maioria dos administradores*."

sarial *mais eficiente, econômica e competitiva*, dela resultando, segundo Fato Relevante já divulgado, a união das atividades "da empresa B, grande fornecedora de produtos [derivados de minerais], e a empresa G, maior empresa de varejo [do ramo] do País", proporcionando, "entre outros benefícios, a integração das referidas operações, (o que) permitirá à empresa B capturar sinergias relevantes, manter sua condição de liderança no mercado e disputar, em bases equivalentes com seus principais concorrentes internacionais o mercado".

14. Os fatores positivos dessa reorganização operacional já foram reconhecidos pelo mercado de valores mobiliários, como dão mostras as correspondências recebidas pela empresa B e pelo Grupo que integra, de K Corretora de Valores S/A e de L Administradores de Recursos Ltda. – administradoras de diversos fundos de investimentos que, ***em conjunto, detêm, 8.000.000 de ações preferenciais, equivalentes a 33,5% das ações preferenciais em circulação do capital da empresa B*** – *nas quais as missivistas manifestam a sua posição favorável à implementação da reorganização operacional e societária, porque acarretará, conforme* ***suas próprias palavras***:

• expressivos ganhos de escala, com a redução de custos e captura de sinergias administrativas, econômicas, fiscais e operacionais que possibilitarão economias de até US$ 60 milhões por ano;

• integração das etapas de cadeia de produção, fortalecendo, assim, suas bases competitivas no mercado e *passando a atuar da mesma maneira que suas principais concorrentes* (Grupos X e Y), *que já desenvolvem suas atividades de forma integrada*;

• valorização do investimento dos acionistas decorrente da transformação das ações preferenciais em ordinárias, ficando todos os acionistas com direito a voto e direito de *tag along* de 100% do valor de compra do controle estendido a todos os acionistas minoritários;

• estrutura acionária compatível com as melhores práticas de governança administrativa.

As administradoras condicionaram essa manifestação ao compromisso de adesão da empresa B ao Novo Mercado da BOVESPA – obrigação que foi expressamente assumida pelo Grupo de que faz parte, mediante correspondências próprias (Código Civil, arts. 107 e 219).

15. Observe-se que a reorganização empresarial em tela afigura-se imprescindível, ***do ponto de vista estratégico***, para alcançar integração estrutural e operacional que possibilite situar competitivamente as empresas envolvidas nos mercados interno e externo, tal como salientado por empresa de consultoria econômica de renome internacional, em "Nota Técnica" sobre a operação:

> ***A união delas (empresas B e G) vai ao encontro de tendência mundial de intensificação de fusões e aquisições no setor e que originou nos últimos anos a formação de duas empresas globais, a saber, os Grupos X e Y. Essas duas grandes "players" são integradas, estão presentes no mercado brasileiro e concorrerão de forma acirrada com a empresa resultante da união B-G*** (...) *a união dos ativos de uma fornecedora (empresa B) aos da sua demandante, que utiliza insumos para a produção de misturas NPK (empresa G), trará consigo ganhos de eficiência que possibilitarão uma substancial melhora das condições de competitividade da nova empresa.* ***Com efeito, a nova empresa estará igualmente apta a reagir, de forma mais ágil, a um quadro desafiador de fatores estruturais e conjunturais, trazendo claros benefícios à sua competitividade*** (...) ***nesse sentido é válido ressaltar que, atualmente, os principais concorrentes das empresas B e G – os Grupos X e Y – são empresas integradas na produção de matérias-primas, e seus derivados, no Brasil e no plano internacional.***[6]

6. No mesmo sentido, a conhecida empresa de consultoria M asseverou que a operação é vantajosa,

16. *No plano supremo dos interesses nacionais*, que devem merecer a devida consideração quando se discute o exercício do poder de controle, tendo em vista o disposto no arts. 116, parágrafo único, e 117, § 1º, alínea "a",[7] da Lei das S/A, cabe frisar que a reorganização se traduz, também, em benefícios para a agricultura brasileira, destacadas em Relatório de Avaliação elaborado pelo Banco N:

> uma das características básicas da distribuição [dos derivados de minerais] são as baixas margens operacionais bem como *a grande dependência do mercado internacional (preços e suprimentos). Assim, as empresas operacionalmente integradas* ***(das matérias-primas à venda dos derivados) possuem vantagens competitivas.***

17. Por fim, no que toca *aos resultados e lucros da empresa B*, e por via de conseqüência, ***aos dividendos a serem distribuídos aos seus acionistas, dentre eles a companhia A***, a relevância operacional da reorganização, a curto prazo, é assinalada na análise de investimentos da lavra da "O" Corretora de Valores:

> a nova empresa terá faturamento anual próximo de R$ 5,8 bilhões, ***mais que o dobro*** do faturamento bruto estimado para a empresa B em 2006, no valor de R$ 2,4 bilhões.

18. A fórmula ***societária*** adotada para a implementação da mencionada reorganização operacional é clássica e usual, e decorre dos estudos realizados adredemente, que a indicaram por ser a melhor e mais adequada, na medida em que atende, devidamente, os interesses da empresa B e todos os seus acionistas (e da sociedade A, portanto). Nos termos do Fato Relevante já publicado, societariamente a reorganização se processará com a:

> 1.1 (...) transformação de G em subsidiária integral da empresa B, mediante incorporação pela empresa B das ações de emissão da sociedade G, nos termos do art. 252 da LSA ("incorporação").
>
> 1.2 (...) conversão da totalidade das ações preferenciais de emissão da empresa B em ações ordinárias, com direitos equivalentes, inclusive o de serem incluídas em eventual alienação de controle ("tag along"), em igualdade de condições com o acionista controlador, além do aumento do dividendo mínimo obrigatório de 25% do lucro líquido apurado na forma do art. 202 da LSA, para 27,5%. As alterações previstas neste item 1.2 estão condicionadas a prévia aprovação efetiva da incorporação.
>
> 1.3 (...). [dados sobre relação de troca a ser estabelecida para a incorporação]
>
> 1.4 A empresa B permanecerá companhia aberta, controlada pela *Holding* do Grupo de que faz parte.
>
> 1.5 Após a incorporação e a conversão das ações preferenciais do capital da empresa B, a composição acionária será a seguinte:

ACIONISTAS	AÇÕES ORDINÁRIAS	% DO CAPITAL
Empresa A	–	31,39%
Empresa do Grupo integrado por C	–	43,43%
2ª. Empresa do Grupo integrado por C	–	0,01%
3ª. Empresa do Grupo integrado por C	–	6,96%
Ações em Tesouraria	347.800	0,18%
Outros (mercado)	33.220.849	17,63%
TOTAL	188.480.434	100,00%

pois "coloca a nova empresa B numa plataforma favorável para crescer no mercado global em que atua, assegurando vantagens competitivas", *tornando-se necessária porque a "consolidação do mercado global (...) representa uma ameaça à posição de liderança das empresas B e G (...) houve intensa atividade de consolidação no nível global recentemente e dois dos maiores 'players' globais já estão no Brasil*

1.6 Os acionistas minoritários e preferencialistas da empresa B que desejarem exercer o seu direito de recesso resultante da reorganização terão os direitos assegurados em lei e pelo Estatuto Social da Companhia. Em princípio, o valor do reembolso corresponderá ao valor do patrimônio líquido da ação constante do último balanço aprovado em assembléia geral da empresa B.

1.7 Após a conclusão da incorporação, ocorrerá a integração das atividades operacionais da sociedade B e de suas subsidiárias F e G, mantendo-se a empresa B como titular direta ou indireta de ditas operações.

19. O Conselho de Administração da companhia B aprovou, em reunião já realizada – pela segunda vez questionada, na Ação objeto deste Parecer – a realização da incorporação e a celebração do "Instrumento de Justificação e Protocolo de Incorporação de Ações" ("PROCOTOLO"), nos termos do art. 252 da LSA, tendo divulgado novo Fato Relevante, em cumprimento ao disposto na Instrução CVM n. 319/99, prestando ao mercado as informações sobre as condições que irão reger a incorporação, assim como fez publicar Edital de Convocação da Assembléia Geral Extraordinária, a fim de deliberar sobre a implementação da incorporação.

Na mesma data o Conselho de Administração da empresa A deliberou que os representantes da Companhia na mencionada Assembléia Geral Extraordinária da companhia B devem votar favoravelmente à incorporação.

20. Cabe reiterar que, *dias depois, a deliberação do Conselho de Administração da empresa A foi endossada por parcela expressiva de seus acionistas de mercado, através de manifestações das administradoras de fundos de investimento, K Corretora de Valores S/A e pela L Administradores de Recursos Ltda.*: já devidamente informadas da operação pelos Fatos Relevantes, e pelos documentos disponibilizados ao mercado, asseveraram que a "*referida reorganização atende aos interesses da empresa B*" e "*que sua implementação apresenta aspectos positivos para a companhia B*" (v. item 14, supra).

II – Conflito de interesses nos grupos de sociedades: o "nó" ou o aparente dilema. Interesse da companhia ou interesse social, na Lei das S/A. Deveres e obrigações legais dos administradores. Interesses extra-societários legítimos "versus" interesses ilegais

21. A matéria atinente ao conflito de interesses no seio das companhias, já por si intrincado, ganha complexidade maior quando se trata de empresas integradas em grupos societários, mormente quando as legislações, como nosso revogado Decreto-lei n. 2.627, de 1940, e outras mais, no Direito comparado, não dispõem de sistema claro e preciso que sirva de norte para encontrar a solução dos inúmeros problemas que podem ser suscitados,[7] levando a dilemas[8] ou mesmo a nó[9] de difícil desate, como já se disse alhures.

A vigente Lei n. 6.404, de 15.12.1976, obra dos saudosos juristas José Luiz Bu-

e podem decidir aumentar suas participações dada a atratividade do mercado brasileiro. 1ª do mundo: o Grupo Y adquiriu participações minoritárias emtrês empresas do setor, e adquire o controle de outra. 2ª do mundo: uma das empresas do Grupo X, que era grande exportadora para o Brasil, funde-se com outra empresa, que já detinha uma operação de varejo no Brasil".

7. "Art. 117. (...). 1º. São modalidades de exercício abusivo de poder: a) orientar a companhia para fim estranho ao objeto social *ou lesivo ao interesse nacional* (...)."

8. É a expressão usada por Floriano D'Alessandro, no estudo "Il dilema del conflitto d'interessi nei gruppi di società", publicado na coletânea dos *Atti del Convegno Internazionale di Studi Venezia, 16-17-18 novembro 1995*, vol. 2, Milão, Giuffrè, 1996.

9. Termo preferido por Guido Rossi; no artigo "Il fenomeno dei gruppi ed il diritto societário: un nodo a risolvere", publicado no vol. 1 coletânea citada na nota anterior.

lhões Pedreira e Alfredo Lamy Filho, tida como uma das mais modernas e bem estruturadas no contexto do Direito comparado (a despeito das sofríveis modificações que experimentou em 1997 e 2001),[10] cuida proficiente e objetivamente da matéria, disciplinando-a em torno do conceito de "*interesse da companhia*" – este, sim, *o único vetor a ser considerado e aferido*, para aquilatar se há ou não situação de conflito, nas relações com os administradores e acionistas.

Cumpre ter presente, portanto, que a noção de *interesse da companhia ou interesse social* constitui o núcleo do arcabouço da disciplina das sociedades por ações, em torno do qual são erigidas as principais regras de funcionamento desse tipo societário, pertinentes às condutas exigidas dos acionistas e dos integrantes de seus órgãos de administração.

A Inicial vem embasada em quatro dispositivos da Lei das S/A (arts. 115, 117, § 1º, alíneas "a" e "b", 156 e 245[11]), a partir dos quais as Autoras procuram demonstrar a situação conflituosa dos Conselheiros eleitos pela empresa C na companhia A – todos eles, entretanto, implícita ou expressamente vinculados a esse conceito essencial – para deles extrair a conseqüência de que houve fraude à lei, passível de declaração de nulidade, nos termos do art. 166, inc. VI do Código Civil.

Sucede que a peça vestibular não faz qualquer menção aos *deveres* e obrigações legais dos administradores – que são definidos também tendo em vista o pressuposto nuclear, ou seja, o "interesse da companhia".

22. Com efeito, o regime jurídico atinente aos deveres e responsabilidades dos administradores também tem como comando maior a norma inscrita no art. 154, *caput*, *verbis*:

> Art. 154. O administrador ***deve*** exercer as atribuições que a lei e o estatuto lhe conferem ***para lograr os fins*** e ***no interesse da companhia*** (...).

Observe-se, do dispositivo, que ao cuidar dos administradores, integrantes dos órgãos executivos da companhia, seja o de representação e administração direta (a Diretoria, art. 144), seja o de administração colegiada (o Conselho de Administração, art. 142), a Lei das S/A coloca *pari passu* com a persecução do interesse da companhia, o *dever* de fazer com que a mesma logre os *seus fins*, ou seja, a sua finalidade de produzir e distribuir lucros nos maiores níveis possíveis, segundo as possibilidades presentes e futuras do mercado – finalidade essa expressamente determinada no art. 2º, *caput*.

23. Quanto aos acionistas em geral, a Lei das S/A estabelece, no art. 115, *caput*, o padrão de voto que deve ser obrigatoriamente obedecido, nas assembléias gerais, quando do exercício desse seu direito inalienável, *verbis*:

> Art. 115. *O acionista deve exercer o direito a voto no interesse da companhia*; considerar-se-á abusivo o voto exercido com o fim de causar dano à companhia ou a outros acionistas, ou de obter, para si ou para outrem, vantagem a que não faz jus e de que resulte, ou possa resultar, prejuízo para a companhia, ou para outros acionistas.

Como se vê, o acionista, ao votar, deve ter em mira *não o seu interesse particular, individual, egoístico, ou mesmo*

10. Cf. nossos estudos, publicados nas obras coletivas *A Reforma da Lei das S/A*, coord. Jorge Lobo, São Paulo, Atlas, 1ª ed., 1998, pp. 100 a 139; *Reforma da Lei das Sociedades por Ações*, coord. Waldirio Bulgarelli, São Paulo, Pioneira, 1ª ed., 1998, pp. 9 a 82, e *Reforma da Lei das Sociedades Anônimas*, coord. Jorge Lobo, Rio de Janeiro, Forense, 1ª ed., 2002, pp. 183 a 217.

11. "Art. 115. O acionista deve exercer o direito de voto *no interesse da companhia* (...)"; Art. 117, § 1º, alínea "a": "orientar a companhia para fim estranho ao objeto social" (traduzido *no interesse da companhia*); "Art. 156. É vedado ao administrador intervir em qualquer operação social em que tiver interesse conflitante com *o (interesse) da companhia*"; "Art. 245. Os administradores não podem, em *prejuízo (dos interesses) da companhia* (...)".

de um grupo de acionistas que integre – mas o interesse superior da companhia da qual é sócio.

24. *A relevância desse padrão de conduta é de tal ordem que nem mesmo os sócios signatários de Acordos de Acionistas estão isentos de observá-los.* Vale dizer: mesmo no caso de os sócios celebrarem pactos parassociais para regular o exercício do direito de voto, este deve continuar a ser exercido no interesse da companhia, *pois no confronto entre os seus interesses particulares e pessoais – extra-societários – e o interesse da companhia, é este último que deve sempre prevalecer,* segundo mandamento expresso contido no art. 118, § 2º, da Lei das S/A, *verbis*:

> Art. 118. (...).
>
> (...).
>
> § 2º. Esses acordos não poderão ser invocados para eximir o acionista de responsabilidade no exercício do direito de voto (art. 115) ou do poder de controle (art. 116).

25. É tão importante a regra que a Lei das S/A vai além, na tutela desse padrão de voto, *permitindo, assim, alcançar a responsabilidade do acionista minoritário ou não-controlador* (as Autoras, no caso), por declaração de voto que não atenda ao interesse social, mesmo que vencido por deliberação majoritária da assembléia geral. É o que se colhe do § 3º do dispositivo citado:

> Art. 115. (...).
>
> (...).
>
> § 3º. O ***acionista responde pelos danos causados pelo exercício abusivo do direito de voto, ainda que seu voto não tenha prevalecido.***

26. *No exame da questão do conflito de interesses, posta na Ação Judicial examinada, a primeira indagação a fazer, portanto, é se os administradores da empresa A cumpriram ou não devidamente esse dever legal: na conjuntura de acirrada concorrência no setor em que milita a companhia B, e sua controlada, empresa G, exposta na Seção I, acima, poderiam os membros do Conselho de Administração deixar de aprovar a reorganização operacional em tela, indispensável para que seus "**fins**" não restassem substancial ou definitivamente comprometidos?*

27. Por derradeiro, tal conduta também é exigida dos membros do Conselho Fiscal, no art. 165, § 1º, que mais uma vez adota o conceito, sem o elastério do art. 154, *caput*, pois se trata de órgão de fiscalização, e não de administração:

> Art. 165. (...).
>
> § 1º. Os membros do Conselho Fiscal deverão exercer suas funções *no exclusivo interesse da companhia* (...).

28. Cabe explicitar, então, *o que significa, juridicamente, "interesse da companhia", ou interesse social.* Tomada a expressão ***isoladamente***, à margem da inextricável conexão, que tem, com o objeto social – que será tratada nos itens seguintes – o conceito de interesse social deve ser extraído da dicção do art. 115, acima transcrito, do qual se deduz que esse interesse deve corresponder, como já tivemos o ensejo de assinalar,[12] ao "interesse comum dos acionistas, igual para

12. Em nosso *Aumentos de Capital das Sociedades Anônimas* (São Paulo, Saraiva, 1988, pp. 255-256), onde transcrevemos, em nota de pé de página, a opinião, no mesmo sentido, de Luiz Gastão Paes de Barros Leães: "correspondendo o interesse da sociedade ao interesse comum de todos os sócios, enquanto membros da coletividade social, cumpre advertir que esse interesse social não se confunde com a somatória dos interesses dos sócios *uti singuli*, oriundos de sua qualidade de sócio, Cumpre, pois, distinguir o interesse comum dos sócios *uti socii* da série de interesses dos sócios *uti individui sed socii.* Ora, a emissão de voto por parte do acionista constitui uma declaração de vontade não receptícia, destinada a unir-se com as declarações dos demais sócios, com elas fundir-se, a fim de expressar a vontade social. *Assim sendo, ao exercer o direito de voto, o sócio não pode perseguir nenhum interesse particular*, mas o seu interesse de sócio *uti socii*, que se considera coincidente com o interesse social. *Nesse sentido, pode-se dizer que, embora o voto seja livre, o acionista está obrigado a perseguir o interesse social*".

todos eles, que no mecanismo jurídico societário corresponde ao interesse geral de participação nos lucros e no acervo da companhia".

29. Não há controvérsias na doutrina e na jurisprudência, nacional e estrangeira, a respeito dessa noção, que ficou consagrada em obra clássica sobre o tema, de autoria de Pier Giusto Jaeger:[13] "allo scopo, appunto, di distinguere l'interesse sociale dagli altri interessi coletivi di cui le persone dei soci possono essere titolari, una parte rilevante, e forse prevalente, della dottrina, aggiunge alla precedente definizione una altera qualificazione, *e afferma che tale interesse è quello comune agli azionisti 'in quanto tali', mentre tutti gli altri interessi, collettivi o individuali, che possono far loro capo rimangono **interessi estranei alla società, o 'extrasociali'***. L'interesse sociale, secondo questa definizione, sarebbe quindi un interesse tipico, necessariamente comuni a tutti i soci, perchè referibile non tanto alle persone fisiche di essi, quanto alla loro posizione giuridica all'interno della società, e, aggiungiamo, di quella determinata società".

30. Entre nós esse entendimento doutrinário também é pacífico. Por todos, Fábio Konder Comparato: "o interesse social não é redutível a qualquer interesse dos sócios e sim, unicamente, ao seu interesse comum, de realização do escopo social. A comunhão de interesses existe, tanto na *sociedade quanto na comunidade. A especificidade da sociedade resulta do fato de ser ela uma comunhão voluntária de interesses*, distinta, portanto, não só da meramente incidente (ou acidental) que ocorre, por exemplo, na avaria comum, como também na comunhão necessária. Ora, quem diz comunhão voluntária, refere-se, implicitamente, a um escopo ou objetivo. Os sócios reúnem-se para a realização de um objetivo comum. O interesse social consiste, pois, no interesse dos sócios à realização desse escopo (...) em matéria societária, esse escopo comum decompõe-se em dois elementos: o objetivo final e o modo de sua realização. ***O objetivo final é a produção de lucros, com a sua repartição entre os sócios*** (...) ***o objetivo da sociedade é alcançado pelo exercício da atividade empresarial, especificamente prevista, no contrato ou estatutos, como objeto social***".[14]

31. O argumento deduzido na Inicial, no sentido de que haveria um interesse *diferente* na empresa A, por ser ela uma *holding*, carece de juridicidade, pois *holding* ou não, a empresa é acima de tudo uma companhia, que, *ex vi legis*, tem por objetivo produzir e distribuir lucros, nos maiores níveis possíveis.

Parece indubitável, pois, que o interesse comum a todos os acionistas da empresa A, no tocante à operação aqui tratada, é o de que seja implementada o mais rapidamente possível, sem os óbices que vêm sendo criados pelas Autoras, levadas apenas por ilegítimos interesses extra-sociais, que não são os da companhia – como grande parte dos acionistas dela própria, companhia B, no mercado, já expressaram (cf. Seção I, acima) – *visto que dela decorrerá – para repetir expressões de Comparato – a maior "**produção de lucros, com sua distribuição entre os sócios**", mediante melhor e mais eficiente "**exercício da atividade empresarial, especificamente prevista, no contrato ou estatutos, como objeto social**"*.

32. O regime legal de tutela do interesse da companhia é ainda mais reforçado na disciplina dos deveres e obrigações do acionista controlador – que aqui cabe minudenciar, pois a nova Ação questiona a validade dos votos dos membros do Conselho de Administração da empresa A eleitos pela sua controladora.

13. *L'Interesse Sociale*, Milão, Giuffrè, 1964, pp. 87-88, nossos os destaques.

14. *O Poder de Controle na Sociedade Anônima*, Ed. RT, 2ª ed., pp. 289-290 (itálicos do original, nossos os negritos).

É consabido, e a peça vestibular insiste sobre esse ponto, que a Lei das S/A reconhece que o acionista controlador dispõe do "*poder de eleger a maioria dos administradores da companhia*" (art. 116, *caput*, alínea "a"), e também do "*poder para dirigir as atividades sociais e orientar o funcionamento da companhia*" (idem, alínea "b"); mas a vigente lei acionária dispõe, como freio e contrapeso, no art. 117, § 1º, alínea "e", que constitui abuso desse poder:

> induzir, ou tentar induzir, administrador ou fiscal a praticar ato ilegal, ou, descumprindo seus deveres definidos nesta Lei e no estatuto, promover, *contra o interesse da companhia*, sua ratificação pela assembléia geral.

A disciplina dos deveres e responsabilidade do acionista controlador está, assim, em perfeita sintonia com o eixo em torno do qual a Lei das S/A erigiu a tutela dos interesses de todos os acionistas, ou seja, o interesse da companhia ou o interesse social.

33. Admitindo-se, para argumentar, que os Conselheiros da empresa A votaram levando em conta seus deveres e obrigações legais, mas também orientação proveniente do *legítimo* titular do poder de controle, a saber, a empresa "C", a quem compete "dirigir as atividades sociais e orientar o funcionamento da companhia" (art. 116, *caput*, alínea "b"), caberia registrar a constatação aparentemente óbvia, mas que merece ênfase, pelo rumo que tomou o debate, a julgar pela Inicial, que *não há, evidentemente, abuso de poder por parte do acionista controlador, se este apenas está cumprindo obrigação legal, ao exercer "os deveres" que lhe são impostos pelo art. 116, parágrafo único da Lei das S/A, verbis*:

> Art. 116. (...).
>
> Parágrafo único. O acionista deve usar o seu poder com o fim de fazer a companhia realizar o seu objeto e cumprir sua função social, e tem deveres e responsabilidades para com os demais acionistas da empresa, os que nela trabalham e para com a comunidade onde atua, cujos direitos e interesses deve lealmente respeitar e atender.

Quanto à primeira parte desse dispositivo (aplicável à companhia B por força do disposto no art. 246, *caput*), que assina ao acionista controlador da empresa A o dever de usar o seu poder "*com o fim de fazer a companhia realizar o seu objeto e cumprir sua função social*", já foi acima demonstrado que haveria claro descumprimento dessa obrigação legal se seu acionista controlador deixasse de orientar os administradores por ele eleitos a implementar a reorganização operacional e societária em tela.

E isto pela elementar razão de que a operação foi reconhecida por empresas especializadas, e até por parcela expressiva de acionistas do mercado, como indispensável para manter e aumentar a competitividade e produção de lucros da controlada B – com repercussão imediata na lucratividade da empresa A, que é uma empresa *holding*, cujo objeto, *ex vi legis*, consiste na obtenção de lucros a partilhar entre os sócios (Código Civil, arts. 981 e 982; Lei das S/A, art. 2º, *caput*).

***34.** Para que os Conselheiros da empresa A não sejam acusados de acatarem, descumprindo seus deveres, orientação ilegal de seu acionista controlador*, é imperioso, neste passo, tecer algumas considerações sobre o poder de controle e os deveres do acionista controlador, a fim de situar devidamente a disciplina legal das situações em que ocorre o abuso de poder. Com efeito, a vigente Lei das S/A, ao trazer para o proscênio jurídico a figura do acionista controlador, reconheceu que na chamada quarta instância societária há o exercício do que a doutrina designa por "direito-função", porque ao titular do poder de controle são impostos "*deveres*" (epígrafe do art. 116), próprios do papel que exerce no seio da sociedade.[15]

15. Cf., entre outros, Fábio Konder Comparato, ob. cit., p. 283.

35. Há que se ter na matéria, portanto, o cuidado metodológico de, *primeiro*, verificar quais as funções do acionista controlador (poder-função ou direito-função), e os seus deveres (art. 116), para *depois* examinar se no exercício dessa função há "responsabilidade" (epígrafe do art. 117), porque constatado "abuso de poder" (art. 117, *caput*). Repete-se, para efeito de raciocínio, o disposto no art. 116, parágrafo único,

> O acionista controlador deve usar o poder com o fim de fazer a companhia realizar o seu objeto e cumprir sua função social, e tem deveres e responsabilidades para com os demais acionistas da empresa, os que nela trabalham e para com a comunidade em que atua, cujos direitos e interesses deve lealmente respeitar e atender.

O conjunto de deveres impostos ao acionista controlador é composto por obrigações que lhe são impostas, *interna corporis*, e que deve observar, no ambiente em que milita a empresa. O dever legal de natureza privada que tem o acionista controlador está voltado à companhia, cujo objeto deve fazer cumprir, de sorte a que sejam respeitados os direitos e interesses dos demais acionistas, porque polarizados nesse mesmo objeto, que se traduz na exploração de atividade lucrativa e na percepção de dividendos.

Cabe-lhe, igualmente, em *plano superior*, fazer a companhia cumprir a sua "função social", devendo orientá-la para fim que não seja "lesivo ao interesse nacional" (art. 117, § 1º, alínea "a") – além de atender e respeitar lealmente também os direitos e interesses das pessoas que trabalham na empresa e da comunidade onde atua, comandos derivados do postulado constitucional que firma o princípio da função social da propriedade, mobiliária ou imobiliária (Constituição Federal de 1988, art. 170, inc. III).

36. Como se vê, ainda que acolhendo orientação *legitimamente* emanada do acionista controlador (art. 116, *caput*, alínea "b"), os Conselheiros por ele eleitos deliberaram, na Reunião do Conselho de Administração, em estrita observância de seus deveres e obrigações legais, na medida em que a reorganização operacional e societária em tela atende inteiramente não só aos interesses da companhia e de seus acionistas, como também aos *legítimos e legais interesses superiores, extra-societários*, inscrito no art. 116, parágrafo único, tal como exposto na Seção I, acima.

III – Interesse da companhia e objeto social. Conflito de interesses: conflito formal e conflito de interesses substancial

37. Há, como já demonstrado (itens 29 e 30, supra), uma estreita conexão entre o interesse da companhia e o seu objeto social. O interesse comum de todos os sócios, *uti socii*, está ligado ao que a Lei das S/A declara como passível de constituir o objeto da companhia, ou seja, "qualquer empresa de fim lucrativo" (art. 2º, *caput*). Tanto é verdade que a ausência de produção e distribuição de lucros poderá render ensejo a pedido de dissolução e liquidação da companhia, em ação proposta por acionistas que representem 5% ou mais do capital social, na medida em que esta não preenche "o seu fim" (art. 206, inc. II, alínea "b").[16]

Pouco importa a especificidade própria do objeto social de determinada companhia, seja ela apenas operacional (art. 2º, "caput" e § 1º), operacional e também "holding" (idem, § 3º, 2ª parte), ***ou mesmo "holding" pura****, como é o caso da empresa A (§ 3º, 1ª parte): o objeto social,*

16. Veja-se, a respeito, nosso *Dissolução e Liquidação de Sociedades*, São Paulo, Saraiva, 2ª ed., 2000, pp. 213 e ss., onde demonstramos, com apoio em farta jurisprudência, que a esmagadora maioria dos casos em que nossos Tribunais decidiram pela dissolução e liquidação da sociedade, por não "preencher o seu fim" (expressão que consta do art. 205, inc. II, "b"), se deu em face de companhias que não produziam e distribuíam lucros.

ainda que consista exclusivamente na participação em outras sociedades reside, necessariamente, nos seus fins lucrativos, objetivo de toda e qualquer comunidade de acionistas, que se reúne na persecução do escopo comum delineado no objeto social, é, "ex vi legis", a obtenção de lucros a distribuir.

Reitere-se que nenhum outro interesse individual ou egoístico pode se sobrepor a essa finalidade: mesmo que o acionista, *uti singuli*, tenha interesses particulares e pessoais diversos, extra-societários (como é o caso das Autoras, integrantes do Grupo X, que concorre no mercado com a controlada da empresa A), estará legalmente impedido de persegui-los ou de vê-los atendidos, em detrimento do interesse social, uma vez que está obrigado a votar no interesse da companhia de que faz parte, como sócio, *uti socii* (art. 115, *caput*).

38. A Lei das S/A desdobra esse sistema em vários dispositivos, como foi visto na Seção precedente, colocando também como vetor o "*objeto da companhia*", tal como vem ele definido em seu art. 2º. ***Carece de juridicidade, assim, data vênia, pretender, como pretendem as Autoras na Inicial ora examinada, reduzir o objeto social da empresa A à participação na companhia B – fazendo tabula rasa da finalidade expressamente determinada em lei.***

Parece evidente, pois, que a acionista controladora direta da empresa A e indireta da companhia B, se deixasse de implementar a reorganização operacional e societária em pauta, ***assim orientando os membros do Conselho de Administração da "holding"*** *– porque a operação foi reconhecida pelos especialistas e inclusive pelos acionistas não-controladores do mercado, como indispensável para manter e aumentar a produção dos lucros da empresa B, com reflexos imediatos e diretos na lucratividade da companhia A – estaria descumprindo essa obrigação legal, sujeita, portanto, à apuração das responsabilidades correspondentes.*

39. Observe-se que a Lei das S/A, na seqüência, assina tal finalidade para a assembléia geral de acionistas, que "*tem poderes para decidir todos os negócios relativos ao* ***objeto social da companhia*** *e tomar as resoluções que julgar convenientes à* ***sua defesa e desenvolvimento***" (art. 121).

Pelos mesmos motivos, os acionistas não-controladores, dentre os quais as Autoras que, na assembléia geral da empresa A se oponham à implementação da operação, que se destina ao devido cumprimento do objeto social da companhia e à defesa e desenvolvimento de seu objetivo legal, consistente na produção e distribuição de lucros, responderão pelos danos causados, nos termos do art. 115, § 3º, da Lei das S/A.

40. Os administradores também estão adstritos, como já foi frisado, à obrigação legal de fazer a companhia produzir e distribuir lucros, constante do art. 154, *caput*, da Lei das S/A:

> O administrador deve exercer as atribuições que a lei e o estatuto lhe *conferem para lograr os fins e no interesse da companhia*, satisfeitas as exigências do bem público e da função social da empresa.

Não se pode olvidar que o interesse da companhia A, ou o seu interesse social – sociedade empresária que é – reside, *ex vi legis*, na exploração de empresa de fim lucrativo: como sociedade, dedica-se ao "*exercício de atividade econômica e a partilha, entre si (sócios), dos resultados*" (Código Civil de 2002, art. 981); e como sociedade empresária (Código Civil, art. 982, parágrafo único), "rege-se por lei especial" (idem, art. 1.089), no caso a Lei das S/A, que no art. 2º, *caput*, acima reproduzido, determina que seu objeto social deve corresponder a "*empresa de fim lucrativo*".

Pelos motivos expostos, reafirmamos o que escrevemos em Parecer anterior: os administradores da empresa A estão su-

jeitos à obrigação legal de aprovar a reorganização operacional e societária em tela, definindo o voto afirmativo dos representantes da companhia na assembléia geral da companhia B – ***sob pena de responderem civilmente, de forma solidária, pelos prejuízos causados pela omissão ou recusa em aprová-la*** *(Lei das S/A, arts. 158, 159 e 287, inc. II, alínea "b").*

Por fim, os membros do Conselho Fiscal da empresa B devem, igualmente, dar parecer favorável à operação, sob pena de incorrerem na responsabilidade pelos danos causados (Lei das S/A, arts. 165 e 287, inc. II, alínea "b").

41. Como já foi adiantado na Seção I, acima, o quadro acionário da empresa A se acha dividido apenas em ações ordinárias, das quais a (*i*) a companhia C e o Grupo que integra detêm, direta ou indiretamente, 52,35%; (*ii*) D e E possuem 33,4%; e a (*iii*) empresa H é titular de 12,77%.

Cabe repetir que a especificidade do quadro acionário da sociedade A reside em que, tal como já foi largamente demonstrado, as empresas D e E integram o Grupo norte-americano X, e a sociedade H compõe o Grupo norueguês Y, com forte atuação na área de produção e distribuição de derivados minerais, *que competem com o Grupo de que faz parte a empresa C, nos mercados brasileiro e internacional –* ***e que também são concorrentes da companhia B.***

42. Parece patente, assim, que os *interesses extra-societários das Autoras, enquanto acionistas, estão em conflito aberto e substancial com o interesse próprio e legítimo da empresa A e o de sua controlada B.* Em relação à companhia B, esse conflito se estabelece na medida em que quaisquer políticas que visem a sua integração empresarial e a melhoria estratégica da companhia no mercado, aumenta a concorrência no setor e colide com as políticas empresariais do Grupo X – que, juntamente com o Grupo Y, são dois dos maiores *players* globais do segmento.

O conflito de interesses desses dois Grupos, e suas controladas D, E e H, com aqueles próprios da empresa A também é evidente, como se verá na Seção seguinte.

43. É óbvio que sempre se poderá sustentar, como sustentam as Autoras em Juízo, que o interesse do Grupo de que faz parte a empresa C em promover a reorganização operacional e societária da controlada B vem ao encontro de seus interesses extra-societários, porque importará, *ex vi legis*, no aumento da participação por ela diretamente detida no capital da empresa B.

Mas o que cabe indagar, para afastar por completo a alegação, é se há, substancialmente, ***compatibilidade*** *entre esses interesses aparentemente conflitantes, ou seja, se o interesse da empresa B e seu objetivo legal estão sendo devidamente respeitados porque são* ***conciliáveis, compatíveis****, que não entram em colisão, nem são* ***opostos*** *ou* ***contrários*** *aos da Consulente, porque há inclusive* ***coincidência*** *ou* ***convergência*** *entre os mesmos e os eventuais interesses extra-societários da sua controladora.* ***Neste caso, não se lhe pode negar legitimidade jurídica, nem aos administradores por ela eleitos no Conselho de Administração da empresa A, em implementar a reorganização.***[17]

Sim, pela boa e suficiente razão de que inexiste conflito substancial de interesses quando há compatibilidade, coincidência ou convergência de interesses.

44. Com efeito, o art. 115, § 1º, parte final, da Lei das S/A proíbe o acionista de votar nas deliberações da assembléia geral "*em que tiver interesse* ***conflitante*** *com o da companhia*". Não havendo conflito, mas mera convergência e coincidência de

17. Muitas discussões poderiam ser resolvidas com o simples recurso aos léxicos. Aurélio Buarque de Holanda Ferreira, em seu festejado *Novo Dicionário da Língua Portuguesa* (2ª ed., 36ª imp., Nova Fronteira, 1986, p. 451) registra: "*conflitante* [do latim *conflictante*] Adj. 2g *1. colidente*, contraditório: *sentimentos conflitantes. 2. incompatível, inconciliável. 3.* Que está em luta; *oposto, contrário*".

interesses, inexiste o impedimento – como se dá na hipótese vertente, em que já ficou demonstrado que a *aprovação da reorganização operacional e societária da empresa B é questão até de sua sobrevivência, no mercado em que atua, à vista do cenário conjuntural e estrutural que o segmento apresenta* (cf. Seção I, supra).

Conflito de interesses há – e patente – quando o acionista tenta bloquear a operação, impedindo a indispensável integração empresarial da companhia B com a empresa G, colocando em risco sua posição no mercado, e por conseqüência, a manutenção e o incremento de seus lucros, cuja produção e distribuição como dividendos aos acionistas constituem seus "fins sociais".

45. Quanto aos membros do Conselho de Administração da empresa A, eleitos pelo Grupo que a controla, também não há, pelos mesmos motivos, conflito de interesses, e muito menos violação do disposto nos arts. 154, § 1º, 156 e 245 da Lei das S/A, tal como sustentado pelas Autoras na peça vestibular.

O art. 154, § 1º, dispõe que:

> O administrador eleito por grupo ou classe de acionistas tem, para companhia, *os mesmos deveres* que os demais, não podendo, ainda que para defesa do interesse dos que o elegeram, faltar a esses deveres.

Esses "mesmos deveres" são aqueles inscritos no próprio art. 154, *caput*, já referido, a saber:

> *O administrador deve exercer as atribuições que a lei e o estatuto lhe conferem para lograr os fins e no interesse da companhia, satisfeitas as exigências do bem público e da função social da empresa.*

Como já largamente demonstrado, a reorganização operacional e societária em pauta atende plenamente ao interesse da companhia A, contribuindo para que ela possa melhor lograr os seus fins. Eventual orientação, *legítima e legal*, recebida pelos Conselheiros eleitos pelo acionista controlador direto ou indireto de C e G (art. 116, *caput*, alínea "b"), não constitui, obviamente, "defesa dos interesses" da controladora – posto que estes são inteiramente compatíveis e conciliáveis com "os fins e o interesse da companhia" A.

46. Também o art. 156 da Lei das S/A não foi violado pelos membros do Conselho de Administração da companhia A, eleitos pelo Grupo que controla C e G. Reza o *caput* do dispositivo, situado na lei sob a epígrafe "Conflito de Interesses":

> Art. 156. É vedado ao administrador intervir em qualquer operação social em que tiver interesse conflitante com o da companhia, bem como na deliberação que a respeito tomarem os demais administradores, cumprindo cientificá-los do seu impedimento e fazer consignar, em ata de Reunião do Conselho de Administração ou da Diretoria, a natureza e extensão do seu interesse.

Como se denota da simples leitura do mandamento legal, *primeiro*, ele sequer é excogitável na matéria, nos termos em que foi invocado pelas Autoras, na medida em que, a prevalecer a interpretação que sustentam, todo e qualquer administrador estaria impedido de deliberar sobre matérias que afetassem quem os elegeu, ainda que os interesses deste fossem compatíveis e convergentes com os da companhia. Na hipótese vertente a vedação incide, e claramente, sobre os conselheiros indicados pelos Grupos X e Y, porque os interesses extra-societários dessas acionistas indiretas são ilegítimos e ilegais, como se viu. Na verdade essa regra deve ser interpretada em conjunto com a que consta do art. 117, § 1º, alínea "e", e § 2º, já examinado: apenas se houvesse interesse conflituoso e prejudicial à companhia é que haveria impedimento; mas no caso há interesse coincidente, compatível e convergente, como já ficou demonstrado.

Em *segundo* lugar, o art. 156, *caput*, cuida claramente de conflito ***substancial*** de interesses, ou seja, daquele que requer a verificação, de fato, se há ou não interesses conflitantes – e já ficou até aqui bem evidenciado que tal não se deu. Muito diferente é a norma que consta do § 1º do mesmo art. 156,[18] que trata de conflito ***formal*** de interesses, ou seja, a hipótese em que o administrador *contrata* com a companhia, em que a vedação legal sempre prevalece, porque a hipótese pode caracterizar autentica contratação consigo mesmo.

47. Por fim, também não vislumbramos vulneração ao art. 245 da Lei das S/A,[19] porque a reorganização operacional e societária da empresa B não está sendo implementada "em prejuízo da companhia", nem visa "favorecer sociedade coligada, controladora ou controlada", pressupostos de aplicação da aludida norma legal.

IV – Conceito legal de objeto social. Interesse social da Empresa "A" "versus" interesses extra-societários

48. A empresa A é uma companhia fechada, que "tem por objeto social a administração de bens próprios e a participação em outras sociedades comerciais ou civis, nacionais ou estrangeiras, como sócia, acionista ou quotista" (Estatuto, art. 3º). Trata-se, repita-se, de uma sociedade *holding*, cujo objeto social atende o disposto no art. 2º, *caput*, e § 3º, 1ª parte, da Lei das LSA, *verbis*:

> Art. 2º. Pode ser objeto da companhia *qualquer empresa de fim lucrativo*, não contrário à lei, à ordem pública e aos bons costumes.
>
> (...).
>
> § 3º. A companhia pode ter por objeto participar de outras sociedades (...).

Como já foi acima sublinhado, o interesse da companhia A, ou o interesse social – sociedade empresária que é – reside, *ex vi legis*, na exploração de empresa de fim lucrativo: como sociedade, dedica-se ao "*exercício de atividade econômica e a partilha, entre si (sócios), dos resultados*" (Código Civil de 2002, art. 981); e como sociedade empresária (Código Civil, art. 982, parágrafo único), "rege-se por lei especial" (idem, art. 1.089), no caso a Lei das S/A, que no art. 2º, *caput*, acima reproduzido, determina que seu objeto social deve corresponder a "*empresa de fim lucrativo*".

49. É à luz desses dispositivos que cabe examinar os deveres que a Lei das S/A prescreve para o acionista controlador e para os Conselheiros, para aquilatar se houve abuso de poder por parte do primeiro, ou descumprimento de mandamento legal, pelos segundos.

Quanto ao acionista controlador, os casos de abuso do poder de controle são indicados, em elenco aberto e que não constitui *numerus clausus* (dada a grande latitude dos deveres), nas oito alíneas do § 1º do art. 117. Para as questões postas na Consulta, as alíneas que merecem exame mais detido ("a", "b" e "e"), nada mais são do que a especificação, para o acionista controlador, da regra geral sobre conflitos de interesses, inscrita na parte final do art. 115, *caput*, para todos os acionistas, já analisada anteriormente (Seção I). Todas essas normas, como se deduz facilmente de seus enunciados, exigem, como será demonstrado mais de espaço, a verificação *in concreto*, caso a caso, se há ou não conflito, segundo entendimento dominante na doutrina e na jurisprudência,[20] não

18. "§ 1º. Ainda que observado o disposto neste artigo, o administrador somente pode *contratar* com a companhia em condições razoáveis ou eqüitativas, idênticas às que prevalecem no mercado ou em que a companhia contrataria com terceiros."

19. "Art. 245. Os administradores não podem, em prejuízo da companhia, favorecer sociedade coligada, controladora ou controlada, cumprindo-lhes zelar para que as operações entre as sociedades, se houver, observem condições estritamente comutativas, ou com pagamento compensatório adequado (...)."

20. V. Luiz Gastão Paes de Barros Leães, *Estudos e Pareceres sobre Sociedades Anônimas*, Ed. RT, 1989, pp. 9 e ss. Calixto Salomão Filho, em estudo crítico sobre a reforma da Lei das S/A encetada

havendo como falar-se em ***conflito formal***, mas ao reverso, em ***conflito substancial***, a exigir a investigação casuística.

50. O conflito formal se verifica apenas nas duas primeiras hipóteses previstas na parte inicial do art. 115, § 1º, quando a Lei das S/A afirma que "o acionista *não poderá votar* nas deliberações da assembléia geral relativas ao laudo de avaliação de bens com que concorrer para a formação do capital social e à aprovação de suas contas, como administrador (...)". As demais, constantes da parte final do dispositivo ("nem em quaisquer outras que puderem beneficiá-lo de modo particular, ou em que tiver interesse conflitante com o da companhia"), dizem respeito a ***conflito substancial***, daí a necessidade de verificar, *in concreto*, se há benefício particular para o sócio, contrastante com o interesse da companhia, ou conflito de interesses.

51. Quanto à primeira alínea do § 1º do art. 117 que está a merecer análise ("*a*"), sua dicção estabelece que constitui modalidade de exercício abusivo de poder:

> orientar a companhia para fim estranho ao objeto social ou lesivo ao interesse nacional, ou levá-la a favorecer outra sociedade, brasileira ou estrangeira, em prejuízo da participação dos acionistas minoritários nos lucros ou no acervo da companhia, ou da economia nacional.

A norma, como se vê, tem duas vertentes. A primeira delas põe em relevo a estreita conexão entre o poder de controle e o objeto social, já destacada anteriormente (Seção I), quando ficou evidenciado que a reorganização operacional e societária em tela se ajusta de molde aos fins sociais da empresa A e da companhia B. Sob esse mesmo ângulo, é equivocado sustentar que a operação visa a "favorecer outra sociedade", pois tal como já foi demonstrado, o "favorecimento", se houvesse, *não* se fará "em prejuízo da participação dos acionistas minoritários nos lucros ou no acervo da companhia", conforme atestado pelos estudos técnicos, abonados pelos acionistas da controlada empresa B, investidores do mercado. Não haveria conflito de interesses, mesmo admitindo-se a alegação, para argumentar, mas, ao reverso, convergência ou coincidência, juridicamente legítima, dos interesses do Grupo de que fazem parte as empresas C e G, com os das companhias A e B.

52. A outra vertente do dispositivo põe em relevo a função social e os interesses nacionais que devem pautar a conduta do acionista controlador. Também sob esse aspecto resta mais do que evidente que o procedimento reorganizativo em pauta não é "lesivo ao interesse nacional", e muito menos importa "em prejuízo" para a "economia nacional".

Pelo contrário: a julgar pelas avaliações técnicas referidas na Seção I, a reorganização operacional e societária da empresa B trará sensíveis benefícios para a economia nacional e para a agricultura brasileira, ao estruturar unidade produtiva e de comercialização de porte equivalente aos de suas concorrentes no mercado internacional, além de propiciar menor dependência de insumos importados, por parte da companhia controlada pela companhia A.

53. A alínea seguinte ("*b*") do § 1º do art. 117, que contende com a matéria objeto da Consulta, tipifica, como modali-

pela Lei 10.303/2001, que não modificou a disciplina da matéria, sustenta que o conceito de "conflito de interesses" padeceria de imprecisão – porque ligado ao "mal definido e mal estabelecido estruturalmente como é o (conceito de) interesse social" (no que discordamos, data vênia) – mas consigna, corretamente, em nota, com apoio em vários acórdãos, inclusive do TJSP, que *diante do direito posto*, "*as decisões proferidas por nossos Tribunais Superiores manifestam alinhamento à interpretação dada pela doutrina à matéria, que considera o interesse da companhia como o interesse comum dos sócios abstratamente considerados ('uti socii') e não como a somatória de interesses individuais de cada acionista ('uti singuli'), ou mesmo como interesses estranhos à relação jurídica societária*" ("Conflitos de interesses: a oportunidade perdida", publicado na obra coletiva *Reforma da Lei das Sociedades Anônimas*, coord. Jorge Lobo, Forense, 2002, pp. 354 e 364).

dade de exercício de poder pelo acionista controlador:

> *promover* liquidação de companhia próspera, ou a transformação, *incorporação*, fusão ou cisão *da companhia, com o fim de obter*, para si ou para outrem, *vantagem indevida, em prejuízo dos demais acionistas, dos que trabalham na empresa ou aos dos investidores em valor mobiliários emitidos pela companhia.*

Como será exposto na Seção VII, a incorporação de ações de uma ***outra*** companhia (empresa G), para o fim de constituir subsidiária integral não constitui verdadeira e própria incorporação societária, o que afastaria, ***em primeiro lugar***, a aplicação do dispositivo transcrito.

Ainda que se o considere aplicável, *ad argumentandum tantum*, é bem de ver que a lei alude a "*incorporação (...) da companhia*", o que *não* ocorre na hipótese sob exame, pois ***a empresa A não participa da operação, seja como incorporadora, seja como incorporada*** – *aí residindo*, em ***segundo lugar***, *a razão que subtrai a reorganização do âmbito de incidência da alínea comentada.*

Em ***terceiro lugar***, só haverá abuso de poder do controlador se a operação for promovida "com o fim de obter, para si ou para outrem, vantagem indevida", o que também *não* sucede na espécie, tal já foi suficientemente demonstrado (Seção II), pois a empresa A só terá benefícios com sua implementação, representados pelo aumento dos níveis de dividendos que passará a receber com a sua participação na companhia B, e pela melhoria da qualidade de suas participações, uma vez que todas as ações desta última companhia passarão a ser ordinárias, com dividendo mínimo obrigatório majorado de 25% para 27,5%, e com maior liquidez e rentabilidade, visto que passarão a ser listadas no Novo Mercado da BOVESPA.

Em ***quarto lugar***, a tipificação de abuso de poder de que se está a tratar requer que da operação resulte "prejuízo dos demais acionistas, dos que trabalham na empresa ou dos investidores em valores mobiliários emitidos pela companhia". Já foi mais do que ressaltado que a reorganização operacional e societária aqui tratada não causa qualquer prejuízo, nem aos acionistas da empresa A, nem aos acionistas da companhia B, pois, ao contrário, com sua implementação terão aumentados os seus dividendos – fato tão evidente que parcela expressiva "dos investidores em valores mobiliários emitidos pela companhia" B já se manifestou favoravelmente à sua aprovação. Como também não haverá prejuízos para aqueles que "trabalham na empresa", pois a companhia B se tornará mais sólida e eficiente, apta a enfrentar a acirrada concorrência que se estabelece no segmento empresarial em que milita – mormente por parte do Grupo societário integrado pelas Autoras.

54. A última alínea do § 1º do art. 117 a cogitar ("*e*"), estabelece que constitui abuso de poder do controlador:

> induzir, ou tentar induzir, administrador ou fiscal a praticar ato ilegal, ou descumprindo seus deveres definidos nesta Lei e no estatuto, promover, contra o interesse da companhia, sua ratificação pela assembléia geral.

A alínea "e", que se vinculada à anterior alínea "d"[21] (porque só um administrador moralmente inapto se submeteria a esse constrangimento ilegal), cuida da ilegítima intromissão do acionista controlador na administração da sociedade. Afastada a discussão de sua parte final, uma vez que a deliberação sobre a matéria, na empresa A, compete ao Conselho de Administração (cf. Seção VIII, abaixo), não há como fugir à conclusão de que o dispositivo transcrito não tem qualquer aplicação à espécie, porque a operação não padece de qualquer ilegalidade, estruturada que foi segundo o disposto no art. 252 da Lei das S/A, para atender o interesse da

21. "Art. 117. (...). § 1º. São modalidades de exercício abusivo do poder (...); d) eleger administrador ou fiscal que sabe inapto, moral ou tecnicamente (...)."

empresa B e de todos os seus acionistas, inclusive os da companhia A.

De outra parte, descabe cogitar-se de abuso de poder por parte do Grupo de que fazem parte as empresas C e G, nos termos em que se acha definido na Instrução CVM n. 323/2000, porque a reorganização operacional e societária da companhia B não está sendo feita "no interesse exclusivo do acionista controlador" (art. 1º, inc. II), tal como já foi suficientemente demonstrado, e muito menos, "alienação de bens do ativo (...) no interesse preponderante do acionista controlador" (idem, inc. III).

55. Em suma: a análise detida e minuciosa, talvez cansativa, até, das normas da Lei das S/A que regulam os deveres do acionista controlador, ao exercer o direito-função que lhe é deferido (art. 116, parágrafo único), bem como as hipóteses qualificadas como abuso do poder de controle, em situações assemelhadas àquelas objeto da Consulta (art. 117, § 1º, alíneas "a", "b" e "e"), e que têm sido invocadas pelas Autoras, conduz à inafastável conclusão de que não há, seja de parte do Grupo integrado pelas empresas C e G, seja por parte dos Conselheiros que elegeram na companhia A, qualquer conduta que possa ser qualificada como juridicamente abusiva, nem em fraude à lei.

56. Se não estão caracterizados, em absoluto, nem o abuso de poder, nem fraude à lei, e se inexiste conflito de interesses por parte dos administradores eleitos pela companhia C na empresa A, porque convergentes e coincidentes os interesses da acionista controladora com os da companhia A e da sociedade B, como qualificar a Ação ora proposta pelas Autoras? Parece tipificar, uma vez mais, abuso de direito, pela procrastinação indevida da reorganização operacional e societária em curso. Essa conduta já vem causando prejuízos para a empresa A, pelo adiamento da Assembléia Geral Extraordinária da companhia B, regularmente convocada – bem como aos seus demais acionistas – prejuízos estes consistentes, tanto na não percepção de dividendo mínimo obrigatório majorado, de 25% para 27,5%, quanto na participação nos lucros substancialmente maiores, decorrentes da elevação do faturamento anual da empresa B (estimado em mais do que o dobro do valor estimado para 2006, conforme registrado no item 4, supra).

57. O abuso de direito do acionista, como sabido, não se restringe àquele tipificado no art. 115, *caput*, da Lei das S/A, pois a lei acionária limitou-se a caracterizá-lo quanto ao padrão de voto a ser observado na assembléia geral ("o acionista deve exercer o direito a voto no interesse da companhia; considerar-se-á abusivo o voto exercido com o fim de causar dano à companhia ou a outros acionistas, ou de obter, para si ou para outrem, vantagem a que não faz jus e de que resulte, ou possa resultar, prejuízo para a companhia, ou para outros acionistas").

Obviamente essa hipótese não esgota os casos de exercício ilegal e ilegítimo do direito, pelo acionista, que pode perpetrar abusos através de outros meios. A hipótese vertente parece constituir exemplo conspícuo da asserção, pois as acionistas D e E, que integram Grupo econômico *que compete com a empresa B*, vêm travando batalhas judiciais, com a finalidade de obstaculizar a sua necessária reorganização operacional e societária, impedindo o fortalecimento e o aumento da competitividade e dos lucros da sociedade controlada pela companhia A.

58. Não parece que a busca do ressarcimento cabível, tanto pela empresa A, quanto pela companhia B, esteja limitada ao pleito contemplado nos arts. 17 e 18 do Código de Processo Civil (litigância de má-fé), pois a "multa" de natureza processual prevista neste último dispositivo, tal como vem sendo interpretada e aplicada por nossos Tribunais, situa-se muito aquém dos efetivos prejuízos que os Grupos X e Y já causaram, e continuam a causar, pelos atos ilícitos praticados.

59. Além da responsabilidade contratual (Código Civil de 2002, art. 422)[22] e da responsabilidade extracontratual (idem, art. 186), havendo abuso do direito, não há como fugir à aplicação de uma das mais felizes soluções do Código Civil de 2002, que o qualificou como ato ilícito, no art. 187, *verbis*:

> Art. 187. Também comete ato ilícito o titular de um direito que, ao exercê-lo, excede manifestamente os limites impostos pelo seu fim econômico ou social, pela boa-fé ou pelos bons costumes.[23]

Esse mandamento, na verdade, não representa propriamente uma novidade, mas o que tem de elogiável é o fato de colocar em ordem direta o que já constava, em ordem inversa, no Código Civil de 1916, pois sempre fez parte do sistema de Direito positivo brasileiro, embora em texto indireto, de interpretação *a contrario sensu*, a norma de ordem pública segundo a qual a ninguém é permitido abusar de seu direito, como era de entendimento pacífico na doutrina e na jurisprudência.[24]

60. A alteração substantiva trazida pelo Código Civil de 2002, nessa regra de ordem pública, reside em que toma a noção de "boa-fé" em sua acepção *objetiva*. Subjetivamente, para identificar se determinada conduta constitui ato ilícito (art. 186), é necessário provar a *má-fé* do agente, que constitui elemento de aferição da *boa-fé subjetiva*, também designada por boa-fé "psicológica", que resulta da crença do agente (acionista, no caso) de ter exercido o direito de modo regular, segundo a seguinte alternativa: ou o agente ignora os fatos reais, segundo os padrões que o dispositivo indica, e estaria exercendo o direito de boa-fé; ou *não* os ignora (como se dá, na hipótese da Consulta, sobretudo porque todos os acionistas foram informados sobre a reorganização operacional e societária da empresa B através de Fato Relevante divulgado segundo as normas da CVM, e as Autoras também tiveram conhecimento da posição favorável de parcela expressiva dos acionistas do mercado de capitais, por outro Fato Relevante). Já para a configuração do ato ilícito previsto no art. 187 *é dispensável a prova da má-fé*, porque o reconhecimento da ilicitude, nesse caso, prescinde de dolo – e mesmo de culpa (negligência, imprudência ou imperícia). Basta que o agente tenha se desviado do padrão de conduta fixado no art. 187 para que fique caracterizado, *objetivamente*, o ato ilícito, não cabendo indagar se ele, no seu íntimo, queria ou não causar danos, se teve culpa ou não pelos prejuízos que causou ou podia causar.[25]

22. A sociedade, e a companhia também, mormente a fechada, têm índole contratual, porque constituída através de contrato, da espécie dos contratos plurilaterais. As controvérsias sobre essa qualificação perderam força com a promulgação do Código Civil de 2002, que expressamente atribui à sociedade a natureza de contrato (art. 981). Com isso, é inteiramente aplicável às sociedades, e aos seus sócios e acionistas, o disposto no art. 422, segundo o qual "os contratantes são obrigados a guardar, assim na conclusão do contrato, como em sua execução, os princípios da probidade e boa-fé", tal como sustentamos no Estudo Introdutório à obra póstuma de Celso Barbi Filho, *Dissolução Parcial de Sociedades Limitadas* (Belo Horizonte, Mandamentos Editora, 2004, pp. 13-40).

23. Segundo a douta opinião do Ministro do STJ, Ruy Rosado de Aguiar Júnior, exposta *avant la lettre* do Código vigente: "*talvez seja, do ponto de vista do Direito Obrigacional, a cláusula mais rica do Projeto* (hoje o art. 187 do Código Civil de 2002, acrescentamos). *Reúne, em um único dispositivo, os quatro princípios básicos que presidem o sistema: o abuso do direito, o fim social, a boa-fé e os bons costumes. Bastaria acrescentar a ordem pública para tê-los todos à vista*" (in "Projeto do Código Civil – As obrigações e os contratos", *RT* 775/23).

24. Código Civil de 1916, art. 160: "não constituem atos ilícitos: I – os praticados em legítima defesa ou no exercício regular de um direito reconhecido". O que significa, *a contrario sensu*, que "constitui ato ilícito aquele praticado no exercício irregular de um direito reconhecido".

25. É essa a conclusão dominante na doutrina e na jurisprudência brasileira, traduzida, p. ex., na 37ª Súmula de entendimentos a que chegou a 1ª Jornada do STJ: "*A responsabilidade civil decorrente*

61. Ora, impedir a implementação da reorganização operacional e societária da empresa B, promover e continuar promovendo medidas que importaram no adiamento da Assembléia Geral Extraordinária regularmente convocada para aprová-la – porque sua implementação não atende às políticas empresariais do poderoso grupo econômico concorrente, de que as Autoras fazem parte, interessados em não fortalecer a sociedade controlada pela sociedade A – constitui, objetivamente, abuso de direito, ato ilícito, portanto, sujeito a reparação dos prejuízos que a Consulente e a sua controlada experimentam e experimentarão.

V – Legítimo interesse da Empresa "A" e de todos os seus acionistas na implementação da reorganização operacional e societária da Companhia "B"

62. Fixadas, nas Seções anteriores, que os fins da companhia – no caso concreto, a empresa A – são representados pelo interesse de todos os seus acionistas, não individualmente considerados, mas enquanto acionistas, *uti socii*, e que esse objetivo, abstratamente comum, *ex vi legis*, está centrado na melhor consecução do objeto social, com vistas à produção e distribuição de lucros (Lei das S/A, art. 2º, *caput*), cumpre agora, detalhar as vantagens dos acionistas da empresa A em relação à reorganização operacional e societária em exame – interesses esses já manifestados, reitere-se, por administradoras de parcela expressiva das ações preferenciais em circulação da companhia B, no mercado.

A empresa A, na qualidade de acionista da companhia B, vai experimentar diretamente, como os demais acionistas, dentre outras, as vantagens já mencionadas na Seção I, supra. Além do aumento dos lucros e dividendos, derivado da substancial economia decorrente do aproveitamento de sinergias geradas pela união das maiores fornecedora e produtora de derivados de minerais do país, e da simplificação da estrutura societário-organizacional e competitividade da controlada, haverá, como conseqüência, (*i*) a valorização e o aumento de liquidez das ações da empresa A; (*ii*) a extensão de direito de voto, pois todas as ações preferenciais serão trocadas por ações ordinárias – valendo notar que a empresa A é detentora de 43,25% das ações preferenciais da companhia B; (*iii*) a majoração do dividendo mínimo obrigatório a que faz jus a empresa A, de 25% do lucro líquido, para 27,5%; (*iv*) a concessão de direito estatutário de retirada conjunta ou de venda conjunta das ações da companhia A, no caso de alienação da participação acionária do acionista controlador (*tag along*), com a obrigação de o adquirente de mais de 50% de ações da sociedade B realizar oferta pública de aquisição das demais ações, nos termos do art. 254-A da Lei das S/A; (*v*) a adesão da empresa B ao Novo Mercado da BOVESPA, subordinando a companhia a uma série de padrões organizativos traduzidos nas denominadas "boas práticas de governança corporativa", mais severos que os impostos pela Lei das S/A.

63. É fácil constatar, assim, que a reorganização operacional e societária da companhia B atende, plenamente, os interesses da empresa A e de todos os seus demais acionistas. Não se pode perder de vista que a empresa controlada é uma *companhia aberta*, e, nessas condições, a opinião dos investidores, titulares de ações preferenciais em circulação no mercado, assume grande relevância, para aferir se a operação é ou não vantajosa; cabe repisar, pela grande importância, que parcela expressiva desses acionistas, através de administradoras desse patrimônio acionário, já se manifestou favoravelmente à aprovação da reorganização (v. Seção I, supra).

do abuso do direito independe de culpa e fundamenta-se somente no critério objetivo-finalístico".

Não está caracterizado, pois, conflito entre os interesses dos Conselheiros eleitos pelo Grupo integrado pelas empresas C e G na companhia A, e os interesses desta, pois a Companhia, tal como seus demais acionistas (inclusive as Autoras), irão experimentar, na percepção de dividendos e na melhoria operacional e organizativa da controlada B, os mesmos benefícios e vantagens acima detalhados. Os eventuais interesses extra-societários do Grupo de que fazem parte as empresas C e G que também sejam atendidos pela reorganização *são juridicamente legítimos*, posto que convergentes e coincidentes com os interesses da companhia A, tal como exposto anteriormente.

VI – Incorporação de sociedades "versus" incorporação de ações para a constituição de subsidiária integral. Negócio jurídico típico com alterações de participações societárias e diluição de participação societária típica e legal. Negócio jurídico indireto e fraude à lei. Incorporação e alienação de controle

64. Outro problema prévio que cabe elucidar, para bem situar as questões postas na Consulta, diz respeito à distinção – que é clara, a despeito das confusões que as Autoras queiram fazer a respeito – entre as operações de incorporação de sociedades e a incorporação de ações, para a constituição de subsidiária integral.

A incorporação de sociedades, operação antiga e tradicional no Direito positivo brasileiro, vem definida no art. 227, *caput*, da vigente Lei das S/A, que reproduz literalmente o conceito adotado pelo revogado Decreto-lei n. 2.627, de 26 de setembro de 1940:

> *incorporação é a operação pela qual uma ou mais sociedades são absorvidas por outra, que lhes sucede em todos os direitos e obrigações.*

O procedimento atinente à incorporação foi sensivelmente simplificado pela atual Lei das S/A, que passou a requerer três (3), ou apenas duas (2)[26] assembléias gerais para implementar o procedimento: (*i*) uma, ou duas, da sociedade incorporadora, destinada(s) a examinar e deliberar sobre a justificação (art. 225) e o protocolo (art. 226), autorizar o aumento de capital a ser subscrito e realizado pela incorporada mediante conferência do ativo líquido e aprovar o laudo de avaliação; (*ii*) a outra assembléia, da sociedade incorporada, aprova, simetricamente, a justificação (art. 225), o protocolo (art. 226) e o laudo de avaliação (art. 227, § 3º), autorizando seus administradores a praticar os atos necessários à incorporação, inclusive a subscrição do aumento de capital da incorporadora (art. 227, § 2º), com o que "*extingue-se a incorporada*, competindo à primeira (incorporadora) promover o arquivamento e a publicação dos atos de incorporação" (art. 227, § 3º).

A nota característica da operação de incorporação de sociedades – que a distingue da operação de incorporação de ações para a constituição de subsidiária integral – reside na extinção da sociedade incorporada (art. 227, § 3º), absorvida pela incorporadora, que a "sucede em todos os direitos e obrigações" (art. 227, "caput").

65. Já a incorporação de ações para a constituição derivada de sociedade unipessoal, a subsidiária integral, foi inovação bem recebida, posto que inexistente no regime do Decreto-lei n. 2.627, de 1940, a revogada Lei das S/A.

Trata-se de operação de "incorporação de todas as ações do capital social de outra companhia brasileira, para convertê-la em subsidiária integral, (que) será submetida à deliberação da assembléia geral das duas companhias mediante protocolo

26. É o procedimento mais usual, largamente praticado com abono nas lições dos eminentes Autores do Anteprojeto convertido na Lei 6.404/1976, Alfredo Lamy Filho e José Luiz Bilhões Pedreira (in *A Lei das S/A*, Renovar, pp. 588 e ss.).

e justificação, nos termos dos arts. 224 e 225" (art. 252, *caput*).

A vigente Lei das S/A requer a realização de duas assembléias gerais para a implementação da operação: (*i*) uma, da companhia incorporadora, que, nos termos do § 1º do art. 252, "se aprovar a operação, *deverá autorizar o aumento de capital*, a ser realizado com as ações a serem incorporadas e nomear peritos que as avaliarão; os acionistas não terão direito de preferência para subscrever o aumento de capital, mas os dissidentes poderão retirar-se da companhia, observado o disposto no art. 137, inc. II, mediante o reembolso do valor de suas ações, nos termos do art. 230"; (*ii*) na outra, "assembléia geral da companhia cujas ações houverem de ser incorporadas (que) somente poderá aprovar a operação pelo voto da metade, no mínimo, das ações com direito a voto, e se a aprovar, autorizará a diretoria a subscrever o aumento de capital da incorporadora, por conta de seus acionistas" (art. 252, § 2º, 1ª parte). Também aqui "os dissidentes da deliberação terão direito de retirar-se da companhia, observado o disposto no art. 137, inc. II, mediante o reembolso do valor de suas ações, nos termos do art. 230" (art. 252, § 2º, 2ª parte).

A operação se torna efetiva com a aprovação do laudo de avaliação pela assembléia geral da sociedade incorporadora e o recebimento, pelos acionistas da companhia incorporada, cujas ações são extintas, das ações da incorporadora que lhe couberem (art. 252, § 3º).

66. Como é fácil constatar, o aumento de capital na incorporação de ações para a constituição de subsidiária integral é *compulsório*, porque constitui requisito ou elemento integrativo natural e inafastável do procedimento.[27] *Essa disciplina legal assume grande relevância para o deslinde das questões colocadas na Consulta, na medida em que o aumento da participação direta e indireta do Grupo de que fazem parte as companhias C e G, na empresa B é decorrência natural, própria e compulsória da operação, "ex vi legis", o que afasta por completo qualquer cogitação a respeito de abuso de poder de controle daquela acionista controladora, e da alegação de diluição indevida da participação da sociedade A naquela controlada.*

67. *Verifica-se, portanto, que a operação de incorporação de ações para a constituição de subsidiária integral – hipótese de que trata a Consulta – é inteiramente diferente da operação de incorporação de sociedades*, pois (*i*) não importa em extinção da companhia cujas ações foram incorporadas; (*ii*) enseja aos acionistas dissidentes direito de recesso ou retirada em bases mais amplas do que o reconhecido na incorporação de sociedades (arts. 136, IV, 137, II, e art. 252, §§ 1º e 2º). Apenas se submete, parcialmente, ao procedimento previsto para a incorporação patrimonial (arts. 224, 225 e 230), por opção prática e elogiável do legislador, posto que compatível com a operação, dada a desnecessidade de repetir a disciplina do mesmo *iter* procedimental, inteiramente aproveitável na incorporação de ações para a constituição de subsidiária integral.

Não se trata, assim, de verdadeira e própria incorporação, mas, se tanto, de "incorporação ficta",[28] ***pois a companhia que tem a totalidade de suas ações incorporadas ao patrimônio de outra não se extingue****, subsistindo como subsidiária integral, dotada da mesma personalidade jurídica, autônoma e independente da de sua controladora.*

Por via de conseqüência, a operação, que é um negócio jurídico-societário típi-

27. V., a respeito, nosso *Aumentos de Capital...*, cit., pp. 67 e ss.

28. Segundo Modesto Carvalhosa, "embora a doutrina fale em incorporação, não do patrimônio, mas da totalidade das ações da companhia, *na realidade não há qualquer incorporação.* Apenas seguem-se, no caso, os procedimentos próprios da incorporação patrimonial previstos nos arts. 223 a 227" (*Comentários...*, cit., vol. 4, t. II, 1998, p. 135).

co, não pode ser qualificada como "alienação, oneração ou transferência" das ações detidas pela empresa A no capital social da companhia B, pois o que decorre do disposto no art. 252 da Lei das S/A é a extinção das ações da incorporada detidas por seus acionistas, inclusive as de propriedade da empresa A, que, em contrapartida, receberão diretamente da companhia B as ações emitidas em virtude do aumento de capital legalmente exigido para a concretização do procedimento.

Diante disso, a modificação de participações acionárias é, assim, típica e co-essencial ao regime jurídico de incorporação de ações para a constituição de subsidiária integral, tal como previsto no art. 252 da Lei das S/A. A impropriamente chamada "diluição" (*rectius*: nova participação decorrente do aumento de capital legalmente exigido para a concretização da operação), não pode ser enquadrada, juridicamente, nos conceitos de "alienação, oneração ou transferência", constantes do art. 12, alínea "iv", do Estatuto da companhia A.

Pelos mesmos motivos, a incorporação de ações para a constituição de subsidiária integral – operação societária típica, repita-se – além de não configurar "alienação de ações", não importa, também, em "*alienação de controle*" – tanto que, ao que consta, a CVM, que já aprovou a reorganização operacional e societária da companhia aberta B, não exigiu a realização de OPA (oferta pública para a aquisição de ações dos acionistas não controladores), o que seria exigido, pela Autarquia, nos termos da Instrução CVM n. 361, de 5.3.2002, caso tivesse ocorrido alienação de controle.

68. Na nova Ação, ora examinada, as Autoras se valem de um outro argumento: a operação corresponderia a "*negócio indireto*" (lícito, em princípio, como todos sabem), mas negócio jurídico ilícito. Para tanto se respaldam nos adminículos e subsídios colhidos dos Pareceres que capearam à Inicial, cujo valor já foi mencionado (v. nota 2, acima), que por sua se apóiam nas lições de Tullio Ascarelli. Das duas uma: ou as Autoras não leram os ensinamentos do Mestre, ou, o que é pior, os leram e não os entenderam, data vênia, pois o grande jurista demonstrou com proficiência a licitude, em princípio e na grande maioria dos casos, do negócio jurídico indireto.[29]

Admitindo-se, *ad argumentandum tantum*, que a hipótese de fato ora examinada, configuraria *negócio jurídico indireto*, nem assim a operação poderia ser acoimada de ilegal, realizada em "*fraude à lei*", o que só poderia ocorrer em virtude de ***simulação***. Não há, no caso, qualquer simulação – *e por certo, em razão disso, as Autoras não invocaram, nem tomaram por fundamento o dispositivo legal que define essa figura jurídica, da qual decorre a nulidade dos negócios jurídicos (art. 167 do Código Civil de 2002)*. A operação societária em exame constitui negócio jurídico-societário típico, claramente previsto e bem disciplinado no art. 252 da Lei das S/A, como ressaltado nos itens precedentes. As partes manifestaram declarações de vontade claras, reais e não simuladas, porque quiseram "conferir ou transmitir direitos" aos acionistas da incorporadora e incorporada *na medida exata e real* que o aludido que o citado dispositivo exige (e o fizeram, o que não foi contestado, de forma efetiva e não "aparentemente" – o que, aí sim, representaria violação do 167, § 1º, inc. I, do Código Civil). Não é possível argüir-se, portanto, ter havido "fraude à lei".

VII – Qualificação jurídica do estatuto social das companhias. Formação e competências do Conselho de Administração da Empresa "A". Voto múltiplo

69. O Estatuto Social constitui a base da estrutura jurídico-organizacional da

29. "O negócio indireto", estudo publicado na obra *Problemas das Sociedades Anônimas e Direito Comparado*, 1ª ed., São Paulo, Saraiva, 1945, pp. 99 e ss.

companhia, tanto que já na sua constituição os seus fundadores deverão elaborar o respectivo projeto, de acordo com o disposto no art. 83 da Lei das S/A:

> O projeto de estatuto deverá satisfazer a todos os requisitos exigidos para os contratos de sociedades mercantis em geral e aos peculiares à companhia, e *conterá as normas pelas quais se regerá a companhia.*

O estatuto é imperativo no âmbito interno da companhia, constituindo ato-regra de observação obrigatória por todos os acionistas, cujos direitos e obrigações vêm nele disciplinados, notadamente quanto à participação nos lucros (art. 202, *caput*); daí porque somente pode ser modificado por deliberação da assembléia geral (art. 121, inc. I), até porque define e baliza as competências e a atuação dos administradores (art. 154, *caput*), que estão sujeitos a ação de responsabilidade caso venham a violá-lo (art. 158, inc. I), o mesmo sucedendo com os conselheiros fiscais (art. 165, *caput*).

70. Como já tivemos o ensejo de assinalar,[30] ao analisar o mencionado art. 83, "aparta a lei o contrato constitutivo do regulamento interno da sociedade, aquele abrangendo este último, que contém 'as normas pelas quais se regerá a companhia'. Nas palavras de Fábio Konder Comparato, 'os estatutos sociais apresentam-se, assim, como *ato-regra*, para retomarmos a expressão dos institucionalistas franceses, sem embargo de sua adoção como conteúdo do negócio jurídico plurilateral de criação da sociedade. *Eles representam o papel desempenhado pela constituição política no plano estatal*, assinalando as finalidades da instituição, *a sua organização e o modo de designação dos respectivos órgãos, o seu funcionamento e os seus poderes.* ***Reconhece-se, pois, nos estatutos sociais, a natureza de direito objetivo, de 'jus positum' no direito corporativo'***".

Ao nos filiar à doutrina do ato-regra, dominante na explicação da natureza jurídica do Estatuto Social, tivemos presente que essa modalidade de negócio jurídico é uma das espécies em que se subdividem os atos jurídicos *lato sensu*, originário da manifestação volitiva criadora de uma norma de conduta dotada de força obrigatória, apta a pautar comportamentos individuais. *Embora no primeiro plano dos atos-regra figure a lei, não é somente esta que vem dotada de força cogente: o Estatuto, também*, como se colhe das lições do eminente Caio Mário da Silva Pereira, de que já nos aproveitamos alhures, que estão a merecer transcrição, por iluminarem o cenário jurídico que se deve ter presente para enfrentar a questão posta do Primeiro Quesito da Consulta: "quando alguns indivíduos se agrupam e elaboram, pela declaração de vontade, um conjunto de normas jurídicas a que se vêem submetidos, *procedem em paridade de situação com o legislador e criam regras jurídicas*, que, nem por se constringirem dentro das fronteiras restritas de um reduzido número de pessoas, deixam de ter o aspecto bem nítido de normas jurídicas (...) uma pessoa pode deixar de entrar para o grupo e portanto nunca submeter-se àquela regra; ou pode escapar de sua dominação, dele retirando-se; mas, enquanto participante do agrupamento, ou integrada na situação objetiva, está sujeita inevitavelmente ao seu imperativo (...) *tem este caráter o estatuto de uma sociedade* ou associação *(que) se assemelham visivelmente à lei, equiparam-se aos regulamentos*, constituindo a sua inclusão na noção de ato-regra a forma simplificada de sua definição".[31]

É essa, portanto, a natureza jurídica do Estatuto Social da empresa A, que cabe analisar levando na devida conta a sua *for-*

30. Em nosso *Aumentos de Capital*..., cit., p. 122.

31. *Apud* nosso *Aumentos de Capital*..., cit., onde reproduzimos essas lições, na nota 265, pp. 122-123.

ça cogente, reconhecendo que constitui "*direito objetivo*", "*jus positum*", no âmbito da Companhia.

71. O Estatuto da companhia A disciplina a estrutura deliberativa e organizacional da Companhia com a criação, como faculta a Lei das S/A, de Conselho de Administração (Capítulo V), composto por nove (9) membros efetivos e nove (9) membros suplentes (art. 15), que detém, por força dessa mesma Lei (*art. 142, inc. I*), competências que caberiam à Assembléia Geral de acionistas, caso esse órgão não tivesse sido constituído, ou seja, "*fixar a orientação geral dos negócios da companhia*".

Além dessas atribuições legais, e das outras, estabelecidas nos demais incisos do artigo legal citado, o Estatuto Social da empresa A outorga ao Conselho de Administração, no art. 21, competências para decidir privativamente sobre a:

(i) eleição e destituição dos Diretores;

(ii) indicação dos membros do Conselho de Administração da empresa B, a serem eleitos pela Sociedade;

(iii) aprovação da realização ou alteração de qualquer negócio entre a Sociedade e qualquer de seus acionistas, ou qualquer pessoa física ou jurídica, direta ou indiretamente ligada aos acionistas da Sociedade;

(iv) *exercício do direito de voto pela Sociedade, em qualquer matéria, na qualidade de acionista controladora da empresa B.*

Esta última atribuição privativa (inc. iv) é própria das sociedades *holding*, cujo objeto consiste, como o da empresa A, em "participar de outras sociedades" (Lei das S/A, art. 2º, § 3º) – e implica, necessariamente, na definição da declaração de voto a ser proferida na assembléia geral da sociedade controlada, pois a sua acionista é a companhia controladora, e não, obviamente, o representante que comparece ao conclave.

72. As Assembléias Gerais são disciplinadas no Capítulo III do Estatuto da companhia A, sendo que suas deliberações, "ressalvadas as hipóteses especiais previstas em lei", "exigirão a aprovação de acionistas que representem, no mínimo, 2/3 (dois terços) do total das ações com direito a voto da Sociedade" (art. 12, *caput*).

O mesmo dispositivo estabelece as competências desse órgão deliberativo, nos seguintes incisos:

(i) qualquer alteração deste Estatuto Social, exceto para aumento do capital por incorporação de reservas ou por imposição legal;

(ii) *qualquer transformação, fusão, incorporação ou cisão, a participação em outra sociedade ou em grupo de sociedades e criação de subsidiárias*;

(iii) a emissão pública ou privada de novas ações, ordinárias ou preferenciais, e a emissão de debêntures, conversíveis ou não em ações, de partes beneficiárias, bônus de subscrição ou de opções de compra de ações;

(iv) *a alienação, oneração ou transferência, por qualquer forma, de quaisquer das ações detidas pela Sociedade no capital social da empresa B, e ainda a aquisição ou subscrição de novas ações do capital da referida companhia (exceto a dação ao Banco Nacional de desenvolvimento Econômico e Social – BNDES das referidas ações em garantia de empréstimo ou financiamento para pagamento do preço de aquisição dessas ações conforme alcançado no leilão realizado no âmbito do Programa Nacional de Desestatização)*;

(v) *a política de reinvestimentos, de expansão ou de novos projetos de investimento, e a declaração de dividendo não obrigatório ou pagamento de dividendos acima do obrigatório*;

(vi) a fixação do preço de emissão das ações em aumento de capital;

(vii) a dissolução ou liquidação da Sociedade; e

(viii) a autorização aos administradores para confessar falência ou pedir concordata.

73. No afã de *reconstruir e reescrever, "ad hoc" e "sistematicamente"*, o Estatuto Social da empresa A – não como o regulamento societário foi devidamente aprovado pela Assembléia Geral, mas da forma que melhor lhes interessa e, sobretudo, para demonstrar que haveria um "controle conjunto" sobre a Companhia – as Autoras acabam por provar demais.

Se os acionistas quisessem, efetivamente, estabelecer o tal "controle conjunto", exercido através da Assembléia Geral e do Conselho de Administração, nada mais natural que, *primeiro*, dotassem as ações minoritárias de direitos políticos *diferenciados* (Lei das S/A, art. 15, § 1º, e art. 18), e/ou, *segundo*, que fizessem incluir, no Capítulo III do Estatuto, que disciplina as reuniões de acionistas, e também no Capítulo IV, que cuida do Conselho, normas próprias sobre a convocação, instalação, funcionamento e deliberações – que garantisse, (*i*) a eleição de determinado número de Conselheiros, por parte deste ou daquele acionista (as Autoras, por exemplo), independentemente do número de ações que possuam,(*ii*) o que tornaria *obrigatória e incondicional* a presença de Conselheiros eleitos pelas Autoras nas Reuniões desse órgão social, sem que houvesse necessidade de recorrer-se às regras que constam dos arts. 140 e 141 da Lei das S/A, sobretudo no § 1º deste último mandamento. Estas fórmulas são curiais, normais e cediças, na prática das S/A, nos regulamentos societários que organizam "controle conjunto". A outra alternativa, se a vontade real das acionistas fosse o de estabelecer o controle conjunto, consistiria na celebração de Acordo de Acionistas (Lei das S/A, art. 118).

Nada disso foi feito, na redação *válida* e *própria* com que o Estatuto da empresa A foi redigido e aprovado pela Assembléia Geral de Acionistas, porque, na realidade – e a conclusão é inevitável – *inexiste o tal "controle conjunto"*. À mingua de dispositivo estatutário em sentido contrário, para que *as Autoras – acionistas minoritárias ou não controladoras da sociedade A*, que são – possam fazer a indicação de membros para compor o Conselho de Administração da Companhia, o recurso consistiria em fazer uso, valendo-se dos direitos de sócio de que são titulares, da faculdade inscrita na Lei das S/A, que dispõe a respeito do *"voto múltiplo"*, no art. 141, § 1º:

> A faculdade prevista neste artigo deverá ser exercida pelos acionistas até 48 (quarenta e oito horas) antes da assembléia geral, cabendo à mesa que dirigir os trabalhos da assembléia previamente aos acionistas, à vista do "Livro de Presenças", o número de votos necessários para a eleição de cada membro do Conselho.

VIII – Órgão social competente da Empresa "A" para deliberar sobre a operação de incorporação de ações de emissão da Companhia "G" ao patrimônio da Empresa "B"

74. Diante das normas legais e estatutárias até aqui analisadas, dúvidas não ensombram que é o Conselho de Administração o órgão que detém competência, na companhia A, para aprovar a reorganização operacional e societária da empresa B, objeto da Consulta, por duas simples e suficientes razões.

Primus, porque essa competência deriva da lei, tratando-se, portanto, de competência indelegável (v. Seção III, acima), na medida em que a aprovação da operação insere-se na "orientação geral dos negócios da companhia" (Lei das S/A, art. 142, inc. I).

Secundus, porque o Estatuto Social confere ao Conselho de Administração, para que possa bem cumprir essa atribuição legal – numa sociedade *holding*, como é a companhia A – competência para deliberar sobre "o exercício do direito de voto pela Sociedade, *em qualquer matéria*, na qualidade de acionista controladora da empresa B" (art. 22, inc. IV).

75. Não se diga que a competência, na matéria, é da Assembléia Geral, porque o art. 12, inc. II, do Estatuto da companhia A a ela determina deliberar "*sobre qualquer transformação, fusão, incorporação ou cisão, participação em outra sociedade ou em grupo de sociedades e a criação de subsidiárias*". A alegação não procede por pelo menos três motivos: (*i*) o dispositivo citado se refere, indubitavelmente, à incorporação da própria companhia A; (*ii*) a reorganização operacional e societária da empresa B não importa na criação de subsidiária integral da companhia A; (*iii*) mesmo que se admitisse, por acendrado amor ao debate, que o inciso estatutário em foco se refere à operação de incorporação em que tome parte a empresa B, a matéria ainda assim refugiria de seu âmbito de incidência, uma vez que a reorganização objeto da Consulta não prevê a implementação de uma verdadeira e própria incorporação, mas, ao reverso, de uma simples incorporação de ações para a constituição de subsidiária integral, como ficou demonstrado na Seção III, acima; (*iv*) e agrediria a Lei das S/A (art. 252) afirmar que a criação de subsidiária integral dependeria de aprovação pela assembléia geral de sociedade a cujo patrimônio *não* serão incorporadas as ações da subsidiária integral.

76. Também não prospera a alegação de que a competência na matéria é da Assembléia Geral porque o Estatuto da companhia A lhe defere atribuição para deliberar sobre "*a alienação, oneração ou transferência, por qualquer forma, de quaisquer das ações detidas pela Sociedade no capital social da companhia B, e ainda a aquisição ou subscrição de novas ações do capital da referida sociedade*". E as razões da fragilidade do argumento são elementares: (*i*) a reorganização operacional e societária não prevê a alienação, oneração ou transferência, por qualquer forma, das ações detidas pela empresa A na companhia B – que permanecem intocadas, exceto quanto à melhoria dos direitos e vantagens de que hoje dispõem – mas apenas o aumento do capital social desta última sociedade, do qual não tomam parte seus acionistas, inclusive a sociedade A; (*ii*) desse aumento de capital da empresa B, a ser realizado em valor equivalente ao atribuído às ações incorporadas, apurado em laudo de avaliação (Lei das S/A, art. 252), decorrerá a emissão de ações que serão atribuídas *exclusivamente* aos acionistas da sociedade G, como contrapartida do valor das ações incorporadas para a constituição da subsidiária integral, não havendo sequer como cogitar, portanto, de "aquisição ou subscrição de novas ações" da companhia B, pela empresa A; (*iii*) por essa razão o art. 252, § 1º, da Lei das S/A declara expressamente que "*os acionistas* (da empresa B, dentre eles a companhia A) ***não terão direito de preferência para subscrever o aumento de capital****, mas os dissidentes poderão retirar-se da companhia, observado o disposto no art. 137, II, mediante reembolso do valor de suas ações, nos termos do art. 230*".

77. Carece, igualmente, de qualquer fundamento, por derradeiro, a alegação de que é a Assembléia Geral o órgão competente para deliberar sobre a reorganização da empresa B, porque a mesma contende com "*a política de reinvestimentos, de expansão ou de novos projetos de investimento, e a declaração de dividendo não obrigatório ou pagamento de dividendos acima do obrigatório*", matéria de competência do conclave assemblear (Estatuto, art. 12, inc. V).

O argumento, tal como vem sendo deduzido, incide, data vênia, em grave erro de interpretação, consistente em "pinçar" palavras do texto estatutário ("reinvestimento", "projetos de investimento", "expansão"), excluindo-as do contexto em que se inserem – *assim ofendendo a regra inscrita no art. 112 do Código Civil, segundo a qual "nas declarações de vontade se atenderá mais à intenção das partes nela consubstanciada do que no sentido literal da linguagem*". E, conforme já demonstrado (Seção IV), o Estatuto social das companhias tem a natureza de ato-regra, modalidade de negócio jurídico resultante da convergência de *declarações de vontade*, seja dos fundadores, quando elaboram o seu Projeto (Lei das S/A, art. 83), seja, ao depois, dos acionistas, quando deliberam sobre sua aprovação ou modificação, mediante *declarações de vontade* designadas na doutrina por "atos colegiais", "colegiados" ou "atos coletivos" (arts. 87, § 1º, e 122, inc. II).[32] Evidente, portanto, o equívoco interpretativo.

Pois ao examinar-se mais detidamente o texto do inc. V do art. 12 do Estatuto da empresa A – o que é de rigor, pois ele cuida, na verdade, não do que duas ou três palavras podem isoladamente sugerir, mas *do direito essencial do acionista de "participar dos lucros sociais" (Lei das S/A, art. 109, inc. I)* – verifica-se sua estreita conexão com o direito do dividendo a que os acionistas da sociedade A fazem jus (arts. 31 e 32). O Estatuto da Companhia, prudente e conservadoramente, reconhece aos sócios apenas o dividendo mínimo legal (Lei das S/A, art. 202, incs. I a III); mas o regulamento societário não subtrai dos acionistas o direito essencial de "participar dos lucros sociais" (art. 109, inc. I), percebendo "dividendo não obrigatório", e dividendo "acima do obrigatório" (Estatuto, art. 12, inc. I, 2ª parte), razão porque o citado dispositivo estatutário, em sua primeira parte, disciplina a *retenção dos lucros* (Lei das S/A, art. 196), que só pode ter lugar se a assembléia geral aprovar a "política de reinvestimentos, expansão ou de novos projetos de reinvestimentos".

78. As expressões "pinçadas" dizem respeito, assim, às condições de *retenção* dos lucros, ***para estes sejam aplicados na própria Companhia***, e não distribuídos como "dividendo não obrigatório", ou como do "dividendo acima do obrigatório" – daí a necessidade da deliberação dos acionistas (Lei das S/A, art. 196), pois só a eles cabe decidir, na assembléia geral, se querem receber os lucros como dividendos, ou se preferem que os lucros sejam retidos na Companhia, para investimentos, reinvestimentos ou sua expansão.

O que a reorganização operacional e societária da empresa B tem a ver com esse dispositivo, se não importa em qualquer dispêndio ou retenção de lucros, por parte da companhia A?

79. *Indubitável, portanto, a competência do Conselho de Administração da companhia A não só para deliberar sobre a operação de incorporação das ações de emissão da sociedade G ao patrimônio da empresa B, como para determinar aos representantes da Companhia que exerçam e declarem, na Assembléia Geral Extraordinária da sociedade B, voto favorável à sua aprovação.*

80. Os administradores da companhia A, pelos motivos até aqui expostos, têm, a nosso ver, repita-se, ***inclusive*** a obrigação legal de aprovar a reorganização operacional e societária, pois se não o fizer estariam violando o disposto no art. 158, inc. I, da Lei das S/A, e assim sujeitando-se à ação de responsabilidade civil a que se refere o art. 159 da lei acionária.

Resposta aos Quesitos

Diante do exposto, é possível responder os Quesitos formulados pelas Consulentes:

Primeiro Quesito

De acordo com o art. 12, item (iv), do Estatuto Social da companhia A, depende da deliberação da Assembléia Geral a alienação, oneração ou transferência, por qualquer forma, de quaisquer das ações detidas pela Sociedade no capital social da empresa B. A "incorporação de ações", na forma no art. 252 da LSA, prevista na "Proposta de Reorganização Operacional e Societária da sociedade

32. Cf. nosso *Aumentos de Capital...*, cit., pp. 185 e ss.

B", pode, de alguma forma, caracterizar "alienação, oneração ou transferência" de ações da companhia A e configurar a hipótese prevista no referido dispositivo estatutário?

Resposta

NÃO. *A incorporação de ações para a constituição de subsidiária integral é operação societária típica, conforme demonstrado na Seção VI, que de nenhuma forma pode ser qualificada como "alienação, oneração ou transferência" das ações detidas pela empresa A no capital social da companhia B.*

Segundo Quesito

Eventual diluição da participação acionária da empresa A na sociedade B corresponde à hipótese prevista no art. 12, item (iv) do Estatuto Social da companhia A?

Resposta

NÃO. *A modificação de participações acionárias é típica e co-essencial ao regime jurídico de incorporação de ações para a constituição de subsidiária integral, previsto no art. 252 da Lei das S/A, tal como exposto ao longo deste Parecer, de sorte que a impropriamente chamada "diluição" ("rectius": nova participação decorrente do aumento de capital legalmente exigido para a concretização da operação), não pode ser enquadrada, juridicamente, nos conceitos de "alienação, oneração ou transferência", constantes do art. 12, alínea "iv", do Estatuto da sociedade A.*

Terceiro Quesito

A "incorporação de ações", na forma no art. 252 da LSA, prevista na "Proposta de Reorganização Operacional e Societária da empresa B", pode caracterizar "alienação de controle", nos termos do art. 254-A?

Resposta

NÃO. *Pelos mesmos motivos expostos ao longo deste estudo e sintetizados nas Respostas aos Quesitos anteriores, a incorporação de ações para a constituição de subsidiária integral, operação societária típica, não se configura nem como "alienação de ações", nem como "alienação de controle" – tanto que, ao que consta, a CVM, que já a aprovou a reorganização operacional e societária da sociedade B, não exigiu a realização de OPA (oferta pública para a aquisição de ações dos acionistas não controladores), que seria exigida pela Autarquia, nos termos da Instrução CVM n. 361, de 5.3.2002, caso tivesse ocorrido alienação de controle.*

Quarto Quesito

Conforme disposto no art. 252 da LSA, "os acionistas não terão direito de preferência para subscrever o aumento de capital" decorrente da incorporação de ações. Assim, pode-se afirmar que referido negócio jurídico não impede eventual diluição da participação acionária? Eventual diluição da participação acionária do controlador teria o condão de configurar "fraude à lei"?

Resposta

Consoante exposto neste estudo, especialmente na Seção VI, a incorporação de ações para a constituição de subsidiária integral, negócio jurídico-societário típico, importa, legalmente, na extinção e modificação de participações societárias, decorrentes (i) da extinção de ações da sociedade incorporada e, (ii) do recebimento, pelos acionistas titulares das ações incorporadas, diretamente da companhia incorporadora, de ações de emissão desta.

Tal regime jurídico não importa, substancialmente, em "diluição de participações acionárias", e a "eventual diluição da participação acionária do controlador" ("rectius": nova participação decorrente do aumento de capital legalíente exigido para a concretização da operação), constitui consectário essencial do regime jurídico estabelecido no art. 252 da Lei das S/A, não havendo como falar-se, portanto, em "fraude à lei".

Quinto Quesito

Os acionistas minoritários da empresa A têm direito à indicação de três membros do Conselheiro de Administração, se não requerida, no tempo e modo devidos, a adoção do processo de voto múltiplo, na forma do art. 141 da LSA? O Estatuto Social, o acordo de acionistas e o sistema legal permitem sustentar a existência de controle compartilhado na Companhia A?

Resposta

NÃO. *Como foi sobejamente demonstrado ao longo deste Parecer, temos para nós que a partir dos documentos examinados, sobretudo do Estatuto Social da empresa A, não é possível sustentar, juridicamente, que a Companhia esteja submetida a controle conjunto ou compartilhado. Por via de conseqüência, para que os acionistas minoritários ou não controladores possam indicar membros para o Conselho de Administração da sociedade A, é obrigatório que obedeçam, estritamente, as normas atinentes ao voto múltiplo, contidas no art. 141, § 1º, conforme demonstrado no item 73, acima.*

Sexto Quesito

Na Reunião do Conselho de Administração da empresa A, em que foi decidido o voto favorável da Companhia à reorganização societária da companhia B objeto do fato relevante divulgado em 15.12.2006, é correto afirmar que os Conselheiros indicados pelo Grupo integrado pelas empresas C e G estavam impedidos de votar?

Resposta

NÃO, *conforme ficou demonstrado ao longo destas linhas.*

Sétimo Quesito

Os Conselheiros que naquela RCA votaram favoravelmente à reorganização societária da empresa B violaram algum dever legal? Por outro lado, é correto afirmar que os Conselheiros, se tivessem votado contrariamente a ela, poderiam ser responsabilizados por violação ao dever legal de agir no interesse da companhia A?

Resposta

Depois de reexaminar a reorganização operacional e societária da companhia B, agora sob o prisma específico da nova Ação proposta pelas Autoras, reafirmamos a conclusão a que chegamos em estudo anterior, repetida na epígrafe deste Parecer: os Conselheiros eleitos pela pelo Grupo integrado pela empresa C para o Conselho de Administração da sociedade A deliberaram, na Reunião de Administração, no estrito cumprimento de seus deveres legais, e, caso não tivessem aprovado a operação, estariam – aí sim – sujeitos a ação de responsabilidade, nos termos dos arts. 158 e 159 da Lei das S/A.

Oitavo Quesito

A proposta de reorganização societária da empresa B configura negócio jurídico indireto e/ou fraude à lei?

Resposta

NÃO, *por tudo o foi exposto, sobretudo na Seção VI deste Parecer.*

Nono Quesito

Os votos proferidos pelos Conselheiros na RCA foram válidos?

Resposta

SIM, *são válidos e eficazes os votos proferidos pelos membros do Conselho de Administração da companhia A, eleitos pelo Grupo de que faz parte a empresa C, na Reunião realizada para esse fim, pelos motivos articulados ao longo destas linhas.*

É o nosso parecer, *pro veritate*.

São Paulo, 26 de julho de 2007.

Nota Bibliográfica

ASPECTOS DA ARBITRAGEM INSTITUCIONAL 12 ANOS DA LEI 9.307/1996,

de Haroldo Malheiros Duclerc Verçosa (organizador)*

FREDERICO JOSÉ STRAUBE

A Lei de Arbitragem, Lei Federal n. 9.307 de 1996, teve o condão de mudar radicalmente a situação desse instituto no panorama jurídico institucional brasileiro.

Com efeito, o procedimento arbitral, já previsto no ordenamento positivo pátrio, desde a época do império, não havia até então logrado desenvolver-se como alternativa válida para a solução de conflitos de interesse, em função de múltiplos fatores.

As dificuldades referiam-se tanto a aspectos doutrinários inerentes ao instituto em si, quanto à deficiência das formulações legislativas relativas ao instituto, como ainda e muito principalmente à falta de executoriedade da decisão arbitral, que carecia para tanto de homologação judicial.

Ora, a par, então, de tantas incertezas, o juízo arbitral, em sua formulação anterior, não representava um meio expedito para a solução de controvérsias, mas, contrariamente, constitua-se em um capítulo a mais, que se acrescia à já longa e morosa jornada do processo judicial.

Este quadro foi alterado radicalmente pelo novo diploma legal. Inspirado na lei-modelo Uncitral, a norma brasileira representou grande avanço, mesmo se contrastado com o panorama legislativo internacional, à época de seu advento.

O primeiro e grande momento de descortino do legislador brasileiro consistiu no fato de extrair do âmbito do Código de Processo Civil a disciplina do instituto, criando, então, por assim dizer em um microssistema autônomo de procedimento.

Outra virtude marcante revela-se na simplicidade de seus dispositivos e do regramento da arbitragem, definindo apenas aspectos muitos especiais, mais relegando à parte, salvo em poucos e necessários aspectos, total liberdade para pautar o procedimento, em cada caso.

Assim, o novo regulamento de arbitragem deu autonomia à decisão dos árbitros, que passou a ser desde logo exeqüível, caso não cumprida espontaneamente pela parte vencida, no prazo para tanto assinalado.

Esta nova condição, agregada ao fato de que a decisão é definitiva conferiram ao processo arbitral excepcional celeridade, mesmo que não fosse tão penosa quanto atualmente se configura a instância oficial.

Daí, principalmente depois que, em 2000, o Supremo Tribunal Federal espancou qualquer dúvida quanto a constitucionalidade do instituto, a arbitragem firmou-se como instrumento grandemente útil na composição dos interesses em disputa.

* São Paulo, Malheiros Editores, 2008.

Desde então, vem se multiplicando o número de demandas solucionadas por essa nova modalidade de jurisdição.

O que se deve sublinhar no exame retrospectivo do desenvolvimento ocorrido é o grande trabalho desempenhado pelos cultores desse campo do direito.

Tanto os juristas, como os advogados e demais operadores do direito, empenharam-se, tal esforço ainda continua, no sentido de suprir as lacunas seja da doutrina, da "práxis" e da jurisprudência especializadas, aqui em nosso país.

O próprio Judiciário, que desempenhou tarefa preponderante, prestigiando o instituto, em sua nova forma, vem através de vários de seus membros mais eminentes, dedicando-se ao estudo e ao desenvolvimento doutrinário da nova seara.

Assim, é neste panorama que surge a presente obra que se mostra oportuna e enriquecedora desse cabedal especializado, pelos vários méritos que apresenta.

Seu organizador o ilustre professor Haroldo Malheiros Duclerc Verçosa, e seus coadjuvantes Marcos Paulo de Almeida Salles e Francisco Satiro de Souza Junior, vêm contribuindo, com seus importantes ensinamentos, seja como professores da Faculdade de Direito da Universidade de São Paulo, a "Velha e sempre Nova Academia", seja como autores de várias obras e artigos especializados nessa matéria.

Agregam às suas condições de mentores de várias gerações de estudos do Direito, o conhecimento prático de quem atua na vida profissional, como advogados reputados e árbitros.

Então, com a notória vivência da problemática arbitral, os coordenadores dessa obra coletiva puderam orientá-la de forma a que viessem os estudos nela contidos abarcar, com profundidade, facetas peculiares da arbitragem.

A obra coletiva, "per se", apresenta como grande vantagem o fato de que por força de sua própria estrutura engloba vários assuntos e aspectos diversos do tema central; expostos a partir de pontos de vistas múltiplos e às vezes até mesmo antagônicos.

Daí, inclusive, a sua grande utilidade para o leitor ou consulente. Surpreende posições doutrinárias algumas vezes conflitantes, outras complementares, mas contribui, sobretudo, para que se possa rapidamente captar os principais aspectos da problemática induzida pelo tema central.

Para um instituto como a arbitragem, que ainda carece de mais divulgação em nosso país, a utilização de tal sistemática revela-se, muito produtiva.

Todos estes aspectos positivos encontraram-se presentes neste livro – pluralidade de autores e abordagens.

Entretanto, podemos basicamente, distinguir nos trabalhos que a compõe, características tais que permitiram grupá-las em quatro categorias.

A primeira compõe-se dos artigos que anotam e ressaltam aspectos relevantes do instituto, após a promulgação da Lei 9.307/1996, assim como relatam a experiência brasileira e mesmo a latino-americana em relação à difusão dessa nova alternativa para a solução de conflitos.

Lista-se entre eles o trabalho "Dez Anos da Lei de Arbitragem: Alguns Aspectos Ainda Relevantes", do Professor Verçosa, um dos coordenadores desse livro. Na mesma categoria enquadra-se o artigo do festejado Professor Arnoldo Wald: "Maturidade e Originalidade da Arbitragem no Direito Brasileiro," assim como o do Dr. Francisco Florence que trata do "Reconhecimento e Execução de Sentenças Arbitrais Brasileiras na Alemanha". Nessa primeira divisão situam-se, ainda, os trabalhos: "A Convenção de Nova York: Ratificação pelo Brasil", de autoria de Renato Parreira Stetner e Eleonora Coelho Pitombo, assim como "Arbitration in Latin América: Was Carlos Calvo Misunderstood?", de Nigel Blackaby e Jan Paulsson.

Fariam parte de uma segunda categoria, aqueles que abordam matérias que não se encontram definidas nem pacificadas, quer na doutrina estrangeira e pátria, quer no pronunciamento dos tribunais brasileiros.

O artigo, de Marcos Fava, inaugura esta classe: "A Arbitragem como Meio de Solução dos Conflitos Trabalhistas". Sabemos que, muito em função do caráter paternalista, que sempre se atribuiu à legislação trabalhista, sobretudo em nosso país, resistência grande ainda se verifica quanto ao emprego da arbitragem como fórmula de equacionamento das controvérsias entre patrões e empregados.

Na mesma classe coloco: "A Extensão dos Efeitos da Cláusula Compromissória nos Estatutos da Sociedade Anônimas", de Andrea Goes Acerbi e muito ligado ao tema a colaboração de Taissa Macaferri Licatti enfocando "A Arbitragem e o Novo Mercado" ("Novo Mercado: Influência e Aspectos Relacionados à Inserção da Cláusula Compromissória Arbitral nos Estatutos Sociais").

Há grandes controvérsias, como se sabe, sobre a possibilidade do compromisso arbitral incerto originalmente no estatuto inicial, obrigar, os adquirentes supervenientes de ações, no mercado.

Na terceira categoria, incluo, por seu caráter especulativo que induz à reflexão, as interessantes teses do Professor Fábio Nusdeo, "Embargos Infringentes na Arbitragem?" e a do Professor Marcos Paulo de Almeida Salles, que versa sobre a possibilidade de "Aplicação da Desconsideração da Personalidade Jurídica à Arbitragem".

Finalmente, mas também muito importantes e oportunos, reúno os artigos que propõem campos ainda pouco trilhados pela experiência arbitral, mas que se apresentam como searas promissoras.

Constituem então, essa 4ª categoria, "Arbitragem e Grupo de Sociedades", de autoria de Eduardo Munhoz e "Arbitragem como Instrumento de Desenvolvimento do Mercado de Capitais", de Uinie Caminha.

Bem inovadoras são as idéias expostas por Jairo Saddi e Eduardo Montenegro Dotta no artigo "A Arbitragem e sua Aplicabilidade nos Contratos de Adesão: uma Proposta para o Sistema Financeiro".

Agregam-se na mesma classe, "Novas Tendências para a Solução de Conflitos nas Relações de Consumo – Arbitragem", de Fabio Pedro Alem e Fernando Medici Jr. e, ainda, o trabalho a Luiz Fernando do Vale de Almeida Guilherme que enfoca alternativas do exercício profissional em seu bem-lançado estudo sobre "As Novas Formas de Atuação do Advogado no Mundo Globalizado Empresarial – A Arbitragem no Mercado de Capitais".

Encerrando esta última classe, vale examinar as propostas de Fabio Pedro Alem, nesta segunda colaboração sobre "Métodos Alternativos de Solução de Conflitos no Âmbito das Empresas Familiares".

Como se pode constatar, então, pela simples enumeração dos tópicos compendiados na presente obra, toda a comunidade social e em especial a jurídica será muito beneficiada com a publicação desta coletânea.

Quero aqui, para finalizar, especialmente, agradecer aos caros amigos e organizadores do texto, os professores acima citados, pelo amável convite para escrever estas palavras introdutórias.

Certamente, muitos outros, com mais mérito o fariam melhor.

Aceitei, porém, já que, acolhi também a idéia, como uma forma de associar à presente obra, a figura do Centro de Arbitragem e Mediação da Câmara de Comércio Brasil-Canadá – que hoje presido –, o qual por sua antiguidade, seriedade e eficiência em muito tem colaborado para que a arbitragem se afirme cada vez mais, como meio moderno, rápido e eficiente de composição de interesses em conflito, em nosso país.

Parabéns ao organizador e aos autores deste trabalho, que certamente terá a grande acolhida que merece.

* * *

GRÁFICA PAYM
Tel. (011) 4392-3344
paym@terra.com.br

RDM 146

DOUTRINA: A *CONSUETUDO MERCATORUM* COMO FONTE DO DIREITO COMERCIAL – JOSÉ ENGRÁCIA ANTUNES • ***ATUALIDADES***: AÇÕES PREFERENCIAIS. NÃO PAGAMENTO DE DIVIDENDOS. AQUISIÇÃO DO DIREITO DE VOTO - NELSON EIZIRIK • VINCULAÇÃO DA SOCIEDADE: ANÁLISE CRÍTICA DO ART. 1.015 DO CC – MARCELO VIEIRA VON ADAMEK E ERASMO VALLADÃO A. E N. FRANÇA • SISTEMA DE GOVERNANÇA CORPORATIVA E A CONCENTRAÇÃO DE PROPRIEDADE NAS EMPRESAS DE CAPITAL ABERTO – JULIANA GIRARDELLI VILELA • ESTUDO A RESPEITO DE ALGUNS ASPECTOS SOCIETÁRIOS DA NOVA LEI 11.638/2007 – MODESTO CARVALHOSA • SOCIEDADES COOPERATIVAS E PRÁTICAS RESTRITIVAS À CONCORRÊNCIA – MARCO AURÉLIO GUMIERI VALÉRIO • DO DESPACHO DE PROCESSAMENTO DA RECUPERAÇÃO JUDICIAL DE EMPRESAS NA NOVA LEI 11.101/2005. CABE RECURSO? – MARIA CELESTE MORAIS GUIMARÃES • RECUPERAÇÃO DE CRÉDITO NAS OPERAÇÕES AGRÍCOLAS E REGULAÇÃO DO MERCADO BANCÁRIO – RENATO BURANELLO • EFEITOS DA FALÊNCIA DO EMPREGADOR NA AÇÃO DE EXECUÇÃO DE CRÉDITO TRABALHISTA - VINÍCIUS JOSE MARQUES GONTIJO • MUDANÇA DE PARADIGMAS NA ORGANIZAÇÃO INDUSTRIAL: COMO RECONHECER BENEFÍCIOS EM MERCADOS CONCENTRADOS – MARIA PAULA BERTRAN • A ARBITRAGEM E O MERCADO DE CAPITAIS – HAROLDO MALHEIROS DUCLERC VERÇOSA • ***ESPAÇO DISCENTE***: A TEORIA DA FIRMA E A SOCIEDADE COMO ORGANIZAÇÃO: FUNDAMENTOS ECONÔMICO-JURÍDICOS PARA UM NOVO CONCEITO – LUÍS FELIPE SPINELLI • ***JURISPRUDÊNCIA COMENTADA***: PRETENSÃO À ABSTENÇÃO DE USO DE MARCA E SUA NATUREZA REAL – ESTEVAN LO RÉ POUSADA • SEGURO DE VIDA. EMBRIAGUEZ – VERA HELENA DE MELLO FRANCO • ***PARECERES***: REORGANIZAÇÃO OPERACIONAL E SOCIETÁRIA. AÇÃO DECLARATÓRIA DE NULIDADE DE DELIBERAÇÕES DE CONSELHO DE ADMINISTRAÇÃO DE S/A. SUPOSTO CONFLITO DE INTERESSES – MAURO RODRIGUES PENTEADO • ***NOTA BIBLIOGRÁFICA***: *ASPECTOS DA ARBITRAGEM INSTITUCIONAL (12 anos da Lei 9.307/1996)*, de HAROLDO MALHEIROS DUCLERC VERÇOSA (Org.) – FREDERICO JOSÉ STRAUBE

MALHEIROS EDITORES

Revista de Direito Mercantil

industrial, econômico e financeiro

vol. 147
jul./set. 2007